イアブック

YEARBOOK

核軍縮・平和 2014

市民と自治体のために

日本が3回目の「核兵器の人道的影響に関する共同声明」への賛同を拒否したことに抗議する世界の活動家。その後、秋の国連総会で日本は4回目の同声明に賛同。(2013年4月24日、在ジュネーブ日本政府代表部前)

2013年NPT(核不拡散条約)再検討会議第2回準備委員会

「非人道性」から禁止の法的枠組みへ

「核兵器の非人道性」から、禁止の法的枠組みへ

第2回「核兵器の人道的影響に関する国際会議」(メキシコ・ナヤリット)

開会にあたり会場の前で政府代表にバラと歓迎のメッセージ・カードを渡す準備を終えたBANg(核兵器全面禁止世代)。(14年2月13日)

参加者を海辺に招き、アクションを行うBANg。「Ban Nukes」(核兵器禁止)と書いた巨大なバナーを持って約20分間飛行。(14年2月13日)

オスロ会議にはなかった「被爆証言セッション」。広島で被爆しカナダに移った節子サーローさん(左)と長崎で被爆後メキシコに移住した山下泰明さん(右)。(14年2月13日)

閉幕後、会場の前で「幸せになりたければ核兵器禁止を」という内容の歌に合わせてアクションを行う参加者たち。(14年2月14日)

2014年NPT再検討会議第3回準備委員会

国連事務総長室前で「北東アジア非核兵器地帯を支持する署名」を日本の543自治体首長を代表してパン・ギムン国連事務総長に提出している田上富久長崎市長。(14年4月28日、ニューヨーク)

市民フォーラム「北東アジア非核兵器地帯の設立へ、今、行動の時」。ピースデポら日韓モンゴルNGO共催と5つの協力団体の下、国連関係者や日韓米ロ中の政府代表などが参加。(14年4月30日、ニューヨーク)

NPT第3回準備委員会の一般演説で、自身の被曝証言を含めて演説を行っているマーシャル諸島共和国のトニー・デブルム外相。(14年4月28日、ニューヨーク)

発刊にあたって

イアブック「核軍縮・平和2014―市民と自治体のために」をお届けする。本書は、核軍縮問題に力点を置きながら、日本の平和と安全保障の動向を、市民や自治体の視点から整理し、解説することをめざしている。年鑑として、2013年1月1日から同年12月31日をカバーすることを基本としているが、この期間後で2014年5月9日までに関連する重要な出来事が起こった場合は最小限の補足を行った。

2013年は、10年核不拡散条約(NPT)再検討会議の最終文書に核兵器の非人道性と国際人道法の遵守が初めて盛り込まれたことの影響が表面化したが、それが核兵器を禁止する法的枠組みの検討を求める声へと展開したわけではない。しかも核抑止に固執する核兵器国の姿勢により、核ゼロの世界への道筋は未だ見えていない。また日本では、14年7月1日の集団的自衛権行使の容認など、時の流れを逆に戻すような政策が安倍政権によって強引に推進されている。そうした中で、平和と核軍縮を前進させるためには、市民・自治体が、時代の流れを意識しつつ、世界の現状や動向を正確に読み取る必要がある。本書は、その一助になればとの思いから、ピースデポの努力を傾注して製作されている。

世界における核軍縮の趨勢を理解していただくために冒頭に「概観」、そして「安保戦略」、「情報公開の在り方」、「核兵器禁止への法的枠組みへ」の3つの特別記事を掲載した。過去一年を特徴づける「キーワード」を設定し、見開きページでの解説を柱とした。キーワードAは、「核兵器：非人道性から禁止の法的枠組みへ」を特集記事とした。資料2には、「核兵器の不使用声明」を初め特集に対応したものを多く集約した。キーワードに関係するデータは「データシート」「用語の説明」として整理した。製作に当たっては、事実情報を正確に伝えることを第一とし、必要な出典を注記し、後半部に主要な資料とその原典URLを収め、巻末には索引を設けた。

352ページに列記した人々で構成する「ピースデポ・イアブック刊行委員会」が中心となって企画・執筆し、ピースデポが編集(編集長:湯浅一郎)と製作を担った。監修は従来と同様、梅林宏道が行っている。執筆・製作にあたり一部の分野では専門家に、また多くのボランティアの方々に助けていただいた。関係したすべての方々に厚くお礼申し上げる。

本書が、最新で、正確な情報の発信源として信頼され活用されていることに感謝しつつ、多くの市民、自治体の皆さまにより親しまれ、活用していただけることを願っている。忌憚のないご意見、ご批判を是非ともおよせいただきたい。

2014年9月
ピースデポ・イアブック刊行委員会代表　湯浅 一郎

イアブック「核軍縮・平和 2014」発刊によせて

イアブック「核軍縮・平和 2014」の発刊にあたり、日本非核宣言自治体協議会を代表して心よりお喜び申し上げます。

1984（昭和59）年に結成された本協議会は、平和を希求し、核兵器のない世界を目指した自治体がお互いに連携し輪を広げています。2014（平成26）年4月1日現在、国内の1,789自治体の88.3パーセントにあたる1,579自治体が非核・平和宣言を実施し、このうちの301自治体が本協議会に加入しており、世界平和実現のために努力することを誓っています。

2008年に国連の潘基文事務総長が核兵器禁止条約（NWC）の必要性を訴え、2010年の核不拡散条約（NPT）再検討会議の最終文書では初めて核兵器の非人道性に言及されるなど、核兵器廃絶をめぐる新たな動きが始まっています。2013年10月、国連総会第一委員会においてニュージーランドが発表した「核兵器の人道的影響に関する共同声明」には、日本を含む125か国が賛同しました。また、2014年2月にメキシコで開催された「核兵器の人道的影響に関する国際会議」には、前回のオスロ会議を上回る146か国が参加し、法的拘束力を持つ国際規範で核兵器を非合法化することが「核なき世界」実現への道だと指摘する議長総括が発表されました。

一方、私たちが暮らす北東アジア地域においては、北朝鮮によるミサイル発射や核兵器開発をめぐって緊張が高まっています。本協議会では、こうした事態の根本的な解決のために、「北東アジア非核兵器地帯」の創設をかねてより提案してきました。今年4月には、ピースデポの皆さまと協力し、北東アジアの非核兵器地帯化を支持する全国自治体首長543名及び2団体の署名を携えて、潘基文国連事務総長に提出したところです。

私たちは地域住民の安全を守ることが自治体の責務であるという視点から、平和な地域社会を築いていくために、研修等を通して核兵器を巡る国際情勢や、平和行政への取り組みについて理解を深めてきました。本書は、最新の世界の現状や動向を読み取るために「キーワード」ごとに関係する資料やデータ、用語解説などがわかりやすく整理されており、本協議会では、毎年、会員自治体全てに配布し、職員の方々に貴重な資料として大いに活用していただいております。

最後に、イアブック「核軍縮・平和 2014」の発刊の刊行委員会の皆さまのご尽力に心から敬意を表しますとともに、特定非営利活動法人「ピースデポ」のますますのご発展を祈念いたします。

2014年9月
日本非核宣言自治体協議会会長
長崎市長　田上富久

<目次>

データシート一覧

第1章

核軍縮　2013年の概観

延命する核抑止論、遠のく「核兵器のない世界」
──広範な国際世論の持続が重要

梅林 宏道（長崎大学核兵器廃絶研究センター長、ピースデポ特別顧問）

ベルリン演説の陰

核軍縮にとって2013年を特徴づける重要な出来事は、6月に行われたオバマ大統領のベルリン演説であった。演説の内容そのものと、裏付け文書であった米国の核兵器使用戦略の内容の両方が、2013年時点における核軍縮問題の最先端の提案とその限界の両方を示しているからである。

2013年6月19日にベルリンのブランデンブルグ門で、オバマ米大統領は2度目の本格的な核兵器に関する演説を行った（関連キーワードC3）。2009年のプラハ演説のような新鮮さに欠け、4年間の実績の乏しさからくる現実主義的な慎重さが目立ったが、それでもベルリン演説には「核兵器のない世界」に対するオバマ大統領の考え方の良質な部分が表れていた。

演説は、「正義を伴う平和」というキーワードで語られたが、その中で「正義を伴う平和は核兵器のない世界の安全保障を追求することを意味する」と述べた。この言説は「核兵器のない世界」の定義ともいうべきもので、咀嚼して味わうべき意味をもっている。オバマ大統領は、核兵器に支配された世界は正義が支配していない世界であると述べているのであり、核兵器は国連憲章に反するとしばしば語られる認識と同じように、核兵器が国際正義の実現にとって障害であるという認識を示している。

さらに、核兵器が生み出している不正義が、テロリズムが絶えない世界に存在している不平等と繋がっている可能性についてもベルリン演説は示唆した。「核兵器が存在する限り我々は真に安全ではない。我々はテロリストのネットワークに打撃を与えることはできる。だが、過激主義に火をつけるような不安定や不寛容さに配慮を怠るならば、結局は我々自身の自由が脅かされるだろう。我々は、世界の羨望の的となるような生活水準を享受することができよう。しかし、もし数百万の人々が空腹の苦痛や失業の悲しみに耐えているとするならば、私たちの繁栄は真のものとは言えない。」

ベルリン演説はこのような思想を語りながらも、核兵器削減に関する発言に関しては現実の壁を露呈した。演説は「配備戦略核兵器を最大3分の1削減したとしても、米国と同盟国の安全保障を確かにし、強力かつ信頼性のある戦略的抑止を維持することが可能」と結論づけ、「ロシアとの交渉による削減を追求する」と表明した。現在合意されている配備戦略核兵器の削減計画は新START（米ロ戦略兵器削減条約）によるもので、2018年末までに米ロとも運搬手段700基、弾頭1,550発まで削減する。したがって、オバマ大統領の3分の1削減とは、米国は弾頭数を約1,000発まで削減することを意味する。

昨年の本概観で述べたように、この削減数はオバマ大統領が検討していると報道された削減計画のなかで最も消極的なものに相当する。すなわち、「核態勢の見直し」(NPR)に基づく戦略兵器削減の実行計画として、①約1,000〜1,100、②約700〜800、③約300〜400の3つの選択肢が検討されていると、米国メディアが報じていた。このなかのもっとも小幅な削減案①が選択されたのだ。これが2013年に現れた核兵器削減計画の最前線となった。

米国の核兵器使用戦略

重要なことは、小幅削減の選択が、オバマ政権が大統領就任以来時間をかけてやっと書き上げた核兵器使用戦略（**関連キーワードC4**）の結論を踏まえて行われたことである。すなわち、この限界は理論的背景を持っている。

ベルリン演説と同日に、「合衆国の核使用戦略」と呼ばれる非公開の大統領指針がホワイト・ハウスのファクト・シートの形で発表された。その文書は、オバマ政権が初めて出す核兵器に関する大統領指針であり、これに基づいて国防総省あるいは軍が核兵器使用計画を作成することになる。ブッシュ政権の2002年のもの以来11年ぶりに大統領が新核兵器政策を発表し、アメリカの核政策の本当の変化が始まるのである。

議会に報告された大統領指針「核使用戦略」には、現在の核の脅威に対するアメリカの認識が簡潔に整理されている。すなわち、米国にとって①最も差し迫った「極限的危険は核テロリズム」であり、②次に差し迫った脅威は

「とりわけイランと北朝鮮による核拡散」であり、③最後に「ロシア及び中国との戦略的安定性という慣れ親しんだ課題」がある、とする。このことは、米国の緩慢な核兵器削減の現状が理論的な脅威分析と合致していないという矛盾を示している。核テロリズムに対しては、核弾頭を持っていても何の役にも立たないのみならず、世界に多数の核弾頭が存続していることがかえってリスクを高める。また、イラン、北朝鮮に核が拡散しようとしているのが事実であったとしても、これを防ぐために核兵器が必要になるわけではない。むしろ、米国が自国の安全保障のために核兵器が必要だと言い続けるならば、イランや北朝鮮の必要論が合理化される。劇的な大幅削減が示される方が、核拡散防止の説得力を増す。このように考えると、最後に掲げた冷戦時代からの核抑止論による大国間の核バランス論だけが、多量の核兵器を保有し続ける理由となっている。それは、①、②のより緊急性の高いリスクを高めるという矛盾に帰結する。

このように、米政権が、根本的な政策矛盾を露わにしながら、「信頼性のある抑止力」の維持を最優先させる決定を下したことにより、2013年において核兵器のない世界への道が遠のいたと評価せざるを得ない。それは、米国の核兵器維持管理予算が財政難の下においても聖域として増加し続ける結果となって表れている（**関連キーワードC2**）。この状況を変える力をどのように作り出すかが私たち市民に問われている。「人道的影響」の焦点化は、核兵器についての論じ方を変えようという問題提起であり、そのような試みの一つと考えてよい。

非人道性という切り口

2010年NPT再検討会議の最終文書を手掛かりとして、核兵器使用の非人道的影響を切り口とした核軍縮論が勢いを増してきた。2012年5月、2015年NPT再検討会議に向けた第1回準備委員会においてオーストリアなど16か国により始められた共同声明「核軍縮の人道的側面に関する共同声明」は、10月の国連総会第1委員会におけるノルウェーなど35か国による2回目の同名の共同声明へと発展した。

2013年に入ってこの流れはさらに強化された。3月のノルウェー政府が主催した「核兵器の人道的影響に関する国際会議」（オスロ会議）（**関連キーワードA1**）を経て、4月のNPT第2回準備委員会では、南アフリカの主導で3回目の共同声明「核兵器の人道的影響に関する共同声明」が発表された。共同声明賛同国は80か国に増加した。さらに10月には第1委員会においてニュージーランドが主導して4回目の共同声明「核兵器の人道的結末に関する共同声明」が発せられ125か国という多数の国が賛同した。

4回の共同声明を経て、一連の努力は一つの転機を迎えている。転機を示す一つの現れは、世論の高まりが政府の投票行動を変える成功例が日本において生まれたにもかかわらず、それが連鎖を引き起こすことを阻止しようとする動きが同時に顕在化したことに見られる。もう一つは、一連の努力の先に非人道性を根拠とする核兵器禁止のための簡潔な条約を制定しようというNGOの主張（**関連キーワードA9**）について、同調する国家的イニシャチブが直ぐには顕在化しないという情勢に現れている。

まず一つ目の日本における成功とそれを圧し潰そうとする動きについて述べる。

3回目までの共同声明に賛同してこなかった日本が、2013年10月21日の共同声明に初めて賛成に転じた。その共同声明の文言には「核兵器がいかなる状況下においても使用されないことに人類の生存」がかかっているという「不使用宣言」の趣旨が述べられている。日本政府の署名方針への転換は日本の世論の高まりの結果であり世論の大きな勝利であった。3度にわたって署名を拒否した日本政府に対して、たとえば、2013年8月9日の長崎平和宣言（**資料3-20**）は、世界の期待を裏切り「核兵器の使用を状況によっては認めるという姿勢を日本政府は示した」として厳しく非難した。

ところが、同じ10月21日、オーストラリアが主導する同名の共同声明が17か国によって別に発せられた（**関連キーワードA3**）。その声明は核兵器使用がもたらす「壊滅的な人道的影響が明白な懸念である」とニュージーランド声明に同調しつつ、不使用宣言については沈黙した。そして「核兵器をめぐる議論において安全保障と人道性という両面を認識する」必要があり、核兵器廃絶は「核兵器保有国の実質的かつ建設的な関与なくては」達成できないと述べた。つまり、安全保障論の立場から非核兵器国が主導する核兵器禁止の動きを否定したのである。日本政府はこの声明にも賛同した。両方の決議に賛成したのは日本政府だけである。こうしてオーストラリアは非人道性の議論の発展を巧妙に阻止した

非人道性に関する議論の論理的帰結として簡潔な核兵器禁止条約の国家

間交渉の開始を促そうとしたNGO「アイキャン(ICAN)」の試みは運動の活性化をもたらした(**関連キーワードA9**)。にもかかわらず、2013年において、受けて立つべき同志国家のイニシャチブは顕在化しなかった。むしろ、これまで核兵器廃絶を牽引してきた国々に慎重な姿勢が現われた。2013年の国連公開作業部会と9月の国連総会ハイレベル会合にそれが表れている。

国連公開作業部会(OEWG)

行き詰まりを続けるジュネーブ軍縮会議(CD)の打開をめざす一つの試みとして2012年の国連総会決議(A/RES/67/56)によって、「多国間核軍縮交渉を前進させるための公開作業部会」(以下、国連公開作業部会あるいはOEWG)が2013年に開催された(**関連キーワードA4**)。5月(14～24日)、6月(27、28日)、8月(19～30日)の3会期、合計15日の作業時間にわたり、約80か国の政府代表、国際機関代表、専門家、NGOが自由な意見交換を行ない、国連総会に対して全会一致の報告書を提出した。5つのNPT核兵器国は不参加、核兵器保有国であるインド、パキスタンが参加した。

この会議にNGOが2つの意欲的な作業文書を提出した。一つは前述のICANの方針を述べたものでNGO「リーチング・クリティカル・ウィル」が提出した。核兵器の人道的影響に焦点を当て、有志非核国による簡潔な「核兵器禁止条約」(Nuclear Ban Treaty)交渉を先行させようというものである。もう一つはバーゼル平和事務所などによる作業文書「ギャップに橋を架け、枠組みを築いて成功を手にする」であり、核兵器禁止条約(NWC)を基礎に、諸政府の見解を取り込みながら、核なき世界の諸要素に関する議論を同時並行的に、核兵器国・核保有国を関与させながら行うことを提案した。

8月30日に採択され、国連総会に提出されたOEWG報告書は、議長が参加国の協力を得ながら整理しまとめたものである。OEWGにおいても、核兵器の人道的影響を焦点化するアプローチへの支持は顕著であったが、それを核軍縮にどのように活かすかという点においては、核軍縮に積極的な国家グループの意見は多様であり、収斂する方向性は見られなかった。多様性の状況は2012年5月の最初の非人道性共同声明に加わった16か国がOEWGにおいてどのように発言したかを分析することによって、理解することができる。16か国のうちコスタリカとマレーシアは取り組んできた包括的な核兵器禁止条約の検討を促した。エジプト、アイルランド、メキシコ、ニュージーランド、南アフリカの5か国は、新アジェンダ連合として声明し「明確な時間枠と基準によって支えられている包括的な法的拘束力ある枠組み」という従来の主張を熱心に訴えた。オーストリアのみが「核兵器のない世界にむけて前進がない状況において、既存の組織的、法的枠組みにおける非核保有国にとっての選択肢は何か？」と核兵器禁止の道の有効性を間接的ながら問いかけた。そのオーストリアを含めて、OEWGでは多様な議論の中から「共通の土俵」を見つけることが重要であるとの立場が強調された。

核軍縮に関するハイレベル会合

2013年9月26日に開かれた初めての国連総会「核軍縮に関するハイレベル会合」においても、非人道性の議論の行く先について具体的なイニシャチブは生まれなかった。9月の総選挙で労働党が敗れ、政権交代直前（ソールバルグ首相率いる保守党中心の連立内閣の発足は10月16日）にあったノルウェー外務大臣は、3月のオスロ会議の意義を強調しながらもNPTの2010年行動計画の履行の重要性を強調するに留まった。オーストリアのフィッシャー大統領は、「核兵器に烙印を押し、禁止し、廃棄する」ことが緊急の課題であると述べて国際社会の協力を訴えたが、具体的なアプローチを提案することはなかった。人道的議論の火付け役の先頭に立ったスイス政府も、その具体的方法論について「法的拘束力のある国際文書が必要である。その意味で、ジュネーブの軍縮会議（CD）を含む軍縮機関の復活が絶対に必要である」と述べ、振り出しに戻るような訴えに終わった。新アジェンダ連合を代表してエジプトは、OEWGでの主張を簡潔に確信をもって繰り返した。「明確に定義された時間枠と評価基準に裏付けられた法的拘束力のある多国間の誓約こそが、一日も早く必要とされている。」これは国際社会の理性を呼び起こす以外に道がないとの確信のように見える。

新しい展開の土壌のために、広範で強い国際世論の持続が不可欠であろう。

非核保有国の役割と北東アジア非核兵器地帯

非人道的側面に関する議論の成果を簡潔な「核兵器禁止条約」に結びつけようという観点からのみ、OEWGを分析するのは正しくないであろう。この問題から少し距離をおいて評価したとき、OEWGの生み出しているものは非常に大きい。核軍縮交渉の行き詰まりを打開するため、異なる多様な意見の対話の中から共通の土俵を見出そうとする努力の意義について、OEWGは一定の示唆と希望を与えている。NPT上の核兵器国(米、ロ、仏、中、英)は、今回のOEWGをボイコットした。しかし、この事実そのものが核軍縮交渉の行き詰まりの一つの重要な側面を示しており、OEWG参加者はこの現実を含めていかに現状を打破するかに関して真剣に討議した。その成果の一つが担い手ごとの役割についての分析である。

これまで、NPT第6条を根拠にしながら、核軍縮努力は核兵器国のみならず全ての国が負うべき責務であると強調されてきた。今回のOEWG報告書は、これを前提としながらも、「国々には異なる役割や機能がある」と新しい考え方を明確に打ち出した。とりわけ、非核兵器国の役割について「非核兵器国はグローバルな核軍縮を促進する役割を担っている」と指摘し、さらに「安全保障ドクトリンにおける核兵器の役割を減じる」ために、日本のような「拡大核抑止の保証の下にある非核兵器国が担うべき役割」があると述べている。さらには、非核兵器地帯について「核兵器の価値や正統性に疑義を呈する」役割を持っていることを指摘した。

このような議論は、米国の核の傘を選んでいる日本や韓国が、北東アジア非核兵器地帯という政策選択を行うことの意味を、グローバルな核軍縮の推進という文脈から明らかにしたと言える。OEWGがもたらした、北東アジア非核兵器地帯設立を支持する力強い論拠である。

これとは別に、2013年は北東アジア非核兵器地帯設立への歩みにおいて記録すべき年となった。国連事務総長の諮問機関である軍縮諮問委員会は2013年のテーマの一つに非核兵器地帯を取り上げた。7月に提出された報告書によると、委員会は事務総長に対して「北東アジア非核兵器地帯の設立に向けた適切な行動を検討すべきである」という勧告を行った(**関連キーワードA7**)。北東アジア非核兵器地帯が国連の課題として公式に名指されたのは、これが初めてである。これをうけて9月の総会ハイレベル会合において、エルベグドルジ・モンゴル大統領が踏み込んだ演説を行った。「モンゴルは、北東アジアに非核兵器地帯を設立することが可能か、いかにして達成できるか、について検討する非公式ベースの作業を北東アジアの国々と行う準備ができています。」

(本論に述べられた見解は、筆者個人のものであり、所属する機関を代表するものではありません。)

第2章

特別記事

特別記事 1

「安保政策の大転換」にどう向き合うか

吉田 遼（ピースデポ研究員）

吉田 遼
NPO法人ピースデポ研究員。『核兵器・核実験モニター』編集委員。NPO法人セイピースプロジェクト。一橋大学社会学研究科総合社会科学専攻博士後期課程。専門は歴史学、国際政治学、安全保障論。沖縄基地問題と米軍再編に関する研究に従事。

「安保政策の大転換」に突き進む安倍政権

2014年7月1日、政府は日本の安全保障政策に大転換をもたらす閣議決定を行った。「国の存立を全うし、国民を守るための切れ目のない安全保障法制の整備について」と題された閣議決定は、以下の3点で構成される。

1. 武力攻撃に至らない侵害への対処：いわゆる「グレーゾーン事態」における実力行使を可能とする。
2. 国際社会の平和と安定への一層の貢献：「現に戦

闘行為を行っている現場」でなければ後方支援活動を可能とする。及び「国際的な平和協力活動」における武器使用条件を緩和する。

3. 憲法第9条の下で許容される自衛の措置：集団的自衛権の行使を容認する。

この憲法解釈の変更がなされた「14年7月1日」は、戦後日本の安全保障における重大な転換点として歴史に記録されることとなるだろう。

第二次安倍政権はその発足以来、「安全保障政策の大転換」へ向けた歩みを急ピッチで進めてきた。昨年12月、国家安全保障会議（日本版NSC）を発足させるとともに、世論の批判を尻目に「機密の防衛」を名目として特定秘密保護法を成立させた。そしてその直後、「国家安全保障戦略」と新防衛大綱を策定し、「安保政策の大転換」の全体像を示した。「国際協調主義に基づく積極的平和主義」という新たな理念の下で提示された方向性は、大きく二つあった。すなわち、①東アジア地域安保における軍事的抑止力の追求、そして、②グローバル安保における軍事的関与の拡大である。こうした方向性は日米軍事一体化の文脈に沿う形で追求され、採りうる軍事的手段の幅を広げる方向で安全保障政策全体の根本的転換を図ろうとするものであった。戦後防衛政策の基本であった「専守防衛」は文言上「堅持」が謳われたが、内容的にはそれがたてまえであることをいっそう露呈するものであった[1]。これを受けて、今年4月には「武器輸出三原則」の廃止と「防衛装備移転三原則」の策定によって幅広い武器輸出が可能とされ[2]、6月には、新原則の下で武器輸出を拡大するための「防衛生産・技術基盤戦略」が策定された[3]。さらに、ODAによる他国軍支援の解禁へ向けた議論も進んでおり、6月に有識者懇談会の報告書が提出された[4]。

集団的自衛権行使の容認へ向けた動きは、このような平和憲法下で形成された戦後レジームを壊そうとする全体的文脈の中で進んできている。

限定なき「限定容認」

安倍政権はあくまで集団的自衛権の「限定容認」であり、「専守防衛」と矛盾しないと強調している。だが、そもそも自国が攻撃を受けていないにもかかわらず、自国への影響が深刻であるとして他国が攻撃を受けたときに武力行使を行うことは、どのように言い繕っても「専守防衛」の放棄を意味する。しかも、閣議決定が示した「自衛のための措置」としての武力行使の新3要件は、以下のように恣意的な判断が許される抽象的な要件である。

①「我が国に対する武力攻撃が発生した場合のみならず、我が国と密接な関係にある他国に対する武力攻撃が発生し、これにより我が国の存立が脅かされ、国民の生命、自由及び幸福追求の権利が根底から覆される明白な危険がある場合」で、

②「これを排除し、我が国の存立を全うし、国民を守るために他に適当な手段がないとき」、

③「必要最小限度の実力を行使する」。

とりわけ重要なのは①であるが、これを見る限り、事態の性質にも地理的範囲にもほとんど「限定」は設けられておらず、拡大解釈は容易である。安保法制懇報告は、「「地球の裏側」まで行くのか云々という議論」は「不毛な抽象論にすぎ」ないと断じて、「地理的限定」を設けることを明確に否定した。また、「密接な関係にある他国」には、米国だけでなく韓豪など米の同盟国や友好国も含まれうる。さらに、他国への武力攻撃が「我が国の存立」を脅かし、「国民の生命、自由及び幸福追求の権利が根底から覆される明白な危険がある場合」とは一体どのような事態なのか、極めて曖昧である。そもそもこの要件は、72年の政府見解[5]を一部踏襲したものであるが、この政府見解は行使し得る自衛権を個別的自衛権に限定し、集団的自衛権を明確に否定していた。同じ条件で集団的自衛権行使を容認できる根拠について、説得的な説明はなされていない。政府は「安全保障環境の変化」を正当化の根拠としているが、その中身は、「グローバルなパワーバランスの変化」(具体的には中国の軍事的能力の拡大や海洋進出)や「技術革新」、大量破壊兵器や弾道ミサイルの開発と拡散(とりわけ、北朝鮮の核・ミサイル開発)、「テロ」の脅威、そして、サイバー攻撃や宇宙の軍事利用などに至る広範な「変化」が総花的に挙示されるのみであり、集団的自衛権行使を容認すべき具体的な理由は全く明らかではない。

武力行使の拡大は何をもたらすか

今回の閣議決定は、集団的自衛権行使の容認に加え、武力攻撃に至らない「グレーゾーン事態」やPKO活動などにおける軍事力行使のハードルを下げることを打ち出し、憲法をはじめとした様々な「歯止め」をできるだけ解除しようとしている。さらに、与党協議や7月の衆議院予算委員会での集中審議などの議論を通じて、武力行使を伴う集団安全保障措置への積極的参加も議論されている。だが、こうした軍事的対応を拡大する政策は、むしろ東アジアや世界の平和を脅かしかねない危険を孕んでいる。

まず、地域安保の文脈では、中国の軍拡動向や海洋進出などが最大の口実とされているが、閣議決定が示した方向性はこれらを解決できないどころか、軍拡スパイラルを拡大させる恐れがある。対中国という点では、「グレーゾーン事態」における対応の必要性が強調されている。具体的には、①潜没航行する外国潜水艦による領海侵犯や②離島における「武装漁民」の不法上陸といった事例が挙げられている。だが、最大の懸案である尖閣諸島では日本の海上保安庁が有効に施政権を確保しているため、そもそも②のような事態は起こりえないと政府自身が認めている。より危険なのは①の事例である。「有事」に至らない段階では、軍艦には他国領域内における「主権免除」が適用されるため、領域国がなしうるのは領海侵犯した潜水艦に対する浮上や退去の要求までであり[6]、例えば爆雷の投下などの強制的な措置を採ることは、国際法に反して日本自らが戦端を開くに等しい行為である。日中の防衛当局間での「海上連絡メカニズム」の構築が進まない一方で、こうした不測の事態を招く危険性を拡大することは、明らかな政策的誤りである。

また、朝鮮半島有事における軍事的対応を拡大するという目論見もある。米軍やそれとともに行動する他国軍への自衛隊の支援活動を拡大し、軍事力行使を伴う関与をも可能にしようというのである。閣議決定は「後方地域」や「非戦闘地域」という既存の枠組みを放棄することを提起しているが、これに沿って周辺事態法を改正することでより拡大された支援を可能にし、さらに、集団的自衛権行使によって米艦防護や北朝鮮への武器輸送船への船舶検査を行えるようにすることが目指されている。

一方、グローバル安保の文脈では、「シーレーンの確保」のための機雷除去を行えるようにする必要性が強調されている。7月14日の衆院予算委での集中審議において、安倍首相は「石油供給が回復しなければ、我が国の国民生活に死活的な影響が生じ、我が国の存立が脅かされる事態が生じうる」と述べている[7]。だが、経済的な打撃でも要件を満たすとするなら、資源輸送の停滞や海外の経済権益への侵害を理由とした海外派兵が論理的には可能となる。安倍首相は、自衛隊が「湾岸戦争やイラク戦争での戦闘に参加するようなことは決してない」と断言したが、その保証はどこにもない。多くの戦争が自衛や自国の権益防衛を名目として行われてきた歴史を踏まえれば、「自衛の措置としての武力行使」は限定的だと言っても歯止めにならない。

語られない外交政策

安倍政権は、戦後レジームを壊し軍事優先への転換を進める一方で、そもそも武力行使が必要となるような事態を避けるための外交政策については何も語らない。閣議決定は、「まず、十分な体制をもって力強い外交を推進することにより、安定しかつ見通しがつきやすい国際環境を創出し、脅威の出現を未然に防ぐ」と述べるだけで、具体性は一切ない。

東アジアにおいて、解決すべき国際問題は山積している。とりわけ、中国や韓国との間では、尖閣をめぐる領有権紛争、朝鮮半島非核化の課題、さらには、日本による侵略の過去をめぐる歴史認識問題が横たわっている。だが、安倍政権はこれらの課題をめぐって、むしろ対立と相互不信を広げている。昨年末の首相の靖国神社参拝はその最たるものであり、最近でも「従軍慰安婦」問題に関する「河野談話」の成立過程に対する「検証」作業が近隣諸国の大きな反発と懸念を生み出した。尖閣をめぐる紛争では、「領有権問題は存在しない」として外交交渉を拒否する姿勢を貫いている。さらに、朝鮮半島非核化でも積極的役割を果たしているとは言いがたく、地域的な安全保障メカニズムの構築へのイニシアチブは見えない。すでにモデル条約案を提案している「北東アジア非核兵器地帯」設立へ向けた議論の提起など、採るべき選択肢が存在するにもかかわらずである。また、「テロ」の拡散という事態にどう対処すべきかといった具体的な議論も決定的に欠けている。

安倍流「積極的平和主義」の欺瞞性

7月1日の記者会見で安倍首相が次のように述べたことは、憲法が掲げる平和主義も牽強付会なやり方で利用して「大転換」の正当化を図ろうという姿勢を示していた。

「これまでも、私たち日本人は時代の変化に対応しながら、憲法が掲げる平和主義の理念の下で最善を尽くし、外交、安全保障政策の見直しを行ってまいりました。決断には批判が伴います。しかし、批判をおそれず、私たちの平和への願いを責任ある行動へと移してきたことが、平和国家日本を創り上げてきた」。

武力行使と海外派兵への歯止めを解除し、自衛隊が海外で殺し、殺される事態を招こうとしながら、それを「平和主義の理念」の名の下に正当化しようとするなど、自己欺瞞も甚だしい。安倍首相が強調する「国際協調主義に基づく積極的平和主義」とは、このような欺瞞性に満ちている。だが、同時に見逃してはならないのは、この「自己欺瞞」には、ただ安倍首相を非難するだけではすまされない問い――戦後日本とその安保政策のあり方をめぐって私たちが向き合うべき問いが含まれている、ということである。

「戦後日本の平和」に関して、人口に膾炙する一つの「見方」がある。すなわち、「戦後日本は、一人も殺さない平和国家として歩んできた」という見方である。だが、果たして戦後日本は、本当に「一人も殺さない」国家だったと言えるのだろうか？

そもそも、戦後日本の防衛政策の基本に据えられてきた「専守防衛」は、安保政策の現実や防衛態勢の実態から見ると一種の「擬態」であった[8]。この「擬態としての専守防衛」は、日米安保条約の下で「攻撃的戦力」としての在日米軍を駐留させ、それを前提に「防衛的戦力」としての自衛隊が「専守防衛」を擬態しながら、潜在的な「攻撃的戦力」を蓄え増強してきた、という現実を指している。在日米軍と自衛隊を一対とする日米安保体制こそ、戦後日本の安全保障政策の根幹を成してきたものであり、「専守防衛」とは、そのような日米安保体制の「外皮」であったと言うことができる。そして、この「外皮」をまとった日米安保体制は、戦後のアジアや中東における戦争や軍事介入を支える大きな要素であり続けてきた。たしかに、朝鮮戦争でもベトナム戦争でも自衛隊は直接手を下してはいないし、アフガン攻撃やイラク戦争でも「一人も殺していない」。だが、それは自衛隊が日米安保体制における「防衛的戦力」という一構成部分であったことの帰結であって、日米安保体制全体で見れば、じつにおびただしい数の「人を殺してきた」事実は覆うべくもない。国外だけではない。「日米安保の堅持」という方針の下、巨大な駐留米軍を押し付けられた沖縄は、米兵犯罪や米軍機の墜落などの事件・事故、爆音被害や環境汚染、生活・生業環境の阻害など、多大なる犠牲を強いられ続けている。このような戦後日本の安保政策の実態から見れば、「戦後日本は「平和国家」であり、一人も殺していない」という認識は、端的に事実に反する。

「擬態としての専守防衛」とともに歩んできた戦後日本(本土)において、「平和主義の理念」を掲げることは、上述のような構造的加害の現実と向き合い、そのような国家と安保政策のあり方をどのように変えるのかという問いなしには、決して真摯なものたりえない。

いま私たちが直面する「安保政策の大転換」は、「擬態としての専守防衛」の欺瞞的な性格を極限まで拡大し、いよいよ自衛隊に顕在的な「攻撃的戦力」としての役割も担わせようとするものである。その正当化のために「平和主義」の名が騙られる今だからこそ、私たちは、「平和国家」日本を支える日米安保体制の実態を問い、「平和主義」の具体的な内実をめぐる対抗的な議論と実践を志す必要がある。

求められる「国家暴力」へのリアルな視点

では、このような認識を前提としながら、「平和」や「平和主義」の内実をめぐる対抗的な実践を模索する上で、重要な視点とはどのようなものだろうか?

むろん「平和」の問題は様々に議論し、実践しうる。「非武装」や「平和」の理念的な価値を啓蒙する実践もあろう。だが、それのみで「戦争」と「平和」をめぐる現実を実際に変えていくことは困難である。なぜなら、「戦争」と「平和」の問題はなによりも、「国家暴力」のあり方、そして、国家暴力と市民社会との関わりのあり方をめぐる具体的な問題だからである。

社会学の泰斗であるマックス・ウェーバーは、近代国家を次のように定義した。「国家とは、ある一定の領域の内部で――この「領域」という点が特徴なのだが――正当な物理的暴力行使の独占を(実効的に)要求する人間共同体である」[9]。

私たちが生きる近代社会とは、このような独占的に組織された国家暴力の存在を前提としている。近代においては、国家による暴力独占が達成されることをつうじて、暴力を外部に排除した「市民社会」が実現され維持される。近代的な人権も民主主義も、「市民社会」の外部に暴力を排除してこそ、十全に実現されうる。ここで重要なのは、国家暴力と市民社会の存在はつねに緊張関係に置かれ続けている、ということである。私たちが生きている「近代」とはそのような世界であり、だからこそ、国家暴力が引き起こす「戦争」や「平和」の問題を実践的に思考するには、国家暴力の組織化のあり方(もう少し具体的に言えば、軍事組織の態勢や運用の実態)への問いと、その国家暴力を市民社会がいかに実効的に統制しうるのかという問いを避けてとおることはできない。

「平和」を志向する市民社会の実践において重要な一つの視点は、このような「国家暴力」に対するリアルな思考に立脚することだろう。そうすることで、国家暴力の膨張を抑制し縮小に転じていこうとする実践、そして、「軍事的なもの」の水準を社会的に引き下げていこうとする実践が、より具体的で実効的なものたりうるのではないか。

こうした問題意識は、例えば国際的な「軍縮」の努力に見られるが、これのみではない。一国的なレベルでも、このような問題意識に立った実践が求められるだろう。とりわけ、安全保障政策のさらなる軍事化へと突き進みつつある日本においては、膨張しようとする国家暴力を私たちの市民社会が実効的な管理と統制の下に置くことができるかどうかが、これまで以上に問われることになる。この問いは、より具体的には「シビリアンコントロール」の問題として現れる。

脆弱化する「シビリアンコントロール」

安倍政権は、憲法改正を必要とする歴史的な「安保政策の大転換」を、国会や市民社会における議論を回避して、憲法解釈の変更という手段をもって強行した。このようなやり方が立憲主義と民主主義に反するのは当然である。だが、もたらされる危機はさらに大きい。自衛隊に対するシビリアンコントロールがいっそう弱体化させられていく危険が存在するのである。

そもそも「シビリアンコントロール」は、「軍事」に対する民主主義に基づく「政治」による完全な統制の確保を基本原則とする(それゆえ、一般に定着している「文民統制」よりも、「民主的統制」のほうが訳語としてより正確である)[10]。その根底には、「軍の統制の方法を一歩誤れば、民主主義社会が足下から崩されてしまうというおそれがあった」[11]。

だが、立憲主義の原則や民主主義的な議論を通じた意思決定を軽視する安倍政権のような「文民政治」では、「軍事」に対する有効な統制を確保することなど覚束ない。実際、現在の論議においてシビリアンコントロールの確保をめぐる議論は後景に退く一方で、手続きの簡素化や現場判断の余地の拡大が目指されている。例えば、「グレーゾーン事態」への海上警備行動や治安出動の発令について、「手続き的な敷居が高いため、より迅速な対応を可能とするための手当が必要」(安保法制懇報告)と主張されている。

自衛隊に対するシビリアンコントロールは、すでに脆弱さの度合いを深めている。戦後日本では、「制服組」と呼ばれる武官を「背広組」と呼ばれる文官スタッフが統制する「文官統制」と言うべきシステムが発達してきた。この背景には、自衛隊の「存在」そのものの正当性に議論が集中する一方で、実際に存在する実力組織に対する統制のあり方については政治や市民社会の関心が薄く、国会も内閣も自衛隊活動を統制しようとする意志や能力が薄弱であるという現実があった[12]。さらに、近年の防衛省改革では「文官と自衛官の混合化」(14年度防衛白書)というスローガンの下で、防衛大臣を自衛官が直接補佐することができるよう中央組織改革が進められ、意思決定への自衛官の影響力が増している。その一方で、シビリアンコントロールに対する政治の無頓着さは、陸自「別班」の存在を報じた昨年11月のスクープをめぐる対応で改めて示された。報じられたのは、自衛隊員の籍を抹消された人員で組織された「別班」と呼ばれる秘密情報部隊が冷戦時代から存在し続けており、この組織は陸上幕僚長の指揮下になく「首相も防衛相も存在すら知らない」という、衝撃的な事実だった[13]。にもかかわらず、報道翌日の記者会見で小野寺五典防衛相は「「そのような組織は自衛隊に存在していない。現在もない」という報告を受け、確認した」と答弁し、実態解明の調査を行う意思がないことを明言した。国会でもそれ以上の追及はなされずじまいである。現在の内閣や国会には、自衛隊を有効に統制しなければならないという問題意識も危機感も欠如していることを、この事件は、はしなくも露呈した。

「民主的統制」の重要性

このような現状を放置したまま、自衛隊の軍事的活動の幅を広げ、武力行使や海外派兵への歯止めを解除していけば、日本の国家暴力に対する「民主的統制」はますます掘り崩されていく危険がある。今年12月に特定秘密保護法が施行されれば、自衛隊の派遣理由も活動内容も「秘密」指定され、ますます社会的な検証が困難になる恐れもある。現状はまさに、民主主義の根本的危機を孕んでいると言うべきである。

このような危機の招来を阻止するためには、「戦争のできる国づくり」を批判するだけでなく、自衛隊に対する「民主的統制」をいかに確保し拡充していくのかという観点からの批判と対案が求められる。民主主義を軽視して軍事的対応の拡大に前のめりになる「政治」の現状を踏まえれば、「首相の命令」や「国会の承認」という形式的手続き論だけでは不十分である。平和主義の本旨を守ろうとする市民社会が、「平和」の理念を啓蒙するにとどまらず、軍事組織に対する「民主的統制」のあり方への関心を高めることが重要である。より具体的には、自衛隊活動の実態把握とそれに基づく拡充された「民主的統制」のあり方をめぐる議論を発展させる必要がある[14]。さらに、米軍を含めた日米安保体制全体を視野に入れるなら、「全土基地方式」と様々な「米軍特権」を許した日米地位協定(さらに日米による様々な密約)の下、ほとんど「野放し」に近い状態で活動する在日米軍への社会的な関与と統制のあり方も追求されなければならない。

市民社会の関与次第では、「民主的統制」は「軍事を統制・管理するだけでなく、最終的には軍事の位置を格下げする論理をも見出していく機会」ともなりうる[15]。憲法9条を持つ日本の「民主的統制」は他国と同じである必要はないだけでなく、9条を生かすならば、戦力の構成や運用に対してより抑制的な統制のあり方が追求されてしかるべきである[16]。

武力行使や海外派兵への歯止めを解除する軍事化に拍車がかけられる今、実効的な「民主的統制」のあり方を追求する市民社会の創意ある議論と実践が求められている。

注

1 国家安保戦略と新大綱についての詳論は、「核兵器・核実験モニター」第441号(14年2月1日)。
2 「核兵器・核実験モニター」第447－8号(14年5月15日)。
3 防衛省HPからタイトル名を検索すれば閲覧可能。
4 「ODA大綱見直しに関する有識者懇談会報告書」(外務省HPから閲覧可能)。想定されているのは、災害救援の人材育成や、海上警備能力向上のための巡視船提供や港湾整備などへのODAの活用である。軍事転用を防止する方策を検討するとされているが、他国軍の運用を規制できるのかなど、様々な困難が指摘されている。
5 第69回国会参議院決算委員会提出資料、1972年10月14日。
6 水島朝穂「安保法制懇の「政局的平和主義」」(『世界』14年5月号)などを参照。なお、この点は国会でも指摘されている(14年3月27日の衆議院安全保障委員会における中島明彦政府参考人の答弁)。
7 朝日新聞、14年6月14日。

8 「擬態としての専守防衛」については、梅林宏道「<擬態としての専守防衛>から<地域安全保障>へ」(『世界』04年増刊号「もしも憲法9条が変えられてしまったら」)。
9 マックス・ウェーバー『職業としての政治』岩波文庫、9頁。
10 国立国会図書館調査及び立法考査局がまとめた「文民統制の論点」(山田邦夫、07年3月。国立国会図書館HPからタイトル名を検索すれば閲覧可能)によれば、「文民統制の基本原則」は概ね、①「政治と軍事が分離した上で、軍事に対する政治の完全な統制を確保すること」、②「民主主義の原則に基づいた政治による統制、すなわち、原理的に国民が政治をつねに監視し統制していることを前提としたものであること」の二つに整理できる。
11 纐纈厚『文民統制　自衛隊はどこへ行くのか』(岩波書店、05年)。
12 注11に同じ。
13 共同通信、13年11月28日。より詳細な内容は、取材した石井暁記者による論文「陸自「別班」　危険な暴走――シビリアンコントロールの危機」『世界』14年3月号、参照。
14 廣瀬克哉は、「文民統制の基本的な理念」を「市民社会の政治決定が軍事に優先する」こととし、形式的な手続き論にとどまらず、安全保障政策の中身や防衛態勢の実態に対する議論を通じた市民社会の合意を背景とした「市民統制としての実質」を確立することが「文民統制の有効性を確保するための必要条件」であると指摘している(「「文官統制」から市民統制へ　文民統制確立の条件を考える」(『世界』91年8月号)。
15 注11に同じ。
16 本稿では問題意識を提示するにとどまったが、具体的に検討すべき課題は多岐にわたる。「民主的統制」の具体論については、他日を期したい。

特別記事 2

民主主義の主体と情報

梅林 宏道
（ピースデポ特別顧問）

梅林 宏道
長崎大学核兵器廃絶研究センター（RECNA）センター長、ピースデポ設立者・前代表、核軍縮・不拡散議員連盟・東アジアコーディネーター。『核兵器・核実験モニター』誌主筆、イアブック『核軍縮・平和』監修者。

情報とは何か——2つの概念

現在、特定秘密保護法が、ひとつのきっかけとなって、その対抗概念として情報公開を強調する議論がある。情報公開とは、決して秘密保護に防衛的に対応する概念ではなく、民主主義の実践における基本的原理であるということを論じたい。そうすることによって、重苦しい時代状況を押し返すための私たちの思想的バックグラウンドを固める一助としたい。

私自身、「情報」という概念に、相当以前に、一つの角度から批判的に取り組んだ。私は物理学を専攻していたが、科学技術の社会的なあり方に批判的に発言する活動を始め、1969年に「ぷろじぇ」という同人誌を発行した。そこにおいて、科学技術に関する自分の考えを整理する作業を始めたが、出くわしたキー概念の一つが「情報」であった。当時、情報が社会科学の諸問題を解決する科学的アプローチのキー概念として登場していた。情報を定量化して電子処理するという流れである。その流れにおける「情報」は、未来工学とか、社会科学へのシステム論的アプローチに活用され、コンピューター社会を歓迎するバラ色の議論を導く主役であった。多くの大学に情報科学や情報工学を専攻する学部や学科が生まれた。私は、そのような傾向にアンチを唱えた。

当時、科学的な情報処理に対する批判的見解として、人間、あるいは生物における「情報認識」は、情報処理の量的な拡大によっては、とてもアプローチできないものであるという議論があった。そのような例の代表として、パターン認識が挙げられた。たとえば滝が落ちている。滝のかたちというのは、定義できないほど多様であり量的には定義しがたい。しかし、私たちは一瞬見るだけでこれは滝だと思う。そういうパターン認識の問題は、これからの「情報科学」のテーマであるというようなことが当時の議論であった。私は、このような量的処理の高度化の課題を、実証主義科学がやがて征服してゆくべきチャレンジングな課題とする論調に対して、そこに待ち受けている落とし穴を直視すべきであるという側面から批判した。今日、電脳将棋は情報処理の速度を上げることによって、人間に勝つようになっている。集積化と高速化の進歩は目覚ましいものがある。しかし、そのアプローチによってもたらされる恩恵と落とし穴とを、きっちりと議論する制度を私たちの社会はまだ準備できていない。圧倒的な商業主義が夢を煽り、欲望を掻き立て、あこがれの未来論が語られるのみであると言っても過言ではない。

私の批判は、生物の行動といった有機的なものを、無機的なアトムの量的集合体に置き変えていく、つまり、無機物をどんどん量的に大きくしていけば、限りなく有機物に近づいていくという信仰に基づく議論は、実用的ではあるが、大切なものが失われる落とし穴があるという考えに起因していた。

レオン・ブリユアンという数学者で、人間機械論を書いた先駆的情報科学者がいた。彼は、日常体験から「情報」概念を考えようとした先駆者であったので、議論に一定の深さがあった。彼は「(情報量の)正確な定義は限界をもったものである。これを得るためには、“情報”という単語の通常の言外の意味の多くを除きかつ無視しなければならない」と限界を指摘し、その上で「情報」を定量化する数式を与えた。定量化するために捨て去るもの、しかも「通常の言外の意味の多くを除きかつ無視」したと述べるほど大量に捨て去るものを、やがて専門家たちは忘れてしまう。専門家の世界においては、定量化した情報が形成する擬似世界が操作可能な社会として合理性を獲得してゆくことになる。香山健一という全学連の委員長をした人物で、未来学者になった人物がいた。彼は、「新しい時代の人間は、・・つねに建設的、未来指向的に<問題解決>に努力する人間とならなければならないであろう。このような考え方は、情報現象や人間の思考についての新しい情報科学的理解が、十分に提供してくれるはず」と述べた。彼は、未来の新しい人間形成の姿まで情報科学の有効性の延長に描いていたのである。今のコンピューター社会へと向かって優勢となりつつあった情報科学の勢いは、このように驚くほど単純な力をもっていた。

それに対して私は、「情報とは、われわれにとって、つねに情況的全体であり、情況の肉化である。」「科学の名のもとに人間的な出来事を平板化するために用いられる情報概念を“情報化された情報”として一つのカテゴリーの中に位置づけなければならない」と主張した(「抵抗の科学技術」、技術と人間、1980)。量的処理にまい進する科学が捨て去るものの重要性、より正確には捨て去るものを対象化することの重要性を忘れるなという主張であった。“情報化された情報”概念と呼んだものは、定量化のために対象化された情報であり、そのために結果として構成される擬似世界において一定の有効性をもつことは否定できなかった。たとえば、企業の業務シミュレーションなどはその例であった。しかし、私たちが生きる世界においては、世界は私たちが関与することによって変化する。変化は予測を超えたものになるのが常である。身近にある未分化の情報が正面から考慮されるとき変化は複雑になるのみならず、私たちの関与そのものが新しい情報を生み出す。つまり自分の生き方とか、その時の社会状況と切り離すことのできない生の情報を、量に還元しやすいもののみを切り離して処理することの一面性に注目しなければ、一面的な便利さのみが肥大化して、情報処理化しにくく捨てられた難問が軽視される社会になる。

このように“情報化された情報”で工学される社会のイデオロギーへの対抗イデオロギーを提示するのが私の試みであった。“情報化された情報”に対して“生身の情報”を、未来を生み出す豊かさをもつ情報として対置したのである。それは、社会的実践とか生き方が問われるような科学技術者論である。この試みのその後をフォローすることはここでの本題ではない。

20年足らず経って1985年頃から、私は別の形で、情報概念に接することになった。反核、反基地運動の中で、アメリカの情報公開法に接することになったのである。その出会いは私にとって大きなことであったが、その経過や意味を説明することは簡単ではないので深入りしないことにする。ともかくも、情報公開法を使った核や基地に関する調査活動に、私は精力的に取り組むことになった。そして必然的に、そこにおいて、私が使おうとしている情報公開法における「情報」と、今もなお世界的に支配的である情報化社会における情報概念とは、どのような関係にあるのか。それらはどう交錯し、どう補い合うのか。そのことを考え続けることになった。

広辞苑を引いてみる。情報には、①あることがらに付いての知らせ、②判断を下したり行動を起こしたりするために必要な、種々の媒体を介しての知識、という説明がある。たしかに、これは日常における「情報」の意味を言い表している。これに示されているように、「情報」は、発する主体、受ける主体なしには存在しない概念である。“情報化された情報”概念においては、それに対してコンピューターを通して情報を処理する技術的側面からのみ光を当てて、発する主体や受ける主体、さらに両者の相互関係に左右されない世界を構築してきた。現在のIT(情報技術)時代という用語においても同じである。

一方で、私たちが今日のテーマで直面している秘密保護法で登場している情報概念とは、発する主体と受ける主体、及びその相互関係にこそ光を当てなければならない概念である。私が在日米軍基地の実態解明を情報公開法によって行おうとしたときの「情報」は、まさにそのように発する主体と受ける主体の緊張関係ぬきには語れないものであった。たとえば、在日米軍基地ごと、さらに基地に駐留する部隊ごとの米軍人の数は、計量できるし、その月々の変化は、一見、“情報化された情報”として社会に流布することに適した情報である。しかし、この情報はそのような扱いを受けることはない。それは、発する主体、受ける主体に密接に関係する意味を否応なく発散するからである。実際、情報を管理する米国防長官官房を頂点とするペンタゴン世界においては、これは“情報化された情報”として流布している。しかし、この情報は“生身の情報”として生身の社会において流通することはなく、流通するには多くの障害を乗り越える必要がある。それに成功しなければ流通は阻止される。私が、米情報公開法によってその情報を入手する際には多大な労力を費やすこととなった。つまり、この側面における情報の対象化は、情報化社会の情報とは別次元の営為を必要とされ、情報を発する側と受ける側の関係、その時における社会状況と構造が直接的に関わってくる。情報化社会が捨て去ったものを対象化するとは、多かれ少なかれこのような営為を意味する。

2つの「情報」概念を整理すると、1つは、情報化社会、IT産業、情報ネットワークと言われる場合のように、情報を計量可能な「もの」としてとらえ、「もの」として流通し、システム的に総合する対象と考えるとらえ方である。ここでは、情報を発する主体と受ける主体は重視されない。情報化社会において、この情報はあたかも即自的な存在(あるがままの存在)であるかのように見えるが、実際には加工・選別された即自性において存在する。もう1つは、情報公開や、秘密情報という場面に登場する「情報」概念である。ここでは、発する主体と受ける主体、またその関係性こそが重要な意味を持つ。「情報」は意味、内容において捉えられる。“生身の情報”が人間、世界と不可分なものとして対象化されるのであり、この情報は対自的な存在(意識された存在)と言うべきものである。

この2つの情報概念は交錯し、相互作用する。そのような相互作用の場は日々の生きる場であり、相互作用のあり方こそが情報化社会における民主主義の質を測る重要な物差しであろう。民主主義は、情報が即自的に流通する領域をもつが、それらの情報は民主主義の担い手である主体(市民)によって、あらゆる場所や機会において検討され、対自化する契機に曝されていることが必要である。民主主義の主体は、情報を即自的な存在として消費するのではなくて、情報に関与し、意味を付与し、情報を創り出すことによって、その制度の内実を創る責任を負っている。秘密保護法をきっかけに、私たちは今その責任に直面しているのである。

米国の情報公開法

スノーデン氏が米国家安全保障局(NSA)による個人情報収集を暴露したことで、私たちは、先進的なネット社会アメリカにおける2つの情報概念の衝突を見ている。私が、69年に「情報」を論じた頃に、スノーデンの暴露と似た事件があった。それは、エルスバーグ博士によるベトナム戦争におけるペンタゴン機密文書の暴露であった。スノーデン氏の暴露の背景には対テロ戦争にとりつかれたアメリカ社会があり、ビックデータを国家権力が操作する事態を生み出した。スノーデンの暴露は対テロ戦争時代の「情報」と民主主義の関係をあぶりだしたと言えるであろう。それに対して、ペンタゴン機密文書の暴露の背景には、反共イデオロギーに支配されたアメリカがあり、国家権力は世論を騙しながら民族解放闘争を潰すための謀略を行った。それは反共イデオロギーの時代における「情報」と民主主義の関係における危機をあぶりだした。このように2つの事件は、国家権力と一体化した時代のイデオロギーと深く関与している点において重要な共通点をもっている。そして、私たちが直面している秘密保護法事態もまた、同様の性格を持っている。日本においては、安倍政権による戦後平和体制からの脱却のもくろみが、議会多数支配を利用して短兵急に進められている、日本戦後史の重要な転換点において、秘密保護問題を通して情報化社会の情報と民主主義が問われている。また、民主主義主体を籠絡する論理として、支配権力は対テロ防衛意識や経済成長・生活防衛意識を利用しようとしていることも、国際情勢との関係において注目する必要がある。

上述のような観点でとらえるとき、アメリカの情報公開システムの現状に限界や問題があることは論を待たない。にもかかわらず米国の情報公開制度の基本理念は、学ぶに値する民主主義の原理を踏まえている。

アメリカの情報公開法に私が接したときのカルチャーショックについて少し述べたい。1977年に、米議会は「市民のための情報公開法のガイド」を作った。それを読んだときに、私は非常に強い感銘を受けた。市民向けガイドを作成した理由は、市民が情報公開法を使うための基本的な入門書であるということが一つであったが、もう一つは連邦政府の役人の訓練プログラムとして、教材に使うということであった。ガイドの冒頭に、アメリカの3代目大統領ジェイムス・マジソンの引用がある。それは、「自分自身の統治者であらんとする人民は知ることの力によって武装しなければならない。ゆきわたった情報を持っていない人民の政府は、喜劇、あるいは悲劇、おそらくその両方の始まりに過ぎない」と述べている。政府の主人公である人民は、ゆき渡った情報がなければ、そもそも政府をつくることすらできないとの趣旨である。この考え方を市民教育だけではなく、役人の意識改革のテーマとして普及させる取り組みは注目すべきことがらである。

ガイドは、続いて、情報公開法によって、それまでの役人が情報に関して持っていた考え方に、コペルニクス的な転換がもたらさると解説している。第一の点は、「情報公開法の前提となる認識は、政府及び政府の所有する情報は人民に属する、ということである。」つまり、人民が政府を選んで、統治を託しているのであるから、政府が持っている情報は、そもそも人民のものだということが基本認識になる、と謳っている。その次に、情報に関して政府の役割とは何かという点について、「政府のもつ情報についての政府の機能は社会に奉仕する保管者という機能である」と述べる。つまり、人民は政府に仕事をさせるために権限を託している。託している権限を適正に行うために情報が必要であろう。そのような意味で、人民の情報を預かり保管しながら業務にあたっているというのが、政府にとっての情報の意味だと言うのである。このような認識に立つことによって、情報についてコペルニクス的転換が起こる。つまり、ある人民がある政府情報が見たいと考えた時、従来の立場ではその人民は当該情報を知る必要性を説明して開示を要求するというプロセスが標準的プロセスとなる。「これこれの必要があって役所が持つ情報がみたい。みせて欲しい」と理由を説明する。しかし、情報の本来の所有者が人民であるとすれば、「<知る必要性>という基準は<知る権利>という原理に移行」することになる。すなわち、もし政府が見せたくないときには、その理由を述べその正当性を「証明する責任は個人から政府に移る」ことになるのである。委託されている業務を遂行する上で、なぜ情報を開示できないのかについて政府の側が人民に対して説明しなければならないのである。そして、情報公開法は、政府が非公開を主張できる場合を箇条書きにして定めている。

実際、私が1980年代の末ごろから、アメリカの情報公開法を使った取り組みを始めたとき、このような原則的な考え方が、単なる建前ではなく担当役人たちに行き渡っていることに感銘した。私は情報公開後進国の日本の常識に浸っていたから尚更であった。私は在日米軍の組織と行動の実態を調べようとしていたが、日本における米軍基地は米軍の世界展開のために占領軍が既得権を手放さないために維持しているものであり、早期に撤去されるべきものであるという主張を持っていた。そこで私には、情報公開請求の意図や得られた情報の使用目的を知られたくないという意識が強く働いた。自分が米軍基地反対運動に関与していることを相手に知られることは、情報公開の決定に不利に働くに違いないという思い込みに支配されていたからである。しかし、相手の担当官と手紙の往復を重ねるうちに、公開業務の担当者は業務を法律に基づいたルーチンとして行っているというだけではなくて、多くの場合、情報公開制度に誇りに感じながら業務を行っていることが分ってきた。彼らは有資格者であり、この制度にしたがって情報提供することが、先に述べたような民主主義の実現に資すると理解し、日本において同じ役割を果たすことを当然と考えているようであった。

得られた情報の活用に関して、米国で同様な活動をする友人から受けた説明は、私に目からうろこが落ちる思いをさせた。彼によれば、私が得た情報を記者会見などで公表し、基地実態の事実情報を社会に広めることは、法の精神にまさに則った行為であり、担当官たちが歓迎することがらである。情報公開が民主主義を強めるという原点に立てば、公開された情報が広く社会に流布すればするほど、公開の効率を高め法の目的をよりよく達成することになる。個人の趣味で、マニアックに基地情報を集めている人に情報提供することよりも、メディアに公開情報を発表し、社会で広く共有されることを目指す私のような個人の方が、情報公開の精神に叶っているということになるであろう。前述のように、公開担当官がそういうスタンスだということが、徐々に感じ取れるようになった。

情報管理の高い地位に行けば行くほど、政治的な配慮が入り込むであろうとは想像するが、基本のところでこのような民主主義感覚が生きていることは、アメリカ民主主義の比類のない強みである。スノーデン氏の出現や、彼を支持する広範なジャーナリストの存在に、そのような強みが表れている。

やがて私の中に、米国の情報公開システムを当然とする感覚が自分の中に生まれてきた。そのような感覚が私の言動に表れていたのだろうか、あるオーストラリアの研究者が米国のシステムに敬意をもって接するべきだと言われたことがある。これは重要な指摘であった。米国の情報公開制度は闘いとられたものであり、海外の利用者が米国民にその制度への敬意を示すことは、制度の維持と強化に役立つはずである。アメリカが全てよしという話では決してない。しかし、民主主義の基本に、情報公開があるということは、アメリカ社会の強みであり、社会の復元力になっていることは間違いない。逆に言えば、これは以下で議論するような日本の民主主義の根本的な弱さを自覚することにもつながる。

日米の比較：自衛艦のインド洋における給油

私は、米国の情報公開法を使って安全保障・外交問題に関するさまざまな調査に取り組んだ。多くは米軍が絡む問題であったが、私には、米軍情報を通して日本の安保・外交政策を検証する問題意識があった。1999年に日本に情報公開法が施行されてからは、日本の情報公開法を使うことも始めた。しかし、その活動には費用がかかり、その割に実りの少ない努力に終始することが多く、意欲を減退させるものであった。秘密保護法が運用される状況と重ねると、未熟な日本の民主主義に重大な危機が訪れていることを感じる。

ここでは、いわゆる対テロ特措法（2001年）に基づく自衛艦による米軍への給油活動に関する調査の顛末を例にとりながら、日本の情報公開の実態を考える。

対テロ特措法ができて、アフガニスタンにおける米国などの対テロ戦争に対する給油支援が時限的に認められ、自衛隊の補給艦がインド洋で米海軍の艦船に給油をする活動が行われた。私たちの調査結果が日本のメディアに大きく取り上げられ、調査結果をもとに国会で連日の議論が行われたのは2007年秋のことであった。問題の自衛艦の給油は米国がイラク戦争に突入する直前の時期、2003年2月25日、ペルシャ湾の入り口に近いオマーン湾で行われた。自衛艦による給油は、法律によってあくまでも米軍のアフガニスタン攻撃「不朽の自由作戦」に従事する米艦に限定されなければならなかった。しかし、米軍にとって、同じ米中央軍が行うアフガン戦争とイラク戦争(当時「南方監視作戦」から「不朽の自由作戦」への移行期にあった)に関与する軍艦を区別することは考えられないような荒唐無稽なことであった。その矛盾を資料でもって解明する、それも情勢の推移に間に合って解明する仕事は、それまでの膨大なデータの蓄積があったからこそ可能であった。

アフガンとイラクへの空爆に参加していた横須賀を母港とする空母キティホークの航海日誌を、私はずっとフォローしていた。それは、横須賀を初めて母港とした空母ミッドウェーの冷戦下における活動を調査した延長にあった。横須賀母港の空母の航跡パターンは、ほぼ理解できていた。そんな時、イラク戦争から横須賀に帰還したキティホークの司令官が、日本からの給油のお陰で無事任務を終えたと何の憚りもなく感謝の挨拶を行った。私の手持ちの航海日誌を見直してみると、ペコスというアメリカの給油艦から給油を受けたことが分かった。そこで、急きょペコスの航海日誌の公開を請求したところ、幸いにも迅速な回答があった。航海日誌によると、ペコスは日本の自衛艦「ときわ」から給油された事実とともに、その給油量も正確に記載されていた。さらに、空母キティホークは給油を受けたのちアフガニスタン攻撃ではなくイラク戦争に直行したことが証明された。テロ特措法の違法な適用によるイラク戦争への関与が資料によって暴露されたのである。

しかし、自衛艦の航泊日誌(自衛艦の航海日誌のこと)を、日本の情報公開法で入手することはできなかった。黒塗りの紙の束が送られてくるだけである。

給油問題は国会で大きな議論になった。結果的には、民主党が「ときわ」の航海日誌の公開を求め、政府は公表に追い込まれた。しかし、それにもかかわらず公開は特例的なものであり、他の軍艦にも適用される制度の変更は起こらなかった。

日本の情報公開法にも「国民主権」や「開示を請求する権利」が記載されている。しかし、その権利と行政の長のもつ非開示の権限の間のバランスを議論する思想的原理と制度の担保が極めて弱い。特に安全保障、外交の分野については、この弱点は国家のあり方に関する民主主義的統制にとって致命的である。情報公開法は、行政の長、すなわち国家権力が「国の安全が害されるおそれ、他国若しくは国際機関との信頼関係が損なわれるおそれ又は他国若しくは国際機関との交渉上不利益を被るおそれがある」と認めたときには公開を拒否できるとしている。「おそれ」というあいまいな根拠は権力に大きな自由裁量を許すものであり、民主主義が機能するためにはその許容範囲が市民の力によって制限される制度の確立が不可欠である。

米国においては、前述したような民主主義感覚の下地のうえに、情報公開裁判がそのための一定の制度的機能を果たしており、判例の積み重ねが行われてきた。しかし、日本にはカテゴリーとしての情報公開裁判が存在しない。一般の行政不服審査法に基づいて不服申し立てを行うことができるだけである。しかも、現在の情報公開法の不服申し立ての制度は、私の経験した限りでは安保・外交問題でほとんど機能していない。

現行制度では、不服申し立てがあった時、行政の長は審査会に諮問しなければならない。その審査会は私の不服申し立てについて直接に議論を闘わせる機会を一度も持とうとしなかった。海上自衛隊の航泊日誌の公開を拒否する防衛省の理由は、航跡を知られることはテロ攻撃目標になるから、あるいは、自衛隊の通常の行動パターンが知られると敵を利するから、というものである。私の請求は、過去の日誌データであって、テロ攻撃の意図を持つ者が仮に存在したとしても、ほとんど役に立たない。通常の行動のパターンが知られたとしても、個々の航海が予測できない以上、攻撃者が依拠できるような情報にはならない。私は、不服申し立ての文書において理を尽くしてこのような説明をした。さらに、漠然とした不安を理由に非公開にする利益よりも、公開することによって得られる外交・防衛への信頼という利益の方がはるかに大きく、重要であると論じた。比較すべき米国の航海日誌の実例を添付して、日本よりもはるかにテロ攻撃を懸念する同盟の相手国の公開性を示しつつ、審査会に出頭して説明したいと希望した。しかし、審査会から出頭要請があったことはなく、私の立論に対して審査会自身の見識を述べることはなかった。行政の長の判断が妥当という結論が伝わるのみで、噛み合った議論にならない。制度として機能不全であるというべきであろう。

情報を基礎とした思想運動

私たちには長い闘いが必要とされている。日本における情報公開の壁は極めて厚い。この壁は、秘密保護法のみならず、多数派を獲得した政権が憲法の平和主義を捻じ曲げてしまう現状にもつながっている。

外交・防衛の在り方における民主主義は、私たち主体の側における民主主義についての強い思想と、グローバルな視野における市民社会の在り方に関するビジョンとの両方を要求していると思われる。それに加えて、思想とビジョンから導かれた代案、すなわち変革のための具体性のある構想が私たちには必要である。闘いは現実から出発しなければならない。その意味において、行動的であることは現実主義を必要としている。

この文脈において、私は情報闘争の重要性を位置付けたい。そこには二重の意味があるだろう。第一に、冒頭の章で述べたように、民主主義を担う主体として、情報を即自的な存在として消費するのではなくて、現実社会における情報に関与し、意味を付与し、情報を創り出すことによって、民主主義の内実を創るという戦略的な意味がある。第二に、獲得した情報そのものが、現在の社会的不正義や虚構を暴き、変革を引き起こす効果的な引き金となるという戦術的な意味がある。2008年に私は情報公開をツールとする「さい塾」を開塾したが、その背景にはこのような考え方があった。2011以来、一時休眠しているが、休眠までの(第一期)「さい塾」の活動は、www.saijuku.jpで読むことができる。2015年には、第二期「さい塾」を開始できればと願っている。「さい塾」のサイトには、2007年までの調査で入手した米軍文書の膨大なリストが掲載されている。それによって、米軍組織や艦船の名前ごとに、どの日付にどのような文書情報の在庫があるかを知ることができる。残念ながら資料そのものの電子化は行われていないが、ピースデポの事務所に紙媒体とマイクロフィッシュで保管されている。

最後に、日本の情報公開制度の具体的な改革について、一言触れておきたい。秘密保護法に関連して民主党が提出した情報公開法の改正案は、私が出くわした日本の情報公開法の機能不全の克服のために、第一歩となる要求がおおむねカバーされていると感じた。情報公開請求の無料化は法の趣旨に沿うためにも絶対に必要だ。非開示決定の理由は個別具体的でなければならないという強調点も同意できる。行政訴訟の枠内でどれだけの改善がなされるか疑問が残るが、訴訟を容易にするという視点での改善努力があることは評価できる。容易化のための法改正と同時に、情報公開法訴訟というジャンルが確立し、判例の蓄積が見えやすく確実になってゆくプロセスの制度が作られるかどうかが問われている。

(2014年2月22日に行われた同タイトルの講演をもとに整理・加筆した。)

特別記事
3

NPT準備委における新アジェンダ連合の訴え

パトリシア・オブライエン
（アイルランド国連軍縮大使）

2014年4月28日から5月9日にかけて、ニューヨーク国連本部で、核不拡散条約（NPT）2015年再検討会議第3回準備委員会が開催された。多くの国が、核兵器の非人道性に触れ、核兵器禁止の法的枠組みの重要性を改めて訴えた。

その中から、新アジェンダ連合（NAC：ブラジル、エジプト、アイルランド、メキシコ、ニュージーランド、南アフリカ）を代表したアイルランドの一般討論演説を収録する。

アイルランド一般討論演説
ニューヨーク、2014年4月28日

（前略）

議長、

核不拡散条約（NPT）は、「核戦争が全人類に惨害をもたらすものであり、したがって、このような戦争の危険を回避するためにあらゆる努力を払い、及び人民の安全を保障するための措置をとること」を完全に認識したうえで半世紀前に締結された条約であります。事故であれ計算違いであれ意図的であれ、核兵器が爆発するリスクは、その兵器が存在し続けるかぎり存在します。この惨害の脅威は、1998年に我々の外相をして新アジェンダ連合を創設させたものであり、それこそが、新アジェンダ連合（NAC）が核軍縮の大義を掲げるよう促し続けるものであるのです。

NPTは核軍縮・不拡散体制の礎であり、世界の安全保障体制の重要な要素であります。NPTが創設された中心的な前提は、非核保有国が核兵器を開発しないことを法的に約束したことと引き換えに、核保有国が核軍縮を行うことを法的に約束したことです。また全ての加盟国は、核エネルギーの平和利用追求の不可侵の権利を確認しました。

NPTを「礎」といいながら、NACとしては、この礎の上に何が築かれてきたのかと立ち止まってしまいます。NPTの核不拡散の柱は、核兵器の水平不拡散の制限の点では成功をおさめ、条約下の核不拡散の条項と義務は強化されてきました。しかし、核軍縮の柱を見るに、軍縮条項と義務を実現するために何が達成されてきたのか、と問わざるを得ません。

2010年NPT再検討会議は、「核兵器のいかなる使用も壊滅的な人道的結果をもたらすことに深い憂慮」を表明し、「全ての加盟国が、いかなる時も国際人道法を含め、適用可能な国際法を遵守する必要性」を再確認しました。再検討会議以来、ますます多くの加盟国が、準備委員会の以前の会合や国連総会などのさまざまな場を利用して、こうした懸念について焦点を当ててきました。

（中略）

核兵器が与えることを意図している損害の大きさ、そしてその帰結が国境では留まらないことを考えると、安全保障ドクトリンや概念において核兵器に依存しつづけていることは容認しがたいものであります。そうした兵器を取得しようと望む者が示す動機の中で最たるものが安全保障上の理由であることはあまりにも明白です。安全保障上の理由はしたがって、実際の効果としては、核拡散への意図せざる誘因となっているのです。NACは、昨年初めの国連事務総長の「誤った兵器を握る正しい手というものは存在しない」という言葉に同意せずにはおれません。それに伴うあらたに証明されたリスクがあまりに大きいからです。実際、世界は、これまでに知られ、あるいは考えられてきたよりも、核爆発にはるかに近い所に来ていることは明らかです。それはNACにとってはっきり見えることであり、核兵器が存在し続けるかぎり爆発の可能性は残っているという信念を圧倒的多数の加盟国に対して申し述べます。これが起きない唯一の保証は、核兵器の完全廃絶なのです。

準備委員会の前回会合以来、核軍縮における本当の実質的な進展への圧倒的多数の国家の希望が強まっていることを明確に示す数多くの動きがありました。最近ではナヤリットでの会議でそのことが示されています。準備委員会第2回会合の直後、「多国間核軍縮交渉を前進させるための国連公開作業部会(OEWG)」がその作業を開始しました。その数カ月後、核軍縮に関するハイレベル会合がこのニューヨークであり、多くの国が主要政治閣僚級を参加させました。国連総会の圧倒的多数の国によって任務が与えられた両方の会議は、核軍縮の進展への希求を示しているだけではなく、NPTを支持するものであり、NPTの想定、すなわち「核兵器なき世界」を実現するという我々の共通の目標に対する積極的な貢献を成した、というのが新アジェンダ連合の見解であります。

1998年の新アジェンダ連合外相によるNAC設立宣言において、我々の閣僚は、核保有国の核兵器および核兵器能力を迅速かつ完全に廃棄するとの明確な約束を得るために、核保有国が根本的で必要な措置を採ることに後ろ向きな態度を取っている状況に世界はこれ以上甘んじるわけにはいかない、と主張しました。2000年の再検討会議では、核保有国が「核兵器の完全廃棄を達成する」との明確な約束をし、それは2010年にも再確認されています。

＊＊＊＊＊＊

NACは、全会一致で合意されたフォローアップのための行動に向けた結論と勧告のなかに、2000年の再検討会議で合意された実際的な措置を基礎にした、核兵器の完全廃棄のための具体的措置が含まれていることを想起したいと思います。2010年の「行動計画」で、条約第6条の履行を促進するために1995年と2000年に合意された措置の進展を加速させることを核保有国にあらためて義務づけたことを我々は想起します。核軍縮に関する2010年の「行動計画」の一部として、すべての加盟国は、それぞれの条約義務の履行に関連して、不可逆性と検証可能性、透明性の原則を適用することを約束しました。不可逆性は核軍縮プロセスのきわめて重要な原則で、関連する法的・技術的誓約の厳格かつ透明な履行を通じてのみ保証されるものです。

我々は、「行動計画」の行動5の下での約束に関連してなされた進展に関する、核保有国による今会合への報告を待ち望んでいます。核軍縮の透明性の原則の適用に関連して本準備委員会第2回会合にNACが提出した作業文章でも述べているように、透明性は説明責任と緊密に結びついています。透明性に関連した行動は、いかなる軍縮措置の信頼性にとっても中心的なものであるばかりではなく、条約遵守の指標でもあります。現状を把握し、条約第6条の完全履行に向けた次のステップを検討することを可能にするために、我々は核保有国による報告を関心を持って読むことになるでしょう。

議長、

核兵器の完全廃棄を待つ間、NACは、非核兵器地帯が世界および地域の平和と安全を向上させるために意義のある貢献をなすものと考えます。世界の多数の国々がそうした地帯の加盟国であることを我々は歓迎しますが、他方でNACは、それが存在しない地域、とりわけ中東における非核兵器地帯の創設の重要性を強調したいと思います。

(中略)

核兵器およびその他の大量破壊兵器のない地帯を中東に確立することは、当該地域だけではなく、より広い意味で利益をもたらすであろうことに疑いの余地はありません。中東決議は、1995年NPT再検討・延長会議の帰結の一体的な要素であるにもかかわらず、まだ履行されていません。中東非核・非大量破壊兵器地帯がいまだに創設されていないことはNACにとって重大な懸念事項であります。2012年以来順延されている、中東非核・非大量破壊兵器地帯の創設に関する会議の日程を2014年のどこかに定めることが重要です。

(中略)

議長、

2015年の再検討会議は、条約の無期限延長が決まってから20周年を記念するものです。核の際限のない保有の想定に対して今後も疑問が呈されないなどということはありえません。NPTの条項履行に対する選択的なアプローチを今後も続ける余裕はないのです。こうしたアプローチはNPT体制を損ね、条約の下での不平等を促進するものです。我々は、NPTは完全に履行され強化されねばならないと考えます。この条約が現在直面している難問は、共通の目的をもって、具体的な行動を通じてのみ解決することが可能なのです。

すべての加盟国がこの準備委員会の機会をとらえ、核兵器なき世界の達成と維持に向けた、相互に強化しあうような法的文書の包括的で法的拘束力のある枠組みの構築に関して早期に作業を開始すべきです。そうした枠組みには、明確に定義された基準とスケジュールが含まれるべきであり、強力な検証システムによって裏付けられていなければなりません。我々は、今こそこの領域における法の支配を強化するときであり、誠実に軍縮交渉を実行するとの約束が尊重されねばならないとの国連事務総長の意見に賛同します。この大量殺戮の道具による人類すべてへの脅威を考えれば、今こそ我々は行動しなくてはならないのです。

(訳:ピースデポ)

第3章

核軍縮
平和

2013年のキーワード

A. 特集　核兵器：非人道性から
禁止の法的枠組みへ
B. 核軍縮・不拡散外交
C. 各国の核・安保政策
D. 日本の核・安保政策
E. 自治体とNGO
F. 核軍縮日誌

A1.オスロで初開催、「核兵器の人道的影響」国際会議

2013年3月4日から5日、ノルウェー外務省の主催により、オスロで「核兵器の人道的影響に関する国際会議」が開かれた。会議には5つの核兵器国などを除く127か国※の政府代表、国連、赤十字国際委員会等の国際機関とNGOの専門家が参加した。この会議において、直接的か間接的かを問わず、かつ、短期的にも長期的にも、核爆発による人道的影響に対処するのは困難であるとの見解が共有された。

※P5(米国、ロシア、英国、フランス、中国)、イスラエル、北朝鮮は不参加。核保有国であるインド、パキスタンは参加。

2010年NPT再検討会議「最終文書」※に「核兵器のいかなる使用も壊滅的な人道的結果をもたらすことに深い懸念を表明する」ことが盛り込まれて以来、2015年再検討会議第1回準備委員会や国連総会第1委員会における議論を通して、核軍縮の人道的側面への世界的な関心が拡大してきた。12年5月2日には16か国による「核軍縮の人道的側面に関する共同声明」※が発表された。そして同じNPT第1回準備委員会において、ノルウェーは13年春にこの問題に関する国際会議を主催する方針を明らかにした。

※資料1-7(249ページ)。

※本イアブック13年版・資料3-1(293ページ)。

オスロ会議の開会演説※において、ノルウェーのエスペン・バート・アイデ外相は、同会議はこれまでの核兵器を巡る議論とは異なる出発点に立つものであるとし、「仮に核兵器が実際に使われたとしたら、どのような結果がもたらされるのか」、「核爆発の後に続く人道的破局を、果たして私たちは制御しうるのか」という設問に対する共通の理解を形成することを目指すと述べた。

※資料2-1(283ページ)。

会議は、①核爆発による人間への直接的影響、②より広範な経済、開発及び環境への影響、③国家、国際機関、市民社会

の準備体制という3つの課題別セッションによって構成され、専門家や核被害者の体験に関する報告を受け議論が行われた。日本からは、朝長万左男日本赤十字社長崎原爆病院長（当時）と田中熙巳被団協※事務局長を含む4名が政府代表団として参加した。朝長氏は、医学的見地から放射能の影響について報告し、田中氏は、自らの被爆体験を語った。

※日本原水爆被害者団体協議会。

閉幕セッションでアイデ外相によって発表された議長要約※は、会議の結論を次のように示した。1)いかなる国家も国際機関も、核爆発によって引き起こされた直接的な人道的非常事態に適切に対処し、被災者を救援しうるとは考えにくい。さらにそのような能力を確立することは不可能である。2)核兵器使用と実験の歴史的経験は、直接的か間接的かを問わず、かつ短期的にも長期的にも、核兵器の破壊的影響を示している。政治状況は変化したが、核兵器による破壊の可能性は依然として残されている。3)核爆発の影響を国境内に封じ込めることは不可能であり、地域的であれ地球規模であれ、複数の国家や国民が影響を被る。

※www.regjeringen.no/en/dep/ud/whats-new/Speeches-and-articles/e_speeches/2013/nuclear_ summary.html?id=716343

3月2日から3日には、NGO主催の「ICAN市民社会フォーラム」※が開催され、4つのセッションと市民向けの2つのイベントが行われた。セッション1では、オスロ会議の議長を務めたノルウェーのグライ・ラーセン副外務大臣が会議の意義や可能性などについて説明した。セッション2では、実際に核兵器が使われた際の被害について知り、セッション3では、核兵器禁止条約を作り出す方法を考えるために、国連やNGOなどの専門家から教訓を得る時間を持った。セッション4では、実際のキャンペーンに関わる内容を共有した。オスロ会議は市民社会と政府の協力が成果を上げた事例として評価できる。

※キーワードA9（72ページ）。

なお、14年2月13日から14日には、オスロ会議のフォローアップとして、第2回「核兵器の人道的影響に関する国際会議」※がメキシコ外務省の主催で、ナヤリットで開催された。第1回に比べ、多数の発言と議長要約の中で核兵器非合法化の必要性が強く主張される新たな展開があった。

※146か国の政府代表に加え、国連、世界保健機構などの国際組織、大学・研究機関、赤十字国際委員会、核兵器廃絶国際キャンペーン（ICAN）、核戦争防止国際医師会議（IPPNW）などが参加。5核兵器国は不参加、核保有国であるインド、パキスタンは参加。

A2.「核兵器の不使用」共同声明 ―4回目で日本もようやく賛同

2013年4月24日、ジュネーブで開催された2015年NPT再検討会議第2回準備委員会で、3回目となる「核兵器の人道的影響に関する共同声明」※が南アフリカによって発表された。発表文書に名を連ねた賛同国は、80か国(国連オブザーバーのバチカンを含む)であった。

※本イアブック13年版・資料3-3(297ページ)。

この主題に関する声明が「核軍縮の人道的側面に関する共同声明」※と題されて最初に発表されたのは、12年5月2日、15年NPT再検討会議第1回準備委員会(ウィーン)の会期中であった。この時の賛同国は16か国であったが、国連総会第1委員会の会期において、ほぼ同じ文面で発表された2回目※の賛同国は35か国に増加した。その後、3回目はタイトルを「核兵器の人道的影響に関する共同声明」に変更し、文案を大幅にリニューアルして発表された。ここには、オスロで開催された「核兵器の人道的影響に関する国際会議」※が、事実情報を基盤とする議論に限定し、核軍縮という実践的要求との間に一定のクッションを置いて成功したという経過を踏まえて、さらなる支持の拡大を狙った起草国の配慮があったと思われる。

※本イアブック13年版・資料3-1(293ページ)。

※本イアブック13年版・資料3-2(295ページ)。

※キーワードA1(52ページ)。

多くの国が準備委員会の討論の中で同声明に賛同を表明した。核軍縮推進派の中堅国家グループ・新アジェンダ連合(NAC)※の6か国はすべて賛同した。一方、5つの核兵器国の名は見られない。また、北大西洋条約機構(NATO)加盟28か国のうち名を連ねているのはデンマーク、ノルウェー、アイスランドの3か国に過ぎず、オーストラリアと韓国も含まれていない。何よりも失望させるのは、唯一被爆体験を持つ日

※用語の説明(233ページ)。

本が1、2回目に続いて賛同しなかったことである。

その後、13年10月21日、ニューヨークで開催された第68回国連総会第1委員会で、4回目の「核兵器の人道的影響に関する共同声明」※がニュージーランドの主導で発表された。声明は、「核兵器のもたらす人道的結果は長年核軍縮及び核不拡散の議論の中心には据えられてこなかった」ことを力説した後、「今日において人道的な焦点への政治的支持が拡大していることは、まさにこの共同声明が示している」とした。また、1回目から強調されている「核兵器が、二度とふたたび、いかなる状況下においても、使用されないことに人類の生存がかかっています」との核兵器の不使用を宣言する声明であることにも変わりはない。

※資料2-2(285ページ)に全訳。

同声明の賛同国は国連加盟国の約3分の2に当たる125か国にまで拡大し、日本も初めて賛同した。日本が賛同に転じた最大の理由は、被爆地を始めとする国内世論の圧力にあった。10月22日、岸田文雄外務大臣は談話※を発表し、「核兵器による壊滅的な結末への認識が、核軍縮に向けた全てのアプローチ及び努力の下支えとなるべきであると確信している」との考えを「核兵器使用の悲惨さを最もよく知る我が国」として支持すると述べた。声明への賛同とこの発言は、いかなる状況下でも核兵器は使用されてはならないことを日本政府が認めたと理解すべきである。

※www.mofa.go.jp/mofaj/press/page4_000254.html

一方、同じ10月21日には、オーストラリアを代表に、NATO加盟国14か国と日本を含む17か国が、同じタイトルの声明※を発表した。声明は、「核兵器に関する議論において、核保有国の持続可能かつ建設的な参加が必要であり、安全保障と人道的側面の両方が大事である」と主張した。

※キーワードA3(56ページ)。資料2-3(287ページ)に全訳。

核兵器の非人道性に関する議論は近年急速に高まっている。今後、この認識の共有から核兵器を禁止する法的枠組みへと、いかに展開していくかが問われている。

A3. オーストラリア共同声明、「非人道性」アプローチを牽制

2013年10月21日、オーストラリアなど17か国が、「核兵器の人道的影響に関する共同声明」(以下、豪州声明)※を国連総会第1委員会で発表した。声明に賛同したのは、北大西洋条約機構(NATO)から13か国(ベルギー、カナダ、ドイツ、イタリア、ラトビア、リトアニア、ルクセンブルク、オランダ、ポーランド、ポルトガル、スロバキア、スペイン、トルコ)、それ以外では、オーストラリア、日本、フィンランド、スウェーデンである。

※資料2-3(287ページ)。

豪州声明の特色は、同日にニュージーランドなど125か国が発表した、「核兵器の人道的影響に関する共同声明」(以下、NZ声明)※という同名の文書と比較することで明瞭になる。

※キーワードA2(54ページ)。資料2-2(285ページ)。

豪州声明とNZ声明はいずれも、核爆発が人間にもたらす短期的・長期的両方の壊滅的な結果に関する認識が、「核兵器なき世界」達成の基礎となるという考え方では一致している。しかし、NZ声明が「核兵器がふたたび、いかなる状況下においても使用されないことに、人類の生存がかかっています」と述べているのに対して、豪州声明にはそうした記述はない。

その代わりに豪州声明は、NZ声明にはない次のような認識を示している。

「核兵器保有国を実質的かつ建設的に関与させ、また核兵器の議論における安全保障と人道性の両側面を認識することなしには、核兵器の禁止自体がそれらの廃絶を保証することはありません。」

ここでのポイントは、核兵器の廃絶のためには、①核兵器

を禁止するだけでは不十分である、②核保有国を関与させなくてはならない、③核軍縮に関しては「非人道性」のアプローチだけでは不十分であり、「安全保障」のアプローチも考慮に入れねばならない、という3点にまとめられる。

オーストラリア政府がNZ声明とは異なる声明を準備した経緯については、核兵器廃絶国際キャンペーン（ICAN）が豪州政府に対する情報公開請求を通じて入手した外交公電やメールの写し等※から、明らかにすることができる。

※公開された文書は以下（14年2月20日公開）。www.dfat.gov.au/foi/downloads/dfat-foi-1312-F722.pdf
これに関するICANによる分析は以下。www.icanw.org/wp-content/uploads/2014/03/UnderminingDisarmament-March2014.pdf

オーストラリア政府は、過去3回の核兵器の非人道性に関する共同声明が、自国の米核兵器依存政策と抵触するとの危機感を持っていた。しかし、4回目の同種の声明起草にあたって、ニュージーランドを初めとした主導国は、「いかなる状況下においても」核兵器を使用してはならないという主張の基本線を絶対に変更せず、そして、この声明に米国の核抑止に依存する日本が賛同する意向を示したのである。オーストラリアは急遽、米国と協議を重ねる中で、別の声明を発出する方針をたてた。

オーストラリア政府は、自ら主導する声明の起草にあたって、米国や英国の意向を探り、草案の方向性に対して好感触を得た、としている。また、別の核保有国であるフランスとも接触している。

その結果、声明賛同国はオーストラリアを含めて17か国となった。日本だけが豪州声明とNZ声明の両方に署名していることが際立っている。豪州声明策定の動機が、核兵器依存政策と矛盾をきたさない声明を作るという点を鑑みれば、豪州声明と、核保有のみならず核兵器依存をも否定することにつながるNZ声明との両方に賛成することは、論理的な整合性を欠いていることは明白である。日本政府は、NZ声明の線に沿って矛盾を解消する責任を負うことになった。北東アジア非核兵器地帯構想の提案など核抑止に依存しない安全保障政策を打ち出していくべきであろう。

A4. 多国間核軍縮交渉の新しい展開、OEWG

国連公開作業部会

※決議番号A/RES/67/56。本イアブック13年版・資料3-5(301ページ)、キーワードB5(92ページ)。

※用語の説明(232ページ)。

※www.unog.chからDisarmamentの下のTaking Foward Multilateral Nuclear Disarmament Negotiationsで検索。

※用語の説明(233ページ)。

※資料2-4(288ページ)。

2012年12月の第67回国連総会で採択された決議「多国間核軍縮交渉を前進させる」※に基づき、核軍縮に関する国連公開作業部会(OEWG)※が初めて設置された。OEWGは、ジュネーブの国連欧州本部で、13年5月14〜24日、6月27日、8月19〜30日の3会期、計15日に相当する時間にわたり開かれ、政府代表、国際機関、専門家、NGOが垣根を越えた自由な意見交換を行った。参加者には、討論、作業文書など※で意見を表明する機会が対等に与えられた。核軍縮に関する国連会議でこのような開放的な運営が行われたのは初めてであった。参加国は公式発表されていないが、約80か国といわれる。5核兵器国は不参加、インド、パキスタンが参加した。

13年8月30日、OEWGは、ジュネーブ軍縮会議(CD)※の長年の停滞に象徴される多国間核軍縮交渉の行き詰まりを打破するための提案として、30項目の「議論と諸提案」を含む報告書※を採択し、閉幕した。同報告書は、政府代表のコンセンサスによって無投票で採択された。そのⅣ章には、多国間核軍縮交渉の前進に向け、会議における議論とそこで出された6分野の諸提案が列挙されている。

A. 交渉を前進させるための諸アプローチ。

B. 交渉において検討するべき諸要素。

C. 交渉の前進を目的として、21世紀の安全保障状況における核兵器の役割を再検討する。

D. 交渉を前進させるための国際法の役割。

E. 交渉を前進させる上での国家ならびに他のアクターの役割。

F. 交渉を前進させるのに寄与しうるその他の実際的行動。

報告書は、現時点における非核兵器国のコンセンサスを明文化した歴史的意義をもつものであり、内容的にも今後の核兵器廃絶プロセスに新鮮かつ重要な指針を提供した。報告書の「見解と提案」には以下が含まれる。

「核兵器使用がもたらす壊滅的な人道的結果のリスクを究極的に排除するという目標」を共有すること、「核兵器実験、新型核兵器の開発、または現存の核兵器システムの性能向上に関するモラトリアム」を維持あるいは宣言すること、「核兵器の先行不使用」を維持あるいは宣言すること、「超臨界、未臨界の双方を含む、あらゆる形態の核兵器実験」を禁止すること、等である。さらに、核兵器の人道的影響の問題は「軍縮問題のあらゆる要素に影響を及ぼす、横断的な問題として提起された」とした上で、「21世紀における安全保障の特質を検討する必要性に言及し、核兵器がそうしたニーズに見合うものであるかについて疑義が呈された。核兵器の価値を低めることや抑止態勢の効果に対する疑問も議論された」としている。

一方、NGO提出の2つの作業文書は、多国間核軍縮交渉の開始のための具体的アプローチを提案した。「リーチング・クリティカル・ウィル」※が提出した「核兵器のない世界を達成する」※は、核兵器の人道的影響に焦点を当て、核兵器国が核兵器のない世界へのロードマップを提示していないことを批判し、有志非核兵器国による「簡潔型核兵器禁止条約」※交渉を先行させることを提案した。また、バーゼル平和事務所※等による「ギャップに橋を架け、枠組みを築いて成功を手にする」※は、核兵器禁止条約※を基礎に、核なき世界の諸要素に関する議論を同時並行的に、核兵器国・核保有国をも関与させながら行うことを提案した。2つの補完しあう問題提起は、OEWGの報告書に大きい影響を与えた。その後、同報告書は文面の調整を経て第68回国連総会に提出された。また、「多国間核軍縮交渉を前進させる」(A/RES/68/46)※と題した決議も採択された※。

※世界で最も古い女性の平和組織、婦人国際平和自由連盟(WILPF)の核軍縮プログラム。ニューヨークとジュネーブに事務所がある。

※文書番号A/AC.281/NGO/1

※NWBT = Nuclear Weapons Ban Treaty

※12年8月に発足した核軍縮・不拡散議員連名(PNND)、中堅国家構想(MPI)、世界安全保障研究所(GSI)などの共同事務所。スイスのバーゼルにある。

※文書番号A/AC.281/NGO/2

※NWC = Nuclear Weapons Convention

※資料2-5(291ページ)。

※キーワードA5(60ページ)。

A5. 第68回国連総会
——淀む核軍縮の流れ

2013年12月3日、第68回国連総会が53の決議を採択し、終了した。委員会では、国連公開作業部会(OEWG)※の報告が提出され、またOEWGに関連した決議および18年までの核軍縮国連ハイレベル会議の開催を決めた非同盟運動(NAM)の新決議等が採択された。

※用語の説明(232ページ)。

決議「多国間核軍縮交渉を前進させる」※は、第67回国連総会決議のフォローアップとして、オーストリア、コスタリカを含む24か国が提案し、賛成158、反対4、棄権20で採択された※。中国は棄権、米ロ英仏は反対した。

※資料2-5(291ページ)。

※データシート1(62ページ)。

12年決議で設置が決まったOEWGは、13年5月~8月の間にジュネーブで開かれ、核軍縮に関する率直かつ多様な議論が行われる場となった※。多国間交渉の前進や核兵器の非人道性などが第1委員会の議論で広く取り上げられた背景には、OEWG による機運の醸成があった。しかし、反対した米英仏は共同で反対投票の説明を行い、ジュネーブ軍縮会議(CD)、国連軍縮委員会(UNDC)、国連総会第1委員会といった討論の場が既に十分に存在しており、2010年NPT最終文書の行動計画との整合性に問題があると主張した※。

※キーワードA4(58ページ)

※各決議の投票説明は以下のサイトで閲覧できる。www.reachingcriticalwill.org/disarmament-fora/unga/2013/resolutions

同決議は、OEWGについて、その成果を評価し、国連に報告書を提出したと述べた。ただ、次回の開催については、「必要な場合は、OEWGを通じたものを含め、多国間核軍縮交渉を前進させるためのさらなるオプションを追求する」と述べるにとどまった。そして「国連事務総長にOEWGの報告書をCDとUNDCでの検討に付すよう要請」し、「全ての加盟国、国際機関及び市民社会に向け、OEWGの報告書とその提案を念頭に入れる」よう求め、国連軍縮機関や国際社会がOEWGの諸提案を活用し交渉の前進を図るよう呼びかけた。

NAMによる「核軍縮に関する13年国連総会ハイレベル会合のフォローアップ」と題した新決議※は、総会で賛成137、反対28、棄権20で採択された。5核兵器国の中、賛成は中国のみで他4か国が反対した。「核軍縮に関する国連総会ハイレベル会合」(HLM)は、核軍縮に関しては初のものであり、12年の同名の決議に基づき、13年9月26日に開催された。

※決議番号A/68/32。資料2-6(293ページ)。

同決議は前文の冒頭で、「HLMの開催を歓迎」し、「核兵器の完全廃棄という目標の前進に向けたその貢献を認識」するとした上、HLMを継承する措置として次の3つを盛り込んだ。

①「核兵器に関する包括的条約への広範な支持が示されたことに賛同の意」を表し、CDにおける早期交渉を求める。②18年までに、国連ハイレベル国際会議を開催し、核軍縮の進捗について検討する。③9月26日を「核兵器廃絶国際デー」とし、教育活動や世論喚起活動を推進するよう求める。

HLMでは、多くの参加国が核保有や核抑止論を正面から批判し、核兵器のない世界を実現するために各国が真摯に取り組むよう呼び掛けた。とりわけ画期的だったのは、モンゴルのエルベグドルジ大統領による演説であった※。大統領は、6項目に焦点を当て、「非核兵器地帯」と「北東アジア」を挙げた。そして、北東アジア非核兵器地帯設立が「いかにして達成可能かを検討する非公式ベースの作業を北東アジアの国々と行う準備」ができていると述べた。

※資料2-7(294ページ)。

第68回国連総会ではOEWGとHLMの成果によって、核軍縮に関する議論は深まった。しかし一方、核兵器廃絶に非協力的な核保有国の姿勢は依然として変わらず、核軍縮を推進する議論の枠組み作りについては、具体的な前進が見られていない。

データシート

1. 第68回国連総会決議投票結果(1)

第68回国連総会(2013年)における主要な軍縮及び安全保障関連決議への各国の投票行動を示す。決議の正式名称と特徴は(2)(64～65ページ)にまとめた。

＜○:賛成　×:反対　△:棄権　ー:欠席＞

				核兵器保有など9か国								
				核兵器国								
		決議番号	賛成-反対-棄権	米国	ロシア	英国	フランス	中国	インド	パキスタン	イスラエル	北朝鮮
A 核兵器												
1	アフリカ非核兵器地帯条約	A/68/25	無投票									
2	中東非核兵器地帯の設立	A/68/27	無投票									
3	東南アジア非核兵器地帯条約(バンコク条約)	A/68/49	無投票									
4	ラテン・アメリカおよびカリブ地域における核兵器禁止条約の強化	A/68/26	無投票									
5	消極的安全保証	A/68/28	127-0-57	△	△	△	△	○	○	○	○	○
6	核軍縮	A/68/47	122-44-17	×	△	×	×	○	△	△	×	○
7	多国間核軍縮交渉を前進させる	A/68/46	158-4-20	×	×	×	×	△	○	○	△	○
8	核軍縮への誓約履行の加速(NAC決議)	A/68/39	171-7-5	×	×	×	×	△	×	△	×	×
9	核兵器の危険性の低減	A/68/40	125-50-10	×	△	×	×	△	○	○	×	○
10	核兵器完全廃棄へ向けた団結した行動(日本決議)	A/68/51	169-1-14	○	△	○	○	△	△	△	△	×
11	核兵器禁止条約の交渉開始(マレーシア決議)	A/68/42	133-24-25	×	×	×	×	○	○	○	×	○
12	核兵器使用の禁止に関する条約	A/68/58	126-49-9	×	△	×	×	○	○	○	×	○
13	中東における核拡散の危険性	A/68/65	169-5-6	×	○	○	○	○	△	○	×	○
14	包括的核実験禁止条約(CTBT)	A/68/68	181-1-3	○	○	○	○	○	△	○	○	×
15	兵器用核分裂性物質の生産禁止条約(FMCT)	A/C.1/68/L.35	179-1-5	○	○	○	○	○	○	×	△	△
16	核軍縮に関する2013年国連総会ハイレベル会合フォローアップ	A/68/32	137-28-20	×	×	×	×	○	○	○	×	○
17	NPT2010合意のフォローアップ	A/68/35	120-53-9	×	×	×	×	△	△	△	×	○
18	CD活性化	A/C.1/68/L.24	無投票									
19	ミサイル	A/C.1/68/L.8	無投票									
B 他の大量破壊兵器												
1	化学兵器の禁止及び廃棄に関する条約	A/68/45	無投票									
2	テロリストの大量破壊兵器取得防止措置	A/68/41	無投票									
3	生物及び毒素兵器の禁止及び廃棄に関する条約	A/68/69	無投票									
4	放射性廃棄物の投棄禁止	A/68/53	無投票									
C 宇宙(軍縮関係)												
1	宇宙における軍備競争の禁止	A/68/29	180-0-2	△	○	○	○	○	○	○	△	○
2	宇宙活動における透明性と信頼醸成措置	A/68/50	無投票									
D 通常兵器												
1	対人地雷禁止及び廃棄に関する条約の履行	A/68/30	165-0-19	△	△	○	○	○	△	△	△	△
2	小軽火器の不正取引の阻止と回収のための諸国への支援	A/68/34	無投票									
3	武器貿易条約(ATT)	A/68/31	152-0-29	○	△	○	○	○	△	○	○	△
4	小軽火器のあらゆる側面における不正取引	A/68/48	無投票									
5	特定の通常兵器の使用の禁止、及び制限条約	A/68/66	無投票									
6	通常兵器の過剰備蓄に起因する諸問題	A/68/52	無投票									
7	武器、装備、デュアルユース物品及び技術の移転に関する国内法	A/68/44	177-0-4	○	○	○	○	○	○	○	○	△
E 地域軍縮と安全保障												
1	地域軍縮	A/68/54	無投票									
2	地域及び準地域的軍備管理	A/68/56	182-1-2	○	△	○	○	○	×	○	○	○
3	地域及び準地域的信頼醸成措置	A/68/55	無投票									
4	軍備の透明性	A/68/43	154-0-28	○	△	○	○	○	○	○	○	△
5	地中海地域における安全保障と協力体制の強化	A/68/67	無投票									
6	地域的信頼醸成措置(中央アフリカ)	A/68/62	無投票									
7	インド洋平和地帯宣言の履行	A/68/24	130-4-45	×	○	×	×	○	○	○	×	○
F 他の軍縮手段及び国際安全保障												
1	国際安全保障における情報・通信の開発	A/68/243	無投票									
2	軍縮及び核不拡散における多国間主義の促進	A/68/38	127-5-52	×	○	×	△	○	○	○	×	○
3	軍事費の透明性を含む軍事情報の客観性	A/68/23	無投票									

【国家の分類】

- **核兵器保有など9か国**：核不拡散条約（NPT）上の5核兵器国及び事実上の核兵器保有国など4か国。
- **米核兵器への依存国**：米国の核抑止力に依存する国々。
- **新アジェンダ連合（NAC）**：1998年に外相声明「核兵器のない世界へ：新しいアジェンダの必要性」を発し、その後も活動を継続している6か国。
- **不拡散・軍縮イニシャチブ（NPDI）**：2010年9月、日豪主導で結成された国家グループ。下の表で、国名が白字の12か国。（注：日本政府は「軍縮・不拡散イニシャチブ」と訳しているが、原文（英）は「不拡散・軍縮イニシャチブ」）

オーストラリア	日本	韓国	ベルギー	ブルガリア	カナダ	ドイツ	ハンガリー	イタリア	オランダ	ノルウェー	ポーランド	ルーマニア	スロバキア	スペイン	トルコ	ブラジル	エジプト	アイルランド	メキシコ	ニュージーランド	南アフリカ	アルジェリア	アルゼンチン	オーストリア	チリ	フィンランド	インドネシア	イラン	マレーシア	モンゴル	ナイジェリア	フィリピン	スウェーデン	スイス	アラブ首長国連邦
米核兵器依存国																新アジェンダ連合（NAC）																			
△	○	△	△	△	△	△	△	△	△	△	△	△	△	△	△	○	○	△	○	△	△	○	△	△	○	△	○	○	○	○	○	○	△	△	○
×	△	△	×	×	×	×	×	×	×	×	×	×	×	×	×	○	○	△	○	△	△	○	○	△	○	×	○	○	○	○	○	○	△	×	○
○	○	△	○	○	○	○	△	△	○	○	○	△	○	△	△	○	○	○	○	○	○	○	○	○	○	○	○	○	○	○	○	○	○	○	○
○	○	○	○	○	○	○	○	○	○	○	○	○	○	○	○	○	○	○	○	○	○	○	○	○	−	○	○	○	○	○	○	○	○	○	○
×	△	△	×	×	×	×	×	×	×	×	×	×	×	×	×	○	○	×	○	×	○	○	△	×	○	×	○	○	○	○	○	○	×	×	○
○	○	○	○	○	○	○	○	○	○	○	○	○	○	○	○	△	△	○	○	○	○	○	○	○	○	○	○	△	○	○	○	○	○	○	○
△	△	△	×	×	△	×	×	×	×	△	×	△	×	×	×	○	○	○	○	○	○	○	○	○	○	△	○	○	○	○	○	○	△	○	○
×	△	△	×	×	×	×	×	×	×	×	×	×	×	×	×	○	○	×	○	×	○	○	○	×	○	×	○	○	○	○	○	○	×	×	○
△	○	○	○	○	×	○	○	○	○	○	○	○	○	○	○	○	○	○	○	○	○	○	○	○	○	○	○	○	○	○	○	○	○	○	○
○	○	○	○	○	○	○	○	○	○	○	○	○	○	○	○	○	○	○	○	○	○	○	○	○	○	○	○	○	○	○	○	○	○	○	○
○	○	○	○	○	○	○	○	○	○	○	○	○	○	○	○	○	△	○	○	○	○	○	○	○	○	○	○	○	○	○	○	○	○	○	○
×	△	△	×	△	×	×	×	×	×	△	×	△	×	△	△	○	○	○	○	○	○	○	○	○	○	×	○	○	○	○	○	○	×	○	○
×	×	×	×	×	×	×	×	×	×	×	×	×	×	×	−	○	○	×	○	×	○	○	○	×	○	×	○	○	○	○	○	○	×	×	○
○	○	○	○	○	○	○	○	○	○	○	○	○	○	○	○	○	○	○	○	○	○	○	○	○	○	○	○	○	○	○	○	○	○	○	○
○	○	△	○	○	○	○	○	○	○	○	○	○	○	○	○	○	△	○	○	○	○	○	○	○	○	○	○	△	○	○	○	○	○	○	○
○	○	○	○	○	○	○	○	○	○	○	○	○	○	○	○	○	△	○	○	○	○	○	○	○	○	○	△	△	○	○	○	○	○	○	○
○	○	○	○	○	○	○	○	○	○	○	○	○	○	○	○	○	○	○	○	○	○	○	○	○	○	○	○	△	○	○	○	○	○	○	○
○	○	○	○	○	○	○	○	○	○	○	○	○	○	○	○	○	○	○	○	○	○	○	○	○	○	○	○	○	○	○	○	○	○	○	○
○	○	○	○	○	○	○	○	○	○	○	○	○	○	○	○	○	△	○	○	○	○	△	○	○	○	○	○	△	○	○	○	○	○	○	△
○	○	○	△	△	△	△	△	△	△	△	△	△	△	△	△	○	○	△	○	○	○	○	○	△	○	△	○	○	○	○	○	○	△	△	○
△	△	△	△	△	△	△	△	△	△	△	△	△	△	△	△	○	○	△	○	△	○	○	○	△	○	△	○	○	○	○	○	○	△	△	○

データシート

1. 第68回国連総会決議投票結果(2)

決議の原文等は、国連の文書検索システムから決議番号で検索。
www.un.org/depts/dhl/resguide/r68.shtml

以下は、(1)で列挙した諸決議の正式名称、提案国及び投票結果の特徴である。

A:核兵器

1.「アフリカ非核兵器地帯条約」/提案国:アフリカ諸国を代表してナイジェリア、及びオーストラリアなど6か国。無投票。

2.「中東非核兵器地帯の設立」/提案国:エジプト。無投票。

3.「東南アジア非核兵器地帯条約(バンコク条約)」/提案国:ASEANとバンコク条約参加国を代表してブルネイ及び米国など25か国。無投票。

4.「ラテン・アメリカおよびカリブ地域における核兵器禁止条約(トラテロルコ条約)の強化」/提案国:アルゼンチン、メキシコ、ペルーなど29か国。無投票。

5.「非核兵器国に対して核兵器の使用または使用の威嚇をしないことを確約する効果的な国際協定の締結」(消極的安全保証)/提案国:パキスタン、キューバ、エジプト、インドネシアなど28か国。中国、日本、北朝鮮は賛成。米国、英国、ロシア、フランス、韓国は棄権。

6.「核軍縮」/提案国:ミャンマー、インドネシア、イラン、モンゴルなど45か国。中国、北朝鮮は賛成。米国、英国、フランスは反対。ロシア、日本、韓国は棄権。

7.「多国間核軍縮交渉を前進させる」[1]/提案国:コスタリカ、オーストリア、メキシコ、スイスなど24か国。日本、北朝鮮、オランダ、ドイツ、ベルギーは賛成。米国、ロシア、英国、フランスが反対。中国、韓国、イタリアなどは棄権。

8.「核兵器のない世界へ:核軍縮の誓約の履行を加速する」(新アジェンダ連合(NAC)決議)[2]/提案国:NAC6か国とオーストリアなど計10か国。日本、韓国、NATO非核兵器国は賛成。米国、ロシア、英国、フランス、イスラエル、インド、北朝鮮が反対。中国、パキスタンは棄権。

9.「核兵器の危険性の低減」/提案国:インド、チリ、インドネシアなど27か国。北朝鮮、イランは賛成。米国、英国、フランス、NATO非核兵器国が反対。ロシア、中国、日本、韓国は棄権。

10.「核兵器完全廃棄へ向けた団結した行動」(日本決議)[3]/提案国:日本など102か国(米国を含む)。英国、フランスは賛成。中国、ロシア、インド、イラン、イスラエル、パキスタンなど棄権。反対は北朝鮮のみ。

11.「核兵器の威嚇または使用の合法性に関する国際司法裁判所(ICJ)の勧告的意見のフォローアップ」(マレーシア決議)(核兵器禁止条約の交渉開始を求める決議)/提案国:マレーシアを中心とした55か国(インド、イラン含む)。中国、北朝鮮は賛成。米国、ロシア、英国、フランス、イスラエル、NATO非核兵器国(カナダは棄権)などは反対。日本、韓国は棄権。

12.「核兵器使用の禁止に関する条約」/提案国:インド、エジプト、インドネシア、キューバなど34か国。中国、北朝鮮は賛成。米国、英国、フランス、NATO非核兵器国などが反対。ロシア、日本、韓国は棄権。

13.「中東における核拡散の危険性」/提案国:アラブ連盟を代表してエジプト。英国、フランス、NATO非核兵器国(カナダは反対)、ロシア、中国、イランは賛成。米国、イスラエルなどが反対。オーストラリア、インドなど棄権。

14.「包括的核実験禁止条約」(CTBT)/提案国:米国、英国、フランスなど93か国。反対は北朝鮮のみ。インドは棄権。

15.「核兵器用及びその他の核爆発装置用の核分裂性物質の生産禁止条約」(FMCT)/提案国:カナダ。米国、ロシア、英国、フランス、日本、韓国は賛成。反対はパキスタンのみ。北朝鮮、イスラエルは棄権。

16.「核軍縮に関する2013年国連総会ハイレベル会合フォローアップ」[4]/提案国:非同盟運動を代表しインドネシア。中国は賛成。米国、ロシア、英国、フランス、NATO非核兵器国などが反対。日本、韓国などは棄権。

17.「NPT2010合意のフォローアップ」/提案国:イラン、エクアドル。北朝鮮は賛成。米国、ロシア、英国、フランス、NATO非核兵器国、日本、韓国は反対。中国は棄権。

18.「CD作業活性化と多国間軍縮交渉の促進」/提案国:オランダ、南アフリカ、スイス。無投票。

19.「ミサイル」/提案国:エジプト、インドネシア、イラン。無投票。

B：他の大量破壊兵器

1.「化学兵器の開発、生産、貯蔵、及び使用の禁止、及びそれらの廃棄に関する条約」／提案国：ポーランド。無投票。
2.「テロリストによる大量破壊兵器取得防止措置」／提案国：インド、米国、ロシア、フランス、ドイツなど77か国。無投票。
3.「生物及び毒素兵器の開発、生産、貯蔵の禁止、及びそれらの廃棄に関する条約」／提案国：ハンガリー。無投票。
4.「放射性廃棄物の投棄禁止」／提案国：アフリカ諸国を代表してナイジェリア。無投票。

C：宇宙

1.「宇宙における軍備競争の禁止」／提案国：スリランカ、北朝鮮、ロシア、インド、モンゴルなど41か国。反対はゼロ。米国、イスラエルが棄権。
2.「宇宙活動における透明性と信頼醸成措置」／提案国：5核兵器国、ブラジル、日本、韓国など67か国。無投票。

D：通常兵器

1.「対人地雷の使用、貯蔵、生産及び輸送の禁止、及びそれらの廃棄に関する条約の履行」／提案国：スロベニア、アルジェリア、カンボジア。反対はゼロ。米国、ロシア、韓国、北朝鮮、シリア、エジプトなどが棄権。
2.「小軽火器の不正取引の阻止と回収のための諸国への支援」／提案国：西アフリカ諸国経済共同体を代表してマリ、及び英国、フランスなど54か国。無投票。
3.「武器貿易条約」(ATT)／提案国：日本、英国、コスタリカなど7か国。イスラエルは賛成。反対はゼロ。ロシア、北朝鮮、イラン、インドなどが棄権。
4.「小軽火器のあらゆる側面における不正取引」／提案国：コロンビア、米国、英国、日本など74か国。無投票。
5.「特定の通常兵器の使用の禁止、及び制限条約」／提案国：フィリピン。無投票。
6.「通常兵器の過剰備蓄に起因する諸問題」／提案国：ドイツ、米国、英国、フランスなど66か国。無投票。
7.「武器、装備、デュアル・ユース物品及び技術の移転に関する国内法」／提案国：オランダ。反対はゼロ。北朝鮮、イラン、シリア、ウガンダが棄権。

E：地域軍縮と安全保障

1.「地域軍縮」／提案国：パキスタン、エジプト、インドネシアなど13か国。無投票。
2.「地域、及び準地域レベルでの通常軍備管理」／提案国：パキスタン、イタリア、マレーシアなど7か国。インドのみ反対。ロシアとブタンは棄権。
3.「地域及び準地域的文脈における信頼醸成措置」／提案国：パキスタン、エジプト、カザフスタン、フィリピンなど12か国。無投票。
4.「軍備の透明性」／提案国：オランダ、米国、日本など72か国。反対はゼロ。アラブ首長国連邦、ジブチ、エジプト、シリア、サウジアラビア、北朝鮮などが棄権。
5.「地中海地域における安全保障と協力体制の強化」／提案国：アルジェリア、ギリシャ、イタリア、トルコなど55か国。無投票。
6.「地域的信頼醸成措置(中央アフリカ)」／提案国：ルワンダ。無投票。
7.「インド洋平和地帯宣言の履行」／提案国：非同盟運動を代表してインドネシア。ロシア、中国は賛成。米国、英国、フランス、イスラエルが反対。NATO非核兵器国などは棄権。

F：他の軍縮手段及び国際安全保障

1.「国際安全保障における情報・通信分野の開発」／提案国：ロシア、中国、北朝鮮、インドなど41か国。無投票。
2.「軍縮及び核不拡散における多国間主義の促進」／提案国：非同盟運動を代表してインドネシア及びブラジル。ロシア、中国は賛成。米国、英国、イスラエルなどは反対。日本、韓国、NATO非核兵器国は棄権。
3.「軍事費の透明性を含む軍事情報の客観性」／提案国：ルーマニア、米国、英国、フランスなど61か国。無投票。

注
1 資料2-5(291ページ)。
2 資料3-1(303ページ)。
3 資料3-2(304ページ)。
4 資料2-6(293ページ)。

A6. 核軍縮に関するラテンアメリカ・カリブ諸国共同体宣言

2013年8月20日、ラテンアメリカ・カリブ諸国共同体(CELAC。セラックと読む)は、アルゼンチンのブエノスアイレスにおいて、「核軍縮に関するラテンアメリカ・カリブ諸国共同体宣言」※を採択した。

※資料2-8(296ページ)。

CELACは、11年12月、ベネズエラのカラカスにおいて、ラテンアメリカ及びカリブ海諸国の全33か国により設立され、13年1月にチリのサンティアゴにおいて第1回首脳会議を開催した。CELACは、米国及びカナダ以外のすべての米大陸及びカリブ海諸国によって構成される。中南米諸国が、独自の平和的発展および地域統合を目指す試みを追求してきた一つの大きな節目として結成された共同体である※。

※設立趣旨や背景の詳細は、本イアブック12年版・キーワードA9(64ページ)。

冒頭の13年8月の宣言は、「核軍縮へ向けたこの共同体の歴史的な誓約を認識」した上で、主に以下のことを述べた(下線はピースデポ)。

- <u>核兵器の使用やその威嚇に対する唯一の保証は、核兵器の完全な廃絶である。</u>
- <u>核兵器の使用やその威嚇は、人道に対する罪と国際人道法を含む国際法や国連憲章に対する違反を構成する。</u>
- 普遍的な核軍縮を達成するための具体的な提案※の起草にCELAC加盟国が積極的に参加することの重要性。
- 核兵器国による無条件の消極的安全保証※は全ての非核兵器国の正当な利益である。
- トラテロルコ条約※の下で、世界で最初に非核兵器地帯を宣言したラテンアメリカ・カリブ諸国の誇りを表明。

※たとえば、核兵器禁止条約などの法的拘束力を伴う法的枠組みが想定できる。

※用語の説明「消極的安全保証」(233ページ)。

※最初の非核兵器地帯条約である「ラテン・アメリカおよびカリブ地域における核兵器禁止条約」。1969年発効。データシート2(81ページ)。

非核兵器地帯の設立は、核軍縮・不拡散だけでなく、地域的及びグローバルな平和と安全保障に貢献してきたことを再確認した。

- 核兵器を禁止する法的拘束力のある条約に向けた交渉を開始すること、及び、この第一義的な目標に向けた誓約の重要性を再確認した。
- 国際社会に対し、核兵器に関する議論が行われるときはいつでも、その人道的結果に関する懸念を改めて表明するよう要求した。

宣言は、核兵器の非人道性の認識から、核兵器を禁止する法的拘束力のある条約へと進むべきであると主張している。

そして、2015年核不拡散条約（NPT）再検討会議第3回準備委員会では、14年4月30日の一般討論において、マセド・ソアレス・トラテロルコ条約機構（OPANAL）事務局長がCELAC諸国を代表して演説を行った。ソアレス大使は、「国際社会とともに、核兵器の禁止を目的とする普遍的な法的拘束力のある手段についての交渉へ向けて前進するために協力すること」の必要性を、核兵器国をはじめとするNPT加盟国および国際社会に対し訴えた。このような演説を、CELACは13年5月の第2回準備委員会や、秋の国連総会などの場でも繰り返し表明してきた。

CELACはその理念のとおり発足以降、米国をはじめとする核兵器保有国に対し、非常に強い姿勢でその廃絶を迫っている。すべての政府に対しても、核兵器のない世界に向かうためのあらゆる努力を続けることを呼び掛けている※。

※14年1月29日、CELACはキューバのハバナで第2回首脳会議を開催し、「ラテンアメリカ・カリブ平和地帯宣言」を採択した。

CELACの決議や演説では、「世界で初めての人間居住地における非核兵器地帯」を設立し、国際社会における安全保障に貢献してきたとの自負が繰り返し表明されている。核兵器の非人道性に焦点をあて、核兵器のない世界を目指す潮流が国際社会に根を張ってきたことに対するCELACの貢献は大きい。

A7. 北東アジア非核兵器地帯へ——国連軍縮諮問委員会が画期的勧告

※資料2-9(298ページ)。

北東アジア非核兵器地帯の設立にとって、新たな進展があった。2013年7月26日、国連事務総長は諮問機関である国連軍縮諮問委員会の協議内容を報告する事務総長報告(A/68/206)※を提出した。その中に、北東アジア非核兵器地帯の設立に大きな窓を開ける内容が含まれていたのである。

特定の非核兵器地帯に関しては、関係国自身のイニシャチブがなければ国連関係の会議の議題にはならない。北東アジア非核兵器地帯構想においては、日本や韓国が消極的であるため、正式の議題たり得てこなかった。ところが、今回判明した軍縮諮問委員会の勧告では、「国連事務総長は、北東アジア非核兵器地帯の設立に向けた適切な行動を検討すべきである。とりわけ、事務総長は、地域国家間の透明性や信頼醸成を奨励する地域フォーラムの開催に向けて、いっそう積極的な役割を強めることができる」と述べられている。これは、世論形成と環境整備のために活用することができる画期的な前進である。

国連軍縮諮問委員会は、軍縮問題で事務総長に直接助言を行う諮問機関である。1978年に開催された第1回国連軍縮特別総会(第10回特別総会)の提案を受け設置された。個人の資格で任命された約20名の委員が毎年2回の会合を行う。

スイス・ジュネーブにおいて13年6月26日～28日の日程で開かれた軍縮諮問委員会の第60回セッションで、核軍縮における非核兵器地帯の役割が協議の柱の一つとなった。委員会は、英国、ヨルダン、フィリピン、韓国、アルジェリア、オーストラリア、米国、ハンガリー、パキスタン、ガーナ、カザフスタン、フランス、スイス、中国、ロシアの国籍を持つ計15名から構成されており、議長は英国のデズモンド・ボウエン氏（元英国防省政策担当官）が務めた。

議論において、委員の一人は、新たな非核兵器地帯の設立に向けては、「関係諸国家間にいかなる重大な安全保障上の懸念があってもならないし、最低限のレベルの信頼がなければならない」と発言し、北東アジアにおける非核兵器地帯の創設は「困難」との考えを示している（第14節）。こうした厳しい認識は、朝鮮半島の南北分断と非核化の停滞、そして、日中などの地域国間の緊張が増すなど、困難な状況が続いている北東アジアの現状を反映している。複数の委員が繰り返し強調したように、「不可欠の措置」として「建設的な対話と信頼醸成が必要」である（第20節）。だが、非核兵器地帯設立の提案は地域の緊張緩和や信頼醸成に役立つものであり、北東アジアに困難があるからこそ、非核兵器地帯の設立という目標を共有した対話を始めるべきである。

また、新たな非核兵器地帯の設立にあたって、「いくつかの国の拡大抑止について議論することが必要である」とも指摘されている。北東アジア非核兵器地帯をめぐっては、米国の「核の傘」に依存し続ける日韓の安全保障政策のあり方が問われることになる。

日本は13年10月、国連総会第一委員会でニュージーランドが提案した4回目の「核兵器の人道的影響に関する共同声明」に初めて賛同した※。声明は、核兵器が「いかなる状況下においても使用されない」との文言を含んでおり、これに賛同した日本政府は「核の傘」依存を見直さなければならない。その際、非核兵器地帯こそが対案となる。非核兵器地帯は、核兵器国が地帯内国家に対して核兵器の使用も威嚇を行わないという誓約を行うことで、地帯内国家が核の脅威に対して拡大核抑止に依存する必要をなくすからである。日本の市民や自治体には、軍縮諮問委員会の議論と勧告を、その手がかりとして活かしていく創意ある行動が求められている。

※キーワードA2(54ページ)。

A8. 国際赤十字・赤新月、核廃絶へ4か年行動計画

2013年11月17〜18日、シドニーで開催された国際赤十字・赤新月運動代表者会議は、「核兵器廃絶に向けての歩み:4か年行動計画」※と題する決議を採択した。

※資料2−10(301ページ)。

同運動は、世界189か国の各国赤十字社及び赤新月社と、それらに対して情報共有、技術的支援などを行う「国際赤十字・赤新月社連盟」(IFRC)、そして紛争下の人道支援活動を統括する「赤十字国際委員会」(ICRC)から構成される。

代表者会議は隔年で開催されており、11年の代表者会議(11年11月26日、ジュネーブ)は、決議「核兵器廃絶に向けての歩み」※を採択した。同決議は、10年4月20日のヤコブ・ケレンベルガーICRC総裁演説※で示された考え方を、国際赤十字の最も大きな枠組みである「運動」として確認した点で画期的であった。その考え方とは、「核兵器の非人道性」に焦点をあて、国際人道法の原則に従って核兵器を禁止するべきであるというものである。10年のICRC総裁演説および11年の決議は、その後、核兵器の非人道性が国際社会において主要なテーマとして着目される一つの契機となった。

※本イアブック12年版・資料2−7(281ページ)。

※本イアブック11年版・特別記事3(54ページ)。

13年決議は、ICRC及び連盟並びに40か国の赤十字・赤新月社によって共同提案された。決議は、国際赤十字として「核兵器の使用がもたらす壊滅的な人道的結果をさらに啓発し、(a)核兵器が二度と使用されないよう保証する、(b)核兵器の使用を禁止し廃絶するという目標に向けて前進するための努力を一層強める必要がある」との認識を示した。その上で決議は、同運動のすべての構成員に以下を求めた(決議の2)。

(a)行動計画に基づき、次のことを啓発するための活動を可能な限り行う。

(ⅰ)核兵器の使用がもたらす壊滅的な人道的結果、(ⅱ)(核兵器使用に対する)適切な人道的対応能力の欠如、(ⅲ) 2011年の決議が示した、核兵器のいかなる使用も国際人道法の規定と両立することが困難であること、(ⅳ)核兵器の使用の禁止と廃絶につながる具体的行動の必要性。

(b)以下のことを可能な限りにおいて各国政府に働きかける。

(ⅰ)核兵器の脅威を議論する現行の協議への積極的な参加、(ⅱ)核兵器に関する「運動」がもっている懸念と見解の伝達、(ⅲ)現存するコミットメント及び国際的義務を基礎とし、核兵器の使用禁止と廃絶のための法的拘束力のある国際合意の交渉に向けた具体的行動を取り、それらの交渉を緊急に、かつ決意をもって終結させること。

13年の代表者会議は、決議と同時に「4か年行動計画」※を採択した。それは、国内、地域、国際の3つのレベルにおいて、ICRC、連盟、各国赤十字・赤新月社がなすべき行動を具体的に明記している。たとえば以下のような行動が含まれる。

※資料2－10(301ページ)。

- 各国赤十字社は、決議を政府関係当局、省庁、委員会及び国会議員に伝達するとともに、「運動」の憂慮と見解に関するブリーフィングの機会を提供する。
- 各国赤十字社は、「人道外交」の枠組みを活用し、可能な限り、「運動」の核兵器に関する憂慮と見解を、自国の一般市民に発信する。

「人道外交」という概念は、11年決議に引き続き、13年決議と行動計画の根底に置かれている。日本赤十字社によると、「人道外交」とは、「政策決定者やオピニオンリーダーの考え方や行動に影響を及ぼし、社会的弱者の生活改善に資する方向に動かしていくこと」を目的としている。相手の態度を変えさせることを赤十字の責任とした点が、アドボカシーを一歩推し進めたものである。

A9. 多様化するNGOの主張
—ICAN、バーゼル平和事務所など

核兵器廃絶国際キャンペーン

核兵器の禁止を求める活動には、さまざまなNGOが精力的に行動し、各国政府への働きかけを強めている。

2013年3月の核兵器の人道上の影響に関するオスロ会議※にあたって、核兵器廃絶国際キャンペーン(ICAN)※は直前に市民フォーラムを開催し、世界中から約500人が集まった。ノルウェー政府は政府間会議はあくまで核兵器の影響に関する科学的な会議と強調していたが、市民フォーラムでは「禁止条約へ」という方向性が強く発せられた。挨拶に立ったノルウェーのグライ・ラーセン外務副大臣は、対人地雷やクラスター爆弾の禁止も非人道性の議論から始まったことを強調した。

※キーワードA1(52ページ)。

※核兵器廃絶国際キャンペーン(ICAN)。オーストラリアのメルボルンとスイスのジュネーブに事務所がある。www.icanw.org

ICANは、2007年に核戦争防止国際医師会議(IPPNW)※を母体に生まれた、簡潔な形の核兵器禁止条約の早期締結を求める国際的な運動体である。2010年以降は、核兵器の非人道性に関する国際的関心の高まりを受けて急速に拡大し、2011年にはスイスのジュネーブに国際事務所を設立した。2013年末現在、約80か国300団体がパートナー団体として参加している。デズモンド・ツツ、ダライ・ラマ、オノ・ヨーコらの世界的著名人が賛同人になっている。ノルウェー、スイス、メキシコや国際赤十字など、核兵器の非人道性に関心の強い政府や国際機関と連携している。

※核戦争防止国際医師会議(IPPNW) www.ippnw.org/

オスロの政府間会議へのNGOの参加は、ICANが窓口になって調整した。ICANがリーチング・クリティカル・ウィルと共同で編集した資料冊子『言語に絶する苦しみ』は※、核兵器がもたらす健康影響、環境影響、気候変動と飢饉、国際人

※Unspeakable suffering - the humanitarian impact of nuclear weapons, edited by Beatrice Fihn, February 2013 www.icanw.org/wp-content/uploads/2012/08/Unspeakable.pdf

道法の観点などを包括的にまとめたもので、政府間会議の参加者らに配られた

　ICANはまた、核兵器禁止条約に関する入門冊子『今こそ核兵器の禁止を』を9か国語で発行している※。従来、核兵器禁止条約のモデルとしては、核保有国が参加し、核兵器の廃棄や検証プロセスまでも包括的に定めた条約案（Nuclear Weapons Convention：NWC）が中心に考えられてきた。これに対しICANは、核兵器を「禁止する（ban）」ことを先行させ、廃棄や検証の詳細は後から定めるのでもよいという禁止先行の簡潔な形の条約（Nuclear Weapons Ban Treaty）を検討すべきであると提唱している。

　ICANでは他にも、核兵器禁止条約を求める世界国会議員署名、折り鶴を各国元首に届け核兵器禁止条約への支持を求めるプロジェクトなどに精力的に取り組んでいる。

　一方、国際ネットワーク・アボリッション2000※の有志が設立したバーゼル平和事務所※（BPO）等は、13年8月、「ギャップに橋を架け、枠組みを築いて成功を手にする」※を発表した。同文書は、核兵器禁止条約（NWC）を基礎に、諸政府の見解を取り込みながら、核なき世界の諸要素に関する議論を同時並行的に、核兵器国・核保有国をも関与させながら行うことを提案した。

　2030年までの核兵器ゼロを目指すグロバール・ゼロは、13年6月、マイケル・ダグラス監督で、著名なハリウッド俳優が多数出演した、オバマ大統領のプラハ演説を想起させるキャンペーン動画※を制作した。

　平和首長会議が10年12月に開始した「核兵器禁止条約」の交渉開始等を求める市民署名への賛同は、14年4月1日現在で940,667筆にのぼった※。13年4月20～27日、ジュネーブで開催された2015年核不拡散条約（NPT）再検討会議第2回準備委員会に合わせ、松井一實会長および田上富久副会長（長崎市長）は、フェルーツァ議長に「核兵器禁止条約」の交渉開始等を求める市民署名を提出した。

※『今こそ核兵器の禁止を』13年6月、12ページ。
www.icanw.org/wp-content/uploads/2013/09/BanNuclearWeaponsNow-Japanese.pdf

※1995年に誕生した核兵器廃絶をめざすNGOの地球規模のネットワーク。

※12年8月に発足した核軍縮・不拡散議員連名（PNND）、中堅国家構想（MPI）、世界安全保障研究所（GSI）などの共同事務所。スイスのバーゼルにある。

※文書番号A/AC.281/NGO/2

※www.globalzero.org/demand-zero/prague-speech

※キーワードE3（182ページ）。

B1. 失望の結果に終わる NPT再検討会議第3回準備委

核不拡散条約

2014年4月28日～5月9日、2015年の核不拡散条約(NPT)再検討会議に向けた第3回準備委員会がニューヨーク国連本部で開催された※。再検討会議を控えた最後の準備委員会として、必要な手続き事項を決定するとともに、実質的な内容の勧告を出すことがその任務であった。

※会議動向の詳細については、長崎大学核兵器廃絶研究センター(RECNA)による「NPTブログ」報告が詳しい。www.recna.nagasaki-u.ac.jp/nptblog/

今回の準備委員会は全体的に協力的、建設的であったと評される。事実、議論の紛糾や議事妨害の動きはなく、各国政府の姿勢には、来年の再検討会議を意識した配慮が見られた。しかしそれでも勧告案の採択には至らなかった。最終日の前日、議長を務めたペルーのロマン=モレイ大使は合意を断念し、勧告案は議長個人の要約となる「作業文書」※として来年の本会議に送られることになった。

※資料3−3(307ページ)。

過去の準備委員会が一度も勧告案の採択に成功していない事実を鑑みれば、今回の結果が取り立てて「失敗」というわけではない。しかし、以下述べるように、被爆70年を前にした今、核兵器の法的禁止・廃絶を求める国々と、法的禁止を時期尚早として段階的アプローチによる核兵器削減や役割低減を重視する国々との溝はますます顕著になっている。

2010年以降、核軍縮の遅滞に対する非核兵器国の不満を背景に、世界的な潮流となってきたのが核兵器使用の人道的側面の焦点化である※。有志国家による共同声明の発出に加え、第3回準備委員会までに2回にわたる国際会議が開かれてきた。今委員会では共同声明は出されなかったが、2週間の会期を通じて大多数の国・国家グループが核兵器の非人道性に言及した。その意味では核兵器の人道的側面に対する認

※キーワードA2(54ページ)。

識はますます拡大していると言える。しかし、核兵器禁止の法的枠組みの必要性や具体的な外交交渉の開始を訴える具体的イニシャチブを提案する国・国家グループは登場しなかった。一方、核保有国や「核の傘」の下の国々からは、非人道性への言及はありつつも、「NPT体制を損なうような並行プロセスを生み出すべきではない」「安全保障の側面に対する考慮も含まれなければならない」と従来の政策を変えるべきではないという主張が相次いだ。

こうした対立の中、市民社会や一部の国家においては、核兵器禁止の法的枠組みの在り方についての議論を深めようとの努力が顕在化している。「新アジェンダ連合(NAC)」による作業文書は、既存の提案を次の4つに分類し整理するとともに、各国にさらなる検討を行うことを求めた※。

※資料3-4(308ページ)。

①包括的核兵器禁止条約(NWC):核兵器禁止、廃棄、検証等を包括的に規定した条約。

②簡易型核兵器禁止条約(NWBT):廃棄や検証条項を含まない、核兵器禁止の規範の確立を先行させる条約。核保有国の参加を当初からの必須要件としない場合もある。

③核兵器廃絶の枠組み協定:NPTを中心に、別々の条約が相互に支えあう枠組みを構成。

④上記3つの混合プラン

議長要約「作業文書」も、「核兵器のない世界を達成することに関連して各国政府や市民社会が出している新しい提案やイニシアティブ」の検討を勧告した。

このほかにも、開催の見通しの立たない中東非核・非大量破壊兵器地帯会議※、北朝鮮の核問題※、ウクライナ問題をめぐる米ロの対立など、さまざまな問題が来年の再検討会議に暗い影を落としている。しかしこれらの課題について具体的な対策を展望することができないまま、今回の準備委員会は幕を閉じた。

※キーワードB2(76ページ)。
※キーワードB7(92ページ)。

B2. 中東非WMD地帯会議
大量破壊兵器
―13年中も開催されず

2010年核不拡散条約(NPT)再検討会議の最終文書「行動勧告」で、2012年内に中東の全国家の参加による「中東非核・非大量破壊兵器(WMD)地帯の設立のための会議」(以下「中東会議」)を開催することが合意された※。これは、1995年のNPT再検討・延長会議において、NPTの無期限延長が決定されたことと引き換えに、中東の非核・非WMD地帯化を実現すべく採択された、いわゆる「中東決議」※の履行を図るためのものである。しかし、会議は12年中に開催のめどすら立たないまま13年4月22日から5月3日まで開催された「2015年NPT再検討会議第2回準備委員会」を迎えた。同会議において中東会議ファシリテーターであるフィンランドのヤッコ・ラーヤバ外務次官は報告書※を提出し、会議開催に必要な準備はほぼ完了しており、「開催自体が不可能になったわけではない」と述べ、悲観論を打ち消した。

※資料1-7(258ページ)。行動勧告Ⅳ7。

※資料1-4(242ページ)。

※資料3-5(312ページ)。

しかし、イスラエルが中東会議参加に対してあいまいな態度を取り続けることが会議実現の最大の障害とみるアラブ諸国は、現状への不満を強めていた。第2回NPT準備委員会の前には、出席を集団でボイコットする可能性すら検討されていた。

そして、集団ボイコットこそ発生しなかったものの、エジプトは4月29日、会議を途中退席することで現状への強い不満を表明した。エジプトは4月23日の「一般討論」において、「1995年のNPT再検討・延長会議においてNPTの無期限延長が全会一致で合意されたのは、中東決議が同時に採択されたからであった。つまり、今日あるNPTはその一部として中東決議を内包している」と述べた。

NPT第2回準備委員会で中東会議開催に向け何ら前進が見られなかったことで、アラブ諸国はイスラエルへの姿勢を問う行動に出た。9月の国際原子力機関(IAEA)年次総会に対して、アラブ諸国は、イスラエルのNPT加盟を要求する「イスラエル核能力」決議案を提出した。11年、12年の総会では提出を控えていた決議案であった。9月20日の採決では、賛成43、反対51で否決された。

他方、ラーヤバ次官は、中東会議開催に向けて多国間の事前協議を持つことで、局面を打開しようと努めた。アラブ諸国の中には当初、事前協議への参加に慎重な意見もあった。イスラエルが中東会議の開催そのものに対する疑問を呈する場として事前協議を利用するのではないかとの懸念がアラブ側にあったためである。

しかし、アラブの盟主を自認するエジプトは、事前協議開催を見据えて、建設的な動きを見せた。ファハミ外相は、9月28日の国連総会で次の2点から成る提案を行っている※。

①中東の全国家および安保理5常任理事国(P5)が、中東非WMD地帯化を支持する旨を述べた書簡を国連事務総長に送ること。

②WMDを禁止する諸条約に参加していない中東各国が、関連条約への同時加盟の誓約を13年末までに行うこと。

※www.mfa.gov.eg/SiteCollectionDocuments/ahmadein%20eng.pdf

1回目の事前協議は10月21〜22日にかけてスイスのグリオンで開かれた。会議の詳細は明らかにされていないが、イスラエル、イラン、アラブ首長国連邦、オマーン、リビアなどの代表が、ラーヤバ大使や中東会議招集役である米英ロと同席したという。さらに、11月25〜26日には同所で2回目の事前協議が開かれた。ここではイランは不参加であった。こうして、中東会議は、13年も開催のめどがたたないままに終わった。95年のNPT無期限延長の一つの条件としてあったはずの中東非WMD地帯は、ほぼ20年がたつ現在も、ほとんど見通しがたたないままである。

データシート

2. 世界に広がる非核の傘

【1】図説：世界の非核兵器地帯

非核兵器地帯とは、地域内の国家間で結ばれた条約により、核兵器の開発、製造、取得などが禁止された地域を指す。さらに重要なことは、地帯内の国家に対する核兵器の使用や威嚇もまた禁止されるという点である。非核兵器地帯を広げることは、軍事力による「核の傘」ではなく、軍事力によらない「非核の傘」で私たちの安全と平和を守ろうという努力の一つである。中東、南アジア、北東アジア、北極など各地で、新たな非核兵器地帯を生み出す努力が続けられている。2010年NPT再検討会議では、95年「中東決議」(資料1－4)の履行と中東非核・非大量破壊兵器地帯の設立に関する会議の12年開催が合意されたが、未だ開催されていない(キーワードB2)。

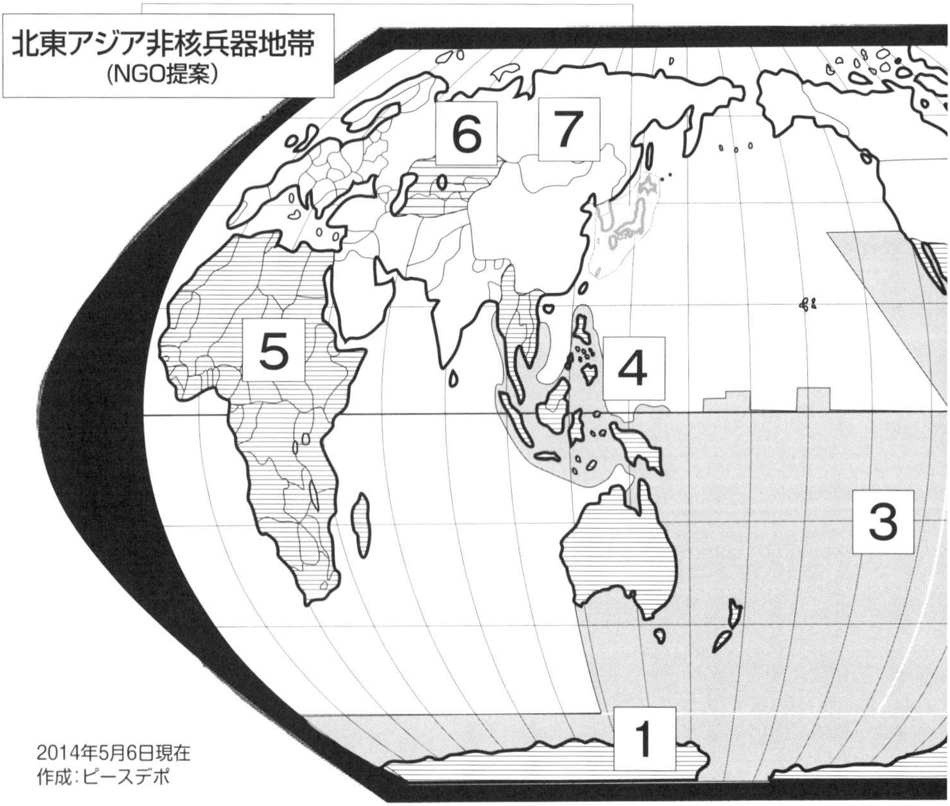

09年、中央アジアとアフリカでそれぞれ非核兵器地帯条約が発効し、現存する5つの非核兵器地帯条約はすべて「発効済み」となった。5つの核兵器国は12年9月、モンゴルの非核兵器地帯地位を支援する共同宣言に署名し、14年5月には中央アジア非核兵器地帯条約の議定書に合意し署名式を行った。

世界的に核軍縮気運が高まっている今こそ、「非核の傘」に向かう、地域発のビジョンと行動がますます重要となっている。北東アジア非核兵器地帯の実現に一歩を踏み出す好機である。

1 南極条約

2 ラテン・アメリカおよびカリブ地域における核兵器禁止条約（トラテロルコ条約）

3 南太平洋非核地帯条約（ラロトンガ条約）

4 東南アジア非核兵器地帯条約（バンコク条約）

5 アフリカ非核兵器地帯条約（ペリンダバ条約）

6 中央アジア非核兵器地帯条約（セミパラチンスク条約）

7 モンゴル非核兵器地帯地位※

※国連等で使われる用語は「非核兵器地位」(nuclear-weapon-free status)であるが、他の非核兵器地帯の持つ国際的要件（とりわけ消極的安全保証）を持つ権利を有しているとの主張を込めてこう呼ぶ。

1〜6はすべて発効済み（議定書を除く）。7は他の地帯と性格が異なる。

データシート

2. 世界に広がる非核の傘

【2】非核兵器地帯のデータ

中央アジア非核兵器地帯条約（セミパラチンスク条約）

●締結署名：2006年9月8日
●発効：2009年3月21日
●地帯の範囲　下記5か国の領土、全ての水域（港湾、湖、河川）、及びこれらの上空。
●地帯内に位置する国・地域
カザフスタン、キルギス、タジキスタン、トルクメニスタン、ウズベキスタン
●加盟国
上記「地帯内に位置する国・地域」の5か国。
●核保有国の対応
5核兵器国すべてが、「核兵器あるいは他の核爆発装置の使用もしくは使用の威嚇を行わないこと」、「条約及び議定書締約国によるいかなる違反行為にも寄与しないこと」を定めた議定書に署名。現在、各国の批准プロセスに入っている。

モンゴル非核兵器地帯地位

●1998年12月4日：国連総会決議で一国の非核兵器地位を認知
●2000年2月3日：国内法制定
●2012年9月17日：5核兵器国、国連本部でモンゴル非核兵器地帯地位を支援する共同宣言に署名。

北東アジア非核兵器地帯（非政府提案）

●1990年代半ば以来、さまざまな具体的な非政府提案が登場した。もっとも現実的な案として、朝鮮半島非核化南北共同宣言と日本の非核三原則をつなげ、それを米・中・ロが支持し、核攻撃・威嚇をしない安全の保証を与える「スリー・プラス・スリー」案がある。
●2004年、モデル「北東アジア非核兵器地帯条約」をピースデポが発表。2008年に改訂版。
●2008年、民主党核軍縮促進議員連盟が条約案を記者発表。
●2011年、モートン・ハルペリン元米大統領顧問が、地帯設立を含む包括的協定案を提案。
●2012年、核軍縮・不拡散議員連盟（PNND）日本に発足した北東アジア非核兵器地帯促進ワーキングチームが、条約骨子案を作成。
●2014年、長崎・広島両市長が、地帯を支持する自治体首長543名の署名を国連事務総長に直接提出。

南極条約

●締結署名：1959年12月1日（ワシントン）
●発効：1961年6月23日
●地帯の範囲　南緯60度以南の地域・ただし公海については他の国際法の権利を侵害しない。
●地帯内に位置する国・地域
なし。南極での領土権は凍結されている（第4条）。
●加盟国　5つの核兵器国を含む50か国。

アフリカ非核兵器地帯条約（ペリンダバ条約）

●締結署名：1996年4月11日
●発効：2009年7月15日
●地帯の範囲
アフリカ大陸、OAU※のメンバーである島しょ国、およびOAUの決議によってアフリカの一部とみなされた島々の領土および領海。（地図は、付属書Ⅰに基づいて作成した。小島は示されていない。）
【注】インド洋にあるチャゴス諸島に関しては、領有権問題があり、付属書にただし書きが加えられている。この中に米軍基地の島ディエゴ・ガルシアが含まれている。
●地帯内に位置する国・地域
アガレガ諸島、アルジェリア、バサス・ダ・インディア、アンゴラ、ベナン、ボツワナ、ブルキナ・ファソ、ブルンジ、カメルーン、カナリア諸島、カーボ・ベルデ、中央アフリカ、チャード、チャゴス諸島、コモロ、コンゴ共和国、コンゴ民主共和国（ザイール）、コートジボアール、ジブチ、エジプト、赤道ギニア、エリトリア、エチオピア、ユーロバ島、ガボン、ガンビア、ガーナ、ギニア、ギニア・ビサウ、ジュアン・ド・ノバ、ケニア、レソト、リベリア、リビア、マダガスカル、マラウイ、マリ、モーリタニア、モーリシャス、マヨット、モロッコ（1985年にOAUを脱退）、モザンビーク、ナミビア、ニジェール、ナイジェリア、プリンス・エドワード・マリオン諸島、ルワンダ、サントメ・プリンシペ、レユニオン、ロドリゲス島、サハラ・アラブ民主共和国、セネガル、セイシェル、シエラ・レオーネ、ソマリア、南アフリカ、スーダン、スワジランド、タンザニア、トーゴー、チュニジア、トロメリン島、西サハラ、ウガンダ、ベルデ諸島、ザンビア、ザンジバール、ジンバブエ（一部国名の変更を除き、条約添付資料にもとづいた。）
●加盟国
54か国が署名、36か国（アルジェリア、ベナン、ボツワナ、ブルキナファソ、ブルンジ、カメルーン、チャド、コモロ、コートジボワール、赤道ギニア、エチオピア、ガボン、ガンビア、ガーナ、ギニアビサウ、ギニア、ケニア、レソト、リビア、マダガスカル、マラウイ、マリ、モーリタニア、モーリシャス、モザンビーク、ナミビア、ナイジェリア、ルワンダ、セネガル、南アフリカ、スワジランド、トーゴ、チュニジア、タンザニア連合共和国、ザンビア、ジンバブエ）が批准。
●核保有国の対応
議定書1では、条約締約国に対して、および地帯内で、核兵器を使用または使用の威嚇をしないことを定め、議定書2は、地帯内での核実験の禁止を定め、すべての核保有国に参加を求めている。中、仏、英、ロは、署名・批准、米は署名済み。2011年5月2日、米政府は批准承認を上院に提案。
※2002年7月、OAUはアフリカ連合（AU）へと移行。

東南アジア非核兵器地帯条約（バンコク条約）

●締結署名：1995年12月15日
●発効：1997年3月27日
●地帯の範囲
東南アジアのすべての国家の領土とその大陸棚、排他的経済水域よりなる区域。（図は200カイリ排他的経済水域を含めて作成した。）
●地域内に位置する国・地域
ブルネイ、カンボジア、インドネシア、ラオス、マレーシア、ミャンマー、フィリピン、シンガポール、タイ、ベトナム
【注】中国、台湾、ベトナム、フィリピン、マレーシア、ブルネイが領有権を主張する南沙諸島の多くも地帯内にある）
●加盟国
上記「地帯内に位置する国・地域」の10か国。
●核保有国の対応
5つの核兵器国に対して「条約締約国に対して、および地帯内で核兵器の使用または使用の威嚇をしないこと」を定めた議定書（第2条）への参加を求めている。中国は議定書への参加の意向を示しているが、条約加盟国は5核兵器国との包括的合意の交渉の継続を優先させており、包括的合意に至っていない。

南太平洋非核地帯条約（ラロトンガ条約）

●締結署名：1985年8月6日
●発効：1986年12月11日
●地帯の範囲
条約の付属書1に細かく緯度、経度で規定されている。付属書にはそれにしたがって地図が添付されている。図はその地図を再現した。インド洋に面した非核地帯は、オーストラリアの領海で区切られている。インド洋に浮かぶオーストラリア領の島々も非核地帯に属するが、図には示していない。
●地帯内に位置する国・地域
オーストラリア、フィジー、キリバス、ナウル、ニュージーランド（NZ）、パプア・ニューギニア、ソロモン諸島、トンガ、ツバル、バヌアツ、サモア、クック諸島（NZ自治領）、ニウエ（NZ自治領）
【注】その他に植民地下の仏領ポリネシア、米領サモア、ニューカレドニア（仏）などがある。条約は太平洋諸島フォーラム（2000年10月、『南太平洋フォーラム』より名称変更）参加国に加盟が開かれている。したがって、地帯外であるが、マーシャル諸島共和国、ミクロネシア連邦にも加盟の資格がある。
●加盟国
上記「地帯内に位置する国・地域」の13か国。
●核保有国の対応
条約締約国に対する核爆発装置の使用または使用の威嚇の禁止、非核地帯内における核爆発装置の実験の禁止を定めた議定書2、3があり、フランスの核実験終了を契機に米英仏が署名し、米国以外のすべての核兵器国は批准寄託している。2011年5月2日、米政府は批准承認を上院に提案。

ラテン・アメリカおよびカリブ地域における核兵器禁止条約※（トラテロルコ条約）

●締結署名：1967年2月14日
●発効：1969年4月25日
●地帯の範囲
北緯35度西経75度の点から真南へ北緯30度西経75度の点まで、そこから真東へ北緯30度西経50度の点まで、そこから斜航線に沿って北緯5度西経20度の点まで、そこから真南へ南緯60度西経20度の点まで、そこから真西へ南緯60度西経115度の点まで、そこから真北へ緯度零度西経115度の点まで、そこから斜航線に沿って北緯35度西経150度の点まで、そこから真東へ北緯35度西経75度の点までの境界。ただし米国領土・領海は除く。（図は、この領域を示している。）
●地帯内に位置する国・地域
アンティグア・バーブーダ、アルゼンチン、バハマ、バルバドス、ベリーズ、ボリビア、ブラジル、チリ、コロンビア、コスタリカ、キューバ、ドミニカ、ドミニカ共和国、エクアドル、エル・サルバドル、グレナダ、グァテマラ、ガイアナ、ハイチ、ホンジュラス、ジャマイカ、メキシコ、ニカラグア、パナマ、パラグアイ、ペルー、セント・ルシア、セント・クリストファー・ネイビース、セント・ビンセント、スリナム、トリニダッド・トバゴ、ウルグアイ、ベネズエラ
【注】その他にプエルトリコ（米自治領）やフォークランド諸島（英植民地）など植民地下の島々がある。
●加盟国
上記「地帯内に位置する国・地域」の33か国。
●核保有国の対応
5核兵器国すべてが、条約締約国に対して核兵器を使用しないこと、または使用するとの威嚇を行わないことを定めた付属議定書2に署名、批准寄託している。
※1990年に現在の名称に変更された。

B3. NPDI、参加国が2か国増加し12か国に

不拡散・軍縮イニシャチブ

2013年、不拡散・軍縮イニシャチブ(NPDI)※は第6回外相会合を4月9日にハーグで、第7回会合を9月24日にニューヨークで開催した※。

NPDIは10年9月、日本とオーストラリアの主導で、オーストラリア、カナダ、チリ、ドイツ、日本、メキシコ、オランダ、ポーランド、トルコ、アラブ首長国連邦という非核兵器国10か国によって発足した国家グループである※。以来、透明性、不可逆性、検証可能性を伴う核軍縮、包括的核実験禁止条約(CTBT)の早期発効、カットオフ条約の早期交渉開始、国際原子力機関(IAEA)追加議定書の普遍化といった課題に主要な力点を置き※、「2010年NPT再検討会議で全会一致で採択された結果を前進させる」という目標を「実際的なステップ・バイ・ステップ(段階的)アプローチ」を通して実現することを目指してきた※。12年4月20日には核軍縮の「報告の標準様式」の提案を行っている※。

米国の核抑止力に依存する7か国(オーストラリア、カナダ、ドイツ、日本、オランダ、ポーランド、トルコ)、核兵器廃絶に先進的役割を担う新アジェンダ連合に属する1か国(メキシコ)そしてチリ、アラブ首長国連邦と、全ての大陸から多様な性格を持つNPDI参加国に共通項を見出すのは難しい。しかも、グループの目的を包括的に述べた「発足声明」に類する文書は、発表されたこともない。このことから、NPDIは「2010年の合意の実行」を最大公約数にする以上には、行動方針が明確にならない国家グループだといえる。

13年4月9日、ハーグ(オランダ)での第6回外相会合をへて

※政府は「軍縮・不拡散イニシャチブ」と訳している。

※累次の会合概要、合意文書等は外務省HPにある。www.mofa.go.jp/mofaj/gaiko/npdi/

※ナイジェリア、フィリピンは13年9月の第7回会合で参加。

※10年9月28日、第1回外相会合(ニューヨーク)における共同議長冒頭発言。

※13年4月22日、15年NPT再検討会議第2回準備委員会(ジュネーブ)、一般討論におけるオランダの代表演説。 http://papersmart.unmeetings.org/en/secretariat/unoda/second-session-of-the-preparatory-committee-2013/programme/

※本イアブック13年版・キーワードB6(98ページ)、資料3-8(307ページ)。

準備委員会に臨んだNPDIは、次の7つの作業文書を提出した。①包括的核実験禁止条約、②輸出管理、③非戦略核兵器、④核兵器の役割低減、⑤核軍縮不拡散教育、⑥核兵器国における保障措置の適用拡大、⑦非核兵器地帯と消極的安全保証。文書の提出数でみる限りNPDIが存在感を増していることは否定できない。しかし、それらを読んでも、10か国が共有する具体的目標は定かではない。

例えば、上記作業文書の一つである「核兵器の役割低減」は、核兵器使用によってもたらされる人道上の壊滅的結果の観点から「65年間に及ぶ核兵器不使用が永久に存続されることが決定的に重要」であり、「核兵器国による核軍縮に向けた断固たる措置が必要である(6節)」とした上で、「核兵器が二度とふたたび使用されることを防止するためには、核兵器使用の可能性を現状よりもさらに低いものとするための具体的努力がなされなければならない(7節)」と述べる。しかし「核兵器使用の可能性をさらに低いものとする」ために自らの核抑止依存政策を見直すという視点は欠落している。

事実、13年4月24日に発表された80か国の「核兵器の人道的影響に関する共同声明」に賛同したNPDI参加国はチリ、メキシコの2か国に過ぎなかった※。一方、「作業文書」は非人道声明の基礎となったオスロ会議※を肯定的にとらえている。オスロの「フォローアップ会議」の主催国に名乗りをあげたメキシコの主張によるものであったと思われる。

9月24日の第7回外相会合において、新たにフィリピン、ナイジェリアの2か国が参加国となった。同会合では、「複数の出席者から、核兵器の人道的影響について議論し取り組んでいく意欲が示され」、「グループ全体にとってもこの課題が重要な関心事項となっていることが伺われた。」(外務省「概要と評価」※)。会合の最後には9月26日の国連核軍縮ハイレベル会合で、オランダ外相がNPDIを代表して発表する共同ステートメントが承認された。

次回(第8回)会合は14年4月に広島で開催される。

※本イアブック13年版・資料3-3(297ページ)。

※キーワードA1(52ページ)。

※www.mofa.go.jp/mofaj/gaiko/page3_000414.html

B4. 政権交代したイランの核問題、合意で危機回避

イランと「P5+1」(安保理常任理事国+ドイツ)は、2013年2月26日から27日にかけてアルマトイ(カザフスタン)で8か月ぶりとなる本格的な協議を開いた。さらに、3月18日にはイスタンブール(トルコ)で事務レベル会合、4月5〜6日には再びアルマトイで上級レベル会合を持った。

従来からイランの核兵器開発を疑う米国など西側諸国と、核の平和利用の「奪い得ない権利」を主張するイランとの間での対立が長期化してきた。過去6回の国連安保理決議※は、イランに対してウラン濃縮活動などの凍結を求めてきた。それを盾にして、「P5+1」は、イランに対して、ウランの20%濃縮の停止、20%濃縮ウラン※の海外移送の禁止、及び中部フォルドウにある濃縮施設の閉鎖を要求していた。しかし、13年4月の協議では態度を軟化させ、テヘラン研究炉(TRR)で使用するための20%濃縮ウランの一部保有の容認や、フォルドウにおける(20%以下の)濃縮継続の容認などの条件を提示したと伝えられる。

※国連安保理決議1696(06年7月31日)、1737(06年12月23日)、1747(07年3月24日)、1803(08年3月3日)、1835(08年9月27日)、1929(10年6月9日)。

※用語の説明(233ページ)。

そうした中、6月15日のイラン大統領選挙で保守穏健派のロウハニ元最高安全保障委員会事務局長が勝利を収めた。ロウハニ師は改革派のハタミ第2次政権下で03年から05年まで核交渉責任者を務めた。アフマディネジャド政権期よりも西側に対して融和的な態度を取っていたことで知られ、大統領選期間中も「P5+1」との対話の重要性を訴えてきた。

8月3日の大統領正式就任後、変化はすぐに現れた。9月26日、米国のケリー国務長官とイランのザリフ外務大臣がニューヨークで会談したのに続き、翌27日には米国のオバマ

大統領とロウハニ大統領が79年の国交断絶以来となる電撃的な電話会談を行った。

イランと「P5+1」は、10月15〜16日、11月7〜9日と連続してジュネーブで協議を行った後、11月20日から大詰めの協議に入った。協議は、ケリー米国務長官が急遽ジュネーブ入りするなど閣僚級に格上げになり、11月24日、ついに両者は「共同行動計画」※に合意した。

※資料3-6(313ページ)。

同計画は、半年の間に両者が実行する「第一段階の要素」を設定し、文書採択から1年以内に「包括的解決」に向けた交渉を妥結させ履行を開始するという、段階的なアプローチを採っている。

イランが半年の間に取る自発的な措置としては、例えば以下が挙げられている。

- 20%濃縮ウランのうち、半分はTRRの燃料製造用に酸化物の形態で保管し、残り半分は5%以下に希釈する。
- 半年間は5%以上のウラン濃縮をしない。
- ナタンツ、フォルドウ、アラクの各施設において「活動のさらなる進展」を行わない。
- 使用済み核燃料の再処理をしない。再処理施設を新たに作らない。
- 国際原子力機関(IAEA)による監視強化。

これへの見返りとして、「P5+1」(合意文書中では「E3/EU+3」と表記)は、次の自発的措置をとる。

- イランの原油販売をさらに減らす取り組みをしない。
- イランの石油化学輸出、金・貴金属関連の制裁を停止。
- イランの自動車産業に対する米の制裁を停止。
- 国連安保理とEUは核関連であらたな対イラン制裁を行わず、米国は核関連の新規制裁を控える。
- 人道主義的通商のための金融チャンネルを確立する。

14年1月12日に「共同行動計画」の履行に関する「技術的了解」に両者が合意し、計画は1月20日に発効することになった。今後、計画の効力が切れる14年7月20日を期限として、包括的合意に向けた外交交渉へと局面は移る。

B5. 北朝鮮「衛星発射」に対し、安保理が制裁強化

※本イアブック13年版·キーワードA2(50ページ)。北朝鮮当局はこれを衛星発射としている。

※資料3-7(315ページ)。

※12年4月の発射については北朝鮮も失敗を認めている。

※06年10月の核実験に対し採択。本イアブック07年版·資料2-5(233ページ)。

※09年5月の核実験に対し採択。本イアブック09-10年版·資料3-13(291ページ)。

※本イアブック13年版·資料2-2(273ページ)。

2013年1月23日、国連安保理は12年12月12日に朝鮮民主主義人民共和国(以下、北朝鮮)が行った12年における2回目の弾道ミサイル技術を使用した発射※(1回目は4月13日)を非難する決議2087※を採択した。この発射について北朝鮮は従来と同じ人工衛星の発射であり、地球周回軌道への衛星投入に成功したとしている※。軌道への衛星投入は北米航空宇宙防衛司令部(NORAD)も認めた。

決議2087は、前文において「安保理決議によって課せられた規制を含む国際法に従い、宇宙を探索し利用する自由」は「全ての国にある」とした上で、この発射を安保理決議1718(06年)※及び1874(09年)※への違反であると非難(主文1)し、北朝鮮に対し、さらなる発射を行わず(同2)、核兵器と核計画を放棄することを求めた(同3)。その上で決議は、決議1718による制裁措置を再確認(同4)するとともに、以下を含む制裁の細目や実施方法の強化を決定した(同5〜13)。

※新たに、西海(ソヘ)宇宙センターを管轄する朝鮮宇宙技術委員長を含む4個人の渡航禁止と資産凍結、6機関が資産凍結の対象とされた(付属文書Ⅰ及びⅡ。資料では略)。

※禁輸品目を追加するとともに不正金融取引の監視対象と方法を強化。

※北朝鮮制裁委員会に、禁輸品の積載が疑われる船舶の海上検査が拒否された場合の対応指針を各国に提示するよう指示。

12年4月13日の発射を非難した安保理議長声明(4月16日)※

が、北朝鮮が更なる発射や核実験を行った場合には、「相応の措置をとる」と表明していたことを想起すれば、今回の安保理の行動が「議長声明」よりも強い「決議」となることは予測の範囲内であった。一方で今回の決議が前記のような従来の制裁の強化に留まったのは、中国と米国との交渉の結果であった。中国外務省の洪磊(ホンレイ)報道官は1月23日、同国は多数回の文案協議に関与したとし、決議を「概ねバランスのとれたもの」と評価した※。

※13年1月23日「人民網」(英語版)。

たしかに、決議が既存の制裁の枠組み内に留まったことに加え、前文が「宇宙利用の自由」に言及したこと、過去の2つの決議にあった「国連憲章第7章(平和に対する脅威、平和の破壊及び侵略行為に関する行動)に基づいて行動する」という一文が削除されたことは、一定程度バランスのとれた決議といえよう。

この決議に対して、北朝鮮は今までにも増して激しく反発し、1月23日の「外務省声明」を皮切りに、国防委員会、祖国統一委員会による声明を3日連続で発した。最高国防指導機関である国防委員会(第1委員長:金正恩(キム・ジョンウン))の声明は、安保理決議を「全面的に拒絶する」と表明するとともに、「正統な主権の行使」を侵害する敵対政策を打ち負かすために、「全面的な行動に立ち上がる」とした。さらに声明は、「6か国協議」と05年「9.19共同声明」※は、もはや「存続不可能」であるとした上で、「長距離ロケットの発射」と「より高い水準の核実験」※を「米国を標的に行っていく」と宣言した。

※資料1-17(279ページ)。

※13年2月に実行に移された。キーワードB6(88ページ)。

90年代に始まった北朝鮮のミサイル発射と核実験が地域の「脅威」とみなされていることは事実であり、北朝鮮が両面における技術的前進を遂げていることも確かである。しかし、5核兵器国が宇宙開発ロケットと核ミサイルを同時に開発してきたことを思えば、ミサイル技術の両用性への対処方法を抜きにした「ミサイル非難」は、乱暴な論理であると言わねばならない。公正な論理に立った朝鮮半島の非核化のための対話と交渉を行う必要がある※。

※北朝鮮の核実験に関する安保理決議は、キーワードB6(88ページ)。

B6. 北朝鮮、3度目の核実験 ——安保理は制裁決議

2013年2月12日、朝鮮民主主義人民共和国(以下、北朝鮮)は、06年※、09年※に続いて3回目の核実験を実施した。包括的核実験禁止条約機関(CTBTO)によれば、実験に伴う地震規模はマグニチュード4.9、核爆発地点は過去2回と同じ豊渓里(プンゲリ)核実験場である。米エール大学の地震学者ジェフリー・パーク※は、マグニチュードは5.1で、09年の実験より0.4、06年の実験よりも0.9強いとした。これを爆発威力に換算すると、今回の威力は09年の3倍、06年の15倍となり、地層条件による変化を考慮して、推定7.4〜25キロトンになる。同日の朝鮮中央通信は、今回の実験には「爆発力が大きいながらも、小型化及び軽量化された原子爆弾」が使われたと発表した。これに関連して科学・国際安全保障研究所(ISIS)のオルブライトら※は、北朝鮮が射程1300kmのノドン・ミサイルに搭載可能な程度に弾頭の「小型化・軽量化」を達成した可能性があると見ている。しかし、大陸間弾道ミサイル(ICBM)に搭載する能力は、再突入体(RV)の技術などを含め未達成であると評価している※。これに対し、米政府はオルブライトらの小型化に関する見解を否定する国家情報局長の声明を出した。

この実験に対し、国連安保理は、3月7日、核実験を非難し制裁を拡大強化した国連安保理決議2094※を満場一致で採択した。決議は、第1回、第2回核実験に対する安保理決議と同様、核実験を「最も強い言葉で」非難し、国連憲章第Ⅶ章第41条を適用する制裁を課すとした。制裁内容は、核実験を非難した決議1718(06年)、1874(09年)及びミサイル発射を非難

※本イアブック07年版・データシート1(50ページ)。

※本イアブック09-10年版・キーワードB4(70ページ)。

※ジェフリー・パーク「ブレティン・オブ・ジ・アトミック・サイエンティスツ」(電子版) 2013年2月26日。

※デイビッド・オルブライト、アンドレア・ストリッカー「北朝鮮核実験に関するISIS声明」(13年2月12日)。
デイビッド・オルブライト「北朝鮮の小型化」(13年2月13日)。
http://38north.org/2013/02/albright021313/

※キーワードB7(92ページ)。

※資料3-8(316ページ)。

した決議2087（13年）※が課した措置を強化するとともに、新規・追加制裁を加えた過去もっとも厳しいものとなった。

※資料3-7（315ページ）。キーワードB5（86ページ）。

この決議に対し、北朝鮮は猛反発した。3月9日の外務省報道官声明※は、決議は「我々を武装解除させ、経済的に窒息させて我が人民が選択した思想と制度を崩壊させようとする」ものであると非難した。3月11日、米韓指揮・実動軍事演習キー・リゾルブが開始されたことにあわせ、北朝鮮は、「この日から1953年休戦協定の白紙化と南北不可侵合意の破棄」を宣言した。さらに3月30日には、北朝鮮の国民戦時状況を宣言し、緊張は拡大の一途をたどった。

※「朝鮮中央通信」（13年3月9日）。

同様の構図は、09年においても見られた。北朝鮮がミサイル発射実験をし、それに対して国連安保理が制裁決議を上げる。北朝鮮はミサイル発射は当然の権利と主張し、安保理決議に反発し、核実験に踏み切る。すると安保理は核実験を強く非難し、制裁をより強める、というパターンである。2013年もこれが繰り返されたことになる。12年2月、発足したばかりの金正恩体制が臨んだ初の米朝ハイレベル協議において、05年9月19日の共同声明の誓約を再確認するなどの合意※がなされ、6か国協議の再開に向けて協議を継続する良好な環境が作られた。ところが、北朝鮮の「衛星」発射をめぐり、またしても失敗が繰り返されたことになる。

※本イアブック13年版・キーワードA1（48ページ）。

そうした中で、4月1日、北朝鮮の立法機関である「最高人民会議」において、「核兵器国地位確立法」が採択、公布された※。同法は、自らを「本格的な核兵器国」と呼んだ上で、核兵器は「米国の敵視政策と核脅威に対処してやむを得ず保有することになった正当な防衛手段」であり、その任務には「侵略の本拠地に対するせん滅的な報復打撃を加えること」も含まれるとしている。その一方で「究極的に核兵器のない世界を建設する」として、核軍縮の国際的努力への支持も表明している。北朝鮮の国力や核開発プログラムの現状を冷静に考えれば、この法律の意図は、従来の自らを核兵器保有国として認知させようとする主張に「法制化」という決め手を付与しようとしたものと考えられる。

※「朝鮮中央通信」（13年4月1日）。

データシート
3. CTBT(包括的核実験禁止条約)の署名・批准状況

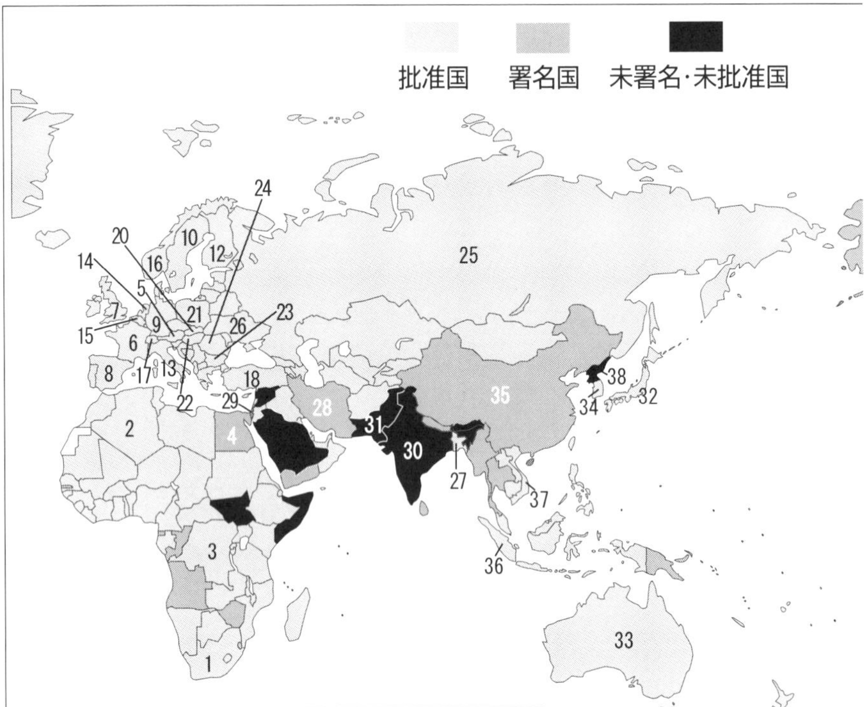

署名国数・批准国数の推移

2014年4月1日現在

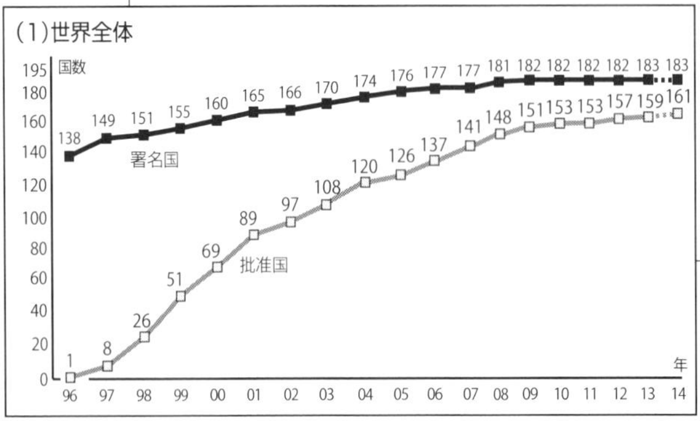

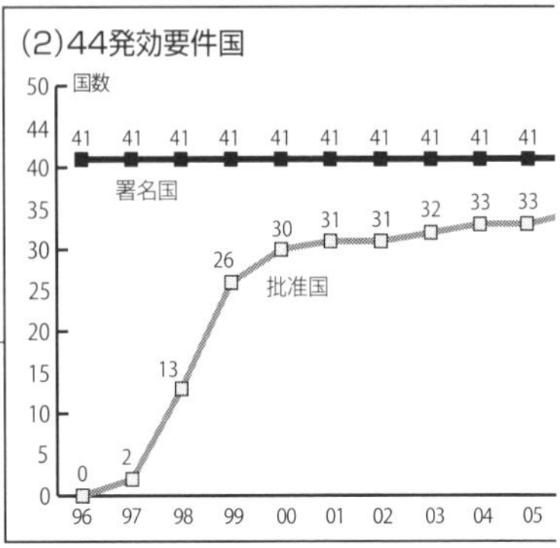

図、表ともにCTBTO（包括的核実験禁止条約機関）のHP（www.ctbto.org/map）をもとに、ピースデポ作成。

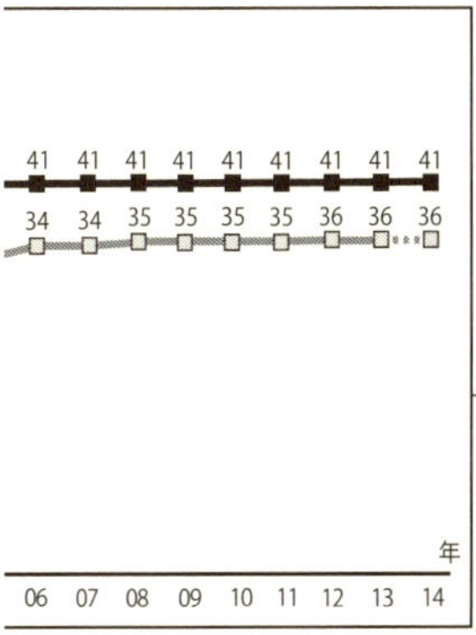

CTBT発効要件国44か国と署名・批准状況
（2014年4月1日現在）

地図番号		署名年月日	批准年月日
東南アジア、太平洋及び極東			
32：	日本	96.9.24	97.7.8
33：	オーストラリア	96.9.24	98.7.9
34：	韓国	96.9.24	99.9.24
35：	中国	96.9.24	未批准
36：	インドネシア	96.9.24	12.2.6
37：	ベトナム	96.9.24	06.3.10
38：	北朝鮮	未署名	未批准
中東及び南アジア			
27：	バングラデシュ	96.9.24	00.3.8
28：	イラン	96.9.24	未批准
29：	イスラエル	96.9.25	未批准
30：	インド	未署名	未批准
31：	パキスタン	未署名	未批准
北アメリカ及び西欧			
5：	オーストリア	96.9.24	98.3.13
6：	フランス	96.9.24	98.4.6
7：	イギリス	96.9.24	98.4.6
8：	スペイン	96.9.24	98.7.31
9：	ドイツ	96.9.24	98.8.20
10：	スウェーデン	96.9.24	98.12.2
11：	カナダ	96.9.24	98.12.18
12：	フィンランド	96.9.24	99.1.15
13：	イタリア	96.9.24	99.2.1
14：	オランダ	96.9.24	99.3.23
15：	ベルギー	96.9.24	99.6.29
16：	ノルウェー	96.9.24	99.7.15
17：	スイス	96.9.24	99.10.1
18：	トルコ	96.9.24	00.2.16
19：	米国	96.9.24	未批准
ラテン・アメリカ及びカリブ			
39：	ペルー	96.9.25	97.11.12
40：	ブラジル	96.9.24	98.7.24
41：	アルゼンチン	96.9.24	98.12.4
42：	メキシコ	96.9.24	99.10.5
43：	チリ	96.9.24	00.7.12
44：	コロンビア	96.9.24	08.1.29
東欧			
20：	スロバキア	96.9.30	98.3.3
21：	ポーランド	96.9.24	99.5.25
22：	ハンガリー	96.9.25	99.7.13
23：	ブルガリア	96.9.24	99.9.29
24：	ルーマニア	96.9.24	99.10.5
25：	ロシア	96.9.24	00.6.30
26：	ウクライナ	96.9.27	01.2.23
アフリカ地域			
1：	南アフリカ	96.9.24	99.3.30
2：	アルジェリア	96.10.15	03.7.11
3：	コンゴ民主主義共和国	96.10.4	04.9.28
4：	エジプト	96.10.14	未批准

B7. 米DOD（国防総省）、北朝鮮軍事情勢で初の議会報告

※www.defense.gov/pubs/Report_to_Congress_on_Military_and_Security_Developments_Involving_the_DPRK.pdf

※キーワードB5(86ページ)。

※キーワードB6(88ページ)。

2013年5月2日、チャック・ヘーゲル米国防長官は、「2012年、朝鮮民主主義人民共和国（DPRK／北朝鮮）の軍事・安全保障状況」と題した初の年次報告書※を議会に提出した。作成したのは国防次官（国防政策担当）事務所及び国防情報局（DIA）である。これは、12年国防認可法(公法112-81)第1236節が、公開版及び非公開版の両方の形式で、北朝鮮の軍事力に関する報告書を議会へ提出するよう求めたことに応えるものである。同節は、「報告書は、北朝鮮の軍事技術開発の現在及び予想される将来の方向性、北朝鮮の安全保障戦略及び軍事戦略の教義と予想される進展、及び今後20年間を通じての軍事組織と作戦コンセプトを扱う」ことを求めている。

報告書は、「要約」において「北朝鮮の核技術と能力、そして長距離弾道ミサイル計画の追求継続は、12年12月のテポドン2ミサイル発射※や12年4月の新型道路移動式大陸間弾道ミサイルの展示に示されるように、地域的安定や米国の安全保障への脅威である」とし、「北朝鮮は、米国にとって北東アジアにおける最も重大な安全保障上の脅威の一つである」と強調した。

その上で、13年2月の3回目の核実験成功等※の事実を引きながら、核兵器の小型化や大陸間弾道ミサイル（ICBM）への核弾頭搭載能力に関する国防総省（DOD）の認識を述べている。つまり「ICBMとして再設計すれば、核弾頭を搭載して米国へ到達できる」テポドン2は未配備であるとする一方で、「実験を継続し、乏しい資源をこれらの計画に投入し続ければ、米国に到達する核搭載のICBMを作るという目標に近づ

く」としている。しかし「衛星発射においては、北朝鮮が、それなしにはICBMから標的に核弾頭を打ち込むことができない再突入体(RV)の実験が行われていない」と述べることで、現時点で北朝鮮はICBMへの核兵器搭載は達成していないとの認識を明らかにしている。

一方、本報告が発表される直前の4月11日、米下院軍事委員会の公聴会において、DIA秘密報告書に北朝鮮の弾道ミサイルへの「核弾頭搭載能力」を示唆する記述があることがわかった。ダグ・ランボーン議員(共和党、コロラド州選出)が、DIAが3月にまとめた非公開報告書「動的脅威評価8099:北朝鮮の核兵器計画」に書かれた次の一文を読み上げたことで明らかになった※。「DIAは、北朝鮮は、現在、弾道ミサイルに核弾頭を搭載できると中程度の確信※をもって評価している。ただし、その能力の信頼性は低いであろう。」

同席していたデンプシー統合参謀本部議長は、(報告書を)見ていないとしてコメントを控えた。ジョン・ケリー国務長官は、後日、北朝鮮が核弾頭搭載可能なミサイルを製造したと判断することは不正確であると否定した。さらに、公聴会の直後、ジェームス・R・クラッパー国家情報局長(DNI)は、DIAの評価は、米国のインテリジェンス・コミュニティの統一見解ではないとする声明※を発表した。DIAは、05年4月にも北朝鮮がミサイル搭載可能な核弾頭の小型化に成功していると議会に報告したが、その直後に証言のトーンを下げ、いかなる証拠も示さなかったことがある※。ここでの主題であるDOD報告書の作成過程にDIAが関与していることを考慮すれば、「非公開版」には同じような認識が述べられている可能性は否定できない。しかし、前記のように、ミサイルへの核搭載能力は未達成としたDOD報告は、他の多くの研究者の認識と合致している。

北朝鮮が弾道ミサイル発射と核実験を更にくりかえす可能性は高く、その行く末に核付弾道ミサイルの実用化がありうることは誰も否定できない。

※「ワシントン・ポスト」、13年4月12日。

※米国の情報コミュニティでは、国家安全保障分野の状況評価は「高い確信」、「中程度の確信」、「低程度の確信」の3段階に分類される。「中程度の確信」は信憑性のある情報ではあるが、「高い確信」とするには十分な確証に欠けることを意味する。

※「北朝鮮の核兵器能力に関するDNI声明」、13年4月11日。

※「ワシントン・ポスト」、05年4月29日。

B8. シリア、廃棄に合意し化学兵器禁止条約に加盟

国連の調査団が2013年9月16日に発表したところによると、13年8月21日、シリアの首都ダマスカスのゴウタ地区において地対地ミサイルによりサリンが散布され、民間人に大きな被害が出たとされる※。国連調査団は、兵器使用が政権側と反体制側のいずれによるものなのかは明らかにしていない。

※www.un.org/disarmament/content/slideshow/Secretary_General_Report_of_CW_Investigation.pdf 米政府は「死亡者1,400人」と推定。

11年3月に始まったシリア内戦において化学兵器が使用されたとの疑惑が初めて出たのは12年12月のことである。その後、何度か使用疑惑が持ち上がってはいたが、13年8月の大規模な化学兵器攻撃は、アサド政権への国際的な不信感を決定的にした。

すでに12年8月に「化学兵器使用がレッド・ライン(許容できない一線)」と表明していた米オバマ政権をはじめとした西側諸国は、この虐殺を受けてシリアへの限定的軍事介入を検討し始めた。しかし、シリアの後ろ盾であるロシアだけではなく、世界の世論の大勢は軍事介入に否定的であった。

事態は、ロシアがシリアを説得して化学兵器禁止条約(CWC)への加盟を同意させたことで急展開した。9月12日、シリア政府は、化学兵器禁止機関(OPCW)に対しCWCへの加盟を通知した。

米ロ両政府は9月14日、シリアによる化学兵器廃棄を促進するための基本枠組みに合意した※。廃棄に向けて相当に厳しいスケジュールを設定していることに特徴がある。まず、米ロ合意から1週間以内に、化学兵器の種類や量、貯蔵・生産する施設の場所などをシリアが申告する。さらに、11月まで

※資料3-9(318ページ)。

に、この申告に従ったOPCWによる冒頭査察の完了、同じく11月までに兵器生産器材等の破壊、翌14年前半までに、すべての化学兵器廃棄の完了が義務づけられている。

9月27日、OPCW執行委員会は特別会合を開き、米ロ合意をほぼ全面的に受け入れる内容の決定を採択した。また、国連安保理も、同日にほぼ同内容の決議2118を採択している。起草にあたり、シリアの義務不遵守の際に軍事介入を安保理として認めるかどうかが焦点となったが、ロシアからの強い反対により、国連憲章第7章※による措置(非軍事的措置も含む)が言及されるに留まった。

※資料1-2(240ページ)。

10月1日にはさっそくOPCWのチームがダマスカス入りし、査察を開始した。シリアは10月24日、保有する化学兵器の内容や施設の場所、今後の兵器処理計画などに関する正式申告をOPCWに対して行った。

シリアは化学兵器の生産や保有などを行っている場所として23の施設を申告したが、10月31日のOPCW発表※ではそのうち2施設の査察が完了している。また、この発表では、化学兵器の生産、混合・注入器材の破壊が完了したとされている。

※www.opcw.org/news/article/syria-completes-destruction-activities-to-render-inoperable-chemical-weapons-production-facilities-a/

シリアからの正式申告を受け、OPCWは11月15日に兵器廃棄の条件やスケジュールなどに関する文書を発表した※。主なスケジュールは以下のとおりである。

※www.opcw.org/index.php?eID=dam_frontend_push&docID=16875

- 未充填の砲弾：シリア国内で14年1月31日までに廃棄。
- マスタード剤ならびにサリン・VX※の主要なバイナリー物質※：13年12月31日までにシリア国外に移送。14年3月31日までに廃棄。
- その他の化学剤：14年2月5日までにシリア国外に移送。14年6月30日までに廃棄。

※マスタード剤は、皮膚をただれさせるびらん剤で、イペリットとも呼ばれる。サリンとVXは、共に猛毒の神経ガス。

※「二元の」という意味。無害な2つの化学物質を投射時に混合し、猛毒物質を作るものをバイナリー兵器という。

こうして国際社会は異例のスピードでシリアの化学兵器廃棄に向けて進んでいるが、危険化学物質の国外移送先が未決定である点が大きな懸念として残されている。

B9. 武器貿易条約、国連総会で採択

ATT ──実効性には多くの課題

2013年4月2日、国連総会において武器貿易条約(ATT、Arms Trade Treaty)※が採択された。同条約は、通常兵器の国際貿易を規制する規準を確立し、不法な国際貿易等を防止・根絶するためのものである。戦車、航空機、小型武器・兵器等8類型の物品(第2条)の移転が、国連安保理による武器禁輸措置を含む国際取極めに違反する可能性がある場合には、これを許可してはならないとされる(第6条)。

※資料3-10(319ページ)。

国連総会の投票結果※は、賛成156、反対3(イラン、北朝鮮、シリア)、棄権22か国(ロシア、中国、インド等)であった。13年6月3日に署名開放され、同年末までに115か国が署名し、9か国が批准済みである※。条約は50か国目が批准してから90日後に発効する(第22条)。

※データシート1(62ページ)。

※14年4月2日現在で、署名115か国、批准31か国。日本は14年5月9日に批准。

国連におけるATT交渉プロセスは06年に開始され、12年7月にコンセンサス(全会一致)ルールによるATT国連会議が開催された※。しかし最大の武器輸出国である米国と、中東諸国をはじめとする輸入国の間における認識の隔たりが大きく、交渉は決裂した。

※『核兵器・核実験モニター』第410号(12年10月15日)に、オックスファム・ジャパンの夏木碧ポリシー・オフィサーの会議参加報告。

その後、13年3月18日から28日にかけて、ATT最終国連会議が開催された。同会議に提出された条約草案は、米国の意向が大きく反映され、輸出許可における輸出国側の裁量が大きいものとなっていたため、参加国間の溝は埋まらず、同会議でもコンセンサスは達成できなかった。

そこで、早期成立・発効が優先されるべきと判断した原提案国(英国、アルゼンチン、豪、ケニア、コスタリカ、日本、フィンランド)等は、3月28日にATT最終国連会議に提案した最

終案と同じ文案を国連総会に提出し、多数決で採択されたのである。最終国連会議草案で自国の意向が反映された米国は賛成した。一方、反対票を投じたイラン、北朝鮮、シリアのみならず、コンセンサスに失敗した草案を多数決に持ち込むという手法に不満を持った国は少なくない。例えば、棄権に回った中国は、「このような手法は、多国間交渉の原則に否定的な影響を与えかねない」とし、コンセンサスを追求することの重要性を訴えた※。また、武器貿易を取り締まる実効性に乏しい現状の条約を成立させることは、むしろ武器輸出先進国の防衛産業の活動を是認することになるという懸念が根強いことも事実である。

※国連総会会議概要(13年4月2日、文書番号:GA11354)。

交渉過程で輸入国やNGOの批判を招いたのが、米国の主張で第7条3項に書き込まれた「著しいリスク(overriding risk)」という言葉である。第7条は、輸出がもたらしうる潜在的リスクを評価する際、取り返しがつかないような「著しいリスク」が存在する場合には、輸出を許可してはならないと定めている。しかし、どのような武器移転が「著しいリスク」となるかの規準が明記されていないため、「著しいリスク」の評価に輸出国の裁量と恣意が入り込む余地を残している。このことは、3月の最終会議でも問題とされていた。

ATTが成立した意義は、国際的な規制枠組みが存在しなかった武器貿易に対し、初めて共通ルールを設けたことにある。しかし、現状のATTには、用語定義のあいまいさや、前記第7条のような「抜け道」が残っている。また、最大の輸出国・米国の議会での批准承認は困難が予想される上、第2の輸出国であるロシアによる署名の見通しも立っていない。13年9月25日には、ニューヨーク国連本部において、ATT早期発効に向けたハイレベル会合が開催された。

13年3月、日本は官房長官談話で、新たな武器輸出三原則の例外化措置を行った※。談話には「国際紛争の助長回避」への言及がない。ATTにおいて、「著しいリスク」を輸出国が恣意的に判断することが可能なのと同様に、日本の武器輸出も、時の政権の判断に左右される懸念が増している※。

※キーワードD3(136ページ)。

※14年4月1日、安倍内閣は「武器輸出三原則」を撤廃し、新たに「防衛装備移転三原則」を閣議決定した。これにより、「①平和貢献・国際協力の積極的な推進に資する場合、又は②我が国の安全保障に資する場合等に限定」するとしながらも、武器輸出を事実上解禁することとなった。

B10. イラク保健省のDU報告書

劣化ウラン弾

―懸念される影響の過小評価

※「調査結果概要報告書」は、WHOのHPのイラク・セクションにアップされている。www.emro.who.int/irq/iraq-infocus/iraq-congenital-birth-defect.html

2013年9月11日、イラク保健省がWHOの支援を受け実施していた「イラクにおける先天性障害に関するパイロット・アセスメント」(予備的調査)の「調査結果概要報告書」がWHOのホームページで公表された※。調査は当初、10年夏から1年半の予定で行われていたが、実際は3年かかった。

この調査は、ファルージャなどにおける癌や先天性障害の危機的増加を伝えるBBCなどの度重なる報道などを受けて実施されたものである。しかしその結論は、「自然流産、死産、先天性障害の率は、国際的な評価に一致するか、あるいはそれよりも低いものである。調査結果は、イラクにおける先天性障害発症率が異常に高いことを示唆する明確な証拠を提供するものではない」というものであった。BBCなどの報道によれば、イラクにおける癌や先天性異常の増加は、劣化ウラン弾(DU)を含む特殊兵器が原因となっているのではないかとの見方が出ていた。調査結果は、この見方を否定したことになる。

この調査結果には、すぐに様々な批判がメディアを通じて表明された。たとえば、『ガーディアン』(13年10月12日付)は、「WHOはイラクの放射能汚染悪夢を、いかに隠蔽したのか―戦後の環境汚染・健康被害の惨状に関する科学的証拠をもみ消すためになされた政治的介入を、元国連職員たちが明かす」といったタイトルの記事を掲載した。同記事は、「報告の結論は、調査に関わったイラク保健省係官たちが調査結果について述べていたことと大きく異なる」とし、「WHOも同様に、初期のプレス・リリースにおいては、調査のために選ばれたハイリスク地域における『先天性障害が多いことをイラク保健省の統計は示していること』を認めていた」としている。さらに、WHO放射線健康部門に13年務めた経験をもつ東フィンランド大学環境科学部のキース・ベイヴァーストック博士は「この報告書は、(略)、方法的問題が沢山あるが、その一つは、イラクの病院が持っている医学的記録を見ようとさえしていない」としている※。

※今回の調査で用いられたデータは、イラクの18地域で、サンプル世帯の出産年齢の女性たちをインタビューすることによって集められたものである。また、国連で事務総長補佐及びイラクへの人道支援コーディネーターを務めたことのあるハンス・フォン・スポネック氏は、イラクにおける劣化ウランの影響を調査しようとするWHOの試みが米国によって押し潰されてきていると明言している。これらの詳細は、ICBUW-Hiroshimaホームページを参照。http://icbuw-hiroshima.org/

また、ファルージャ総合病院のサミラ・アラーニ医師のイニシアチブで、「WHOとイラク保健省は、オープンアクセス・ジャーナルにおける迅速かつ独立した査読・検証のために調査データを公表すべき」だと訴える「Change.org」のオンライン署名も開始されている※。

※http://chn.ge/1i7mhsh

一方、13年4月、英国防省は、スコットランドのダンドゥレナン射爆場※でのDUの使用停止を表明した※。同射爆場では、実弾演習で使われている劣化ウラン弾によるものとみられる環境汚染や白血病などの増加がずっと問題になってきた。地域住民やNGOなどの非難にも関わらず、ダンドゥレナン射爆場では、82年から陸軍の戦車が6,700発を超える劣化ウラン弾をソルウェイ湾に砲撃してきたとされ、その総量は30トンに上る。これは、91年の湾岸戦争における使用総量の約10分の1にあたる。

※スコットランド南部のアイリッシュ海に面した英陸軍の射爆場。24×30kmの危険海面を有する(地図参照)。

※「ヘラルド・スコットランド」、13年4月28日。

英国はDU禁止を求める声により、ようやく実弾演習を中止せざるを得なくなったが、世界各地の米軍やNATO軍の基地周辺では同様の環境汚染が問題になっている※。イラク戦争などの実戦だけでなく、DUは実弾演習でも用いられ、深刻な環境汚染を引き起こしていることが懸念される。

※例えば米ニューメキシコ州ソコロ、ビイエケス島(プエルトリコ)の米軍演習場、NATO軍のサルデーニャ島(イタリア)など。出典:「ウラン兵器なき世界をめざして」、NO DUヒロシマ・プロジェクト(2008)。

英国地図

C1. オバマ政権、13年中に2回の新型核実験を実施

2013年、米エネルギー省国家核安全保障管理局(NNSA)は、サンディア国立研究所の超高エネルギーのパルスX線発生装置「Zマシン」で、新型核実験を2回実施した。NNSAの四半期報告「備蓄核兵器維持計画(SSP)における実験一覧」※によれば、13年4~6月の間に9回目、7~9月の間に10回目が行われたとされている。中国新聞などの問い合わせに実施日(次ページのデータシート4)を回答している。

Zマシン実験では、ごく少量のプルトニウムの使用※で、核爆発時のプルトニウムの挙動を調べることができるとされる※。高エネルギー発生に高性能爆薬を使用する「未臨界核実験」※とともに、地下核実験に依存せずに、コンピューター・シミュレーションで核兵器の性能をチェックするための基礎データ収集を目的とする実験である。

Zマシン実験と未臨界核実験の年表をデータシート4に示す。Zマシン実験は、10年11月からほぼ年3回行われている。一方、97年からネバダ国家安全保障施設で実施されている未臨界核実験は、近年は年1回に減っており、13年は実施されていない。オバマ政権の下では、未臨界核実験が4回(最新の実験は12年12月)、Zマシン実験が10回実施された。

NNSAは、公開性を高めるとして11年5月から実験の一覧を公表し始めたが、13年第2四半期は公表されていない。また13年1月と13年7月の一覧には13年第1四半期の実験回数に食い違った記述も見られる。一覧の公表を始めた11年5月以降、実験の実施日を公開しなくなっていることも合わせ、公開された情報の信頼性にも疑問が残る。

※http://nnsa.energy.gov/sites/default/files/nnsa/03-13-inlinefiles/Quarterly%20SSP%20Experiment%20Summary-FY13-1Q.pdf

※11年5月24日「中国新聞」によれば、Zマシン実験でのプルトニウム使用量は8グラム以下とされる。これに対して97年の第1回の未臨界核実験の時には約1.5キロのプルトニウムが使われたとされている。

※10年11月22日、NNSAプレス発表。

※用語の説明「未臨界核実験とZマシン核実験」(234ページ)。

データシート

4. 米国のZマシン核実験及び未臨界核実験

●Zマシン核実験

第1回	10年11月18日（サンディア国立研究所）
第2回	11年3月31日（サンディア）
第3回	（11年9月22日）（サンディア）
第4回	（11年11月16日）（サンディア）
第5回	（12年5月17日）（サンディア）
第6回	（12年8月27日）（サンディア）
第7回	（12年10月3日）（サンディア）
第8回	（12年11月7日）（サンディア）
第9回	（13年5月15日）（サンディア）
第10回	（13年9月12日）（サンディア）

●未臨界核実験

第1回	97年7月2日「リバウンド」（ロスアラモス国立研究所）
第2回	97年9月18日「ホログ」（ローレンス・リバモア国立研究所）
第3回	98年3月25日「ステージコーチ」（ロスアラモス）
第4回	98年9月26日「バグパイプ」（リバモア）
第5回	98年12月11日「シマロン」（ロスアラモス）
第6回	99年2月9日「クラリネット」（リバモア）
第7回	99年9月30日「オーボエⅠ」（リバモア）
第8回	99年11月9日「オーボエⅡ」（リバモア）
第9回	00年2月3日「オーボエⅢ」（リバモア）
第10回	00年3月22日「サラブレッド」（ロスアラモス）
第11回	00年4月6日「オーボエ4」（リバモア）
第12回	00年8月18日「オーボエ5」（リバモア）
第13回	00年12月14日「オーボエ6」（リバモア）
第14回	01年9月26日「オーボエ8」（リバモア）※
第15回	01年12月13日「オーボエ7」（リバモア）
第16回	02年2月14日「ビト」（ロスアラモス、米英共同実験）
第17回	02年6月7日「オーボエ9」（リバモア）
第18回	02年8月29日「マリオ」（ロスアラモス）
第19回	02年9月26日「ロッコ」（ロスアラモス）
第20回	03年9月19日「ピアノ」（リバモア）
第21回	04年5月25日「アーマンド」（ロスアラモス）
第22回	06年2月23日「クラカタウ」（ロスアラモス、米英共同実験）
第23回	06年8月30日「ユニコーン」（ロスアラモス）
第24回	（10年9月15日）「バッカス」（ロスアラモス）
第25回	（10年12月1日）「バローロA」（ロスアラモス）
第26回	（11年2月2日）「バローロB」（ロスアラモス）
第27回	12年12月5日「ポルックス」

※オーボエ8とオーボエ7は逆の順序で実施された。末尾の（　）はそれぞれの実験を担当した国立研究所の名前。（　）付きの実施日は、NNSAの発表でなく、メディア、研究機関の取材、照会でわかったもの。

未臨界核実験とZマシン核実験の技術的な相互関係は、まだ充分に判っていないが、実験開始の時期や回数の動向から、今後、Zマシン実験が未臨界核実験に置き換えられていく可能性はある。またこれらの実験は、オバマ大統領がプラハ演説※などで誓約した「核兵器のない世界」に逆行するものであるが、備蓄核兵器を維持するために、今後も継続されていく可能性が高い。

※資料1-10（264ページ）。

C2. 米核兵器の維持管理予算、緊縮財政でも続く特別扱い

2013年4月10日、オバマ政権は、通常より約2か月遅れて14会計年予算案を議会に提出した※。備蓄核兵器の維持・管理を任務とするエネルギー省(DOE)国家核安全保障管理局(NNSA)予算※は、対前年度比1.6%増の総額116.5億ドルを計上した。その3分の2を占める備蓄核兵器の維持・管理に関わる核兵器活動予算は78.7億ドルで、対前年比4.1%増である。財政逼迫による緊縮予算の中で、核兵器予算の特別扱いが続いている※。

著しい増額が要求されている第1は備蓄核兵器維持管理(SSMP)活動である。これは、核兵器の維持、検査、改修、信頼性評価、兵器解体・廃棄、研究・開発、認証など備蓄核兵器の維持管理を行う業務である。14会計年予算は24.3億ドル、対前年比15.0%増である。増額の大部分は、老朽化した核兵器の非核部品を交換することで退役寿命を延長させる寿命延長計画(LEP)が占める。例えば、14年予算では、フェーズ6.3※の開発段階にあるB61-12弾頭(爆撃機搭載用)LEP※に5.37億ドル(対前年比46%増)を見込んでいる。W76弾頭(潜水艦発射弾道ミサイル用) LEPも前年比18.9%増の2.35億ドルである。これらにおいては、核兵器の著しい変更を意味する「改造」(modification)が含まれ、改造という名の新型核兵器の生産が意図されている可能性もある※。また、オバマ政権で初の核使用戦略※には、「国際環境の変化に対する戦力予備(ヘッジ)として、予備的な非配備核弾頭の備蓄を維持してきた」ことを継続する方針が明記されている。

もう一つの重点増額の対象は、NNSAが管轄する3つの核

※12年末から年始にかけ、「ブッシュ減税」と呼ばれる時限的な所得減税の失効と11年予算管理法に基づく歳出の強制削減が重なり、景気の急激な悪化が懸念された。このいわゆる「財政の崖」への対処方針に関する議会審議が長引いたことによる。

※NNSA予算要求書。www.cfo.doe.gov/budget/14budget/content/volume1.pdf

※米国の核兵器予算が、国防総省(DOD)とエネルギー省(DOE)の両方にまたがる構造は、核兵器・核実験モニター第405号(12年8月1日)参照。

※フェーズ6.Xは、現存核兵器の改修を実行し管理する枠組み。Xは1から6まであり、これは通常の米核兵器のライフサイクルの1.概念開発、2.実現可能性研究、3.開発エンジニアリング、4.生産エンジニアリング、5.初期生産、6.量産と貯蔵に対応している。

※NNSA14会計年予算解説。http://nnsa.energy.gov/aboutus/budget

※核兵器・核実験モニター第385-6号(11年10月15日)。

※資料3-12(322ページ)。

兵器研究所、4つの核兵器製造工場及びネバダ国家安全保障施設(旧ネバダ核実験場)における施設整備と研究開発である。14年では、政府業績成果法(GPRA)※に基づいて新しく費目設定された「核兵器プログラム」※に7.4億ドル、従来からの「施設管理」(複合体施設のインフラ整備など)に17.1億ドルずつ振り分ける再編が行われている。合計24.5億ドルで対前年比10.5%増である。緊縮財政でもNNSAの施設整備と研究開発への特別扱いが続いている。

※連邦政府のマネージメント改革の柱として、1993年に成立した法律。各連邦政府機関に戦略計画の作成と年次的な告、検証を義務付けるもの。

※「核兵器プログラム」には、Y12国家安全保障複合体のウラニウム処理施設(UPF)計画への昨年並みの3.26億ドルという高額要求が含まれる。

核兵器活動関係の中期的予算計画を図に示した。図には、13、14会計年の「5年計画」と、新START批准案と同時に10年5月に政府が議会に提出し、10年11月にアップデートされた「1251報告書」※に記載された「10年計画」を対比的に示した。10年の報告において、政府は2011年から「10年間に核兵器複合体の持続と近代化のために800億ドルを支出する」と明記した。さらに11年12月の上院の「新START承認決議」は、10年「1251報告書」が示した予算規模を「最低水準」とすることが承認の条件とした。13会計年予算書では、若干下方修正されたものの、14会計年予算書では、「1251報告書」とほぼ同じ増加率が復活している。

※10会計年「国防認可法」第1251節が、①備蓄核兵器の安全、安心、信頼性の確保、②核兵器複合体の近代化、③核兵器運搬手段の維持、及びそのための今後10年間の必要予算に関する報告を議会に行うよう義務付けた。

この図から明らかなことは、13会計年は、オバマ政権独自の傾向を示したが、14会計年予算は、再び増額の方に修正されたことである。これはオバマ政権の弱体化を示唆しており、10年の新START批准時になされた保守派との「取り引き」の影響下にある。オバマ政権は2期目に入り、核兵器の新START以上の削減を模索している※が、NNSA予算の削減も含めて、前途は多難というべきだろう。

※キーワードC3(104ページ)。

備蓄核兵器管理関係予算計画（11－20会計年）

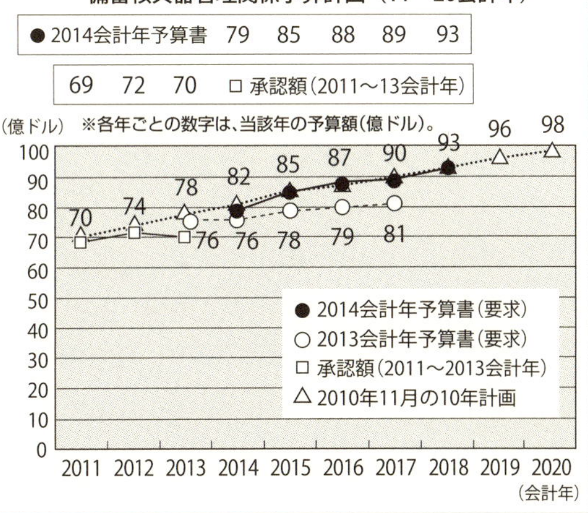

原文のデータをもとにピースデポ作成。

C3. オバマ大統領、ベルリンで演説
―配備核弾頭の削減を提案

2013年6月19日、オバマ大統領は、ベルリンのブランデンブルク門で核兵器に関する包括的な演説※を行った。プラハにつぐ2度目のものであった。その中で、「正義を伴う平和は、核兵器のない世界の安全保障を追求することを意味する―それがいかに遠い夢であろうと」と述べた。これは、核兵器が存在する世界は、正義が支配していない世界であると述べていることになる。ここには、「米国は、核兵器のない世界の平和と安全を追求することを誓約したい」としたプラハ演説の精神が生きている。

※資料3-11(321ページ)。

その上で包括的な見直しの結果、追加的な前進措置として、「配備戦略核兵器を最大3分の1削減したとしても、米国と同盟国の安全保障を確かにし、強力かつ信頼性のある戦略的抑止を維持することが可能」であると結論づけ、「冷戦時代の核態勢を乗り越えるために」ロシアとの交渉を追求するとした。米ロ間で締結した新START※は、配備戦略核兵器の削減計画として、発効7年後(2018年)までに核弾頭1,550発、運搬手段700基に削減することを目標にしている。その3分の1を削減するということは、配備戦略核兵器は1,000発程度まで削減可能であるという提案である。

※用語の説明(233ページ)。本イアブック12年版・キーワードB1(70ページ)。

オバマ政権の核弾頭の削減の方針については、2012年初め頃から、「NPR実施研究」と呼ばれる政権内部の作業に関連して3つの選択肢(約1,000～1,100発、約700～800発、約300～400発)が出ていた※。ベルリンで表明した新たな削減目標は、その中で最も消極的な水準が選択されたことになる。これは、核兵器のない世界を目指すとしたプラハ演説に照ら

※本イアブック13年版・キーワードB2(82ページ)。

せばきわめて不満足なものである。しかし、これが、大統領の意欲と軍、国防総省などの実務者および軍産複合体の利害関係者との「綱引き」の結果であるという現実は直視せねばならない。この背景には、同日発表された「核使用戦略」と呼ばれる政策文書※がある。これは、2010年の核態勢見直し(NPR)の追加分析を通して、米国の核兵器政策を、今日の安全保障環境に合致させるべく作成されたものである。

※資料3-12(322ページ)に抜粋訳。キーワードC4(106ページ)。

演説では、この他にも、欧州における米ロの戦術核の大幅削減を追求するためにNATO同盟国とともに、努力すると述べた。さらに、原子力の平和利用のための新たな国際枠組みを創出すること、及び、北朝鮮とイランの核兵器開発を阻止することを強調した。また、2016年の核物質の保安に向けた核保安サミットの開催受け入れ、包括的核実験禁止条約(CTBT)批准※への米国内における支持獲得に努めるとともに、すべての国家に対して、兵器用核分裂性物質生産禁止条約(FMCT)の交渉開始を求めた。そして、「これらが、正義を伴う平和な世界を創出するために、我々が取りうる諸措置である」とした。

※データシート3(90ページ)。

オバマ大統領は、ベルリン演説で、新削減目標に関する「ロシアとの交渉を追求する」としている。しかし、2013年を通じて、この問題に関する米ロ交渉が行われることはなかった。8月7日に予定されていた米ロ首脳会談は、元CIA職員スノーデン氏のロシアによる一次亡命受け入れにより中止となった。さらに9月に入るとシリア内戦のなかで化学兵器※が使用されるという事態を巡って、米ロの対立が続いた。さまざまな領域で米ロ関係は悪化しており、新たな核削減目標に関するロシアとの交渉は困難に直面している※。

※キーワードB8(94ページ)。

※14年2月からは、ウクライナの政変に伴うクリミアのロシア編入を巡って米ロの対立が激化し、困難性は増大している。

さらに新START承認で直面した議会保守派による強い抵抗も予想される。いずれにせよ、米ロの間での核兵器の大幅削減への動きが見えてこない限り、核ゼロへの現実的な展望は見えてこない。

C4. オバマ政権、核兵器に関する初の大統領指針を策定

※キーワードC3(104ページ)。

※資料3-12(322ページ)。

2013年6月19日、米国は、オバマ大統領のベルリン演説※と同日、「核使用戦略」と呼ばれる非公開の政策文書※を発表した。同文書は、オバマ政権が初めて出す核兵器に関する大統領指針であり、これに基づいて国防総省あるいは軍が核兵器使用計画を作成する。2002年以来11年ぶり※に大統領が新しい核兵器政策を出したことになる。これに合わせて、「核使用戦略」を議会に説明した「合衆国の核使用戦略に関する報告」が公表された。以下は、それに基づく分析である。

※02年6月、ブッシュ大統領の国家安全保障大統領指令(NSPD14)以来である。

同指針には、現在の核の脅威について、まず「最も差し迫った極限的危険は核テロリズム」であり、もう一つの差し迫った脅威は「とりわけイランと北朝鮮による核拡散」であるとする。そして最後に、「ロシア及び中国との戦略的安定性という慣れ親しんだ課題」があるとしている。しかし、核テロリズムに対しては、核弾頭を持っていても何の役にも立たないなど、1番目、2番目の問題はともに核の脅威ではあるが、それは核兵器の維持・強化が必要だという主張に帰着しないものである。最後の問題だけが、これまでの古い核抑止論の議論の延長線上にあり、核兵器を保有し続ける大きな要因となっている。同指針は、2010年の核態勢見直し(NPR)※の追加分析を通して、米国の核兵器政策を、今日の安全保障環境に合致させるべく作成されたものである。

※用語の説明(232ページ)。

新指針は、NPRにあるように、「核不拡散条約(NPT)に加盟しかつ不拡散義務を遵守している非核兵器国に対しては核兵器の使用も、使用の威嚇も行わない」という記述がある。これによれば、核のターゲットはNPT非加盟国と核兵器保

有国になることを意味する。

報告書は、「可能な限り少数の核兵器によって信頼性ある抑止力を維持する」ために、「核使用計画指針」に含まれる原則を挙げている。例えば、核兵器の主たるターゲットを、核を含む戦力配備拠点に置く「対戦力」能力を維持する。対戦力というのは、核攻撃の目標を大都市や産業施設など都市のインフラにはおかず、相手の軍事施設などの戦力に置くという意味である。このメッセージは、米国が保有する核兵器の量を決める重要な指針になる。また核攻撃を抑止するのに必要な最小限の報復力を保持するという考え方はとらないとしている。また核攻撃の抑止を核兵器の唯一の目的とする「唯一の目的」政策は2010NPRと同様、「時間をかけて努力する目標」とされた。新使用指針は、この目標のために、核兵器の役割縮小のための具体的措置の検討を国防総省に指示している。また、「唯一の目的」の代りに「第一義的な目的」という表現を導入し、「核兵器の第一義的な目的は、核攻撃の抑止である」とした。

報告書は、新START履行後の「核戦力の水準は、合衆国が国家安全保障の目標を充足するために必要とされる水準よりも多い。新使用指針は、より効果的で効率的な核戦力計画に帰結するであろう」と述べており、これがベルリン演説の基礎となる認識である。

最後に、ブッシュ政権がとってきた迅速対応戦力という予備戦力の考え方をオバマ政権も今後しばらくは採ると述べている。戦略兵器に限っても全体の弾頭数の大きな部分を予備戦力が占めているが、予備に関する新政策は打ち出されなかった。また、戦略核には大陸間弾道弾、潜水艦発射弾道弾、爆撃機という3本柱があるが、それもこれまで通り維持すると明言している。さらに欧州の非戦略核兵器の前進配備※はNATOが見直しに合意するまで継続するとしている。

※キーワードC6(112ページ)。

新使用指針が、実務者による検討を経て、実行されるまでには、しばらく時間がかかるであろう。

C5. 米ミサイル防衛計画に変化
—西海岸などでGBIを増強

地上配備迎撃体

2013年3月15日、チャック・ヘーゲル米国防長官は、イランおよび北朝鮮の長距離弾道ミサイル能力の最近の状況※を反映し、ミサイル防衛(MD)計画を一部変更すると発表した※。欧州MD計画の一部を中止し、その予算を西海岸の地上配備迎撃体(GBI)の追加配備に使う等4つの措置をとるとする。

※キーワードB7(92ページ)。

※www.defense.gov/speeches/speech.aspx?speechid=1759

①西海岸のフォート・グリーリー(アラスカ)に14基のGBIを追加配備。これによりGBIは30基から44基へ増える。

②日本に2つ目の移動式Xバンドレーダー TPY-2を配備し、米国または日本に向けて北朝鮮から発射されたミサイルに対する早期警戒及び追尾能力を向上させる。

③第3の新たなGBI基地に関する環境影響評価(EIS)を実施する。

④欧州段階的適応性アプローチ(EPAA)※の第4段階であるスタンダードミサイル3(SM3)ブロックⅡB計画を見直す。この計画は、議会の予算カットにより少なくとも2022年まで遅延している。その分を、ブロックⅡB以前のSM3迎撃体の性能向上にあてる。

※本イアブック09-10年版・キーワードC2(92ページ)。

第2のXバンド・レーダーの日本への追加配備計画は、ヘーゲル演説の前から既に動いていた。13年2月22日の日米首脳会談で、両首脳は、「北朝鮮の核・ミサイル活動も踏まえ、弾道ミサイル防衛協力を進め、米軍のTPY-2レーダーを我が国に追加配備する方針で一致した」※。そして2月26日、小野寺五典防衛相は、航空自衛隊経ケ岬(きょうがみさき)分屯基地(京都府京丹後市)を配備先とすることを明らかにした。

※外務省HP、日米首脳会談(概要)、13年2月22日。

第3の新GBI基地の選定に関する環境影響評価は、北東部のメイン州やニューヨーク州を候補地に行われていると報じられている※。これは、イランのICBM能力に対しても米本土を守るという米国内向けメッセージであろう。

※バンゴー・デイリー・ニュース、13年3月19日。

ヘーゲル長官の演説後の記者会見でジェームズ・ミラー国防次官が、EPAAの第4段階のSM3ブロックⅡBは中止すると明確に答えた。しかしこれは当面という意味で、ブロックⅡBの開発計画を断念したかどうかは明らかではない※。

※http://mostlymissiledefense.com/2013/03/15/

EPAAは09年9月、オバマ政権が、ブッシュ時代のMD計画を中止する代わりに打ち出した構想である。イランのICBM開発の脅威評価を変更することで、短・中距離※ミサイルの脅威に対し4段階で対応する計画だ。中止するSM3ブロックⅡBは、その第4段階としての陸上配備迎撃ミサイルである。ブロックⅡAまでは準中距離※・中距離ミサイルに対応していたがブロックⅡBは初めてICBM迎撃能力を持つ。

※弾道ミサイルのうち、射程が概ね1,000km以下のものを短距離ミサイル、3,000~5,500km程度のものを中距離ミサイルという。

※弾道ミサイルのうち、中距離よりやや射程が短く、1,000~3,000km程度のもの。

EPAAの第1段階から第3段階のポーランドへのミサイル配備は、2018年まで予定通り実行される。従って第4段階が復活する可能性は否定できない。これまで、ロシアはEPAAに強く反対し、EPAAがロシアの戦略核戦力の有効性を損なわせるものではないとの「法的拘束力のある保証」を米国に求め続けてきた※。ロシアのセルゲイ・リャブコフ外務次官は、今回も「法的拘束力のある合意」への署名を求めると発言し、現在までのところロシアの反発に変化はない※。

※本イアブック12年版・キーワードC3(94ページ)。

※リア・ノボスチ(13年3月18日)。

ヘーゲル演説の本質は、財政赤字による国防費削減の中で、米国内に形成してきた北朝鮮、イランへの世論の懸念を利用しつつ、西太平洋におけるMD協力の強化、MD産業への配慮、更なる核削減に関係したロシアへの配慮などの諸要素を加味した政策変更である。現在、西太平洋で起こっていることは、04年10月のブッシュ大統領のMD初期配備によって生じた局面とよく似ている。当時、米国は北朝鮮の弾道ミサイルへの対応を唯一の口実に、未完成の地上配備、海上配備のMD初期配備を強行した。今回も、北朝鮮の脅威を最大限に利用しつつ、西太平洋を重点とした日米韓豪の軍事協力体制の構築を図っている面がうかがえる。

データシート

5.【図説】日本のミサイル防衛関連施設・部隊

無印:自衛隊　　🈑米:在日米軍　　日米:日米共同使用

◆航空自衛隊のPAC3で、(　)は配備ユニット数(無表示は1ユニット)。
1ユニット(1高射隊分)の構成は次のとおり:
　ランチャー(発射台)5基、レーダー1、ECS(射撃管制装置)1、
　ICC(情報調整装置)1、アンテナマスト2

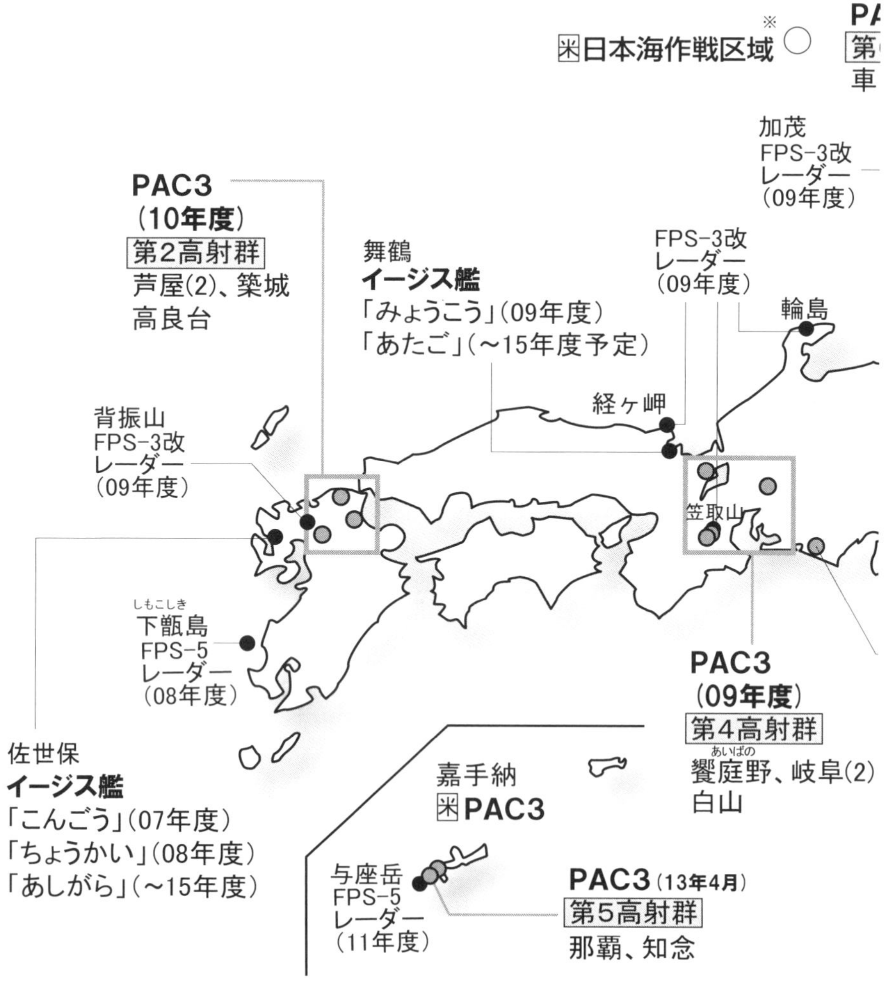

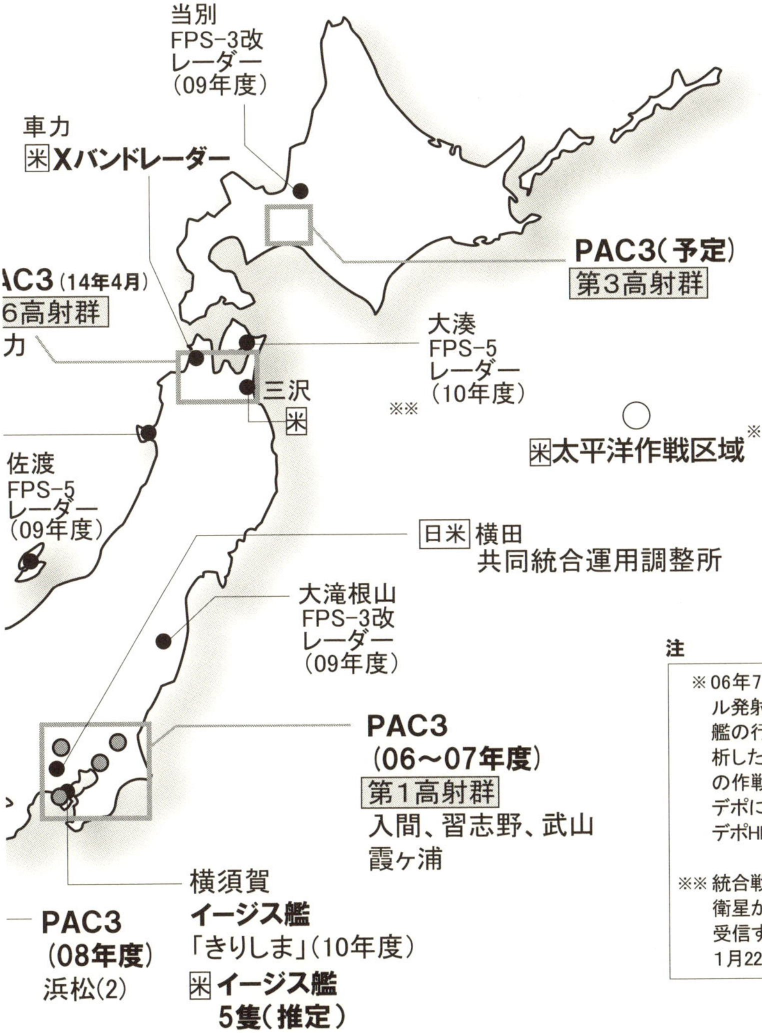

注

※ 06年7月の北朝鮮のミサイル発射実験時の米イージス艦の行動をピースデポが分析した結果判明した、当時の作戦区域。命名はピースデポによる。（詳細はピースデポHP参照）

※※ 統合戦術地上ステーション。衛星からの早期警戒情報を受信する移動式施設。08年1月22日稼動開始。

今後の配備計画（自衛隊）

● **改良型パトリオットミサイル（PAC3）**
航空自衛隊の第3高射群（北海道・千歳）に追加配備。

● **スタンダードミサイル（SM3）**
海上自衛隊のイージス艦「あたご」（舞鶴）、「あしがら」（佐世保）に搭載。

→用語の説明「PAC3」、「SM3」（236ページ）

以下の記載からのまとめ：
- 新「防衛大綱」（11年度以降「おおむね10年まで」）
- 「中期防衛力整備計画」（11〜15年度）：ともに10年12月閣議決定。

C6. 米、欧州配備核爆弾に 公約違反の精密誘導機能

米国は、北大西洋条約機構(NATO)の「核分担政策(ニュークリア・シェアリング)」に基づいて、現在5か国(ベルギー、ドイツ、イタリア、オランダ、トルコ)に推定150～200発※のB61戦術核爆弾(B61-3、B61-4)を配備している。NATOが2010年に策定した新「戦略概念」は「核分担政策」を当面維持する方針を掲げたが、これを受けた「防衛・抑止態勢見直し」(DDPR)の策定過程では、欧州配備戦術核の撤去を求める議論が相次いだ※。その結果、DDPR(12年5月)は、ロシアの戦術核削減を考慮しつつ、米ロの相互主義的措置を通じた米戦術核の削減を可能にする方策の検討を打ち出した※。

※最新のデータでは180発。データシート6(127ページ)。

※『核兵器・核実験モニター』第378号(11年6月15日)。

※『核兵器・核実験モニター』第401-2号(12年6月15日)。

だが今、米国はNATOの核態勢の強化につながる計画を進行させている。B61核弾頭の寿命延長計画(LEP)である。13年4月に議会に提出された14会計年予算案※では、B61LEPに対前年比46%増の5.37億ドルを当てている。

※キーワードC2(102ページ)。

2010年に公表された「核態勢見直し」(NPR)※は、B61の「全面的寿命延長を進める」ことを打ち出した。新戦略兵器削減条約(START)批准の議会承認を得るために、オバマ政権は議会保守派を説得する材料として核兵器近代化への大規模な投資を約束したが、B61LEPへの投資はその大きな部分である。12年7月、B61LEPにかかる費用の見積りを行った米国防総省の「コスト査定・計画評価局」※は、実に100億ドルもの費用がかかると試算した※。これ以上の費用を必要とするとの見方もある。

※資料1-11(266ページ)。

※Cost Assessment and Program Evaluation (CAPE) office.

※全米科学者連盟(FAS)の「戦略的安全保障ブログ」、12年7月26日。

B61LEPによって新たに開発されようとしているのは、

「B61-12」と呼ばれる戦術核爆弾である。「B61-12」は、B61-4をもとに、他の核爆弾B61-3、B61-7、B61-10の非核部品を取り入れることによって、寿命延長を図る計画とされる※。弾頭は、B61-4から受け継いだ50キロトンの弾頭を搭載することになるが、この自由落下型爆弾に、慣性精密誘導能力を付与する装置を取り付けることで、現在なら360キロトンのB61-7核爆弾の使用を必要とする目標をも攻撃する能力を持つことになるという。より小型の弾頭を使用することによって、発生する放射性降下物の量を少なくすることができるため、全米科学者連盟(FAS)のハンス・クリステンセンはB61-12が「より使いやすい核兵器」になると、その危険性を指摘している。

※上記ブログ、11年6月15日。製造される弾頭数は不明だが、ハンス・クリステンセンは約400発と推測している。

搭載航空機については、現在配備されているB61を運搬できる5つの航空機※に適合するよう開発されているほか、次世代ステルス戦闘機のF-35統合攻撃戦闘機への搭載が目指されている。

※B-2A、B-52H、F-16、F-15E、PA200。

当初、B61-12の最初の配備は2017年に行われるとされていたが、国防予算の強制削減の影響も受けて開発は遅れており、2020年代までかかると見られている。

米NPRはLEPについて、「これまでに実験された設計に基づく核部品のみを使用し、新たな軍事的任務を支援したり新たな能力を提供したりしない」※としていた。だが、B61-12は、これまで米軍の核爆弾が持っていなかった精密誘導能力などの「新しい軍事能力」を獲得することから、NPRの内容に反しているとみなされる。NATOは2010年にB61-12の軍事的特性を承認していた※。オランダでは、この「新能力」問題が政府の責任をめぐる議論を呼んだ。NATOの核態勢を強化するB61-12による欧州戦術核の置換えは、戦術核撤去を求めるオランダの方針に逆行するからである。欧州戦術核については強化ではなく撤去こそが求められる。

※資料1-11(266ページ)。

※米政府説明責任局(GAO)の報告書(11年5月)。www.gao.gov/assets/320/317883.pdf

C7. ロシア、核戦力近代化を推進

2013年12月、独誌「ビルド」がポーランドと国境を接する飛び地であるカリーニングラード州に、ロシアが核搭載可能な短距離弾道ミサイル「SS-26(イスカンデル)」※を配備したと報じた。12月19日にプーチン大統領は配備の事実はないと否定したが、同時に「我々は何度もNATOのミサイル防衛システムが我々の核戦力を潜在的に脅かすものだと言ってきたし、だからこそ我々は対応をしなければならない。ひとつのありうる対応は、カリーニングラードにイスカンデルを配備することだろう」※と述べた。米国が主導するNATOの欧州ミサイル防衛(MD)システムの構築※が、ロシアの反発と対抗を加速する危険な構図が依然として続いている。

※表記は「NATO命名(ロシア名)」。以下同じ。

※「RIAノボスチ」、13年12月19日。

※キーワードC5(108ページ)。

このような中で、ロシアは核戦力の近代化を進めている。

大陸間弾道ミサイル(ICBM)に関しては、古い世代のICBMの新しいものへの置き換えが着実に進んでおり、22年の完了が予定されている。置き換えられるのは多弾頭ICBM「SS-27Ⅱ型(RS-24、ヤルス)」であり、すでに配備されているイバノボ州テイコボに次いで、4～5つの部隊への配備とその準備が進行中である※。移動型では、2013年後半にサマラ州ノボシビルスクとスヴェルドロフスク州ニジニ・タギルの部隊でそれぞれ一つの連隊が「試験的な戦闘任務」に置かれた。サイロ型も、カルーガ州コゼルスクの部隊への配備の準備が進んでいる※。

※サマラ州ノボシビルスク、スヴェルドロフスク州ニジニ・タギル、イルクーツク州イルクーツクの部隊に移動型、カルーガ州コゼルスクの部隊にサイロ型が配備されると見られている。

※ハンス・クリステンセン、ロバート・ノリス「ニュークリア・ノートブック」(『ブレティン・オブ・ジ・アトミック・サイエンティスツ』(BAS)70(2)、14年3月)。

また、新たなICBMの開発も進められている※。「ヤルスM/RS-26型」あるいは「ルベジ」と暫定的に呼ばれている「ヤルスRS-24型」の軽量化バージョン※は、12～13年にかけて飛

※生産・配備のペースから、22年までにロシアのICBM戦力は約220～250発に縮小すると見られる。その代わりに、多弾頭ICBMの割合を現在の35%から22年までに70%に高めようとしているとの指摘がある。前出BAS。

※「ヤルス」120トンに対し「ルベジ」は40トンほどに軽量化。

翔実験が行われ、15年に配備が始まるとの見方もある※。加えて、新たな液体燃料型ICBM「サーマット」の開発も進行している。約5トンの重さを投射でき、MDへの対抗措置を講じた弾頭も搭載可能との情報もある※。14年にも生産が開始され、18〜20年の配備が目指されている※。

※「RIAノボスチ」、13年12月18日。

※前出BAS。なお、「サーマット」が、新しい液体燃料ICBMの開発なのか、旧ソ連時代のSS-18の改良型か寿命延長型なのかは不明。

※パベル・ボドビックのブログ「ロシアの戦略核戦力」、13年12月17日。

海軍近代化の軸となるのは、新型のボレイ級弾道ミサイル原子力潜水艦(SSBN)に新型の多弾頭潜水艦発射弾道ミサイル(SLBM)「ブラバ(SS-N-32)」を搭載するシステムの構築だが、20年にわたる開発・生産を経てもなお作戦配備に至っていない。「ブラバ」は、13年9月3日に行われたボレイ級原潜「アレクサンダー・ネブスキー」からの試射実験で異常が見つかり、セルゲイ・ショイグ国防相はさらに5回の試射実験を追加するよう指示した※。さらにSLBM開発では、現在のSLBM戦力の中心である「シネバ(SS-N-23M1)」の改良型である「ライナー」の開発も進められている※。

※「ロシアの戦略核戦力」、13年9月6日。

※詳細は依然不明であるが、MD突破能力を付加された改良弾頭を搭載することになると見られる。向こう4〜5年のうちに配備が始まるとの見方もある。

ボレイ級原潜は、現在2隻が配備に漕ぎつけており、8隻の建造が計画されている。ロシア海軍は12年7月からSSBNによる持続的な戦略抑止パトロールを再開すると表明していたが、「全米科学者連盟」(FAS)のハンス・クリステンセンによれば、依然としてロシアのSSBNは持続的な戦略抑止パトロールは行えていないと見られる※。

※前出BAS。

戦略爆撃機では「ブラックジャック(Tu-160)」と「ベア・H・ボウス(Tu-95MS)」の2つを運用しているが、これらに置き換える新しい戦略爆撃機の設計が始まっている。「PAK-DA」と呼ばれる新たな戦略爆撃機は、亜音速でステルス性能をもつとされ、20年代の置換えを目指している。

欧州MD計画をめぐる米国やNATOとの対立を含め、ロシアの核戦力近代化は引き続き注視する必要がある。

ロシア西部地図

C8. 中国軍近代化、際立つ海洋進出 ──日米の軍事的対抗も加速

2013年4月16日、中国の国務院新聞弁公室は習近平新体制初の国防白書『多様化する中国軍事力の任務』を発表した。一貫して掲げてきた「本質的に防衛的な国防政策」の維持を表明する一方、経済のグローバル化の中で急速に進む中国の経済成長や国際社会における影響力の拡大を踏まえ、海外権益の防衛や国際協力活動などへの積極的な参加が強調されている。

中国の核戦力は他の核兵器国に比べて小規模で遅れた現状にあり、それを踏まえて中国は自国に対する核攻撃抑止のための核報復攻撃能力の維持を目指して核戦力の近代化を進めている。今回の白書で「先行不使用」政策への言及がなくなったため、中国が「先行不使用」政策を放棄したのではないかとの憶測が生まれたが、中国核戦力の遅れた現状から見ても、その可能性は低い。

※データシート6(118ページ)。

※そのため、米ロの戦略兵器削減条約(START)の数え方に則ると作戦配備された核弾頭数はゼロになる。データシート6(118ページ)。

中国の核弾頭の総数は、約250と推定される※。その核態勢は、他の4核兵器国と異なり、平時には核弾頭を運搬手段に搭載せずに分けて貯蔵しているという特徴を持つ※。中国は5核兵器国の中で唯一、核弾頭数を増加させているが、そのスピードは緩慢である。主に弾道ミサイルの射程延長と生き残り可能性(survivability)の向上を目指して、サイロ型の弾道ミサイルから移動型への置換え、潜水艦発射弾道ミサイル(SLBM)の開発・配備、多弾頭化などを進めている。大陸間弾道ミサイル(ICBM)のうち、DF(東風〔ドンフォン〕)-5Aが北米大陸の全体を、DF-31Aが大部分を射程に収めているが、これらの総数は約40と推定される。準中距離弾道ミサイル(MRBM)

のDF-21は、古いミサイルからの置き換えが進んでいる※。中国の弾道ミサイルは全て単弾頭であると推定されているが、複数弾頭化に向けた開発が進んでいるとされる※。一方、作戦配備可能なSLBMはいまだに保有できておらず、戦略原潜(SSBN)による抑止パトロールも行っていない。だが、開発中の新しいSLBMであるJL(巨浪(ジュラン))-2は、12〜13年に一連の試射に成功し、開発は完了間近である※。

海軍力の近代化では、中国初の空母「遼寧」の母港を遼寧省大連から広東省青島の海軍基地に移す一方、13年11月には初めて南シナ海でも活動を開始した。艦載機部隊は訓練を続けているが、作戦可能となるにはなお時間を要すると見られている。国産空母の建造計画も進行している※。また、近海防御用の小型艦船も急速に増やしている※。東シナ海や南シナ海での領有権紛争などを意識した動向と見られる。

そして東シナ海や南シナ海では、不測の事態を招きかねない危険が増している。13年1月19日と30日に東シナ海の公海上で、中国海軍艦船から海自ヘリに対して火器管制レーダーが照射される事件が発生した※。さらに、11月23日には中国国防部が尖閣上空を含む空域に「東シナ海防空識別区」を設定したと発表した※。南シナ海では、中国海洋当局が南沙諸島などでの活動を継続しているほか、13年10月には中国海軍がフィリピン海で、北海、東海、南海※の全3艦隊が参加する過去最大規模の軍事演習を実施した。

こうした中で、米軍は中国への対抗戦略として「統合作戦アクセス概念」(JOAC)の策定を進めている。あらゆる作戦領域における4軍の統合作戦能力を高めるとともに、同盟国を巻き込んだ対抗を目指すものである。先行して米比間では、米軍のローテーション配備と比軍基地の利用を可能にする軍事協力協定の交渉が進んでいる。安倍政権も13年末に「国家安全保障戦略」を策定し、自衛隊の南西シフトと日米軍事一体化の方針を強調した※。日本は、軍事的対立構造を強化する「同盟深化」ではなく、協調的な地域安全保障の枠組みをこそ目指すべきである。

※米空軍の国家航空宇宙情報センターによる報告『弾道ミサイル及び巡航ミサイルの脅威』13年版は、現状を80〜90基と見積っている。

※米国防総省による年次報告「中国の軍事及び安全保障上の発展」14年版。

※米国防情報局「年次脅威評価」13年版は、14年に初期作戦能力達成との見方を示している。

※米国防総省は20年代の初め頃に最初の国産空母が作戦配備される可能性もあると予測。米国防総省の年次報告「中国の軍事及び安全保障上の発展」14年版。

※「056型コルベット」と呼ばれる近海防御用の艦船が、13年には9隻進水し、今後さらに20〜30隻を建造するとの予測がある。米国防総省の年次報告「中国の軍事及び安全保障上の発展」14年版。

※この事件の背景には、13年1月からの米軍の空中警戒管制機(AWACS)が尖閣周辺空域へ投入されたことに対する中国の強い危機感があった可能性が指摘されている(朝日新聞、13年2月6日)。

※当該空域を飛行する航空機はあらかじめ飛行計画を中国に通知することなどを求め、それに従わない場合は中国軍による「防御的緊急措置」をとるとした。

※中国海軍は、北海艦隊(司令部:山東省青島)、東海艦隊(浙江省寧波)、南海艦隊(広東省湛江)の3個艦隊から成る。

※キーワードD2(134ページ)。

データシート

6. 地球上の核弾頭全データ

【1】図説:世界の核兵器保有国

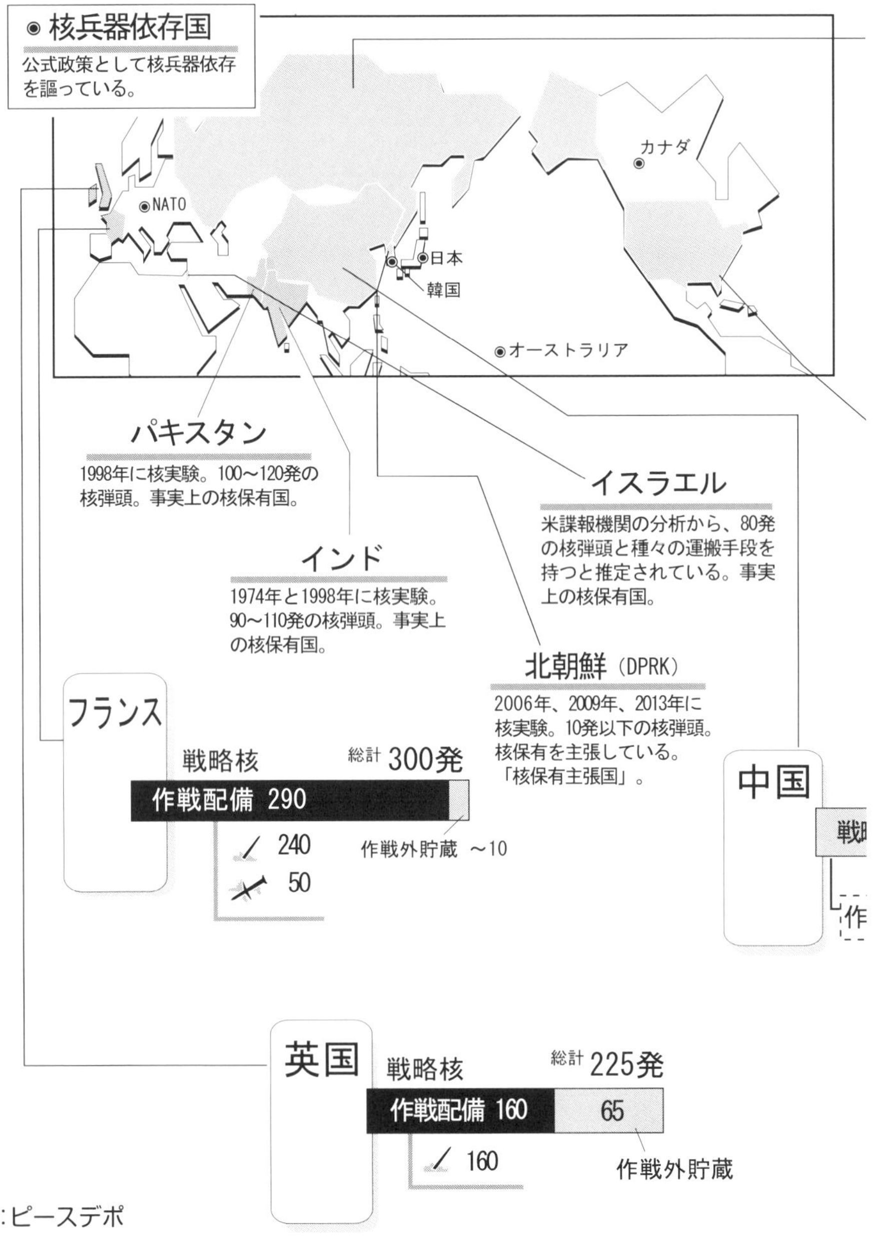

作成:ピースデポ

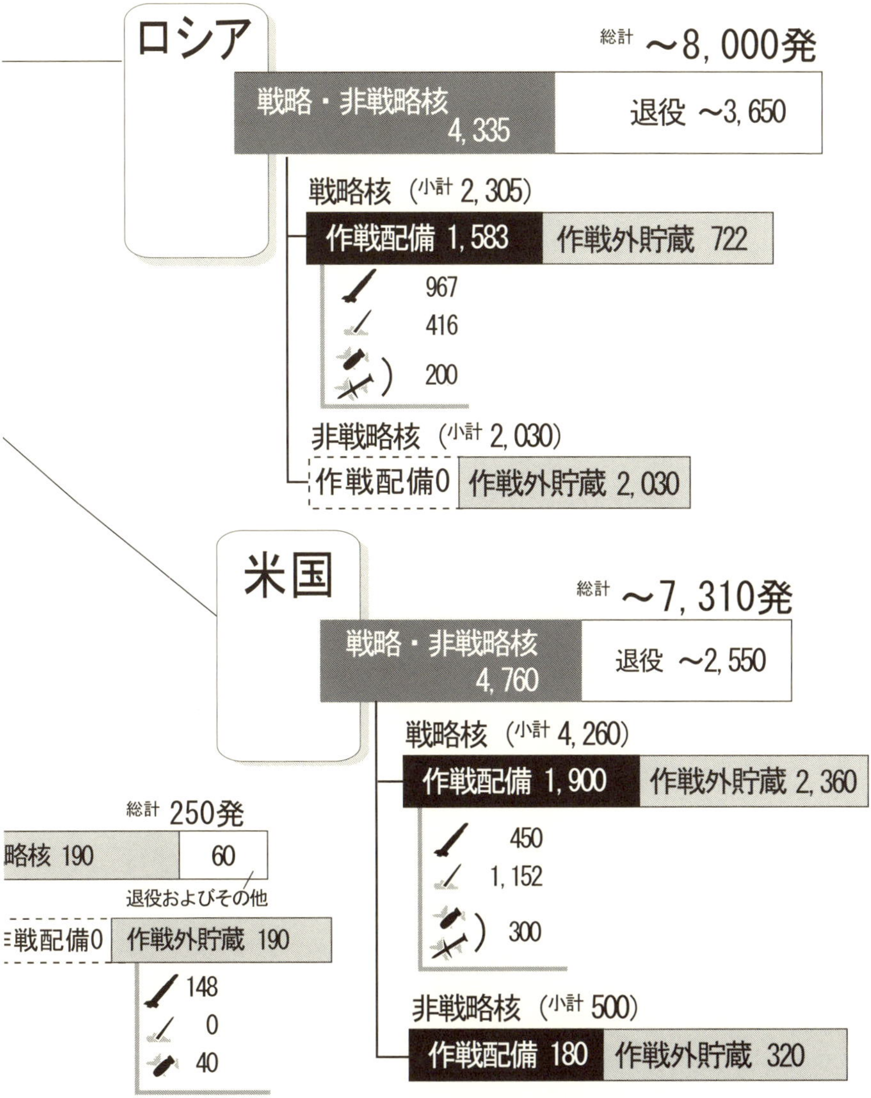

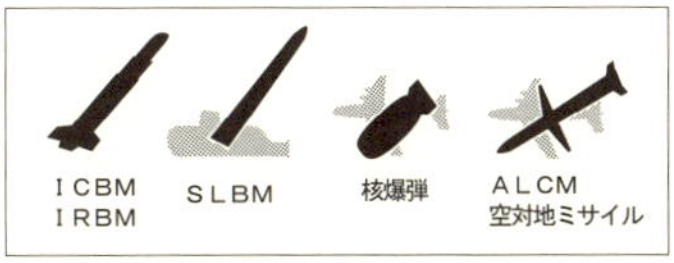

ＡＢＭ＝対弾道ミサイル／ＡＣＭ＝新型巡航ミサイル／ＡＬＣＭ＝空中発射巡航ミサイル／ＡＳＭ＝空対地ミサイル／ＧＬＣＭ＝地上発射巡航ミサイル／ＩＣＢＭ＝大陸間弾道ミサイル／ＩＲＢＭ＝中距離弾道ミサイル／ＭＩＲＶ＝多弾頭個別誘導再突入体／ＳＡＭ＝地対空ミサイル／ＳＬＢＭ＝潜水艦発射弾道ミサイル／ＳＬＣＭ＝海洋発射巡航ミサイル／ＳＲＡＭ＝短距離攻撃ミサイル

6. 地球上の核弾頭全データ

【2】解説

核弾頭について公的な情報が出はじめたとはいえ、まだまだ公開性は不十分である。

2008年3月21日に核弾頭の総数を300以下に減らせる予定と発表したフランス政府は、2012年5月3日、核不拡散条約(NPT)再検討準備委員会において、その削減の完了を報告した。

米国政府は2010年NPT再検討会議に臨んで、10年5月3日、全備蓄核弾頭数を5113発と公表するとともに、その数の年毎の変遷を公表した。14年4月29日には、それをアップデートし、13年9月現在、4,804発(122ページ、【3】国別詳細・米国の注1参照)とした。また、米国は2011年3月1日から半年ごとに戦略兵器削減条約(START)交換データにおける運搬手段の内訳と核弾頭総数をすべて公開している。運搬手段の内訳の詳細の公表は初めてである。

2010年5月26日、英国政府は議会に対して備蓄核弾頭は将来225発を超えず、作戦に供する核弾頭数は160発以下であると発表した。

2010年5月3日の米国防総省ファクトシートは、02年核態勢見直し(NPR)と同様、弾頭の保管状態を「活性状態」と「不活性状態」に大別している。前者はそのまま使用できる弾頭であり、後者は時間が経過すると劣化するトリチウムや電池などを除いて貯蔵している弾頭である。

この点も含めて、本誌で行ってきた従来の弾頭の分類方法を今回も踏襲する。ただ、米国で明らかになっているこのような分類方法が、その他の国でどこまで通用するかは、必ずしも明らかではなく、以下のデータ整理では便宜的なものにならざるをえない。注記によって、それを可能な限り補った。

①作戦配備の弾頭　部隊に配備・貯蔵されている活性状態の弾頭。(ただし、オーバーホール中の原潜の核弾頭は作戦配備に含めない。)
②兵站予備の弾頭　ルーチン整備・検査のために確保されている活性状態にあるスペアである。米国の戦略核兵器については推定するための一定の情報がある。概ね①の5~10%である。
③予備貯蔵の弾頭　活性、不活性を含め、再使用の可能性を想定して貯蔵しているもの。迅速対応戦力もこれに含めた。迅速対応戦力とは、作戦配備から外した核弾頭の中でも情勢の変化によって復活させることを前提として活性状態で貯蔵するものである。
④退役弾頭　運搬手段から外され解体を前提に保管されている核弾頭。

NPT 加盟核保有国の核弾頭数

2014年8月

弾頭の分類			米	ロ	英	仏	中	合計
戦略核	作戦配備	ICBM/IRBM	450	967	0	0	0	1,420
		SLBM	1,152	416	160	240	0	1,970
		爆撃機搭載核兵器	300	200	0	50	0	550
		小　計	1,900	1,583	160	290	0	3,930
	作戦外貯蔵		2,360	722	65	~10	190	3,350
	小　計		4,260	2,305	225	300	190	7,280
非戦略核	作戦配備	空軍航空機	180	0	0	0	0	180
	作戦外貯蔵		320	2,030	0	0	0	2,350
	小　計		500	2,030	0	0	0	2,530
合　計			4,760	4,335	225	300	190	9,810
退役およびその他*			~2,550	~3,650	0	0	60	6,260
総　計			~7,310	~8,000	225	300	250	16,085
（うち作戦外貯蔵小計）			(2,680)	(2,752)	(65)	(~10)	(190)	(5,697)

丸めのため合計にくい違いがある。
＊米ロに関しては退役弾頭、中国に関しては退役、未配備など内容は不明確。

以下の図表の作成においては、②と③を合わせて「**作戦外貯蔵**」とする。

2012年になり、中国においては、作戦配備された戦略核の運搬手段に核弾頭は搭載されず、分離して貯蔵されていることが明らかになった。貯蔵のされ方の詳細は不明である。したがって、米ロの概念での作戦配備弾頭はゼロになる。

米国では、他に、弾頭の形ではなくて、一次爆発用プルトニウム・ピット20,000発と二次爆発部分5,000発を分離して貯蔵しているとされる。

北朝鮮（DPRK）は3度の核実験を行い、衛星発射に成功し、核保有国であると主張しているが、弾頭化／兵器化に関しては情報がない。本図説では従来通り「核保有主張国」と位置づけた。

事実上の核兵器保有国と見なされるインド、パキスタン、イスラエルを含めると、地球上には今なお16,400発を超える核弾頭があり、オーバーキル状態は変わらない。

出典:「ニュークリア・ノートブック」（『ブレティン・オブ・ジ・アトミック・サイエンティスツ』に連載）を基本にしながら、S・ノリス（天然資源保護評議会（NRDC、米国））、H・クリステンセン（全米科学者連盟（FAS））、パベル・ポドビック（ロシア戦略核戦力プロジェクト、ロシア）、イアン・カーンズ（英米安全保障情報協議会（BASIC、英国）などの文献、米ロ政府の新STARTに基くファクトシート、及び長崎大学核兵器廃絶研究センター（RECNA）核弾頭データ追跡チームの作業（市民データベースとして公表）を参考にして作成。

6. 地球上の核弾頭全データ

データシート 【3】国別詳細

米国 (計~7,310)

核兵器の名称	爆発力キロトン	核弾頭数
■戦略・非戦略核 (合計4,760[1])		
■戦略核 (小計4,260)		
【作戦配備 (小計1,900)】		
●ICBM (小計450)		
ミニットマンⅢ		450
Mk-12A型 (弾頭:W78)	335	200[2]
Mk-21型 (弾頭:W87)	300	250[3]
●SLBM[4] (小計1,152)		
トライデントⅡ D5		1,152[5]
Mk-4型 (弾頭:W76)	100	468
Mk-4A型 (弾頭:W76-1)	100	300[6]
Mk-5型 (弾頭:W88)	455	384
●爆撃機搭載核兵器[7] (小計300)		
核爆弾 B61-7	可変<1~360	⎫
B61-11[8]	5	⎬ 100[9]
B83-1	可変<1,200	⎭
ALCM (弾頭:W80-1)[10]	5~150	200
【作戦外貯蔵 (小計2,360)】[11]		
■非戦略核 (小計500)		
【作戦配備空軍航空機 (小計180)】		
核爆弾 B61-3,4	0.3~170	180[12]
【作戦外貯蔵 (小計320)】		
B61-3,4		320[13]
■退役 (小計~2,550)		

1 米政府発表の全備蓄核弾頭数4,804発(13年9月現在)は、戦略・非戦略核の合計4,760発に相当する。／2 単弾頭化が完了したものが200基。／3 単弾頭が250基。W62を置きかえている。／4 オハイオ級戦略原潜12隻に搭載。ミサイル数は288基(12×24)。原潜数は14隻であるが、常時2隻はオーバーホール。／5 12隻×24発射管×4MIRV。12年3月1日のSTARTデータでは、1,115~1,165と推定される。／6 W76-1は2008年10月末から配備が始まった。W76からの置き換えが続いている。／7 ストラトフォートレスB-52H(93機のうちの44機)、スピリットB-2A(20機のうちの16機)、計60機が任務(核・非核両用)についている。B-2Aは爆弾のみ。警戒態勢は低い。／8 地中貫通型(1997年11月に導入)。貫通は6m。B-2Aにのみ搭載／9 B-2Aのみ。／10 B52Hのみ。／11 常時オーバーホール中の2隻のオハイオ級原潜のトライデント弾頭48基、192発。数100の核爆弾と巡航ミサイル。戦略核の7.5%として兵站予備150発など。／12 迅速対応戦力も含めて180個がNATO軍用としてヨーロッパ5か国の6か所の空軍基地に配備(別表参照)。／13 米国内に貯蔵。ヨーロッパ配備のものを含めると計500発がある。トマホークSLCM W80-0弾頭260発は退役した。

ロシア (計~8,000)

核兵器の名称	爆発力キロトン	核弾頭数
■戦略・非戦略核 (合計4,335)		
■戦略核 (小計2,305)		
【作戦配備 (小計1,583)】		
●ICBM (小計967)		
SS-18 M6、サタン(RS-20)	500~800	460[1]
SS-19 M3、スチレトウ(RS-18)	400	180[2]
SS-25、シックル(RS-12M、トーポリ)	800	117[3]
SS-27Ⅰ型(RS-12M2、トーポリM)	800	60[4]
SS-27Ⅰ型(RS-12M1、トーポリM)	800	18[5]
SS-27Ⅱ型(RS-24、ヤルス)	100	132[6]
SS-27Ⅱ型(RS-24、ヤルス)[7]	?	?
●SLBM (小計416)[8]		
SS-N-18 M1、スチングレイ(RSM-50)	50	96[9]
SS-N-23M1(RSM-54、シネバ)	100	320[10]
SS-N-32(RSM-56、ブラバ)	100	–[11]
? (ライナー)[12]	–	–
●爆撃機搭載核兵器 (小計200)		
核爆弾		⎫
ALCM (弾頭:AS15A,B)	250	⎬ 200[13]
SRAM (弾頭:AS16)		⎭
【作戦外貯蔵 (小計722)】		
■非戦略核 (小計2,030)		
【作戦配備 (小計0)】[14]		
【作戦外貯蔵 (小計2,030)】		
●ABM/SAM (小計425)		
ガゼル(53T6)	10	68[15]
SA-10、グランブル		⎫
SA-12、グロウラー	low	⎬ 340
セパル(レダト)	500	17
●空軍航空機 (小計730)		
核爆弾/ASM AS-4、キッチン	1000	730[16]
/SRAM AS-16		
●海軍用戦術核 (小計700)		
核爆弾		⎫
ASM AS-4、キッチン	1000	⎬ 700
SLCM	200~500	
対潜核兵器、SAM、核魚雷、核機雷		⎭
●地上発射 (小計174)		
SS-21、スカラブ(トチカ)	low	150
SS-26、ストーン(イスカンデル)	low	24
■退役 (小計~3,650)		

(兵器の名称は「NATO命名(ロシア名)」。ロシア名はすべて( )内。)

1 10MIRV×46基。STARTⅡが無効になり保持。しかし削減が続く。液体燃料。2026年まで保持の見込み。／2 6MIRV×30基。削減する計画。液体燃料。／3 単弾頭。ロシア名トーポリ。道路移動型で固体燃料。09年に2回の発射テスト(4月20日、12月10日)。／4　単弾頭。サイロ型。軌道を変更できる弾頭もある。／5　トーポリMの移動型。新しいカモフラージュ。／6　RS-24という新型名で08年11月26日に試射成功。移動型。推定4MIRV×33。10年7月19日にポポフキン国防省第1次官が初配備されたと発表した。／7　サイロ型。／8　搭載原潜は、デルタⅢ級2隻、デルタⅣ級6隻。核ミサイルを搭載しないが、タイフーン級3隻も残っており、発射テストに使われている。／9　デルタⅢ級戦略原潜2隻に搭載。2隻×16発射管×3MIRV。10年10月28日に発射テスト。／10　デルタⅣ級戦略原潜6隻に搭載。ただし2隻がオーバーホール中のため配備弾頭数は5隻×16発射管×4MIRV。10年8月6日、10月28日に発射テスト。10MIRVの能力があるとの情報もある。／11　6MIRVと推定される。08年9月、潜水発射に成功。しかし、09年は2回発射テストに失敗。10年10月7日、10月29日、更に11年6月28日、8月27日、12月23日、発射テストに成功。新型のボレイ型原潜に配備。ブラバは開発中で、14年に作戦配備の予定。／12　9〜12MIRVを開発中。11年5月20日、9月29日に発射テストに成功。／13　ベアH6(Tu-95MS6)29機、ベアH16(Tu-95MS16)30機、ブラックジャック(Tu-160)13機の計72機のうち60機に搭載。ベアH6は1機あたりAS15Aまたは核爆弾を6個(計174個)、ベアH16は1機あたりAS15Aまたは核爆弾を16個(計480個)、ブラックジャックはAS15BまたはAS16、または核爆弾を12個(計156個)搭載する。基本的に貯蔵されており、航空機に配備されていない。2つの基地に数100の弾頭を配備と見積もる。／14　ロシアの戦術核は全て中央貯蔵されていると申告された。／15　ゴーゴン・ミサイルはABM任務からはずされた。／16　バックファイヤー(Tu-22)、フェンサー(Su-24)、フルバック(Su-34)に搭載。

中国 (計〜250)

核兵器の名称	爆発力 キロトン	核弾頭数
戦略核 (小計 190)		
【作戦配備 (小計 0)】[1]		
【作戦外貯蔵 (小計190)】[2]		
●ICBM/IRBM[3] (小計〜148)[4]		
ドンフォン (東風)-3A	3,300	8
ドンフォン (東風)-4	3,300	12
ドンフォン (東風)-5A[5]	4〜5,000	20
ドンフォン (東風)-21[6]	200〜300	80
ドンフォン (東風)-31[7]	200〜300?	8
ドンフォン (東風)-31A[8]	200〜300?	20
●SLBM (小計0)		
ジュラン (巨浪)-1	200〜300	0[9]
ジュラン (巨浪)-2[10]	200〜300?	0
●爆撃機搭載核兵器 (小計40)		
核爆弾		40[11]
退役及びその他 (小計 60)		

東風-3Aは、NATOでの名称はCSS-2。以下、東風-4はCSS-3、東風-5AはCSS-4、東風-21はCSS-5M1、東風-31はCSS-10M1、東風-31AはCSS-10M2。巨浪-1はCSS-NX-3、巨浪-2はCSS-NX-4。

1　運搬手段は配備されているが、弾頭は別に貯蔵。／2　188を丸めた。／3　東風-5A(射程13,000km)、東風-31(射程7,200km)、東風-31A(射程11,200km)はICBM。他はIRBM。全て単弾頭。

4　東風-31、31Aの弾頭数は中間値をとって集計。グレゴリー・カラーキー(2011年)は155、チャン(2012年)は110と推定している。／5　米大陸に届く現有2種類のICBMの1つ。サイロ型、液体燃料。単弾頭。／6　移動式、固体燃料。単弾頭。／7　移動式、固体燃料。米大陸には届かない。単弾頭。／8　米大陸に届く現有2種類のICBMの1つ。移動式、固体燃料。単弾頭だが、ミサイル防衛に備えておとりなどを伴うと考えられる。／9　戦略原潜シァ(夏)級(中国名:大慶魚)に搭載の予定。12発射管。07年は12発と推定されたが、08年には0と推定。一度も使われることなく退役すると予想される。／10　新世代原潜ジン(晋)級(094型)に搭載する計画進行中だが、数回の発射テストに失敗。中国の戦略原潜は戦略抑止パトロールを一度も行っていない。東風-31の変型と考えられるが、単弾頭らしい。晋級は2隻就役(出典:CRSレポート、2011年6月8日)。／11　ホン(轟)-6(NATO表示:B-6)100〜120機のうちの20機。キャン(強)-5のうちの20機程度が核任務を持つと推定。米国防総省は200〜500発の巡航ミサイルDH-10のうち、一部が核(空中発射)と推定。

フランス (計 300)

核兵器の名称	爆発力 キロトン	核弾頭数
戦略核 (小計 290)		
【作戦配備 (小計 290)】		
●SLBM[1] (小計240)[2]		
MSBS[3] M51[4] (弾頭:TN75)	100	240
●爆撃機搭載核兵器 (小計40)		
ASMP[5]-A (弾頭:TNA)	可変〜300	40[6]
●空母艦載機用核兵器 (小計10)		
ASMP-A (弾頭:TNA)	可変〜300	10[7]
【作戦外貯蔵 (小計 〜10)[8]】		

1　ランフレキシブル戦略原潜は08年1月に退役。10年9月20日、M51を配備したル・テリブルが就航し、4隻体制になった。うち1隻が抑止パトロールに就いている。／2　4隻の戦略原潜のうち3隻に配備。3隻×16発射管×(4〜6)MIRV。／3　フランス語で「艦対地戦略弾道ミサイル」の頭文字。／4　M45に替わる新型。現在はすべてM51。ル・テリブルは、10年1月27日、7月10日に発射テスト。13年5月5日、ビジランからの発射テスト失敗。／5　フランス語で「空対地中距離改良型ミサイル」の頭文字。／6　ミラージュ2000N、ラファールF3各20機にASMP-A搭載。1機あたり1弾頭。弾頭は40と見積もられる。／7　平時においては、唯一の空母ドゴール(原子力)には、核兵器は搭載されていない。空母艦載機ラファール海軍型に搭載のためのASMP-Aは陸上に配置。／8　オーバーホール中、ないし解体待ちのSLBM、及び爆撃機搭載核兵器、各5発と推定。

英国 (計 225)[1]

核兵器の名称	爆発力 キロトン	核弾頭数
戦略核 (合計 225)		
【作戦配備 (小計 160)】		
●SLBM[2]		
トライデントⅡ D5	100	160[3]
【作戦外貯蔵 (小計 65)】		

1　2010年5月26日、英政府は将来225発を超えず、作戦に供する弾頭数は160発以下と発表。／2　バンガード級戦略原潜4隻に搭載。常時1隻のみパトロール。／3　弾頭は、米国のW76に類似だが英国産。06年12月発表の英政府「ファクトシート」は、パトロール中の原潜は最大48個の弾頭を持つので、その3隻分(144個)より16発多い弾頭数を作戦配備とする。

データシート

6. 地球上の核弾頭全データ

【3】国別詳細(続き)

インド (計 90〜110)

核兵器の名称	爆発力 キロトン	核弾頭数
兵器化の確証なし[1]	5〜25[2]	90〜110
運搬手段[3]		
●航空機[4]		36〜56[3]
●短・中距離ミサイル[5]		54[3]

1 核弾頭は配備されずに貯蔵されているとみられる。/ 2 98年5月の核実験の地震波からの推定値。インドは、最高43キロトンの爆発を主張している。/ 3 いずれも通常任務を持つ。中距離弾道ミサイル24基(アグニ1:12基、アグニ2:12基)、短距離弾道ミサイル30基(プリトビ1)とみなし、全て単弾頭なのでミサイル搭載の核弾頭数を54と推定した。残りを航空機搭載と見積もる。/ 4 ミラージュ2000H(バジュラ)48機、ジャガーIS/IB(シャムシャー)76機のいくつかが、核任務をもつと推定される。/ 5 プリトビ1(射程150km)が配備ずみ。アグニ1(射程700km)は、10年春、発射テストに成功し、配備済み。アグニ2(射程2,000km)は、11年9月26日、13年4月7日に発射テストに成功し、配備済み。アグニ3(射程3,000km)は、13年12月23日に6回目の発射テスト。アグニ4(射程3,500km)は、14年1月20日、アグニ5(射程5,000km)は、12年4月19日、13年9月15日に発射テストに成功。ダヌシュ(射程350km、プリトビ2の海軍版)、13年11月23日に発射テスト。プリトビ2は、10年3月27日、6月18日、11年6月9日、13年8月12日に発射テスト。プリトビ3(サガリカ、射程300〜700km)を開発中で13年9月15日発射テスト。

イスラエル (計 80)[1]

核兵器の名称	爆発力 キロトン	核弾頭数
米国の推定[2]		80
運搬手段[3]		
●航空機[4]		30[3]
●中距離ミサイル[5]		50[3]
●砲弾・地雷		

1 79年9月22日、南アフリカ近海の南インド洋はるか上空で、秘密裏に核実験が行われたとの説がある。/ 2 100〜200発分相当のプルトニウムを生産したが、核弾頭数は、運搬手段数や米諜報機関の分析から推測。/ 3 核弾頭と運搬手段は分離して保管しているとみられる。運搬手段ごとの弾頭数は、SIPRI(2012)による推定。/ 4 米国製F16A/B/C/D(ファイティング・ファルコン)205機、同F15E(ストライク・イーグル、イスラエルではF15I・ラアムと呼ぶ。)25機の一部が核任務を持つと推定される。/ 5 ジェリコ1(射程1,200km)、同2(射程1,800km)が配備されている。11年11月2日、ジェリコ3(射程4,000km以下)と見られる発射テストに成功。

パキスタン (計 100〜120)

核兵器の名称	爆発力 キロトン	核弾頭数
兵器化の確証なし[1]	5〜10[2]	100〜120
運搬手段[3]		
●航空機[4]		40〜60[3]
●短・中距離ミサイル[5]		60[3]
●巡航ミサイル[6]		

1 核弾頭は配備されずに貯蔵されているとみられる。/ 2 98年5月の核実験における地震波からの推定値。/ 3 準中距離弾道ミサイル30基(ガウリなど)、短距離弾道ミサイル30基(ガズナビ、シャヒーン1)とみなし、全て単弾頭なので、ミサイル搭載の核弾頭数を60と推定した。残りを航空機搭載と見積もる。/ 4 米国製F16A/B32機、ミラージュVのいくつかが核任務をもつと推定される。11年3月、老朽化したミラージュVの後継として18機のF16C/Dを配備。/ 5 ミサイルの核能力ははっきりしない。ガズナビ(ハトフ3、射程400km)、シャヒーン1(ハトフ4、射程450km)、ガウリ(ハトフ5、射程1,200km)の配備が確認されている。12年5月10日、14年4月22日にガズナビ(ハトフ3)、13年4月10日にシャヒーン1(ハトフ4)の、12年11月28日にガウリ(ハトフ5)の発射テスト。シャヒーン2(ハトフ6、射程2,000km)を開発中で、08年4月19日、21日に作戦配備準備の発射テスト。11年3月、12年3月5日、13年2月15日、アブダリ(ハトフ2、射程180km)、11年4月、12年5月29日、13年2月11日、11月5日にナーシュ(ハトフ9、射程60km)の発射テストに成功。/ 6 巡航ミサイル・バーバー(ハトフ7、射程600km)、ラ・アド(ハトフ8、射程320km)を開発中。前者は、11年2月10日、12年9月17日、後者は、07年8月25日、08年5月8日、11年4月29日、12年5月31日に発射テスト。

北朝鮮 (DPRK)

核兵器の名称	爆発力 キロトン	核弾頭数
兵器化の確証なし	<数キロトン[1]	<10
運搬手段		
●中距離ミサイル[2,3]		

1 過去3回の核実験をしている。06年10月9日の核実験の推定値は1キロトン以下。09年5月25日の2回目は数キロトン程度、そして3回目(13年2月12日)は、2回目の3倍程度とみられる。プルトニウム保有量については未分離を含めて40〜60kg(核弾頭8〜12個分)と推定されている(オルブライトらの数字から推定)。/ 2 ノドン(射程1,300km)は核搭載可能。50基以下配備。テポドン1(射程2,000km)、テポドン2(射程5,500km以上)は未配備。テポドン2には3段式(推定射程15,000km)のものも開発されている。09年4月5日、12年4月13日衛星発射を意図した飛翔体の発射実験を行ったが、失敗したとみられる。12年12月12日、衛星打ち上げに成功したとみられる。/ 3 米国防総省は、単段式ムスダン(射程3,200km以上)が存在すると分析している(「2012年 北朝鮮の軍事・安全保障報告書」による)。

【4】国別詳細(核兵器依存国)

日本

◆「平成26年度以降に係る防衛計画の大綱」(13年12月17日)

「防衛計画の大綱」は、日本の防衛政策の基本となる文書である。その基本方針の章に、次の一文がある。

「核兵器の脅威に対しては、核抑止力を中心とする米国の拡大抑止は不可欠であり、その信頼性の維持・強化のために米国と緊密に協力していくとともに、併せて弾道ミサイル防衛や国民保護を含む我が国自身の取組により適切に対応する。同時に、長期的課題である核兵器のない世界の実現へ向けて、核軍縮・不拡散のための取組に積極的・能動的な役割を果たしていく。」

◆「日米安全保障協議委員会共同発表」(13年10月3日)

13年10月3日の日米協議(東京)において、「より力強い同盟とより大きな責任の共有に向けて」と題する合意文書を発表した。その「概観」において、次のように確認した。

「米国政府は、核及び通常戦力を含むあらゆる種類の米国の軍事力による、日本の安全に対する同盟のコミットメントを再確認した。」

NATO非核兵器国

◆同盟の戦略概念(10年11月19日)

最新のNATO戦略文書は、2010年11月19日、リスボンで開かれたNATOサミットにおいて99年4月以来、11年ぶりに採択されたものである(本イアブック11年版・資料3-3(292ページ))。

＊第18節

その第18節は、米国、英国、フランスの核戦力がNATO全体の抑止力になると次のように述べている。これは99年の第62節とほぼ変化がない。

「同盟国の安全保障に関する最高の保証は同盟の戦略核戦力、とりわけ米国の戦略核戦力によって与えられる。英国及びフランスの独立した戦略核戦力は、それぞれ独自の抑止任務を持つものであるが、同盟全体としての抑止と安全保障にも貢献する。」

＊第19節

第19節には、同盟国が核抑止力の維持のために参加する必要性、いわゆる核分担の義務が記されている。これは、99年の第63節とほぼ同じである。

「核任務に関する集団的防衛計画の立案、平時における核戦力基地の設置、及び指揮・統制・協議体制への、同盟国の可能な限り広い参加を確保する。」

＊戦略以下の核兵器について

99年「戦略概念」第64節の戦略以下の

【4】国別詳細(核兵器依存国)(続き)

核兵器についての記述は、2010年の「戦略概念」からはなくなった。しかし、全米科学者連盟(FAS)核情報プロジェクトの調査では、今でも150〜200発の米国の戦術核兵器が5か国(ベルギー、ドイツ、イタリア、オランダ、トルコ)の空軍基地に配備されている。

オーストラリア

◆「国防白書」(2009年5月2日)

最新のオーストラリアの国防白書は、2009年5月2日に9年ぶりに出された「国防2009—アジア太平洋の世紀においてオーストラリアを防衛する:戦力2030」である。その「米豪同盟と我が防衛」で、拡大抑止の必要性が確認されている。

＊6.33節　我々の直接的な防衛にとって同盟が意味するものは、諜報と技術におけるパートナーシップという同盟の核心にある連携した能力が利用できるということである。これによって、我々の直接の近隣、およびそれを超えたところにおける我々の戦略的能力を支えることができる。これは我が安全保障にとって掛け替えのないものである。

＊6.34節　これは同時に、核兵器が存在する限りオーストラリアに対する核攻撃を抑止するために米国の核戦力に依存することができることを意味する。歴代の政府の下でオーストラリアの国防政策は米国との同盟における拡大抑止によって得られる防護の我が国にとっての価値を認知してきた。この防護は安定感と信頼感のある安全の保証を与え、オーストラリアがさらに重大で高価な防衛選択肢を考慮する必要性を長年にわたって排除してきた。」

カナダ

◆「北米航空宇宙防衛司令部(NORAD)」協定

カナダと米国が1958年5月12日に署名。06年5月12日に改定された。改訂されたNORADの役割は縮小されたが、米国の核抑止力の一部としての役割は続く。カナダはその抑止力の恩恵にあずかる。新協定の前文に次の認識が書かれている。

「軍備削減協定にもかかわらず、今なお保有核兵器は大量であり、北米大陸を攻撃できる戦略弾道ミサイル、巡航ミサイル、あるいは長距離爆撃機によって運搬できることを認識し、…」

欧州配備の米核爆弾

2014年8月

国名	基地	搭載機（所属国）	核爆弾の数		計
			米国分担	受入国分担	
ベルギー	クライネ・ブローゲル	F-16(ベルギー)	0	20	20
ドイツ	ビュヒェル	PA-200(独)※	0	20	20
イタリア	アビアノ	F-16C/D(米)	50	0	50
	ゲディ・トーレ	PA-200(伊)※	0	20	20
オランダ	フォルケル	F-16(蘭)	0	20	20
トルコ	インジルリク	F-16C/D(米)	50	0	50
合計			100	80	180

（表注）※PA-200は、米独伊共同開発の戦闘爆撃機で、「トルネード」と通称される。

韓国

◆アメリカ合衆国と大韓民国の同盟のための共同ビジョン（09年6月16日）

ワシントンで開催された米韓首脳会談における共同ビジョンにおいて、以下のことを再確認している。

「米韓同盟は、21世紀の安全保障環境の変化に適応している。我々は両国の安全保障上の利益を守るべく同盟能力に支えられた強固な防衛態勢を維持し続ける。米国の核の傘を含む拡大抑止に対する継続的な誓約はこのような保証をさらに強化するものである。同盟再編に向けた二国間計画を進めるにあたって、大韓民国は、朝鮮半島ならびに地域内、さらには地域を超えて、永続的で有能な米軍のプレセンスによる支援のもと、自国の共同防衛における主たる役割を担うこととする。」

◆第45回米韓安保協議会議共同コミュニケ（13年10月2日）

1968年以来毎年開催される国防長官を長とする「米韓安保協議会議」の共同コミュニケで「核の傘」が確認されてきたが、最新の13年10月2日（ソウル）のものは、次のように表現している。

「国防長官は、米国の核の傘、通常攻撃、及びミサイル防衛能力を含むあらゆる軍事能力を使用して、韓国に対し拡大抑止を提供し、強化する継続的な米国のコミットメントを再確認した。」

C9.「非核スコットランド」なるか ──独立住民投票へ向けた攻防

※役職の正式名称は「第1大臣(first minister)」。自治政府における首相を意味する。

※www.scotland.gov.uk/Publications/2013/11/9348

※Scottish Broadcasting Service(SBS)。スコットランドBBCのスタッフ及び施設を基礎に設置するとされた。

英国の核兵器政策を左右するスコットランドの独立住民投票を巡る動きが本格化している。2013年11月26日、スコットランド自治政府のサモンド首相※は、独立国家としての構想をまとめた670ページにわたる白書「スコットランドの未来」※を発表した。英通貨ポンドの継続使用のほか、EUと北大西洋条約機構(NATO)加盟の維持、国防軍や「スコットランド放送局」※の設置、そして英国の核兵器の撤去などを明記した。独立住民投票の実施日は14年9月18日、独立の日は16年3月24日とされている。

この問題は、12年10月15日、英国のキャメロン首相とスコットランドのサモンド首相が、エジンバラで会談し、スコットランド独立の是非を問う住民投票実施のための合意文書(エジンバラ合意)に署名したことで本格的に動きだした。エジンバラ合意と併せて確認された「合意覚書」によって、住民投票の原則、時期、投票に付される設問、投票権、投票管理委員会の役割が位置づけられ、スコットランド自治政府の「政令」によって、投票は独立の賛否を問う簡潔な設問による二者択一式とすることが規定された。

1998年、スコットランド出身のブレア首相の下で、英国議会は「1998年スコットランド法」を制定し、同法に基づき翌99年に、スコットランド自治政府と議会(1院制)が発足した。同法により、英国政府および議会から、スコットランド自治政府および議会に、憲法、外交・安全保障、国家財政、社会保障等を除く権限が英国から移譲された。

スコットランドでは、07年の議会選挙において、「核兵器のないスコットランド」や、英国からの自主独立路線を掲げるスコットランド国民党(ScottishNationalParty=SNP。「スコットランド民族党」とも訳される)が勝利し、緑の党との連立政権が発足した。

SNP政権は、07年10月にグラスゴーで、「トライデント・サミット」を開催し、英国の唯一の核兵器である潜水艦発射弾道ミサイル「トライデント」※の撤去を求める方針を鮮明にした。同サミットに先立ち、サモンド首相は、核不拡散条約(NPT)締約国に書簡を送り、英国によるトライデント更新計画への反対を表明するとともに、NPTにオブザーバー参加できる地位を要請した※。

11年の議会選挙で、SNPは「英国からの独立」を大きく公約に掲げ、全129議席の過半数を占める69議席を獲得し、政権の基盤をより強固にした。

スコットランドにおける世論調査では、独立への賛否は変遷してきた。12年10月5日付の結果※では、独立「賛成」が28%、「反対」が53%であったが、次第に差が縮まってきている※。まだ意思決定を行っていない人々が14年9月の投票の際にどのような判断を下すかによって、スコットランドの独立が実現するか否かが決まることがうかがえる状況になっている※。

スコットランドの独立を望まない英国のキャメロン政権は、スコットランドが英国にとどまる利点をアピールしており、キャメロン英首相の報道官は「英政府がこれまで表明してきたように、共通通貨の継続は非現実的だ」と述べている。

一方、SNPは、12年10月18日の党大会において、過去30年にわたり掲げてきた、「反NATO」の立場を変更し、独立後もNATOに留まるという方針を僅差で決定した。完全な主権国家として独立を具体的に描く上で、理想を掲げつつ、より現実的な外交安保政策を選択しようとしている。住民投票をめぐる英国政府とスコットランド自治政府の駆け引きが続く中、独立を問う住民投票が実施される。

※データシート6(123ページ)。

※『核兵器・核実験モニター』第292号(07年11月15日)。

※TNS-BMRB社による調査結果。有効回答数995人。

※14年3月23日付の調査結果では、「賛成」が39%、「反対」が46%、「わからない」が15%となった。ICMリサーチ社、有効回答数1010人。

※14年3月23日付「スコッツマン」は、同日の世論調査を受け、「独立住民投票の賛成と反対の間のギャップが狭まってきた」と報じた。

C10. 無人機攻撃に国際法規制を
──国連特別報告者が中間報告

　多くの民間人被害を生み出してきた無人機攻撃について、国連人権理事会は2013年1月に初めての調査を2人の特別報告者に依頼し、同10月、2つの調査の中間報告が公表された※。

　軍事用の無人機導入の動きは急速に広がっている。無人攻撃機を保有しているのは現在、米英とイスラエルだが、仏独も調達を進め、中国も開発と訓練を始めている※。日本も、高高度無人偵察機グローバルホーク（攻撃能力はない）の15年度導入を目指して、3機を購入する方針を決めた※。

　米軍は、少なくとも18機種、約7500機の無人機を保有している※。米本土等から遠隔操作で行われる無人機攻撃は、事前の諜報活動によって攻撃対象の行動を把握して行われるピンポイント攻撃である。操縦者に加え、モニターの映像を分析するセンサー・オペレーター（SO）、地上からの情報を含めて作戦の全体状況を把握する情報調整官が一つのグループとなって運用する※。01年の米同時多発テロ以降に無人機攻撃を本格化させた米国は、軍事費削減を迫られる中で、地上軍投入より「安上がり」で自軍の人的被害も生まないため多用するようになった※。

　無人機攻撃による市民の犠牲は、後を絶たない※。誤爆や巻き添えによる被害も多発しているが、より本質的な原因は操縦者やSOが現場にいないという兵器の特性にある。SOがモニターの映像のみから民間人と戦闘員との区別を行うのは容易ではない上、自軍の犠牲を生まないため、より安易に攻撃に踏み切る危険性がある。米政府は「無人機攻撃は

※資料3-14（328ページ）。最終報告は、14年に国連人権理事会へ提出される予定である。

※谷口長世「無人機への国際的規制は可能か」、『世界』13年12月号参照。

※「中期防衛力整備計画（平成26年度～平成30年度）について」、13年12月17日。

※米議会調査局（CRS）報告『米国の無人航空機システム』、12年1月3日更新。無人攻撃機の一例を紹介すると、プレデターを改良した最新型のMQ-9リーパーは、最高高度約1万5000m、運用高度約3300～7600m、最長飛行時間32時間、最長航続距離約3700kmに及び、空対地ミサイルを最大16基搭載できる。

※操縦者らは殺害現場をモニターで見ることになるため、心的外傷後ストレス障害（PTSD）を患う事例がある。P･W･シンガー『ロボット兵士の戦争』（NHK出版、2010年）参照。

※米軍は、アフガン、パキスタン北西部、イエメン、最近ではソマリアでも無人機攻撃を実施している。

※例えば、イエメンでは12年9月、攻撃対象の車を狙った無人機のミサイルが後続のバスに命中して、子どもを含む民間人10数名が死亡した。「朝日新聞」、13年10月19日。

国内外の法的義務を満たしている」としており、オバマ大統領は「米国人にとって差し迫った脅威」と認定した人物に対して、拘束が困難な場合に限って使用するとの方針を表明した※。だが、その運用や被害の実態はほとんど明らかにされていない。

※13年5月23日に国防大学で行った演説。ホワイトハウスHPの「BRIEFING ROOM」から「Speechs & Remarks」に進み、日付で検索。

そうした中、2つの中間報告は今後の法的規制へ向けた課題を指摘した。英国の弁護士であるベン・エマーソン氏は、民間人被害の事例を調査し、死者数をパキスタンで400～600人、アフガンで58人、イエメンで21～58人と推計した※。エマーソン報告は、国際人道法の原則に従って使用されるなら、無人機は「武力紛争における民間人被害のリスクを軽減することができる」としながら、「現時点で明白な国際的合意のない数多くの法的な論点が存在する」と指摘し、国家間の合意を追求する必要があるとしている。米国に対しては、国外での「対テロ作戦」に関する情報や無人機攻撃による民間人被害のデータを公開するよう勧告した。

※リビア、イラク、ソマリア、パレスチナ自治区のガザでも調査が行われた。

国際法の枠組みとの関わりから分析した南アフリカの法学者クリストフ・ヘインズ氏もまた、無人機は「それ自体としては違法な兵器ではない」とする。その上で、国際法上の「武力紛争」において行われる限り、無人機攻撃にも国際人道法に基づく諸原則が適用されるとする。一方、「武力紛争」と言えない非国家主体への攻撃の場合には警察的及び司法的な手続きによらない「生存の剥奪」を厳格に禁じる国際人権法の諸原則が適用されなければならない、とする。そして、安保理による監視の強化、無人機を使用する国家が法的根拠と運用実態を明らかにすること、無人機攻撃を行った国は安保理に報告すべきこと、などを勧告している。

2つの中間報告が指摘するとおり、国際法規制の構築を目指す上で、まずは運用実態の解明が不可欠である。市民社会の努力も行われている※。また、2つの報告書の趣旨を踏まえれば、現在の国際法においても、法的手続きを経ずに「テロリスト」を殺害する米国主導の「対テロ」作戦そのものの問題性が問われなければならない。

※ヒューマン・ライツ・ウォッチ報告書 "Between a Drone and Al-Qaeda"、アムネスティ・インターナショナル報告書 "Will I Be Next? " 等。ともにHPに報告書。

D1. 国連総会の「日本決議」——核兵器国に甘い主張が続く

2013年12月5日、国連総会において、日本が提出した決議案「核兵器完全廃棄へ向けた団結した行動」※が採択された(賛成169、反対1、棄権14)。日本政府による核軍縮決議案は1994年以降、20回提出されており、現在のタイトルとなってからは4回目である※。反対は、前年と同じく朝鮮民主主義人民共和国(北朝鮮)のみ。ロシア、中国、インド、パキスタン、イスラエル、ブラジル、エジプトなどが棄権した※。共同提案国は米国、英国を含め過去最高の102か国に達した。米国は、2009年以来、連続して共同提案国となっている。

※決議番号68/51。資料3-2(304ページ)に全訳。

※過去のタイトルは、①「究極的核廃絶に向けた核軍縮」(94年~)、②「核兵器完全廃棄への道程」(2000年~)、③「核兵器完全廃棄に向けた新たな決意」(05年~)。

※投票結果の詳細はデータシート1(62ページ)。

決議には、13年4月の2015年核不拡散条約(NPT)再検討会議第2回準備委員会など、主要な会合が開催された事実がアップデートされた以外に新たな記述は全く含まれていない。13年の決議では、13年2月の北朝鮮による核実験を強く非難した上、主文15節で、北朝鮮に対し、これ以上の核実験を行わず、6か国協議の9.19共同声明※における誓約及び関連する安保理決議を完全に遵守するよう求めた。昨年までも、前文において北朝鮮に言及してはいるが、主文に関連要求を含めたのは初めてである。

※資料1-17(279ページ)。

これに対し、01年以来賛成を続けてきたロシアは棄権に転じ、理由を次のように述べた。主文15節は、北東アジアの平和と安定の維持のため、すべての参加国が努力すべきであるとの「安保理決議2094※の条項の形式と精神から外れている」とし、「9.19共同声明の義務は全ての関連国に課されるにもかかわらず、北朝鮮だけを取り上げている」と指摘した。

※13年2月、北朝鮮の3回目の核実験を非難し、制裁を強化した安保理決議。キーワードB6(88ページ)。資料3-8(316ページ)。

決議は、2010年NPT再検討会議最終文書の「行動勧告」※

※資料1-7(249ページ)に「行動勧告」全訳。

に初めて言及された「核兵器禁止条約等の交渉」や会議で合意された「中東非核・非大量破壊兵器（WMD）地帯」会議※の2012年開催に全く触れていない。核兵器の非人道性についても、前文で「国際人道法を含む、適用可能な国際法を遵守する必要性を再確認する」とし、2010年最終文書と同じ文言を繰り返すに留まった。主文14節では「適切な地域に非核兵器地帯を追加して設立することを奨励」しているものの、自らも当事者である北東アジアに関する主張は盛り込まれていない。日豪主導の国家グループ不拡散・軍縮イニシャチブ（NPDI）が推進している「核軍縮の履行状況を報告する標準様式の開発」の提案にも決議は言及していない。

※キーワードB2（76ページ）。

　核軍縮に関する具体的主張、とりわけ核兵器国に対する要求の弱さは、日本決議が一貫して持つ欠陥である。この点は、ここ数年、棄権しているブラジルが投票理由※の中で明確に批判しているとおり、日本決議は、核兵器国がNPT第6条に基づく義務の履行に関して「遵守不足」であるという評価が不十分である。むしろ最近の核兵器国の行動を歓迎することが繰り返し表明されている。たとえば主文6節は、「5核兵器国による2010年再検討会議のフォローアップ会議が、5か国間の透明性及び信頼醸成措置として」毎年「開催されたことを歓迎する」としている。総じて核兵器国の核軍縮努力において効果的で、具体的な措置がとられているとの認識を表明しているようにうかがえる。

※www.reachingcriticalwill.org/images/documents/Disarmament-fora/1com/1com13/eov/L43_Brazil.pdf

　これは、新アジェンダ連合（NAC）※が提出した決議※と比較することで、より明確になる。NAC決議は、毎年冒頭で、NPTの「すべての加盟国は、条約下の義務に対する厳格な遵守について全面的な責任を負わねばならないことを繰り返す」と強調し、核兵器国による核軍縮誓約の履行の加速を徹底して求めている。「核兵器の人道的影響に関する共同声明」※に日本政府も初めて賛同したにも関わらず、米国の核の傘への依存政策から一歩も出ようとしない姿勢や、米国などの共同提案を確保しようという方針が、日本決議の核兵器国に対する主張の弱さの背景にある点は変わらない。

※用語の説明「新アジェンダ連合（NAC）」（233ページ）。

※資料3-1（303ページ）に全訳。投票結果はデータシート1（62ページ）。

※キーワードA2（54ページ）。

D2. 安倍政権、初の「国家安全保障戦略」策定

第2次安倍政権は13年12月17日、初めての「国家安全保障戦略」（以下、「安保戦略」）を、新たな防衛計画大綱（以下、新大綱）※と合わせて、国家安全保障会議（NSC）及び閣議で決定した。策定された安保戦略は、戦後日本の防衛政策の基本方針とされてきた「国防の基本方針」※に代わるものと位置づけられた。防衛のみならず外交や経済にも言及がなされ、政府全体として包括的な安保政策の展開を行っていく狙いが込められている。だが、示したビジョンの基調となっているのは、日本がグローバルに軍事的関与を強めるとともに、地域安保に関しても、中国を極度に意識し日本の軍事力強化と日米の軍事一体化で対応しようという方向性である。

※「平成26年度以降に係る防衛計画の大綱」。

※1957年に国防会議及び閣議で決定。

安保戦略は冒頭で、「国家安全保障の基本理念」として「国際協調主義に基づく積極的平和主義」を掲げた。「我が国は、今後の安全保障環境の下で、平和国家としての歩みを引き続き堅持し、また、国際政治経済の主要プレーヤーとして、国際協調主義に基づく積極的平和主義の立場から、我が国の安全及びアジア太平洋地域の平和と安定を実現しつつ、国際社会の平和と安定及び繁栄の確保にこれまで以上に積極的に寄与していく。」こうした理念の基礎には、日本の「平和と安定」や「繁栄」のために、グローバル化した世界における安全保障課題の解決に積極的に関与することが必要であるとの認識がある。こうした認識は、例えば民主党政権時代に作られた「平成23年度以降に係る防衛計画の大綱」でも示されており、それ自体は新しいものではない。

しかし、「積極的平和主義」と銘打つことによって安部政権

はそれ以上のことを目指そうとしている。にもかかわらず、安保戦略はそれを正面から示さずに所々に頭だしをするだけに留めているため、耳障りは良いが抽象的な「積極的平和主義」なる理念は、安保戦略が持つ本質的な問題を見えにくく「粉飾」する機能を果たしている。安保戦略には、(1)武器輸出に関して新たな原則を作る、(2)インテリジェンス(諜報)とインフォメーションをともに「情報」と使いながら広範な情報(諜報)機能の強化を目指す、(3)日本周辺を越えたアジア太平洋全域の視野を強調する中で「日米防衛協力のための指針」(ガイドライン)の見直しを宣言する、といった内容が盛り込まれたが、これらは本来の言葉における「平和主義」と無縁である。

「専守防衛」に関して安保戦略や新大綱は、これを引き続き堅持する方針を示している。だが、問題は実態である。すでにこれまでにおいても、安保政策や防衛態勢の実態から見ると、現実には日本の「専守防衛」は「擬態」であった[※]。すなわち、日米安保条約の下で「攻撃的戦力」としての米軍を駐留させ、それを前提に自衛隊は「専守防衛」を擬態し、そして、潜在的「攻撃的戦力」を蓄え増強してきた。「安保戦略」と新大綱は、想定されている解釈改憲を見越しながら、この「擬態」のグローバル化を図ろうとしている。米国との軍事一体化のみならず、米国をハブとして韓国や豪州などとの多国間軍事協力が深まれば、「専守防衛」の「擬態」としての性格は内容的にも地理的にも強まらざるを得ない。

安保戦略には集団的自衛権の行使容認は盛り込まれなかったが、憲法解釈変更への動きは加速している。周辺諸国からはすでに強い警戒感が示されている。グローバルな軍事的関与を強め、地域安保にも軍事的対応で臨もうとする「積極的平和主義」は、東アジア地域の軋轢を高め、世界の軍事化に拍車をかける危険な道である。

※梅林宏道「＜擬態としての専守防衛＞から＜地域安全保障＞へ」(『世界』、04年増刊号「もしも憲法9条が変えられてしまったら」)。

D3. 武器輸出三原則にまた例外化措置

※資料3－15(330ページ)。

※用語の説明(234ページ)。

2013年3月1日、安倍政権は、菅義偉官房長官による談話※を発表し、次期戦闘機F35に関連して、日本企業が生産する部品の輸出や役務の提供を武器輸出三原則※の例外とすることを明らかにした。

日本では、1967年4月に佐藤内閣が示した武器輸出三原則及び1976年2月の三木内閣によるその強化により、事実上、武器輸出を禁じてきた。1980年代に入り、対米武器技術供与という形で例外化措置が始まった。以来、30年にわたり既成事実が積み上げられてきた。そして11年12月、政府は、米ロッキード・マーチン社製のF35を16年度から計42機購入することを決定した。また、米国からライセンスを受け日本企業が部品を製造することも計画されていた。

※「防衛装備品等の海外移転に関する基準」についての内閣官房長官談話、11年12月27日。

同じ11年12月には、野田佳彦内閣が、官房長官談話で、次のように武器輸出三原則の「包括的例外措置」※を決定した。

①平和貢献・国際協力に伴う相手国への武器移転：目的外使用、第三国移転は厳格に防止措置を講じることを条件とする。

②武器共同開発・生産：安全保障で協力関係にある相手国であり、我が国の安全保障に資する場合。ただし、目的外使用や第三国移転について政府による事前同意を義務付ける。

F35生産の共同参画に関して問題となったのは、上の②の条件である。政府は当初、日本企業が部品製造に参加した機体を第三国に譲渡する場合は日本の事前同意を要件とするよう米政府に要請していた。F35のユーザー国には、パレスチナ・ガザ地区などに対してたびたび空爆を実施しているイスラエルのような国が含まれるが、事前同意権があればこうした国へのF35輸出を阻むことができる。しかし、F35部品の管理権限は米国にあるという理由から、日本の事前同意権は認められなかった。

米国のこうした意向がある以上、武器輸出三原則および野田政権による「包括的例外措置」に従えばF35の生産には参画できないことになる。そこで安倍第二次政権は、菅官房長官談話という形で上記のさらなる例外化措置を容認したのである。

もっとも重要な変更点は、F35生産に関して部品や役務を日本企業が提供する場合、第三国移転や目的外使用に関する日本側の事前同意という要件をはずした点にある。官房長官談話は「米国政府の一元的な管理の下で、F35ユーザー国以外への移転を厳しく制限すること、及び移転は国連憲章の目的と原則に従うF35ユーザー国に対するもののみに限定されること等により厳格な管理が行われることを前提として」、部品の輸出や役務の提供が可能になるとしているが、これは決定権限を米国に委ねたことに他ならない。

野田政権時の包括的例外措置には、「武器輸出三原則等については、国際紛争等を助長することを回避するという平和国家としての基本理念に基づくものであり、上記以外の輸出については、引き続きこれに基づき慎重に対処する」という項目があったが、F35を例外化する官房長官談話には「国際紛争の助長回避」への言及がない。武器輸出三原則の第三原則（国際紛争の当事国又はそのおそれのある国への武器輸出の禁止）を骨抜きにするものと言える。こうして例外を積み重ねる手法は限界を迎え、14年4月1日の「防衛装備移転三原則」※決定へと向かうことになる。

一方、13年4月に国連総会で採択された武器貿易条約※（ATT）は、「著しいリスク」が認められる場合の武器輸出を禁止した。これも日本の武器輸出政策の変更と同様に、輸出国側の恣意的判断で輸出が可能になりうるものである。

※www.mod.go.jp/j/press/news/2014/04/01a.html

※キーワードB9（96ページ）。

D4. 日米「2プラス2」、「防衛協力の指針」見直し協議進める

2012年8月3日、森本敏防衛相とパネッタ米国防長官は、「日米防衛協力のための指針」(ガイドライン)の再改定に向けた協議開始に合意した。これを受けて、13年1月17日には日米外務・防衛当局による初の課長級協議が東京で持たれ、日米当局間での作業が開始された。

1978年に策定された旧ガイドラインは、「平時」と「日本有事」の2ケースにおける日米防衛協力について主に定め、97年の新ガイドラインではこれに「周辺事態」の場合の協力が加わった。

しかし、今回の場合は、日米がそれぞれ何を目指してガイドラインの再改定を行おうとしているのか必ずしも明確でない。13年10月3日に日米安全保障協議委員会(2プラス2)※が開催され、直後に日米共同声明※が発表されたが、そこでガイドライン改定の目的として挙げられているのは、以下のような事項である。

※用語の説明(233ページ)。

※www.mofa.go.jp/mofaj/files/000016027.pdf

- 日米防衛協力の中核的要素として、日本に対する武力攻撃に対処するための同盟の能力を確保すること。
- 日米同盟のグローバルな性質を反映させるため、テロ対策、海賊対策、平和維持、能力構築、人道支援・災害救援、装備・技術の強化といった分野を包含するよう協力の範囲を拡大すること。
- 共有された目標及び価値を推進するため、地域の他のパートナーとのより緊密な安全保障協力を促進すること。
- 協議及び調整のための同盟のメカニズムを、より柔軟

で、機動的で、対応能力を備えたものとし、あらゆる状況においてシームレスな二国間の協力を可能とするよう強化すること。

- 相互の能力の強化に基づく二国間の防衛協力における適切な役割分担を示すこと。
- 宇宙及びサイバー空間といった新たな戦略的領域における課題を含む変化する安全保障環境における効果的、効率的かつシームレスな同盟の対応を確保するため、緊急事態における二国間の防衛協力の指針となる概念を評価すること。
- 共有された目標を達成するため、将来において同盟の強化を可能とする追加的な方策を探求すること。

報道等によれば、日本側が主に期待しているのは、尖閣諸島への武装勢力の上陸など、武力攻撃には至らない、いわゆる「グレーゾーン」事態における米国の協力である。13年3月には、日米両政府が、尖閣諸島をめぐる日本有事を想定した共同作戦計画を策定する方針を固めたとされる※。

※「毎日新聞」、13年3月21日。

他方、米国側はサイバー攻撃や宇宙分野において日本から協力を引き出すことが狙いだと報道されている。

再改定協議の中でもっとも問題になると思われるのは、安倍晋三政権による集団的自衛権行使容認※に関わって、具体的にどのような対米協力の項目を盛り込むのかということであろう。現行のガイドラインにある、「平時」「日本有事」「周辺事態」のそれぞれにおける日米協力という枠組みについて、大幅な整理が視野に入れられているであろう※。また、日本による「後方支援」の一環として、実績がある補給艦による燃料給油や機雷除去などに加え、これまでは禁じられていた武器・弾薬の供給や米軍戦闘機への給油を念頭に置いていることも考えられる※。具体的内容は不明だが、ガイドライン再改定によって日本の軍事的役割がさらに拡大されることは間違いない。

※14年7月1日、「国の存立を全うし、国民を守るための切れ目のない安全保障法制の整備について」が閣議決定された。

※「産経新聞」、14年7月20日。

※「毎日新聞」、14年7月16日。

D5. 日米政府、嘉手納以南の6基地統合計画で合意

2013年4月5日、日米両政府は「沖縄における在日米軍施設・区域に関する統合計画」に合意した※。

※www.mofa.go.jp/mofaj/area/page4_000023.html

日米は12年4月の日米安全保障協議会(2プラス2)※で、在日米軍再編のための06年「ロードマップ」の計画を調整し、在沖海兵隊のグアム移転※と嘉手納基地より南の土地の返還の双方を、普天間飛行場代替施設(FRF)建設に関する進展から切り離した(「パッケージ論」の放棄)。そして、嘉手納基地より南の米軍基地6施設が以下の三つの区分で返還可能となることを確認した。1)必要な手続きの完了後に速やかに返還可能になる区域。2)沖縄において代替施設が提供され次第、返還可能となる区域。3)米海兵隊の兵力が沖縄から日本国外の場所に移転するに伴い、返還可能となる区域。

※用語の説明(233ページ)。

※キーワードD6(146ページ)。

今回の合意は、この区分に基づいてそれぞれの施設・区域の返還時期と「返還・移設手順」を示した(地図参照)。日本政府はこの合意で沖縄の「基地負担の軽減」が進展するとアピールしたが、その内実は、以下に述べるように、むしろ普天間基地を固定化し、「負担軽減」と危険性の除去を先送りするものである。

すべての返還時期には「又はその後」という文言が付随しており、代替施設の確保やグアムやハワイなどへの米海兵隊の移転の進捗状況次第では遅延する可能性が示されている。実際、海兵隊のグアム移転計画は遅延が続いている※。

※キーワードD6(146ページ)。環境調査の遅れや国防総省による海兵隊施設やインフラ建設のためのマスタープランの未提出などを理由として、米上院は11、12会計年の2度にわたってグアム移転関連予算を全額削除した。13会計年度予算案でも上院は全額削除したが、全額の計上を認めた下院との調整の結果、アンダーセン空軍基地の整備関連予算2600万ドルのみの計上が認められた。

また、内訳を見ても、「速やかに返還」するとされた区域(上記1)は、全体の1割にも満たないわずか65ヘクタールであり、大半は沖縄県内で代替施設を確保することが返還条件と

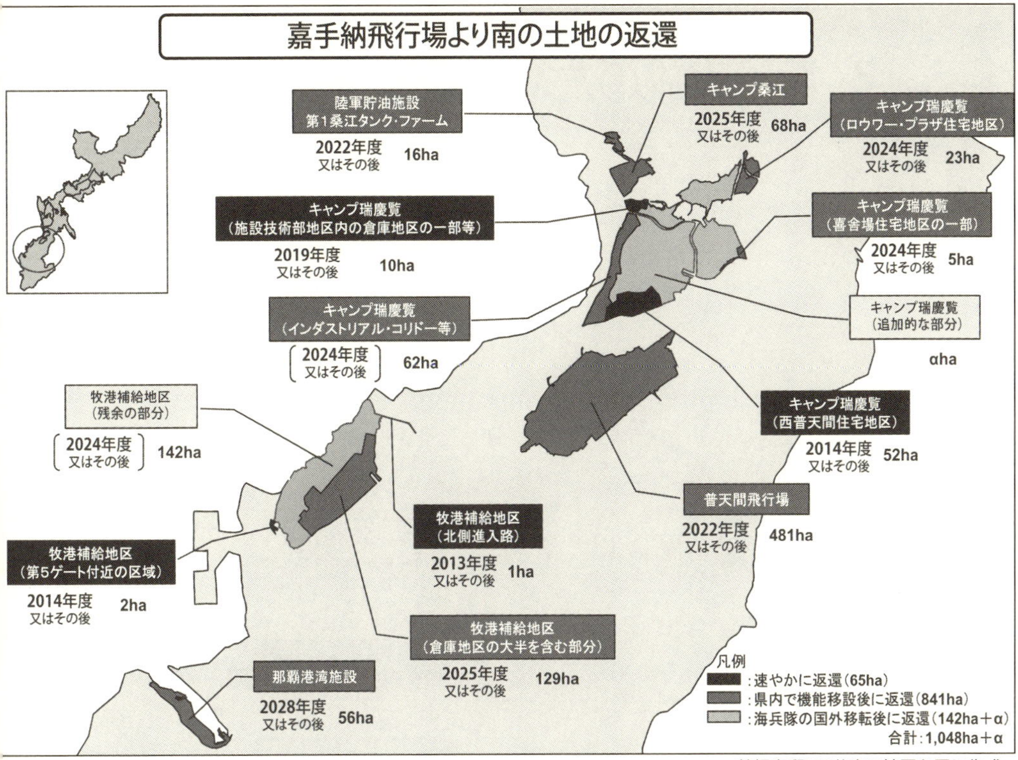

首相官邸HP公表の地図を元に作成。

なっていることに変わりはない。普天間飛行場の返還時期は、名護市辺野古への移設を前提に「2022年度又はその後」とされた。これは、向こう10年かそれ以上にわたって普天間飛行場を米軍に提供し続けるということを意味する。

米上院軍事委員会は、グアム移転計画やFRF建設計画の実現性に強い懸念を繰り返し表明している。今回の合意直後に発表した報告書でも、同委員会はFRF計画の不確かさと財政的懸念を表明した※。13年12月27日に沖縄県の仲井真弘多知事は申請を承認したが、同報告書が指摘した地元の強い反対は変わらず、移設作業は困難を極めるであろう。

米国は、現状のこう着状態が続いても、地元の反対世論に直面すること以外に戦略的に失うものはない。「普天間の固定化」を既得権益として継続できれば、それでもよいと考えているであろう。日本政府は「普天間の危険性除去」の原点に立ち返り、県外・国外移設を目指す対米交渉に取り組むべきである。

※『核兵器・核実験モニター』第423－4号（13年5月15日）参照。

データシート

7. 再編実施のための日米ロードマップ

2006　07

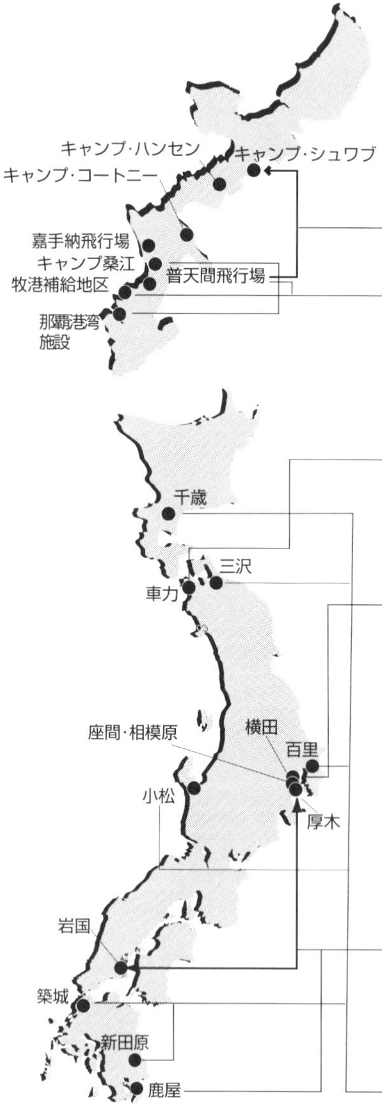

普天間飛行場代替施設

兵力削減とグアム移転
キャンプ・コートニー、キャンプハンセン、普天間飛行場、キャンプ瑞慶覧、牧港補給地区

土地の返還及び施設の共同使用
統合計画 → 07.3
キャンプ桑江
キャンプ瑞慶覧
普天間飛行場
牧港補給地区
那覇港湾施設
第1桑江タンク・ファーム
嘉手納飛行場 → 空自共同使用
キャンプ・ハンセン → 陸自共同使用

ミサイル防衛
Xバンドレーダー配備
空自・車力分屯地
夏 → 07.3 運用開始
施設整備（米負担）

横田飛行場及び空域
管制空域返還
06.10　07.3
返還空域特定
管制業務一時返還手続きの作成
軍民共用化など
検討
航空自衛隊総隊司令部及び関連部隊

米陸軍司令部能力の改善
キャンプ座間の米陸軍司令部の改編
陸上自衛隊中央即応集団司令部の移転
関連する土地の返還と共同使用

空母艦載機の移転
厚木
岩国

訓練移転
補足的計画　共同訓練年間計画を作成
嘉手納飛行場
三沢飛行場
岩国飛行場
航空機 → 当分の間
千歳、三沢、百里、田原の自衛隊施設訓練に参加

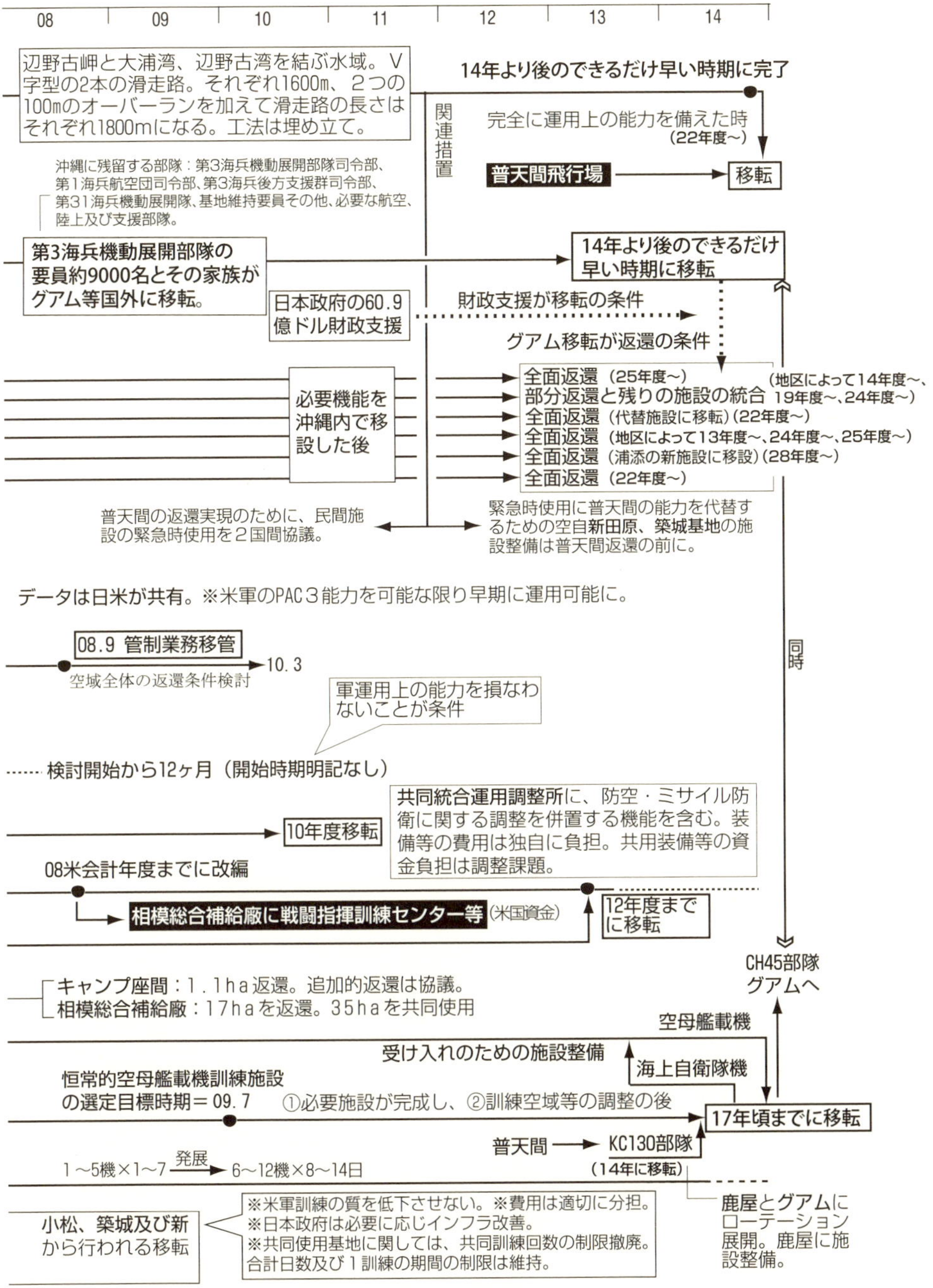
08
09
10
11
12
13
14
辺野古岬と大浦湾、辺野古湾を結ぶ水域。V字型の2本の滑走路。それぞれ1600m、２つの100mのオーバーランを加えて滑走路の長さはそれぞれ1800mになる。工法は埋め立て。
14年より後のできるだけ早い時期に完了
関連措置
完全に運用上の能力を備えた時
(22年度～)
普天間飛行場
移転
沖縄に残留する部隊：第3海兵機動展開部隊司令部、第1海兵航空団司令部、第3海兵後方支援群司令部、第31海兵機動展開隊、基地維持要員その他、必要な航空、陸上及び支援部隊。
第3海兵機動展開部隊の要員約9000名とその家族がグアム等国外に移転。
14年より後のできるだけ早い時期に移転
日本政府の60.9億ドル財政支援
財政支援が移転の条件
グアム移転が返還の条件
必要機能を沖縄内で移設した後
全面返還（25年度～）
部分返還と残りの施設の統合（地区によって14年度～、19年度～、24年度～）
全面返還（代替施設に移転）(22年度～)
全面返還（地区によって13年度～、24年度～、25年度～）
全面返還（浦添の新施設に移設）(28年度～)
全面返還（22年度～）
普天間の返還実現のために、民間施設の緊急時使用を２国間協議。
緊急時使用に普天間の能力を代替するための空自新田原、築城基地の施設整備は普天間返還の前に。
データは日米が共有。※米軍のPAC３能力を可能な限り早期に運用可能に。
08.9 管制業務移管
10.3
空域全体の返還条件検討
軍運用上の能力を損なわないことが条件
同時
検討開始から12ヶ月（開始時期明記なし）
10年度移転
共同統合運用調整所に、防空・ミサイル防衛に関する調整を併置する機能を含む。装備等の費用は独自に負担。共用装備等の資金負担は調整課題。
08米会計年度までに改編
相模総合補給廠に戦闘指揮訓練センター等(米国資金)
12年度までに移転
CH45部隊グアムへ
キャンプ座間：1.1ha返還。追加的返還は協議。
相模総合補給廠：17haを返還。35haを共同使用
空母艦載機
受け入れのための施設整備
海上自衛隊機
恒常的空母艦載機訓練施設の選定目標時期＝09.7
①必要施設が完成し、②訓練空域等の調整の後
17年頃までに移転
普天間
KC130部隊
(14年に移転)
1～5機×1～7
発展
6～12機×8～14日
鹿屋とグアムにローテーション展開。鹿屋に施設整備。
小松、築城及び新から行われる移転
※米軍訓練の質を低下させない。※費用は適切に分担。
※日本政府は必要に応じインフラ改善。
※共同使用基地に関しては、共同訓練回数の制限撤廃。合計日数及び１訓練の期間の制限は維持。

データシート

8. アジア太平洋における米軍再編マップ

2012年1月に公表された米国の新しい国防戦略指針では、中東とともにアジア太平洋を戦略的重要性の高い地域として、「ローテーションと演習」によって米軍プレゼンスを維持し拡大する方針を打ち出した[1]。

これを受けた12年6月には、パネッタ国防長官が第11回「アジア安全保障会議」(シャングリ・ラ対話。シンガポールで開催)での演説で、日韓をはじめとする地域の同盟国、友好国との連携強化を打ち出し、アジア太平洋地域に米海軍戦力の6割を振り向けること、演習の回数と規模、米艦船の寄港地と寄港回数の拡大などの方策を示した[2]。

すでに、米国とアジア諸国との間で、米軍のアクセス拡大のための基地使用や整備に関する協議や合同軍事演習が活発化している[3]。

日米間でも13年10月の日米安全保障協議会(2+2)の共同発表で、沖縄からの海兵隊員9000人の国外移転などとともに、グアム及び北マリアナ諸島における訓練場の整備に対する日本の資金提供の重要性を確認した。

グアムを軍事拠点として整備し、海兵隊を含む米軍部隊のローテーション展開と軍事演習によってプレゼンスを確保しようとする米軍再編に日本も深く組み込まれている。

注
1 本イアブック13年版・資料2-5(278ページ)に抜粋訳。
2 本イアブック13年版・資料2-7(283ページ)に抜粋訳。
3 各国との動向についての詳細は、『核兵器・核実験モニター』第410号(12年10月15日)の連載を参照。

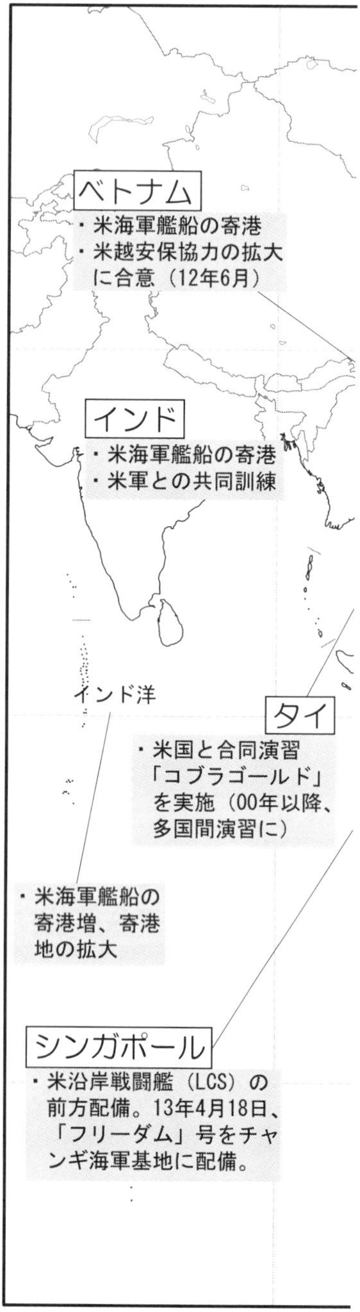

ベトナム
・米海軍艦船の寄港
・米越安保協力の拡大に合意(12年6月)
インド
・米海軍艦船の寄港
・米軍との共同訓練
インド洋
タイ
・米国と合同演習「コブラゴールド」を実施(00年以降、多国間演習に)
・米海軍艦船の寄港増、寄港地の拡大
シンガポール
・米沿岸戦闘艦(LCS)の前方配備。13年4月18日、「フリーダム」号をチャンギ海軍基地に配備。

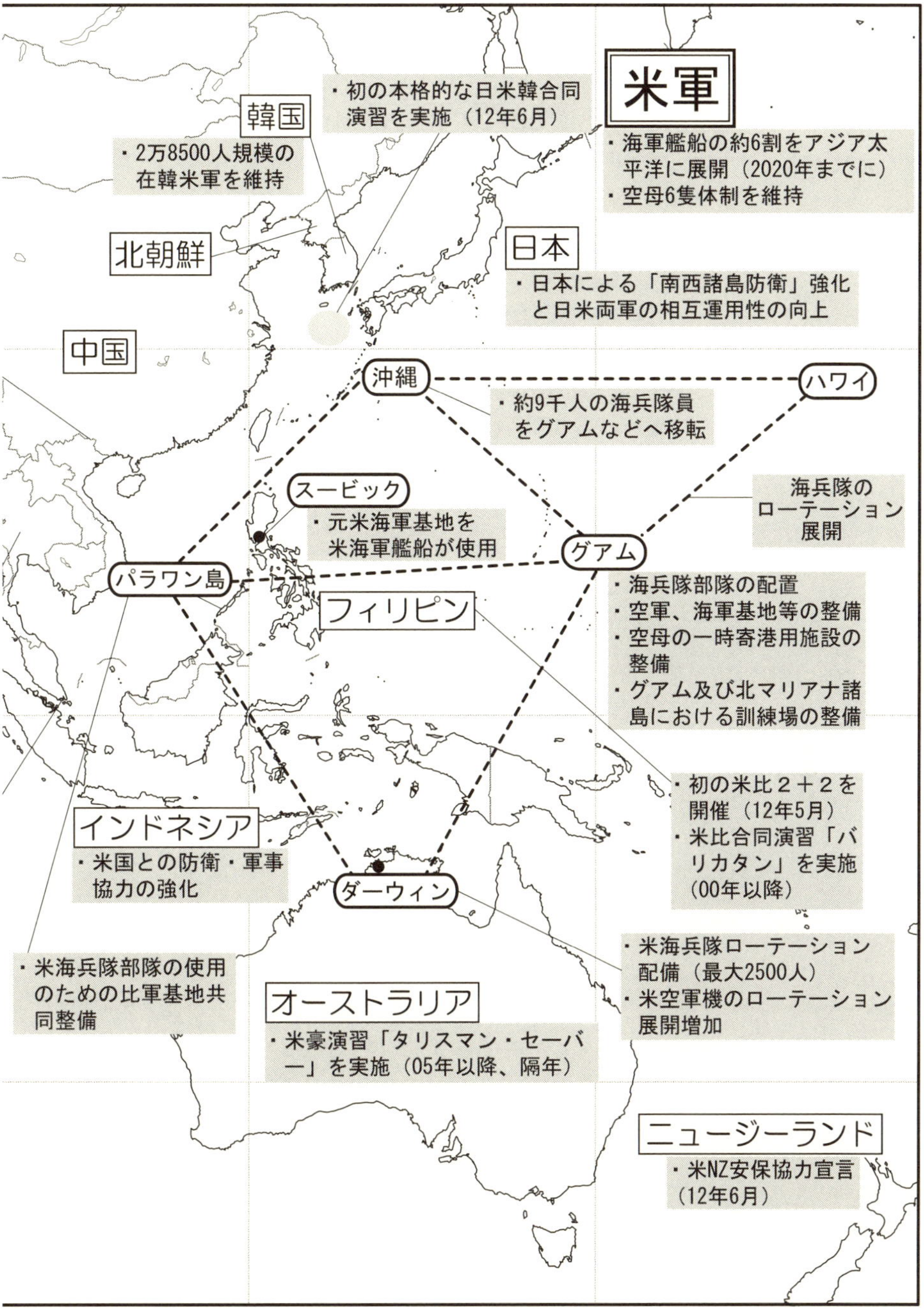
米軍
・海軍艦船の約6割をアジア太平洋に展開（2020年までに）
・空母6隻体制を維持
韓国
・2万8500人規模の在韓米軍を維持
・初の本格的な日米韓合同演習を実施（12年6月）
北朝鮮
日本
・日本による「南西諸島防衛」強化と日米両軍の相互運用性の向上
中国
沖縄
ハワイ
・約9千人の海兵隊員をグアムなどへ移転
スービック
・元米海軍基地を米海軍艦船が使用
海兵隊のローテーション展開
グアム
・海兵隊部隊の配置
・空軍、海軍基地等の整備
・空母の一時寄港用施設の整備
・グアム及び北マリアナ諸島における訓練場の整備
パラワン島
フィリピン
・初の米比２＋２を開催（12年5月）
・米比合同演習「バリカタン」を実施（00年以降）
インドネシア
・米国との防衛・軍事協力の強化
ダーウィン
・米海兵隊ローテーション配備（最大2500人）
・米空軍機のローテーション展開増加
・米海兵隊部隊の使用のための比軍基地共同整備
オーストラリア
・米豪演習「タリスマン・セーバー」を実施（05年以降、隔年）
ニュージーランド
・米NZ安保協力宣言（12年6月）

D6. 在沖海兵隊グアム移転 —米国内議論の影響で遅延

※キーワードD5(140ページ)。www.mofa.go.jp/mofaj/area/page4_000023.html

※用語の説明(233ページ)。

2013年4月5日、日米両政府は「沖縄における在日米軍施設・区域に関する統合計画」に合意した※。両国は12年4月27日の日米安全保障協議会(2プラス2)※において、在日米軍再編のための06年「ロードマップ」の計画を調整し、嘉手納基地より南の米軍基地6施設が返還可能となることを確認した。

12年4月の「2プラス2」では、海兵隊の沖縄からグアムへの移転及び嘉手納基地より南の土地の返還の双方が、普天間飛行場代替施設(FRF)建設に関する進展から切り離され、06年ロードマップ合意以来、日米両政府が固執してきた「パッケージ論」が公式に放棄された。この背景には、海兵隊のグアム移転計画の遅延があった。

環境調査の遅れや国防総省による海兵隊施設やインフラ建設のためのマスタープランの未提出などを理由として、米上院は11、12会計年の2度、グアム移転関連予算を全額削除した※。13会計年度予算案でも上院は全額削除したが、全額の計上を認めた下院との調整の結果、アンダーセン空軍基地の整備関連予算2600万ドルのみの計上が認められた。

※本イアブック13年版・キーワードD4(140ページ)。

こうして、当初14年までとされていた在沖海兵隊グアム移転の完了は事実上不可能となり、パッケージの破綻を公式に認めざるを得なくなったのである。しかし、この見直しにおいても普天間基地の返還は辺野古への代替施設建設が前提であるという条件は維持された。

グアム移転費の削除を主導した米上院軍事委員会は、グアム移転やFRF建設計画の実現性に強い懸念を表明した。11年6月発表の報告書は、「普天間の機能の嘉手納への統合」

を検討すべきであるとした。12年4月の「2プラス2」の共同発表の際にも、事前に 草案を提示された上院軍事委員会のレビン委員長(民主)、マケイン筆頭理事(共和)、ウェッブ委員(民主)の3議員は、パネッタ国防長官(当時)に送った書簡の中で「新たな基地建設を不要とする提案」が「熟慮」されるべきであると強調した。さらに、13年の「統合計画」合意直後、4月15日に発表した報告書※でも上院軍事委員会は普天間代替施設計画の不確かさと財政的懸念を表明している。

※www.armed-services.senate.gov/press/releases/upload/RELEASE_SASCBasingReport_041713.pdf

この報告書は、普天間代替施設の建設計画について、「そのスケジュールが実現することを不確かにする重大な障害が存在する」と指摘する。そして、12年末の防衛省による沖縄県への環境影響評価書の提出、13年3月の埋め立て申請の提出といった動きに触れた上で次のように述べた。「しかし、提案されているキャンプ・シュワブへの移転をめぐる論争が続いていることを考えれば、県知事がその申請を許可するまでのスケジュールは不確かである。実際、県知事は申請を却下する権限を持っている」。

さらに11年6月の同委員会による報告書を引用して、「そのような巨大な事業は技術的には達成可能であるように見えるが、現実には、計画に対する強い地元の政治的、大衆的な反対とも合わさって、完成に要する費用と時間を考えれば、この計画が決して完了しないであろうことが明らかになる」と批判している。

さらに報告書は、代替施設が不確かであるため、普天間基地の補修が不可欠であるとした上で、12年4月の「2プラス2」では補修事業について日米が「相互に貢献する」ことを約束したが、費用負担の主要な部分は米国が負わなければならないだろうと予測し、懸念を表明した。

米上院のレビン軍事委員長は13年12月9日、2014会計年の国防予算に関する声明を発表し、在沖米海兵隊のグアム移転に対する日本政府の拠出金について、計画や設計事業など一部例外を除き、予算の執行凍結を継続することで上下院が合意したことを明らかにした。

D7. オスプレイ普天間に追加配備
――日本も購入を決定

2013年8～9月、米海兵隊はMV-22オスプレイ12機を、沖縄県宜野湾市の普天間基地に配備した。12年10月の12機配備に続く「追加配備」である※。

※普天間基地への配備計画は、老朽化したCH-46ヘリ計24機をMV-22計24機に置き換えるもの。12年に12機、13年に12機のオスプレイを配備する計画。

海兵隊は、12年と同様に、7月30日、米本土から海路で運んだ12機を山口県の岩国基地に陸揚げし、そこから普天間へ飛行移動した。8月3日に2機が普天間へ移動した後、計画では残りが5日にも普天間に移動する計画であった。しかし同日、沖縄県金武町のキャンプ・ハンセンで訓練中のHH60救難ヘリが墜落事故を起こしたため、計画延期となり、12日に9機が普天間に移動した。残る1機は油圧系統に不具合が生じ、米本国から部品を取り寄せて調整を行ったとされ、普天間への移動は9月25日となった。

13年8月26日、米ネバダ州で訓練中のミラマー基地所属のMV-22が基地外で着陸に失敗し、炎上する事故を起こした。海兵隊は「墜落」ではなく「ハードランディング」(硬着陸)※と表現したが、8月29日に、重大事故である「クラスA」に認定した。オスプレイの開発に携わったアーサー・リボロ元米国防分析研究所(IDA)主任分析官は、「『ハードランディング』と『墜落』に大差はない」とした上で、海兵隊の説明を批判し、「ボルテックス・リング状態(渦輪状態。またはVRS=Vortex Ring State)で制御不能になった可能性が高い」と述べている※。VRSはリボロ氏らがかねてから、回転翼機が緊急着陸に必要とする「オートローテーション機能」の不備と共に、オスプレイの安全性に疑念を示している要素である。VRSは、高度を急速かつ過度に下げた際、自身の回転翼の気

※地面に叩きつけられる形で着陸すること。

※「琉球新報」、13年9月1日。

流にはまることで揚力を失う現象である。VRSは回転翼機で一般的に起こりうる現象だが、リボロ氏によれば、オスプレイの場合はパイロットへの指導が不十分であり、こうした事故が起こる蓋然性は高いという。

米政府は、オスプレイは「他の海兵隊機に比べ、事故率は低く、安全である」と説明している。日本政府もこの説明を繰り返し、配備を受け入れてきた。しかし、12年の日本配備の直前にも、モロッコとフロリダで墜落事故が相次いだ。

13年3月から和歌山〜四国間の「オレンジルート」※を中心に、オスプレイの沖縄県外での低空飛行訓練が始まった※が、その詳細は不明である。13年10月16日には、饗庭野(あいばの)演習場(滋賀県高島市)での日米共同訓練に伴い、市街地上空を飛行した※。

※「環境レビュー」(12年4月、米軍作成)が示した6本の低空飛行訓練ルートのうちの一つ。データシート9(150ページ)。

※小野寺防衛相記者会見、13年3月5日。

※同月25日には高知県での訓練も予定されていたが、台風のため中止された。

一方、13年1月9日、米空軍特殊作戦仕様のCV-22オスプレイの配備計画が報道された※。この記事によれば、日本政府は少なくとも12年12月までには米政府から配備計画を知らされていたとされる。米2015会計年度(14年10月〜15年9月)に5機、米2016会計年度(15年10月〜16年9月)に4機が嘉手納基地に配備される計画である。さらに13年7月29日、カーライル米太平洋空軍司令官が、会見で、CV-22の配備先として、嘉手納基地とともに「横田基地もまた議論している」と述べた※。CV-22が配備されれば、同じように低空飛行ルートでの訓練が実施されることが想定される。

※「沖縄タイムス」、13年1月9日。

※以下に会見全文。www.airforcemag.com/DWG/Documents/2013/July%202013/072913Carlisle.pdf

さらに14年度の防衛省概算要求にはオスプレイの導入に関する調査費約1億円が盛り込まれた。さらに日本政府は12月17日、新「防衛大綱」と同時に閣議決定した中期防衛力整備計画(中期防)に、陸上自衛隊がオスプレイ17機を購入する方針を明記した※。

※中期防には「オスプレイ」ではなく「ティルト・ローター機」と記されている。www.mod.go.jp/j/approach/agenda/guideline/2014/pdf/chuki_seibi26-30.pdf

在日米軍のオスプレイが空軍を含め33機体制となり、自衛隊が17機導入した場合、日本には50機のオスプレイが配備される状態になる。そして日米共同訓練での展開が常態化する事態になれば、近隣諸国との緊張関係を高める要因になることは避けられないであろう。

データシート 9. オスプレイの機体情報と運用計画

■機体情報（MV：海兵隊仕様、CV：空軍仕様）

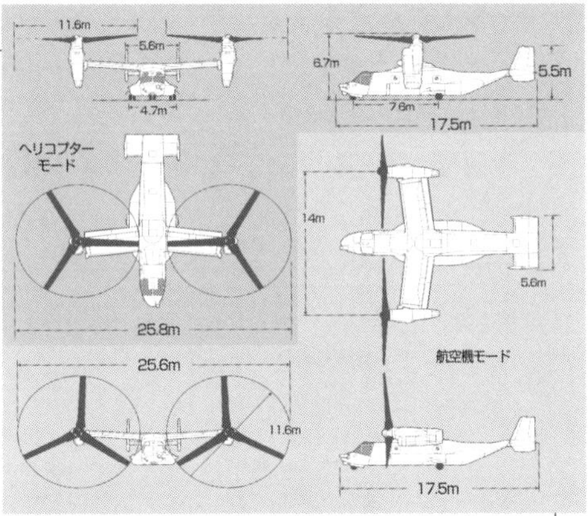

【性能】
最大航行速度：時速485km
海面上昇率（固定翼モード）：975m/分
上昇限度：高度7,620m（片発時：3,139m）
ホバリング高度限界：1,646m

【最大重量】
垂直離陸時：23,859kg
短距離離離陸時：25,855kg
短距離離離陸時（自己展開）：27,443kg

【燃料容量】
MV-22：6,513リットル
CV-22：7,667リットル

【エンジン】
型式：AE1107C（ロールスロイス・リバティ）
最大出力：4,586kw×2基

【乗員】コックピット（乗員席）：
MV-22…2 ／ CV-22…3
キャビン（貨物室）：乗員席1、隊員席24

ボーイング社「オスプレイ・ガイドブック2011/2012」（11年3月）をもとにピースデポ作成。

■低空飛行訓練実施における任務及び戦術要件

任務／戦術	定義
戦闘任務の立案	任務の目的、脅威予測、ルート選択、戦術、時期、地形を考慮にいれた、高度に詳細な事前任務計画の立案。
脅威シナリオの立案	低空飛行任務の航路で予期される脅威となる自然現象を述べ、脅威予測に基づいた適切な脅威対処を規定する、集中的かつ複合的な計画立案。
低空戦闘訓練	空軍指示書（AFI）11-2MC-130V3は、「低空飛行」を「地上高（AGL）3000フィート以下において実施される作戦」と定義している。乗員は、住民や軍事対空防衛による発見を回避するために、行動の制約された環境における侵入・撤収の模擬訓練（シミュレーション）を行うための、低高度（特に必要な場合には高高度）における戦術飛行を実施する。
地形追随／地形回避	航空機に搭載された地形追随レーダーの使用は、航空機が選択された高度で地形に追随して飛行し、立体的な障害物を避けることを可能にする。
模擬脅威下操縦訓練	乗員による、地上あるいは空中における航空機への現実的脅威に対応するために使用する手順を主眼とする。すべての操縦は、模擬脅威に反応して行われ、模擬脅威からの航空機の迅速な離脱を含む。
模擬空中投下の手順	パラシュート運搬システムまたは同等の手段による、現実的な人員もしくは物資を擬した運搬訓練。航空機は、航行中に空中投下速度への減速、貨物もしくは人員用扉の開放、空中投下、ドアの閉鎖、そして巡航速度へ復帰といった一連の模擬訓練を行う。
航空機編隊形成の手順	2機以上の低高度の航空機が、異なるルートから1つの編隊を形成する、模擬訓練もしくは現実的編隊形成手順。
空中給油（AR）	C-130航空機によるヘリコプターまたはティルトローター機への航空燃料の給油。C-130／CV-22の空中給油（AR）空路は、現行の訓練エリアの外側の適切な低空ルートの一部に、連邦航空局（FAA）と連携して設置される。

米空軍「ニューメキシコ州キャノン空軍基地における低空飛行訓練実施のための環境評価書案」（11年8月）をもとにピースデポ作成。

■配備計画(在日米軍及び自衛隊)

	機数	機種	配備年	配備地
在日米軍海兵隊	24機	MV-22	・2012年10月:12機 ・2013年8〜9月:12機	普天間基地 (沖縄県内各地に加え、岩国基地、キャンプ富士、厚木基地等へも飛来。)
在日米軍空軍	9機	CV-22	・2015会計年(14年10月〜15年9月)予定:5機 ・2016会計年(15年10月〜16年9月)予定:4機	未定 (嘉手納基地、横田基地などが検討されている。)
陸上自衛隊	17機	?	・2018年度までの5年間で。(13年12月、中期防衛力整備計画に明記。)	未定 (日本政府は佐賀空港を検討。)

■沖縄での運用計画

米軍作成の「環境レビュー」は、オスプレイ運用場所として、既存の69か所のヘリパッド(着陸帯)を示した。パッドは、本島中南部から北部及び伊江島に点在しており、本島全域が「飛行エリア」となる実態を示した。北部訓練場では、96年の「沖縄に関する特別行動委員会(SACO)」最終報告に基づき、「過半の返還」を前提とした、東村高江集落周辺への、ヘリパッド移設工事が実施されている。

2012年10月に12機、13年8〜9月に12機が配備され、普天間基地所属機は全24機体制となった。沖縄では、市街地上空における低空飛行が常態化している。

■日本各地での低空飛行訓練計画

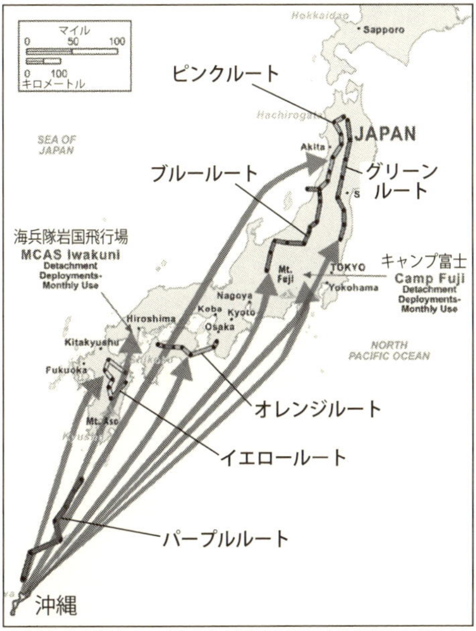

米海軍・海兵隊「MV-22の海兵隊普天間飛行場配備及び日本における運用に関する最終環境レビュー」(12年4月)をもとにピースデポ作成。

「環境レビュー」は、6本の飛行訓練ルートを示した。米政府が公式文書でルートを図示したのは初めてである。これまで、厚木、岩国、三沢等の各基地所属機の低空飛行訓練が行われてきた。

過去の米軍機事故※の調査報告書等により8本のルートの存在が明らかになっている。しかし、「環境レビュー」には、中国地方の「ブラウンルート」や、東北・北海道の「北方ルート」、また、自衛隊と米軍が実質的に共同使用している飛行訓練エリアは示されていない。これらでもオスプレイの低空飛行訓練が行われる可能性がある。

13年3月、初めての沖縄県外での低空飛行訓練が「オレンジルート」において実施された。14年7月にはキャンプ富士及び厚木基地へ初めて着陸した。

※奈良県十津川村・林業ワイヤー切断事故(91年)や高知県・早明浦(さめうら)ダム墜落事故(94年)など。

D8. 繰り返される米兵犯罪 ──求められる地位協定改定

日本に駐留する在日米軍の軍人約5万人のうち、半数にあたる約2万6,000人が沖縄に駐留している※。警察庁のまとめ※によると、2013年における米軍人(軍属・家族を除く)の刑法犯検挙数は、全国で37件であり、うち11件が沖縄で発生している。

※在日米軍は13年6月末現在。在沖米軍は11年6月末現在。沖縄県作成「沖縄の米軍基地及び自衛隊基地(統計資料集)」平成26(2014)年版。

※データシート19(199ページ)。

13年1月15日付の「琉球新報」は「女性暴行8割逮捕せず米兵凶悪犯罪」との記事を1面に掲載した。日米地位協定※では、米軍関係者による強姦が起訴前の身柄引き渡しの対象とされているにもかかわらず、1996年以降に摘発された米兵35人中、8割強に当たる30人が逮捕されず、不拘束で事件処理されていたことが、同紙が入手した警察庁の資料で判明した。

※「日本国とアメリカ合衆国との間の相互協力及び安全保障条約第6条に基づく施設及び区域並びに日本国における合衆国軍隊の地位に関する協定」(1960年6月23日、条約第7号)。

日米両政府は、95年の少女暴行事件を受け、同年、「殺人、強姦、その他日本政府が重要と認識するもの」について、日本側当局が起訴前に被疑者の米兵や軍属の身柄の引き渡しを要求でき、米側も「好意的考慮」を払うとした運用改善に合意した。96年以降、日本側は強盗殺人事件(06年、08年、神奈川)や強姦事件(01年、03年、沖縄)など6件について起訴前の身柄引き渡しを要求し、米側は02年に強姦未遂事件を「未遂」を理由に退け、その他の5件について起訴前に身柄を引き渡した。

13年1月13日未明、酒に酔った横須賀海軍基地所属の米軍人が、市内の住居に侵入し、神奈川県警に逮捕された。これが大きな問題になった背景には、12年10月16日、沖縄本島中部で発生した米兵2名による20代女性への集団強姦致傷事件がある※。2名は同日、通報を受けた沖縄県警によって逮捕さ

※本イアブック13年版・キーワードD6(146ページ)。

れ、13年3月1日、2被告の裁判員裁判判決公判が那覇地裁にて行われ、懲役9年及び10年の判決が言い渡された。この事件を受け、12年10月19日、ルース米大使(当時)は全在日米軍人に対し、深夜外出禁止措置を発表し、午後11時から翌朝5時までの外出を禁止した。しかしその後も米兵による犯罪が相次いだことにより、11月25日には午後10時から翌朝8時までの夜間禁酒令が出され、さらに11月30日には夜間の基地外での単独行動を禁じる措置がとられた。

13年1月18日になり、在日米海軍と米海軍第7艦隊は、夜間禁酒令を12年12月26日に解除していたことが判明した。横須賀市の照会に対し、在日米海軍が防衛省を通じて明らかにした。夜間禁酒令は、1か月で解除されていたことになる。米海軍司令部は「飲酒などに関する教育が完了したため」とし「内規は積極的に公表するものではない」と説明した※。

※「朝日新聞」、13年1月18日。

こうした状況を踏まえ、沖縄県の仲井真弘多知事は13年12月17日に政府が主催する沖縄政策協議会で、米軍基地内で事件や事故が発生した場合の立ち入り調査ができるよう協定改定を政府に要請した。菅義偉官房長官は記者会見で「沖縄県の立場に立って最大限努力していく」と表明した。しかし、同日、米国務省のハーフ副報道官が記者会見で「米政府が見直し交渉に同意したことはないし、今後も検討しない」と明言した。

米軍基地を抱える14都道県で構成する渉外知事会(会長:黒岩祐治神奈川県知事)は、地位協定が50年以上にわたり見直されていないことを指摘し、日米両政府に対して、日本の刑事裁判権の厳格化を含め、「早急に抜本的な見直し作業に着手」することを求め続けている※。13年7月24日、渉外知事会は、外務省、防衛省等に毎年実施している基地対策に関する要請活動を実施した。要望書には「日米地位協定の改定」として、国内法適用の拡充、米軍人等による事件・事故時の措置の充実など6項目を上げている。

※渉外知事会HP。www.pref.kanagawa.jp/uploaded/attachment/478422.pdf

データシート

10.国内の基地騒音訴訟一覧 (14年4月現在)

日本各地の米軍・自衛隊基地における航空機騒音訴訟について、提訴・判決の概要をまとめた。

表の「W」は、「加重等価連続感覚騒音基準」(W値＝うるささ指数)であり、訴訟において騒音の程度を測る指標として用いられている。裁判所は、国に対し、その値に応じた賠償金の支払命令を下している。いずれも係争中か、新たな訴訟が準備されており、基地騒音訴訟は現在進行形の問題であることがわかる。

小松基地(米軍、自衛隊)

	判決年月日	夜間・早朝飛行差止	過去の損害賠償額(月)	将来賠償
小松基地騒音差止等請求訴訟1、2次(提訴日:75・9・16、原告数:330人)				
地裁	91・3・13	×	80-85W 5000円、90-95W12000円	×
高裁	94・12・26	×	80-85W 5000円、90-95W12000円	×
小松基地騒音差止等請求訴訟3、4次(提訴日:95・12・25、原告数:1766人)				
地裁	02・3・6	×	75-80W3000円、90-95W12000円	×
高裁	07・4・16	×	75-80W3000円、90-95W12000円	×
小松基地騒音差止等請求訴訟5、6次(提訴日:08・12・24、原告数:2227人)				
地裁で係争中				

横田基地(米軍)

	判決年月日	夜間・早朝飛行差止	過去の損害賠償額(月)	将来賠償
旧横田基地公害訴訟1、2次(提訴日:76・4・28、原告数:153人)				
地裁	81・7・13	×	85-90W 1000〜2000円、95W以上5000円	×
高裁	87・7・15	×	75-80W2500円、95W以上15000円	×
最高裁	93・2・25	×	75-80W2500円、95W以上15000円	×
旧横田基地公害訴訟3次(提訴日:82・7・21、原告数:599人)				
地裁	89・3・15	×	75-80W3000円、90-95W12000円	×
高裁	94・3・30	×	75-80W 3000円、95W以上17000円	×
横田基地飛行差し止め訴訟(提訴日:94・12・12、原告数:359人)				
地裁	03・5・13	×	75-80W3000円、90-95W12000円	×
高裁	08・7・17	×	75-80W3000円、90-95W12000円	×
最高裁	09・4・10	×	75-80W3000円、90-95W12000円	×
新横田基地公害訴訟(提訴日:96・4・10、原告数:5945人)				
地裁	02・5・30	×	75-80W3000円、90-95W12000円	×
高裁	05・11・30	×	75-80W3000円、90-95W12000円	一部○
最高裁	07・5・29	×	75-80W3000円、90-95W12000円	×
新横田基地公害訴訟(分離された対米訴訟)				
地裁	97・3・14	×	-	-
高裁	98・12・25	×	-	-
最高裁	02・4・12	×	-	-
第9次横田基地公害訴訟(提訴日:12・12・12、原告数:137人)				
地裁で係争中				
第2次新横田基地公害訴訟(提訴日:13・3・26、原告数1078人)				
地裁で係争中				

厚木基地(米軍、自衛隊)

	判決年月日	夜間・早朝飛行差止	過去の損害賠償額(月)	将来賠償
第一次厚木爆音訴訟(提訴日:76・9・8、原告数:92人)				
地裁	82・10・20	×	80-85W3000円、85-90W4000円	×
高裁	86・4・9	×	×	×
最高裁	93・2・25	×	高裁判決を破棄、差し戻し	×
差戻審	95・12・26	×	80-85W5500円、90-95W13500円	×
第二次厚木爆音訴訟(提訴日:84・10・22、原告数:161人)				
地裁	92・12・21	×	80-85W5500円、90-95W13500円	×
高裁	99・7・23	×	80-85W5500円、90-95W13500円	×
第三次厚木爆音訴訟(提訴日:97・12・8、原告数:5047人)				
地裁	02・10・16	-	75-80W3000円、90-95W12000円	×
高裁	06・7・13	-	75-80W3000円、90-95W12000円	×
第四次厚木爆音訴訟(提訴日:07・12・17、原告数:7054人)				
地裁で係争中				

嘉手納基地(米軍)

	判決年月日	夜間・早朝飛行差止	過去の損害賠償額(月)	将来賠償
嘉手納基地爆音訴訟(提訴日:82・2・26、原告数:906人)				
地裁	94・2・24	×	80-85W3000円、95W以上18000円	×
高裁	98・5・22	×	75-80W2000円、95W以上18000円	×
新嘉手納基地爆音訴訟(提訴日:00・3・27、原告数:5541人)				
地裁	05・2・17	×	85-90W9000円、95W以上18000円	×
高裁	09・2・27	×	75-80W3000円、95W以上18000円	×
最高裁	11・1・27	×	75-80W3000円、95W以上18000円	×
第三次嘉手納米軍基地爆音差止訴訟(提訴日:11・4・28、原告数:22058人)				
地裁で係争中				

普天間基地(米軍)

	判決年月日	夜間・早朝飛行差止	過去の損害賠償額(日)	将来賠償
普天間爆音訴訟(提訴日:02・10・29、原告数:404人)				
地裁	08・6・26	×	75-80W100円、80-85W200円	×
高裁	10・7・29	×	75-80W200円、80-85W400円	×
最高裁	11・10・11	×	75-80W200円、80-85W400円	×
第2次普天間爆音訴訟(提訴日:12・3・30、原告数:3417人)				
地裁で係争中				

岩国基地(米軍)

岩国爆音訴訟(提訴日:09・3・23、原告数:654人)
地裁で係争中

注1) 過去の損害賠償額は、最低と最高のみを記している。
注2) 将来請求の「一部○」とは、結審日から判決日までの期間の損害賠償を新たに認めたということである。
注3) 第四次厚木爆音訴訟では、14年5月21日、全国初の自衛隊機の夜間・早朝飛行差し止めを命じる地裁判決がなされた。

データシート

11. 思いやり予算の動向

「日米地位協定」の第24条は、在日米軍の駐留経費は基本的に米国が負担するものとしている。ただし、「施設及び区域」については、それが国有財産であれば無償で、私有財産の場合には日本政府が所有者に補償費を支払って、米国に提供する。

しかし、この原則にかかわらず、1978年から日本政府は第24条で規定されていない経費の負担を始めた。これが、いわゆる「思いやり予算」である。78年には、日本人基地従業員の福利費等62億円が計上された。翌79年には、米軍隊舎、家族住宅、環境関連施設などの「提供施設整備」が加えられた。

米国では地位協定のことには触れず、「ホスト・ネーション・サポート」（受け入れ国支援）という一般的概念で解釈されている。

当初日本政府は地位協定の拡大解釈によってこれらの支出を正当化していたが、1987年からは日米間で地位協定24条に関する特別協定を締結する方式に転換した。87年の特別協定では従業員の退職手当など8手当の負担、91年の特別協定では従業員の基本給など44種類の負担が列挙され、一方、電気・ガス・水道など光熱水料の一部負担も始まった。提供施設整備費については「特別協定」の枠外での負担が続いている。さらに、96年に改定された特別協定では、米軍の訓練移転経費も加わった。

01年の第4次改定では、施設・区域外の米軍住宅の光熱水料が対象から除外

	78年度	79年度	80年度	81年度	82年度	83年度	84年度	85年度	86年度	87年度	88年度	89年度	90年度
訓練移転費	0	0	0	0	0	0	0	0	0	0	0	0	0
光熱水料等	0	0	0	0	0	0	0	0	0	0	0	0	0
労務費	0	0	0	0	0	0	0	0	0	165	209	322	459
提供施設の整備[※]	0	227	273	327	409	503	629	632	708	816	870	995	1004
基地従業員対策費	62	140	147	159	164	169	180	193	191	196	203	211	220
合計	62	366	420	486	573	672	808	825	899	1177	1281	1527	1683

※契約ベース
（単位：億円）

	91年度	92年度	93年度	94年度	95年度	96年度	97年度	98年度	99年度	00年度	01年度	02年度	03年度
	0	0	0	0	0	3.5	3.5	4	4	4	4	4	4
	27	81	161	230	305	310	319	316	316	298	264	263	259
	564	669	833	1004	1173	1185	1186	1200	1223	1212	1201	1192	1154
	1126	1085	1062	1062	1012	1035	1035	882	856	809	813	752	691
	227	236	240	248	254	263	277	281	280	281	284	288	293
	1944	2070	2296	2544	2743	2797	2820	2683	2678	2603	2567	2498	2400

	04年度	05年度	06年度	07年度	08年度	09年度	10年度	11年度	12年度	13年度
	4	4	4	5	5	6	5	4	4	4
	258	249	248	253	253	249	249	249	249	249
	1134	1138	1135	1150	1158	1160	1140	1131	1139	1144
	680	633	463	301	204	188	195	210	255	213
	296	298	300	308	305	293	279	268	269	253
	2372	2322	2151	2017	1925	1897	1869	1862	1916	1864

された。06年の第5次改定は、従来の協定がほぼ踏襲されたが、それまでの5年ごとの改定が2年に短縮された。08年の第6次改定においては、参議院で過半数を占めていた野党側（民主党、社民党、日本共産党など）が新協定に賛成しなかったため、3月末に旧協定が失効して1か月間の法的空白が生じた。2011年1月に署名され、4月に発効した第7次改定では、日本側の負担額は、2010年度の水準（1881億円）が5年間維持されるとしている。また、提供施設整備の水準は、各年度206億円を下回らない。

このような「手厚い」駐留経費負担は、他の米同盟国・友好国には例をみないものである。2003年における同盟国からの貢献を統計的に分析した米国防総省作成の03年版「共同防衛のための同盟国の貢献」[2]によれば、日本一国が拠出している金額（44億1134万ドル）[3]は、日本以外の米同盟国・友好国――ドイツ（15億6393万ドル）や韓国（8億4281万ドル）を含む――からの負担額をすべて足した金額よりも多かった。より重要なのは、直接財政支出全額は、全同盟国の総額の約80％を日本が占めている異常ぶりである。04年以降、米国はこの報告書を公表していない。

1 日本国とアメリカ合衆国との間の相互協力及び安全保障条約第六条に基づく施設及び区域並びに日本国における合衆国軍隊の地位に関する協定。
2 www.defense.gov/pubs/allied_contrib2004/allied2004.pdf
3 02年のホスト・ネーション・サポート（直接経費負担と間接経費負担の合計額）。含む経費の内容や期間が異なるため表やグラフの02年度の数字とは一致しない。

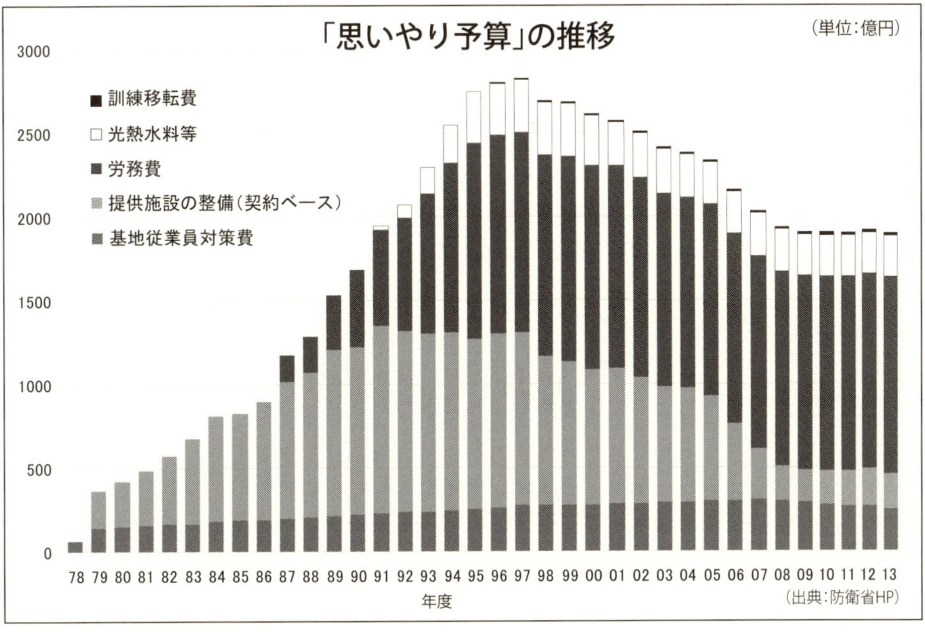

D9. 横須賀の原子力空母の交代 ―15年に「R・レーガン」へ

※「朝日新聞」、13年6月1日。14年1月14日、米海軍は公式に交代の方針を発表。www.navy.mil/submit/display.asp?story_id=78601

※東日本大震災による津波被害や福島第1原発事故に対する米軍による支援作戦の名称。

※16年に本来の11隻体制に戻る予定。

※本イアブック13年版・キーワードA5(62ページ)。『核兵器・核実験モニター』第394号(12年2月15日)参照。

※本イアブック13年版・キーワードA4(56ページ)。『核兵器・核実験モニター』第404号(12年7月15日)参照。

2013年6月1日、米海軍が横須賀基地に配備している原子力空母「ジョージ・ワシントン(GW)」が、2015年をめどに別の空母に交代するとの方針が報じられた※。後継には、東日本大震災後の米軍による救援活動「トモダチ作戦」※に参加した「ロナルド・レーガン」が予定されている。

現在米国が運用している空母は暫定的に10隻であるが※、そのすべてがニミッツ級原子力空母である。その退役寿命は約50年で、就役から約25年で1回だけ核燃料の交換を行う。今回、「ジョージ・ワシントン」は、燃料交換のためにバージニア州ニューポート・ニューズ造船所へ移動する。

12年1月の米国防戦略指針※によって、オバマ政権は「アジア太平洋重視」を打ち出した。同年6月、パネッタ国防長官(当時)が「アジア安全保障会議」(シャングリ・ラ対話)※において、戦力の再調整(リバランス)によるアジア太平洋へのシフトを再確認し、海軍力の6割をアジア太平洋地域に振り分ける方針を示した。

現在の空母の配備態勢を表にまとめた。さらに15年夏、「ロナルド・レーガン」の横須賀配備に伴い、「セオドア・ルーズベルト」がノーフォーク(大西洋側)からサンディエゴ(太平洋側)に移動する計画である。また、表の下に注記したとおり、米政府はさらに3隻の新型「フォード級」原子力空母の建造計画を進めている。16年にはその1番艦となる「ジェラルド・R・フォード」が就役予定である。

ところで、交代する「ロナルド・レーガン」は、福島第1原発事故の直後に太平洋上において「トモダチ作戦」に従事し、相当な放射能汚染を受けたことが懸念される。実際、12年12月21日、元乗員8名が、東京電力と日本政府を相手に東電の虚偽の報告により被曝させられたとして、合計1億1000万ドルの損害賠償を求める訴訟をサンディエゴの米連邦地裁に提訴した※。これに対し、東電は、13年6月21日、「原発事故をめぐる東電の行為と健康被害について、原告は因果関係を説明していない」として、訴えを退けるよう求める書面を裁判所に提出した※。11月26日、裁判所は、提訴を棄却した。しかし原告らは、実質的な審議もしないことを不服とし、再度提訴する準備を進めており、米裁判所での裁判が続くものとみられる※。ロナルド・レーガンの横須賀配備は、そのような係争の中で行われる公算が強い。

※「時事通信」、12年12月27日。

※「共同通信」、13年6月22日。

※14年2月6日、原告が79名となり東電を相手取って再度、提訴した。

日本の首都圏に位置する横須賀基地に原子力空母が居座り続ける状況は、このままでは永続化されかねない。ニミッツ級空母は、濃縮度97%のウラン燃料を使用しており、1分間に出力を100%に上げることが可能な原子炉2基を積んでいる。2015年予定の空母交代は、そのような空母が横須賀に配備されている現状が改めて問われる機会となるだろう。

【米軍の現有空母】
2013年11月現在

	艦名（記号）	母港（P：太平洋、A：大西洋）		艦級	就役年月日
1	ジョージ・ワシントン（CVN 73）	横須賀（日本）	P	ニミッツ級	1992年7月4日
2	カール・ビンソン（CVN 70）	サンディエゴ（カリフォルニア州）	P	〃	1982年3月13日
3	ロナルド・レーガン（CVN 76）	〃	P	〃	2003年7月12日
4	ニミッツ（CVN 68）	ブレマートン（ワシントン州）	P	〃	1975年5月3日
5	ジョン・C・ステニス（CVN 74）	〃	P	〃	1995年12月9日
6	セオドア・ルーズベルト（CVN 71）	ノーフォーク（バージニア州）	A	〃	1986年10月25日
7	ハリー・S・トルーマン（CVN 75）	〃	A	〃	1998年7月25日
8	ジョージ・H・W・ブッシュ（CVN 77）	〃	A	〃	2009年1月10日
9	ドワイト・D・アイゼンハワー（CVN 69）	〃	A	〃	1977年10月18日
10	エイブラハム・リンカーン（CVN 72）	ニューポート・ニューズ（バージニア州）	A	〃	1989年11月11日

＊米海軍ファクトシート等をもとにピースデポ作成。
＊以下の新型の「フォード級」3隻の建造・配備が予定されている：
・CVN 78 ジェラルド・R・フォード：CVN65 エンタープライズ（2012年12月1日退役）の交代で2016年就役予定。
・CVN 79 ジョン・F・ケネディ：CVN68 ニミッツとの交代で2020年までに就役予定。
・CVN 80 エンタープライズ：就役時期未定。

データシート

12. 横須賀母港米艦船の変遷

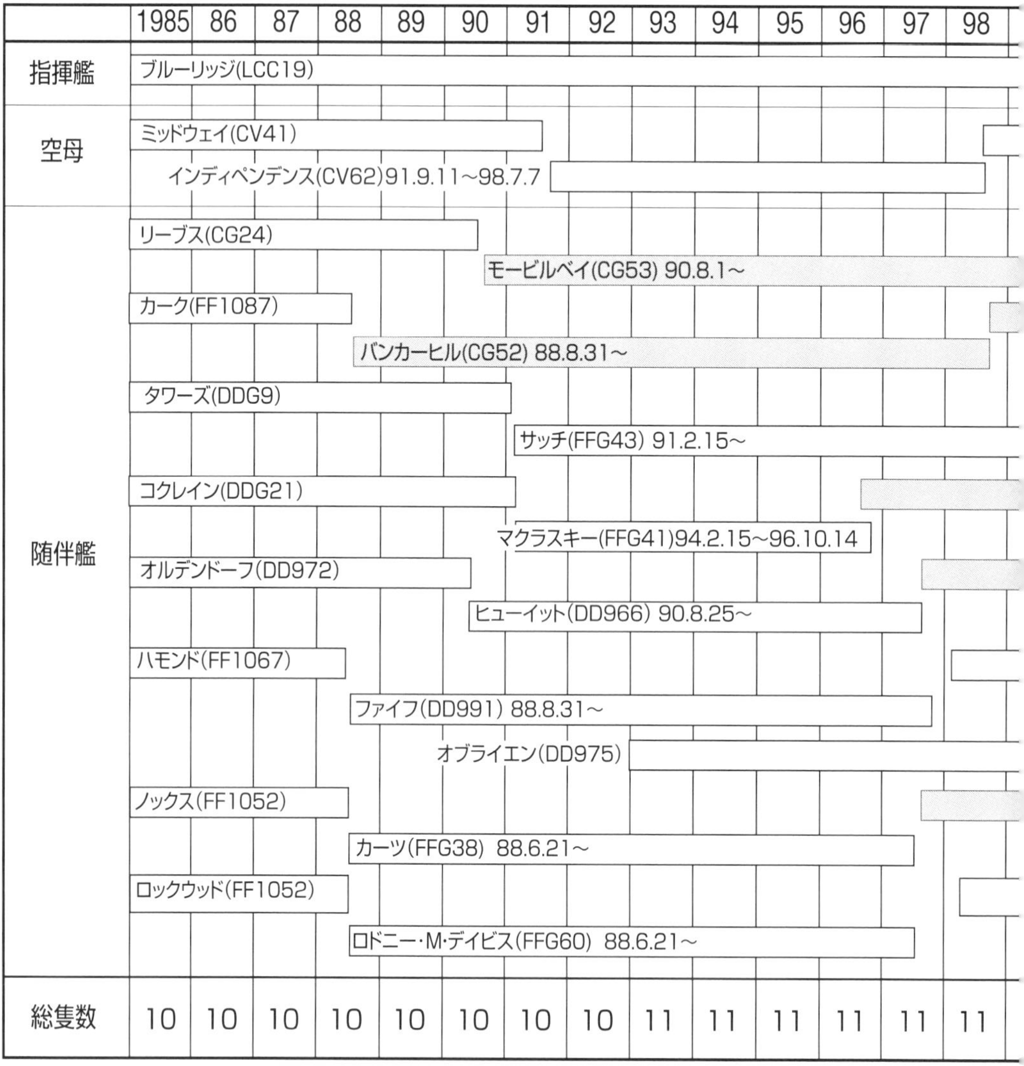

1985
86
87
88
89
90
91
92
93
94
95
96
97
98
指揮艦
ブルーリッジ(LCC19)
空母
ミッドウェイ(CV41)
インディペンデンス(CV62)91.9.11～98.7.7
随伴艦
リーブス(CG24)
モービルベイ(CG53) 90.8.1～
カーク(FF1087)
バンカーヒル(CG52) 88.8.31～
タワーズ(DDG9)
サッチ(FFG43) 91.2.15～
コクレイン(DDG21)
マクラスキー(FFG41)94.2.15～96.10.14
オルデンドーフ(DD972)
ヒューイット(DD966) 90.8.25～
ハモンド(FF1067)
ファイフ(DD991) 88.8.31～
オブライエン(DD975)
ノックス(FF1052)
カーツ(FFG38) 88.6.21～
ロックウッド(FF1052)
ロドニー・M・デイビス(FFG60) 88.6.21～
総隻数
10
10
10
10
10
10
10
10
11
11
11
11
11
11

FF:フリゲート艦、FFG:誘導ミサイル・フリゲート艦、DD:駆逐艦、DDG:誘導ミサイル駆逐艦、CG:誘導ミサイル巡洋艦

(注)母港の始期と終期の日付は必ずしも一貫性がない。実際に横須賀に来た日と離れた日が基本であるが、海軍が発表した母港日の場合もある。

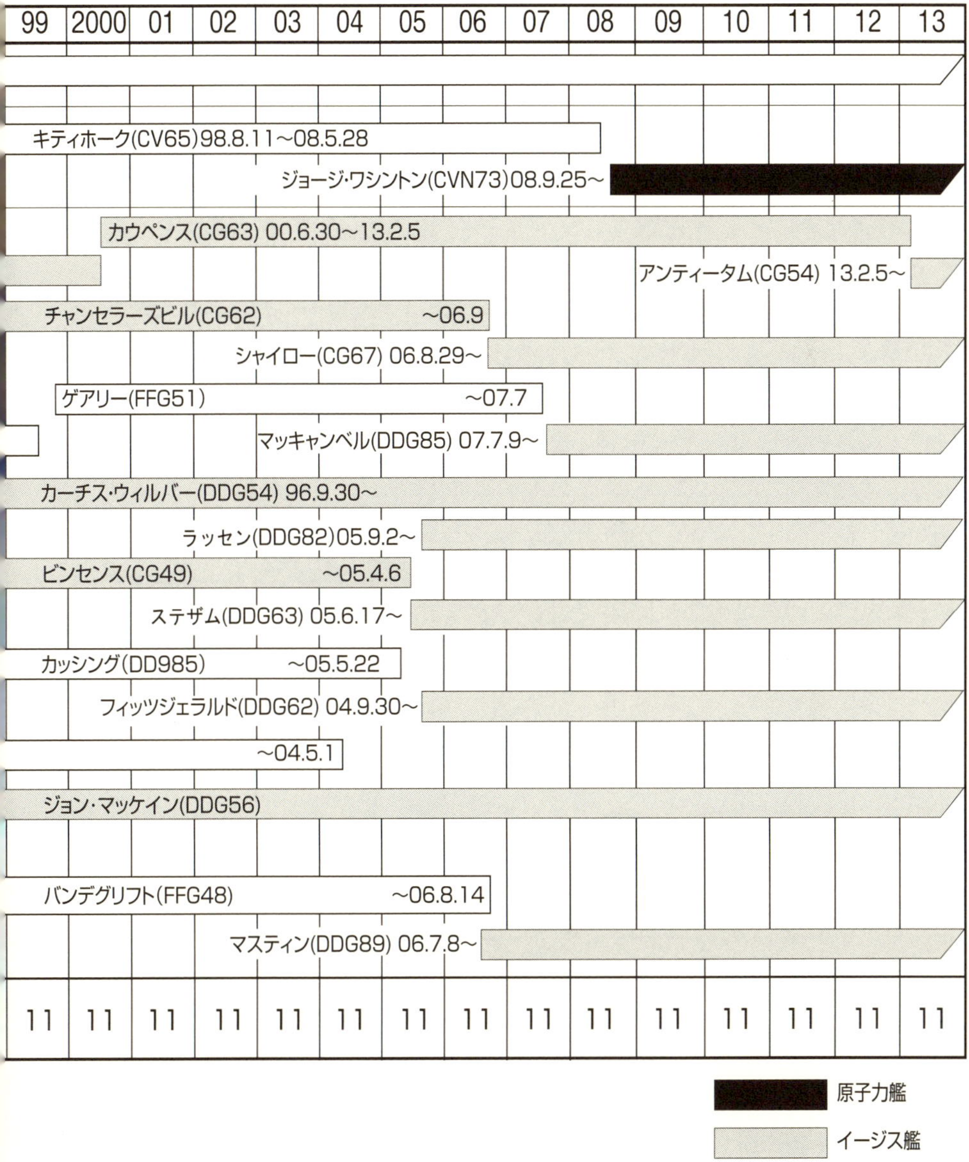
99
2000
01
02
03
04
05
06
07
08
09
10
11
12
13
キティホーク(CV65)98.8.11~08.5.28
ジョージ・ワシントン(CVN73)08.9.25~
カウペンス(CG63) 00.6.30~13.2.5
アンティータム(CG54) 13.2.5~
チャンセラーズビル(CG62) ~06.9
シャイロー(CG67) 06.8.29~
ゲアリー(FFG51) ~07.7
マッキャンベル(DDG85) 07.7.9~
カーチス・ウィルバー(DDG54) 96.9.30~
ラッセン(DDG82)05.9.2~
ビンセンス(CG49) ~05.4.6
ステザム(DDG63) 05.6.17~
カッシング(DD985) ~05.5.22
フィッツジェラルド(DDG62) 04.9.30~
~04.5.1
ジョン・マッケイン(DDG56)
バンデグリフト(FFG48) ~06.8.14
マスティン(DDG89) 06.7.8~
11 11 11 11 11 11 11 11 11 11 11 11 11 11 11
原子力艦
イージス艦

データ
シート

13. 佐世保母港米艦船の変遷

（佐世保市基地読本をもとにピースデポ作成。）

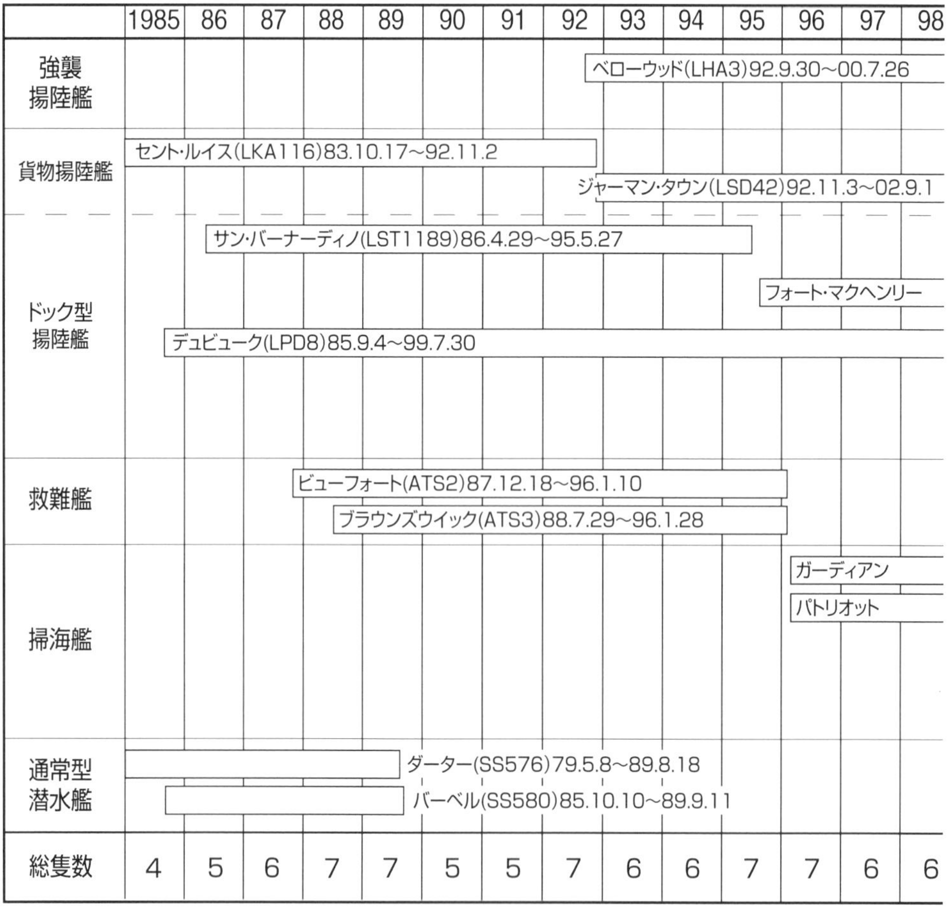
1985
86
87
88
89
90
91
92
93
94
95
96
97
98
強襲揚陸艦
ベローウッド(LHA3)92.9.30〜00.7.26
貨物揚陸艦
セント・ルイス(LKA116)83.10.17〜92.11.2
ジャーマン・タウン(LSD42)92.11.3〜02.9.1
ドック型揚陸艦
サン・バーナーディノ(LST1189)86.4.29〜95.5.27
フォート・マクヘンリー
デュビューク(LPD8)85.9.4〜99.7.30
救難艦
ビューフォート(ATS2)87.12.18〜96.1.10
ブラウンズウイック(ATS3)88.7.29〜96.1.28
掃海艦
ガーディアン
パトリオット
通常型潜水艦
ダーター(SS576)79.5.8〜89.8.18
バーベル(SS580)85.10.10〜89.9.11
総隻数
4
5
6
7
7
5
5
7
6
6
7
7
6
6

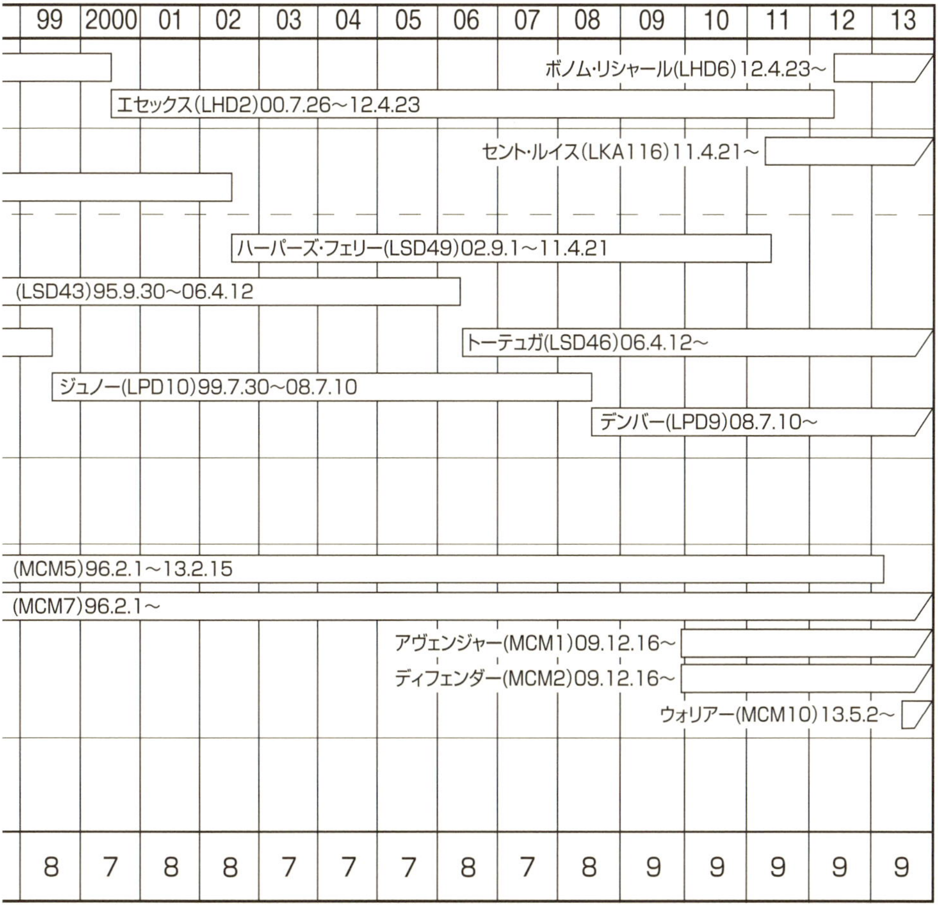

	99	2000	01	02	03	04	05	06	07	08	09	10	11	12	13
														ボノム・リシャール(LHD6)12.4.23〜	
		エセックス(LHD2)00.7.26〜12.4.23													
												セント・ルイス(LKA116)11.4.21〜			
					ハーパーズ・フェリー(LSD49)02.9.1〜11.4.21										
(LSD43)95.9.30〜06.4.12															
							トーテュガ(LSD46)06.4.12〜								
	ジュノー(LPD10)99.7.30〜08.7.10														
									デンバー(LPD9)08.7.10〜						
(MCM5)96.2.1〜13.2.15															
(MCM7)96.2.1〜															
						アヴェンジャー(MCM1)09.12.16〜									
						ディフェンダー(MCM2)09.12.16〜									
											ウォリアー(MCM10)13.5.2〜				
8	7	8	8	7	7	7	8	7	8	9	9	9	9	9	

データシート 14. 原子力艦の寄港状況

【1】通算記録

1964~2013年の寄港回数と延べ滞在日数。(入港から出港までの日数。同日出入港は1とカウント)

年	64		65		66		67		68		69		70		71		72		73		74	
	回数	日数	回数	日数	回数	日数	回数	日数	回数	日数	回数	日数	回数	日数	回数	日数	回数	日数	回数	日数	回数	日数
横須賀	0	0	0	0	2	10	5	55	3	26	8	83	9	99	18 (5)	186 (32)	21	150	18 (3)	186 (15)	6	42
佐世保	1	3	6	36	4	35	1	14	4 (2)	24 (10)	1	3	1 (1)	6 (6)	0	0	3 (1)	17 (8)	1	3	0	0
沖縄	-	-	-	-	-	-	-	-	-	-	-	-	-	-	-	-	7	7	3	3	0	0

年	87		88		89		90		91		92		93		94		95		96		97	
	回数	日数	回数	日数	回数	日数	回数	日数	回数	日数	回数	日数	回数	日数	回数	日数	回数	日数	回数	日数	回数	日数
横須賀	25	162	28	203	29 (1)	203 (1)	33	210	35	241	21	169	15	155	31 (6)	236 (36)	31	244	29 (3)	243 (12)	33 (1)	237 (3)
佐世保	7 (1)	45 (5)	6	35	2	2	1 (1)	3 (3)	6	15	11	23	10	29	15 (1)	52 (2)	6	32	7	49	23	161
沖縄	10	10	11	17	3	6	9	15	4	4	7	14	17	34	18 (2)	27 (6)	7	13	16	33	9	11

【2】2013年の記録

■横須賀(神奈川県)

回数	艦名	艦種	寄港期間	滞在日数
1	サンフランシスコ	潜水艦	1/2~1/8	7
2	アルバカーキ	潜水艦	2/13~2/19	7
3	ブレマートン	潜水艦	3/8~3/14	7
4	アッシュヴィル	潜水艦	4/16~4/22	7
5	シャイアン	潜水艦	5/24~5/31	8
6	ジョージ·ワシントン	航空母艦	6/25~6/26	2
7	アッシュヴィル	潜水艦	7/24~7/30	7
8	サンタフェ	潜水艦	8/8~8/14	7
9	ジョージ·ワシントン	航空母艦	8/23~8/24	2
10	ジョージ·ワシントン	航空母艦	8/24~9/13	21
11	シャルロット	潜水艦	9/12~9/17	6
12	ハンプトン	潜水艦	9/24~9/30	7
13	ハンプトン	潜水艦	10/7~10/7	1
14	ジョージ·ワシントン	航空母艦	12/5~14/5/19	27※
15	シティオブコーパスクリスティ	潜水艦	12/23~14/1/19	9※

※滞在日数は、2013年内。

( )内は水上艦船・内数。他は原子力潜水艦。

75		76		77		78		79		80		81		82		83		84		85		86	
回数	日数	回数	日数	回数	日数	回数	日数	回数	日数	回数	日数	回数	日数	回数	日数	回数	日数	回数	日数	回数	日数	回数	日数
8 (2)	52 (18)	8	61	4	26	7 (2)	60 (28)	8 (2)	48 (12)	8 (1)	45 (7)	6	32	20	132	23	178	25 (2)	81 (7)	30	172	32 (1)	169 (10)
0	0	0	0	0	0	0	0	0	0	0	0	0	0	1	4	6 (4)	33 (21)	1 (1)	3 (3)	5	24	7	39
0	0	1	4	1	1	0	0	1	1	5 (2)	9 (4)	1	1	0	0	0	0	0	0	0	0	3	6

98		99		00		01		02		03		04		05		06		07		08		09	
回数	日数	回数	日数	回数	日数	回数	日数	回数	日数	回数	日数	回数	日数	回数	日数	回数	日数	回数	日数	回数	日数	回数	日数
34	199	20	143	27	176	15	97	16	165	15 (1)	133 (1)	17	122	17	137	14	97	13	75	11 (2)	120 (48)	24 (7)	324 (217)
13	90	8	41	14	51	17	44	21 (1)	78 (4)	23	51	18 (1)	36 (5)	15	48	17 (1)	63 (5)	12 (1)	54 (5)	13 (2)	61 (10)	11 (1)	34 (5)
8	12	12	24	10	21	12	32	17	34	12	28	16	17	16	20	16	26	24	49	41	71	32	53

年	10		11		12		13		累計	
	回数	日数	回数	日数	回数	日数	回数	日数	回数	日数
横須賀	26 (6)	287 (184)	22 (5)	204 (119)	18 (4)	342 (256)	15 (4)	125 (52)	**883 (58)**	**6942 (1058)**
佐世保	11	29	12 (3)	45 (9)	12	45	11	33	**364 (22)**	**1493 (101)**
沖縄	31	51	28	28	39	43	25	25	**472 (4)**	**750 (10)**

■佐世保（長崎県）

回数	艦名	艦種	寄港期間	滞在日数
1	ブレマートン	潜水艦	1/21～1/21	1
2	ブレマートン	潜水艦	1/24～1/30	7
3	サンフランシスコ	潜水艦	2/12～2/12	1
4	サンフランシスコ	潜水艦	4/17～4/17	1
5	ブレマートン	潜水艦	5/13～5/13	1
6	サンフランシスコ	潜水艦	5/15～5/20	6
7	アルバカーキ	潜水艦	6/3～6/3	1
8	アルバカーキ	潜水艦	6/7～6/10	4
9	アルバカーキ	潜水艦	7/16～7/16	1
10	ツーソン	潜水艦	11/22～11/22	1
11	ツーソン	潜水艦	11/26～12/4	9

14. 原子力艦の寄港状況(続き)

■沖縄・ホワイトビーチ　(沖縄県うるま市)

回数	艦名	艦種	寄港期間	滞在日数
1	サンフランシスコ	潜水艦	1/25～1/25	1
2	サンフランシスコ	潜水艦	2/22～2/22	1
3	アルバカーキ	潜水艦	2/26～2/26	1
4	アルバカーキ	潜水艦	3/2～3/2	1
5	シャイアン	潜水艦	3/7～3/7	1
6	シカゴ	潜水艦	3/13～3/13	1
7	アルバカーキ	潜水艦	3/29～3/29	1
8	シャイアン	潜水艦	4/6～4/6	1
9	サンフランシスコ	潜水艦	4/13～4/13	1
10	ジャクソンヴィル	潜水艦	4/19～4/19	1
11	アッシュヴィル	潜水艦	4/25～4/25	1
12	アッシュヴィル	潜水艦	5/2～5/2	1
13	シャルロット	潜水艦	5/7～5/7	1
14	シャイアン	潜水艦	5/13～5/13	1
15	シャルロット	潜水艦	5/17～5/17	1
16	サンフランシスコ	潜水艦	6/4～6/4	1
17	アッシュヴィル	潜水艦	7/16～7/16	1
18	アッシュヴィル	潜水艦	7/20～7/20	1
19	シャルロット	潜水艦	7/31～7/31	1
20	ヒューストン	潜水艦	9/17～9/17	1
21	ハンプトン	潜水艦	9/18～9/18	1
22	シカゴ	潜水艦	10/17～10/17	1
23	シカゴ	潜水艦	11/5～11/5	1
24	サンタフェ	潜水艦	11/18～11/18	1
25	サンタフェ	潜水艦	11/29～11/29	1

15. 民間港への米軍艦入港状況

13年1月～12月（民間チャーター船含む）

海上保安庁調べ

寄港地（港名）	艦船名	入港月日	出港月日
小樽	ラッセン※	2月4日	2月10日
青森	フィッツジェラルド※	8月5日	8月9日
八戸	チュラン１	3月5日	3月5日
八戸	BRO ハワイ	4月13日	4月14日
八戸	BRO ハワイ	4月19日	4月19日
八戸	BRO ハワイ	11月22日	11月22日
大湊	パトリオット	7月16日	7月20日
大湊	パトリオット	7月22日	7月25日
大湊	パトリオット	7月27日	7月28日
東京	ブルーリッジ	9月2日	9月4日
下田	フィッツジェラルド※	5月17日	5月20日
名古屋	ヒギンス	9月4日	9月7日
大阪	カーチス・ウィルバー※	10月26日	10月28日
広	ベルナード・F・フィッシャー	3月14日	3月25日
呉	ブルーリッジ	3月16日	3月20日
舞鶴	ディフェンダー	9月24日	9月27日
奄美（名瀬港）	ウォーリアー	11月15日	11月17日
		延べ寄港回数	17回

※イージス艦（4回）

データシート

16. 北東アジア情勢を考えるための周辺地図

【1】東シナ海周辺における中国海軍の活動事例

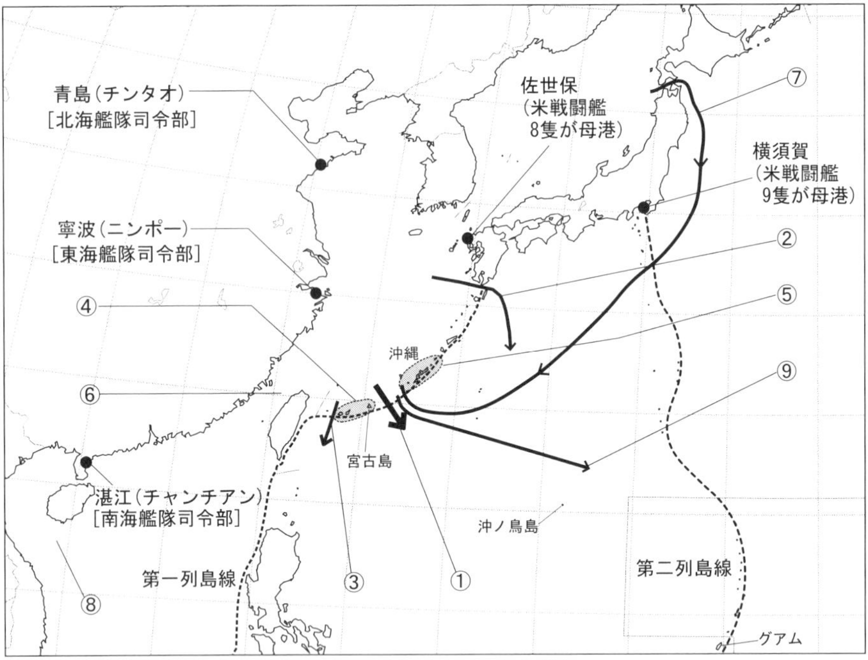

●図中の「第一列島線」「第二列島線」は中国海軍が論じる防衛線。
●防衛政策会議（10月5月13日）の資料、及び、防衛白書各年版などを参照して作成した。

＜番号は地図の番号に対応＞

①**宮古水道を通過して太平洋へ進出する事例**：08年11月（4隻）、10年3月（6隻）、11年6月（11隻）、12年10月（7隻）、13年1月（3隻）、同5月（3隻）、同8月（2隻）、同10月（5隻）。

②**大隅海峡を通過する事例**：12年4月（3隻）、同6月（3隻）、13年6月（2隻）、同8月（3隻）。

③**与那国島と西表島の間を通過する事例**：12年10月（7隻）、同12月（4隻）、13年5月（2隻）、同10月（2隻）。

④**04年11月**　中国原潜がグアム近海で活動。その後、日本の領海に侵入（10日）。図の網目は推定活動海域。

⑤**06年10月**　中国潜水艦が、沖縄に近い東シナ海の公海上で米空母キティホークから5マイルのところに浮上（26日）。図の網目は潜水艦の推定活動海域。

⑥**07年11月**　台湾海峡で中国海軍艦船と米空母キティホーク打撃団が対峙（23日）。

⑦**08年10月**　駆逐艦など4隻が津軽海峡を通過後、太平洋を南下し日本を周回。

⑧**09年3月**　米海軍調査船を中国海軍船など5隻が妨害（8日）。

⑨**09年6月**　駆逐艦など5隻が宮古水道を通過して沖ノ鳥島北東の海域に進出、訓練と見られる活動。

⑩**13年1月**　東シナ海で中国フリゲート艦から、海自護衛艦搭載ヘリに火器管制レーダー照射の疑い（19日）、海自護衛艦に火器管制レーダー照射（30日）。

【2】黄海における軍事対立構造

詳細図[1]

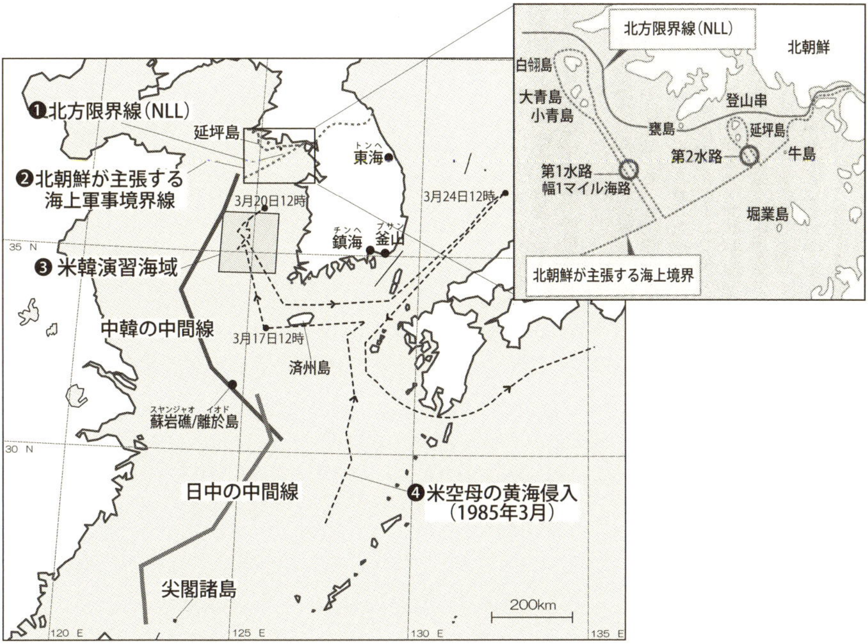

❶北方限界線（NLL）：朝鮮戦争の休戦協定締結後の1953年8月30日にマーク・クラーク国連軍司令官が北朝鮮との協議なしに設定。停戦時に国連軍の支配下にあった白翎島（ペンニョンド）・大青島（テチョンド）・小青島（ソチョンド）・延坪島（ヨンピョンド）・牛島（ウド）の西海（黄海）五島と北朝鮮の海岸線の間の中間線にあたる[2]。

❷北朝鮮が主張する「西海海上軍事境界線」：1999年9月2日に朝鮮人民軍は特別コミュニケでNLLの無効とともに「西海海上軍事境界線」の設定を宣言した[3]。

❸米韓合同軍事演習（2010年11月28日〜12月1日）の演習海域[4]：インビンシブル・スピリットの第3回目の時のもの。

❹米空母の黄海侵入：1985年3月の米韓合同軍事演習「チーム・スピリット85」の際の米空母ミッドウェイの航跡（ピースデポによる米情報公開法による調査結果）。最も深く入った場所は、「北緯36度03分、東経125度18分」である。

注

1 元韓国国家情報院院長の金萬福（キム・マンボク）氏の論文「紛争の海・西海を平和と繁栄の海にするために」（『世界』11年2月号）から引用。
2 注1と同じ。
3 朝鮮中央通信99年9月3日。
4 韓国国立海洋調査院「航行警報」の範囲。北緯34度30分〜36度、東経124度〜125度42分。

D10. 一転、核燃料サイクル推進へ

※12年12月26日に設置された関係閣僚会議。本部長は内閣総理大臣。

※「革新的エネルギー・環境戦略」(12年9月14日、エネルギー・環境会議) www.cas.go.jp/jp/seisaku/npu/policy09/pdf/20120914/20120914_1.pdf

※分科会長三村明夫(新日鐵住金(株)相談役名誉会長)以下委員14人。6月30日の制度改正によって改称されるまでの名称は「同調査会・総合部会」。

※エネルギー政策基本法(2002(平成14)年6月14日法律第71号)に基づき策定される。現行計画は03年策定。

※その中心が使用済燃料の再処理である。用語の説明「使用済核燃料再処理」(233ページ)。

2013年1月25日の第3回日本経済再生本部※において、安倍晋三首相は次のように指示した。「経済産業大臣は、前政権のエネルギー・環境戦略をゼロベースで見直し、エネルギーの安定供給、エネギーコスト低減の観点も含め責任あるエネルギー政策を構築すること」。これは、前政権(第3次野田改造内閣)の下で示された「2030年代に原発依存ゼロ」を目指すとの基本方針※を白紙撤回するとの宣言であった。

13年3月15日には、総合資源エネルギー調査会・基本政策分科会※において「エネルギー基本計画」※の見直し作業が開始された。通算17回の審議を経て分科会が取りまとめた「エネルギー基本計画に対する意見」(以下「意見」)は、事実上の新基本計画案に相当する。

「意見」は、「安全神話」と決別し、世界最高水準の安全性を不断に追求していくこと」の重要性を強調しつつ、停止中の原発の再稼動を含めた原発推進を提案した上で、核燃料サイクル※について次のように述べた(第3章・第1節原子力政策の基本方針と政策の方向性、28ページ)。

「技術的課題やトラブルの克服など直面する問題を一つ一つ解決した上で、(略)使用済燃料の処分に関する課題を解決し、将来世代のリスクや負担を軽減するためにも、放射性廃棄物の減容化・有害度低減や、資源の有効利用等に資する核燃料サイクルについて、これまでの経緯等も十分に考慮し、関係自治体や国際社会の理解を得つつ、着実に推進する」。具体的には、「プルサーマルの推進、六ヶ所再処理工場の竣工、MOX燃料(プルトニウム・ウラン混合酸化物)加工工場の建

設、むつ中間貯蔵施設の竣工等を着実に進める」一方、高速増殖炉「もんじゅ」(福井県敦賀市)については、「(略)新規制基準への対応など稼働までに克服しなければならない課題への対応を着実に進めるとともに、(略)成果のとりまとめ等を実施する」と、今後の計画に含みを持たせた。すなわち、「意見」は「もんじゅ」の扱いは留保しつつも、現行の核燃サイクルを推進するとの方針を確認したのである。

同分科会の審議期間中に核燃料サイクルの諸施設を巡っては次のような事態が進行した。

6月26日、関西電力が高浜原発のプルサーマルで用いるMOX燃料が再処理を委託していた仏から到着した。関電はプルサーマルを含む再稼働を目指しているが見通しは不透明である。青森県六ケ所村の原燃※再処理工場においては、原子力規制委員会の核燃料施設の新規制基準※の施行に伴い、竣工時期は計画の13年10月以降から「未定」へと修正された。20回目の計画修正である。

一方「もんじゅ」については、1万点を超える機器の点検漏れや(独)日本原子力研究開発機構(JAEA)※の不誠実な対応等を理由に、13年5月29日、原子力規制委員会によって「未点検機器の点検完了や保全計画の見直し等の規制委員会の確認が完了するまでの間、使用前点検を進めるための活動を行わない」ことが命じられた。

このような現実を見るとき、「基本政策分科会」の「意見」ははじめから「原発依存回帰」ありきの文書と言わねばならない。日本国内に保管されたプルトニウム量は9.3トン(12年末現在)※に上る。行き詰まり、あるいは事実上破綻した核燃料サイクルに依存して原発再稼働を進めれば、プルトニウム量は増え続ける。それが世界にもたらす核不拡散上の懸念をどう払しょくするのかという疑問に「意見」は答えていない※。

※日本原子力燃料株式会社。www.jnf.co.jp

※13年11月27日決定、12月18日施行。活断層上への建設禁止の他、重大事故対策、津波による浸水や火災などによる放射性物質の漏えい対策が審査対象となる。

※www.jaea.go.jp

※「我が国のプルトニウム管理状況」(13年9月11日、内閣府原子力政策担当室)。

※14年4月11日、「意見」とほぼ同内容の「エネルギー基本計画」が閣議決定された。

E1. 北東アジア非核兵器地帯署名、首長543名分を国連事務総長へ提出

2014年4月28日、NPT再検討会議第3回準備委員会が開催されていたニューヨークの国連本部において、長崎・広島両市長が、北東アジア非核兵器地帯を支持する543市町村の首長署名を潘基文（バン・ギムン）国連事務総長に直接手渡した。これは、13年7月、国連事務総長の軍縮諮問委員会が、「事務総長は、北東アジア非核兵器地帯の設立に向けた適切な行動を検討すべきである」との画期的な勧告※を行ったことを活かすべく、日本の市民社会からの強い要望を示すものとして提出したものである。

※キーワードA7(68ページ)。

日本国内においては、13年6月3日、田上富久長崎市長、及び鈴木恒夫藤沢市長が、北東アジア非核兵器地帯を求める自治体首長らの署名簿を松山政司外務副大臣（当時）に提出した※。この時点での署名は国内409名の自治体首長と、日本非核宣言自治体協議会※（非核協。会長：田上富久長崎市長）、平和首長会議※の2団体が賛同したものである。松山副大臣は、「北朝鮮問題は難しい課題だが、皆さんの思いは受け止めたい」と述べた。

※「長崎新聞」、13年6月4日。

※キーワードE2(180ページ)。

※キーワードE3(182ページ)。

この署名は、2009年3月、ピースデポを中心とした日韓NGO4団体※が、同年5月にニューヨークで開催された2010年NPT再検討会議第3回準備委員会に向けて国際的な世論を作るべく、呼びかけて始まった。

※日本：ピースデポ、ピースボート、韓国：平和ネットワーク、参与連帯の4団体。

その問題意識は、北東アジアの平和の枠組みを考える上で、北東アジア非核兵器地帯条約を突破口とする道がありうるというものである。その一つの現実的形態として「3+3」構想といわれるもの、あるいはその変形が有力である。北

東アジアの3つの非核国(日本、韓国、北朝鮮)が非核兵器地帯を形成し、3つの周辺核兵器国(米国、中国、ロシア)がこれら非核兵器国に対して核兵器による攻撃や威嚇をしないと保証する、いわゆる「消極的安全保証」(NSA)を約束する。このような6か国条約として作ろうというものである。

これまで、この署名への支持は自治体首長の中で広がってきた。14年3月末までに自治体首長(市町村)の賛同は543名に増加した※。これは、非核協及び平和首長会議(会長:松井一實広島市長)の協力によって得られた成果である。13年11月には、非核協らが、会員自治体に対して、署名への賛同を呼びかける行動を行った。賛同自治体の中には広島市、長崎市をはじめとする県庁所在地15市※、及び京都市、川崎市、広島市という人口100万人を超える3つの市が含まれる※。

※データシート17(174ページ)。

※県庁所在地は、山形市、水戸市、前橋市、新潟市、京都市、奈良市、鳥取市、広島市、山口市、高松市、高知市、長崎市、宮崎市、鹿児島市、那覇市の15市。

※14年7月、札幌市も賛同した。

話題が変わるが、宗教界に核軍縮活動を活性化させる動きが始まっている。13年12月13日、レリジョンズ・フォー・ピース(RfP)※が、「核軍縮に関する実践情報ガイド」(日本語版)※を刊行し、核軍縮・不拡散議員連盟(PNND)国際コーディネーターのアラン・ウェア氏を講師として、講演会を開催し、宗教者と国会議員との協力関係を含めて核軍縮への取組みの強化が話し合われた。さらに14年4月30日、ニューヨークで開催された北東アジア非核兵器地帯の促進に関する日韓モンゴルNGO市民フォーラムには、レリジョンズ・フォー・ピース副事務総長の杉野恭一氏がパネラーとして参加した。

※1970年以来、平和のために共同行動を進めることを目指した世界最大のかつ最も代表的な多宗教の連合体。

※英語版をもとに日本語版に翻訳。

潘基文国連事務総長(左)に署名を手渡す田上富久長崎市長(右)(14年4月28日、ニューヨーク国連本部ビル)。

データシート

17. 北東アジア非核兵器地帯を支持する自治体首長署名 14年4月1日現在

●署名文

北東アジアの非核兵器地帯化を支持します

私たちは、北東アジアに非核兵器地帯を設立するための努力を支持します。それは、「核兵器のない世界」に向けた国際的気運を高めるとともに、北東アジア地域の安定と平和を実現するための緊急で時宜を得たイニシャティブです。

北東アジア非核兵器地帯を設立するという目標を掲げることは、現在行われている韓国、朝鮮民主主義人民共和国(北朝鮮)、日本、中国、ロシア、米国による「6か国協議」に新しい積極的な次元をもたらすでしょう。6か国協議が掲げている「朝鮮半島の検証可能な非核化」(6か国共同声明。05年9月19日)という目標がより大きなビジョンの下に置かれるからです。

「核兵器のない世界」の実現は、核兵器保有国だけでなく、とりわけ安全保障を核の傘に依存している国を含む全ての国の責務です。そのためには、すべての国が核兵器に依存しない安全保障政策に移行する道を追求する責任があります。北東アジア非核兵器地帯は、日本、韓国など北東アジアの関係国にこのような道筋を提供することになります。

北東アジア非核兵器地帯の現実的な一つの形として「3+3」の枠組みがあります。それは韓国、北朝鮮、日本の3か国が中心となって非核兵器地帯を形成し、近隣核兵器国(中国、ロシア、米国)がこれを支持して安全の保証を与えるというものです。この形は1992年の「朝鮮半島の非核化南北共同宣言」と日本の非核三原則を基礎にできる利点があります。

私たちは、世界中の国政、地方政治にたずさわる政治家の皆さん、市民団体及び個人の皆さんが、北東アジア非核兵器地帯を支持し、その実現のためにともに力を出しあうことを呼びかけます。

(呼びかけ)日本:ピースデポ、ピースボート
韓国:平和ネットワーク、参与連帯

● 自治体関係団体の賛同（2団体）

平和首長会議　　日本非核宣言自治体協議会

●…政令指定都市（合計4）
★…道府県庁所在地（合計15）

● 自治体首長の賛同（544名）※

（※市町村首長543名、県知事1名の合計。首長氏名は賛同した時点のもの。）

【北海道】(53)

安久津勝彦（足寄町長）
伊藤喜代志（比布町長）
井上久男（置戸町長）
上野正三（北広島市長）
蝦名大也（釧路市長）
小笠原春一（登別市長）
岡田和夫（幕別町長）
勝井勝丸（池田町長）
金平嘉則（沼田町長）
川村 茂（鹿部町長）
菊川健一（当麻町長）
菊池一春（訓子府町長）
北　良治（奈井江町長）
清澤茂宏（芦別市長）
工藤　広（稚内市長）
工藤壽樹（函館市長）
小谷毎彦（北見市長）
小林　実（中標津町長）
小林康雄（士幌町長）
斉藤純雄（浦臼町長）
酒井芳秀（新ひだか町長）
坂下一幸（様似市長）
佐々木智雄（剣淵町長）
佐藤聖一郎（仁木町長）
佐藤多一（津別町長）
佐藤広高（釧路町長）
佐藤芳治（上川町長）
嶋　保（余市町長）
新村卓実（奥尻町長）
菅原章嗣（喜茂別町長）
鈴木直道（夕張市長）
高橋定敏（留萌市長）
高橋貞光（せたな町長）
高橋正夫（本別町長）
髙橋幹夫（美唄市長）
高薄　渡（清水町長）
竹中　貢（上士幌町長）
田村光義（中札内村長）
舟橋泰博（羽幌町長）
中松義治（小樽市長）
中宮安一（七飯町長）
中村　博（占冠村長）
西川将人（旭川市長）
能登芳昭（富良野市長）
濱谷一治（江差町長）
本間順司（古平町長）
福島世二（倶知安町長）
伏見悦夫（大樹町長）
牧野勇司（士別市長）
真屋敏春（洞爺湖町長）
水澤一廣（浦幌町長）
村瀬　優（広尾町長）
米沢則寿（帯広市長）

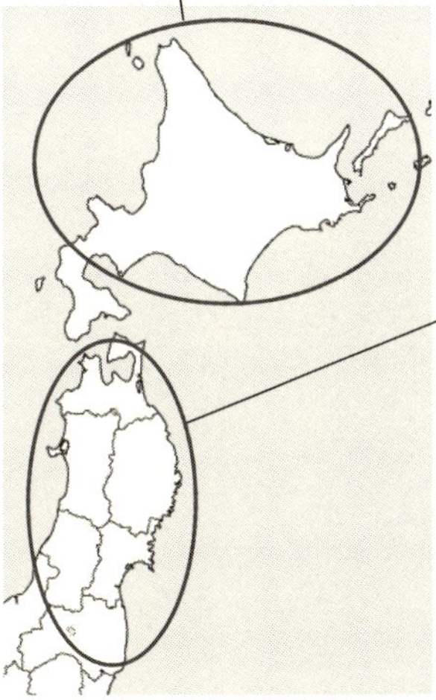

【東北】(48)

青森(4)

大川喜代治（平川市長）
小山田久（十和田市長）
平山誠敏（五所川原市長）
吉田　満（深浦町長）

秋田(7)

五十嵐忠悦（横手市長）
門脇光浩（仙北市長）
栗林次美（大仙市長）
齊藤滋宣（能代市長）
齋藤光喜（湯沢市長）
長谷部　誠（由利本荘市長）
横山忠長（にかほ市長）

岩手(7)

小田佑士（野田村長）
菅原正義（平泉町長）
髙橋敏彦（北上市長）
野田武則（釜石市長）
水上信宏（洋野町長）
山内隆文（久慈市長）
山本正徳（宮古市長）

山形(7)

安部三十朗（米沢市長）
★市川昭男（山形市長）
遠藤直幸（山辺町長）
後藤幸平（飯豊町長）
佐藤　清（村山市長）
佐藤誠七（白鷹町長）
内谷重治（長井市長）

宮城(12)

安部周治（涌谷町長）
伊勢　敏（大河原町長）
伊藤拓哉（色麻町長）
大友喜助（角田市長）
齋藤邦男（亘理町長）
佐々木功悦（美里町長）
佐藤勇（栗原市長）
佐藤英雄（村田町長）
菅原茂（気仙沼市長）
鈴木勝雄（利府町長）
滝口　茂（柴田町長）
布施孝尚（登米市長）

福島(11)

井関庄一（柳津町長）
遠藤雄幸（川内村長）
大宅宗吉（南会津町長）
佐藤　力（国見町長）
桜井勝延（南相馬市長）
宍戸良三（小野町長）
鈴木義孝（三春町長）
須藤一夫（浅川町長）
前後 公（猪苗代町長）
高橋宣博（桑折町長）
目黒吉久（只見町長）

データシート

17. 北東アジア非核兵器地帯を支持する自治体首長署名（続き1）

14年4月1日現在

●…政令指定都市（合計4）
★…道府県庁所在地（合計15）

【近畿】（55）

京都（7）

井上正嗣（宮津市長）
太田貴美（与謝野町長）
●★ 門川大作（京都市長）
寺尾富爾（京丹波町長）
中山　泰（京丹後市長）
松山正治（福知山市長）
山崎善也（綾部市長）

滋賀（5）

泉　峰一（米原市長）
西澤久夫（東近江市長）
橋川　渉（草津市長）
藤澤直広（日野町長）
宮本和宏（守山市長）

兵庫（6）

泉　房穂（明石市長）
酒井隆明（篠山市長）
嶋田雅義（福崎町長）
中川智子（宝塚市長）
西村和平（加西市長）
山中　健（芦屋市長）

奈良（15）

岩﨑万勉（平群町長）
太田好紀（五條市長）
小城利重（斑鳩町長）
竹内幹郎（宇陀市長）
★ 仲川げん（奈良市長）
東川　裕（御所市長）
平井康之（王寺町長）
平岡　仁（広陵町長）
松井正剛（桜井市長）
南　佳策（天理市長）
森　宏範（三郷町長）
西本安博（安堵町長）
山下和弥（葛城市長）
山下　真（生駒市長）
吉田誠克（大和高田市長）

大阪（9）

岡本泰明（柏原市長）
神谷　昇（泉大津市長）
阪口伸六（高石市長）
竹内　脩（枚方市長）
多田利喜（富田林市長）
田中誠太（八尾市長）
馬場好弘（寝屋川市長）
福山敏博（阪南市長）
吉田友好（大阪狭山市長）

三重（8）

岩田昭人（尾鷲市長）
尾上武義（大台町長）
亀井利克（名張市長）
鈴木健一（伊勢市長）
田代兼二朗（朝日町長）
田中俊行（四日市市長）
中井幸充（明和町長）
中村順一（度会町長）

和歌山（5）

井本泰造（かつらぎ町長）
岩田 勉（すさみ町長）
小出隆道（上富田町長）
田嶋勝正（串本町長）
日裏勝己（印南町長）

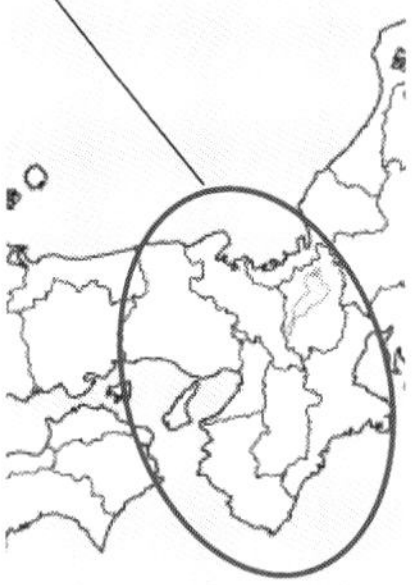

【中部】（93）

福井（1）

奈良俊幸（越前市長）

岐阜（11）

石川道政（美濃市長）
岡崎和夫（池田町長）
林　宏優（山県市長）
日置敏明（郡上市長）
広江正明（笠松町長）
藤原　勉（本巣市長）
古川雅典（多治見市長）
堀　孝正（瑞穂市長）
水野光二（瑞浪市長）
南山宗之（坂祝町長）
室戸英夫（北方町長）

石川（2）

粟　貴章（野々市町長）
武元文平（七尾市長）

富山（4）

桜井森夫（小矢部市長）
澤﨑義敬（魚津市長）
堀内康男（黒部市長）
脇　四計夫（朝日町長）

愛知（9）

石川英明（豊明市長）
江戸　滿（扶桑町長）
大野紀明（稲沢市長）
片岡恵一（岩倉市長）
神谷明彦（東浦町長）
榊原純夫（半田市長）
田中志典（犬山市長）
林　郁夫（知立市長）
籾山芳輝（武豊町長）

新潟（13）

会田　洋（柏崎市長）
上村憲司（津南町長）
上村清隆（湯沢町長）
大平悦子（魚沼市長）
佐藤邦義（田上町長）
●★ 篠田　昭（新潟市長）
鈴木　力（燕市長）
関口芳史（十日町市長）
二階堂　馨（新発田市長）
入村　明（妙高市長）
森　民夫（長岡市長）
谷井靖夫（小千谷市長）
吉田和夫（胎内市長）

（首長氏名は賛同した時点のもの。）

【関東】(94)

群馬 (10)

阿久津貞司（渋川市長）
新井利明（藤岡市長）
市川宣夫（南牧村長）
岡田義弘（安中市長）
岡野光利（富岡市長）
千明金造（片品村長）
富岡賢治（高崎市長）
星野已喜雄（沼田市長）
安樂岡一雄（館林市長）
★ 山本龍（前橋市長）

栃木 (12)

阿久津憲二（那須塩原市長）
市村　隆（岩舟町長）
大久保寿夫（小山市長）
大豆生田　実（足利市長）
岡部正英（佐野市長）
小菅一弥（壬生町長）
斎藤文夫（日光市長）
佐藤　信（鹿沼市長）
鈴木俊美（栃木市長）
津久井富雄（大田原市長）
豊田征夫（芳賀町長）
真瀬宏子（野木町長）

茨城 (17)

阿久津藤男（城里町長）
天田富司男（阿見町長）
海野　徹（那珂市長）
大久保太一（常陸太田市長）
久保田健一郎（石岡市長）
小林宜夫（茨城町長）
島田穣一（小美玉市長）
染谷森雄（五霞町長）
高杉 徹（常総市長）
高橋　靖（水戸市長）
★ 保立一男（神栖市長）
益子英明（大子町長）
宮嶋光昭（かすみがうら市長）
村上達也（東海村長）
中島　栄（美浦村長）
中山一生（龍ヶ崎市長）
吉原英一（坂東市長）

埼玉 (6)

石津賢治（北本市長）
川合善明（川越市長）
小島　進（深谷市長）
小峰孝雄（鳩山町長）
久喜邦康（秩父市長）
高畑　博（ふじみ野市長）

千葉 (28)

相川勝重（芝山町長）
秋葉就一（八千代市長）
伊澤史夫（白井市長）
井崎義治（流山市長）
石井俊雄（長生村長）
石井裕（南房総市長）
石田義廣（御宿町長）
岩田利雄（東庄町長）
太田　洋（いすみ市長）
金坂昌典（大網白里町長）
北村新司（八街市長）
小泉一成（成田市長）
越川信一（銚子市長）
齊藤　隆（横芝光町長）
猿田寿男（勝浦市長）
佐渡　斉（四街道市長）
椎名千収（山武市長）
志賀直温（東金市長）
菅澤英毅（多古町長）
玉川孫一郎（一宮町長）
出口　清（袖ヶ浦市長）
根本　崇（野田市長）
星野順一郎(我孫子市長)
本郷谷健次（松戸市長）
松崎秀樹（浦安市長）
水越勇雄（木更津市長）
山崎山洋（印西市長）
蕨　和雄（佐倉市長）

東京 (5)

阿部裕行（多摩市長）
小林正則（小平市長）
馬場一彦（東久留米市長）
邑上守正（武蔵野市長）
矢野　裕（狛江市長）

神奈川 (16)

黒岩祐治（神奈川県知事）
青木　健（真鶴町長）
● 阿部孝夫（川崎市長）
大矢明夫（清川村長）
落合克宏（平塚市長）
加藤憲一（小田原市長）
加藤修平（南足柄市長）
木村俊雄（寒川町長）
小林常良（厚木市長）
鈴木恒夫（藤沢市長）
中﨑久雄（大磯町長）
服部信明（茅ヶ崎市長）
平井竜一（逗子市長）
府川裕一（開成町長）
古谷義幸（秦野市長）
山口昇士（箱根町長）

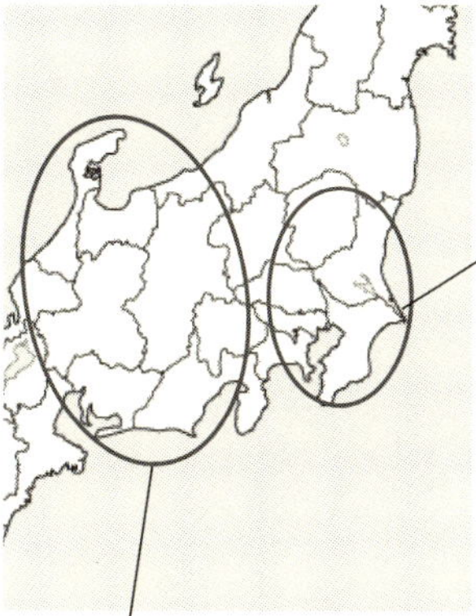

長野 (30)

青木　悟（下諏訪町長）
足立正則（飯山市長）
井出玄明（北相木村長）
今井竜五（岡谷市長）
牛越　徹（大町市長）
太田紘熙（白馬村長）
岡庭一雄（阿智村長）
菊池毅彦（南相木村長）
熊谷元尋（高森町長）
栗屋徳也（木祖村長）
近藤清一郎（千曲市長）
清水　澄（原村長）
下平喜隆（豊丘村長）
白鳥　孝（伊那市長）
菅谷　昭（松本市長）
杉本幸治（駒ヶ根市長）
曽我逸郎（中川村長）
田上正男（上松町長）
竹節義孝（山ノ内町長）
田中勝巳（木曽町長）
羽田健一郎（長和町長）
平林明人（松川村長）
富井俊雄（野沢温泉村長）
藤澤泰彦（生坂村長）
藤巻　進（軽井沢町長）
牧野光郎（飯田市長）
松本久志（小谷村長）
宮川正光（南木曽町長）
山田勝文（諏訪市長）
山村　弘（坂城町長）

山梨 (11)

石田壽一（西桂町長）
角野幹男（昭和町長）
久保眞一（市川三郷町長）
志村　学（富士川町長）
田中久雄（中央市長）
田辺　篤（甲州市長）
中込博文（南アルプス市長）
堀内　茂（富士吉田市長）
望月仁司（身延町長）
横内公明（韮崎市長）
渡邊凱保（富士河口湖町長）

静岡 (12)

栗原裕康（沼津市長）
齊藤　栄（熱海市長）
清水　泰（焼津市長）
鈴木　尚（富士市長）
須藤秀忠（富士宮市長）
佃　弘巳（伊東市長）
豊岡武士（三島市長）
原田英之（袋井市長）
松井三郎（掛川市長）
三上　元（湖西市長）
森　延彦（函南町長）
若林洋平（御殿場市長）

データシート

17. 北東アジア非核兵器地帯を支持する自治体首長署名（続き2）

14年4月1日現在

【九州】(104)

佐賀(7)

江頭正則（吉野ヶ里町長）
江里口秀次（小城市長）
小林純一（基山町長）
田代正昭（有田町長）
谷口太一郎（嬉野市長）
樋口久俊（鹿島市長）
樋渡啓祐（武雄市長）

長崎(20)

一瀬政太（波佐見町長）
井上俊昭（新上五島町長）
奥村槇太郎（雲仙市長）
黒田成彦（平戸市長）
財部能成（対馬市長）
白川博一（壱岐市長）
★ 田上富久（長崎市長）
田中隆一（西海市長）
友広郁洋（松浦市長）
中尾郁子（五島市長）
西　浩三（小値賀町長）
葉山友昭（長与町長）
平瀬　研（時津町長）
藤原米幸（南島原市長）
古庄　剛（佐々町長）
松本　崇（大村市長）
宮本明雄（諫早市長）
山口文夫（川棚町長）
横田修一郎（島原市長）
渡邉　悟（東彼杵町長）

熊本(23)

愛甲一典（あさぎり町長）
荒木義行（合志市長）
家入　勲（大津町長）
北里耕亮（小国町長）
草村大成（高森町長）
後藤三雄（菊陽町長）
髙嵜哲哉（玉名市長）
田嶋章二（苓北町長）
田中信孝（人吉市長）
徳田正臣（相良村長）
中逸博光（長洲町長）
中嶋憲正（山鹿市長）
長野敏也（南阿蘇村長）
福島和敏（八代市長）
福村三男（菊池市長）
廣瀬親吾（水上村長）
前畑淳治（荒尾市長）
松本照彦（多良木町長）
宮本勝彬（水俣市長）
元松茂樹（宇土市長）
森本完一（錦町長）
安田公寛（天草市長）
横谷　巡（山江村長）

鹿児島(13)

荒木耕治（屋久島町長）
川下三業（中種子町長）
笹山義弘（姶良市長）
渋谷俊彦（出水市長）
嶋田芳博（鹿屋市長）
霜出勘平（南九州市長）
隅元　新（伊佐市長）
豊留悦男（指宿市長）
長野　力（西之表市長）
東　靖弘（大崎町長）
前田終止（霧島市長）
元田信有（宇検村長）
★ 森　博幸（鹿児島市長）

福岡(23)

有吉哲信（宮若市長）
伊藤信勝（田川市長）
井上利一（桂川町長）
浦田弘二（福智町長）
小田幸男（川崎町長）
釜井健介（豊前市長）
齊藤守史（飯塚市長）
篠﨑久義（粕屋町長）
高木典雄（うきは市長）
田頭喜久己（筑前町長）
竹下司津男（古賀市長）
徳島眞次（鞍手町長）
長﨑武利（新宮町長）
中嶋裕史（須恵町長）
春本武男（赤村長）
平安正和（小郡市長）
松岡　賛（嘉麻市長）
三浦　正（篠栗町長）
三田村統之（八女市長）
南里辰己（志免町長）
森田俊介（朝倉市長）
八並康一（行橋市長）
安川　博（宇美町長）

大分(7)

是永修治（宇佐市長）
坂本和昭（九重町長）
佐藤陽一（日田市長）
首藤勝次（竹田市長）
首藤奉文（由布市長）
橋本祐輔（豊後大野市長）
吉本幸司（津久見市長）

宮崎(11)

飯干辰己（五ヶ瀬町長）
黒木健二（日向市長）
首藤正治（延岡市長）
谷口義幸（日南市長）
★ 戸敷　正（宮崎市長）
長峯　誠（都城市長）
野辺修光（串間市長）
橋田和実（西都市長）
肥後正弘（小林市長）
日高光浩（高原町長）
安田　修（門川町長）

【沖縄】(18)

安里　猛（宜野湾市長）
新垣邦男（北中城村長）
石嶺傳實（読谷村長）
稲嶺　進（名護市長）
★ 翁長雄志（那覇市長）
上原裕常（糸満市長）
上間　明（西原町長）
川満栄長（竹富町長）
儀間光男（浦添市長）
宜保晴毅（豊見城市長）
古謝景春（南城市長）
島袋義久（大宜味村長）
島袋俊夫（うるま市長）
城間俊安（南風原町長）
東門美津子（沖縄市長）
中山義隆（石垣市長）
野国昌春（北谷町長）
浜田京介（中城村長）

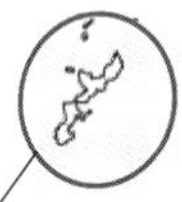

（首長氏名は賛同した時点のもの。）

【中国】(41)

山口(6)

井原健太郎（柳井市長）
白井博文（山陽小野田市長）
野村興兒（萩市長）
松浦正人（防府市長）
山田健一（平生町長）
★渡辺純忠（山口市長）

島根(3)

宇津徹男（浜田市長）
近藤宏樹（安来市長）
田中増次（江津市長）

鳥取(3)

★竹内　功（鳥取市長）
竹内敏朗（江府町長）
松本昭夫（北栄町長）

広島(19)

入山欣郎（大竹市長）
藏田義雄（東広島市長）
小坂政司（竹原市長）
五藤康之（三原市長）
高田幸典（大崎上島町長）
滝口季彦（庄原市長）
竹下正彦（北広島町長）
羽田　皓（福山市長）
浜田一義（安芸高田市長）
平谷祐宏（尾道市長）
牧野雄光（神石高原町長）
眞野勝弘（廿日市市長）
増田和俊（三次市長）
●★松井一實（広島市長）
三村裕史（熊野町長）
山岡寛次（海田町長）
山口寛昭（世羅町長）
吉田隆行（坂町長）
和多利義之（府中町長）

岡山(10)

井出紘一郎（真庭市長）
片岡聡一（総社市長）
栗山康彦（浅口市長）
黒田　晋（玉野市長）
高木直矢（笠岡市長）
武久顕也（瀬戸内市長）
西田　孝（勝央町長）
道上政男（美作市長）
山崎親男（鏡野町長）
山本雅則（吉備中央町長）

●…政令指定都市（合計4）
★…道府県庁所在地（合計15）

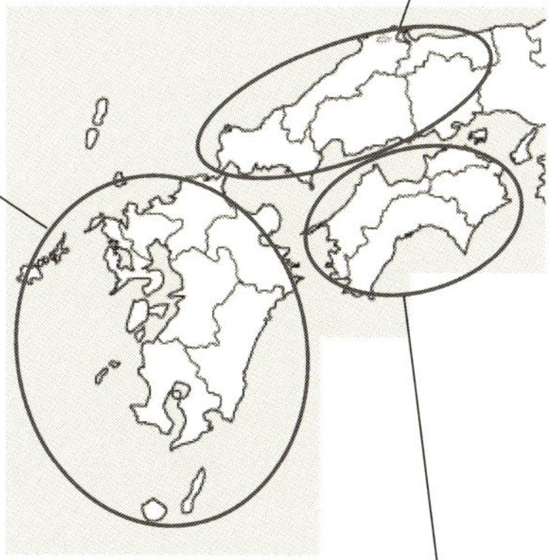

【四国】(38)

愛媛(9)

石橋寛久（宇和島市長）
井原 巧（四国中央市長）
大城一郎（八幡浜市長）
清水雅文（愛南町長）
清水　裕（大洲市長）
高須賀　功（東温市長）
中村剛志（砥部町長）
中村　佑（伊予市長）
山下和彦（伊方町長）

香川(7)

綾　宏（坂出市長）
新井哲二（丸亀市長）
大山茂樹（さぬき市長）
★大西秀人（高松市長）
白川晴司（観音寺市長）
平岡政典（善通寺市長）
藤井秀城（東かがわ市長）

徳島(3)

河野俊明（石井町長）
玉井孝治（板野町長）
原　仁志（佐那河内村長）

高知(19)

今西芳彦（本山町長）
大石弘秋（仁淀川町長）
★岡﨑誠也（高知市長）
沖本年男（宿毛市長）
門脇槇夫（香美市長）
上治堂司（馬路村長）
清藤真司（香南市長）
小松幹侍（室戸市長）
笹岡豊徳（須崎市長）
塩田　始（いの町長）
杉村章生（土佐清水市長）
高瀬満伸（四万十町長）
田中 全（四万十市長）
戸梶眞幸（日高村長）
橋詰壽人（南国市長）
松延宏幸（東洋町長）
松本憲治（安芸市長）
矢野富男（梼原町長）
吉岡珍正（越知町長）

E2. 非核協、「核の不使用声明」不賛同の政府を批判

※会長は長崎市の田上富久長崎市長。副会長は神奈川県藤沢市の鈴木恒夫市長、大阪府枚方市の竹内脩市長、広島市の松井一實市長、広島県廿日市市の眞野勝弘市長、那覇市の翁長雄志市長の5名(2014年4月1日現在)。
事務局:長崎市平和推進課 〒852-8117長崎市平野町7番8号(長崎原爆資料館内)/TEL:095-844-9923/FAX:095-846-5170/www.nucfreejapan.com/info@nucfreejapan.com

※非核宣言自治体とは、核兵器廃絶や「非核三原則」の堅持を求める内容の自治体宣言や議会決議を行った自治体をいう。米ソ冷戦のさなか、80年に英マンチェスター市が最初に非核兵器地帯であることの宣言を行い、その後世界的に広がった。

※データシート21(220ページ)。

※非核協HPに全文。

日本非核宣言自治体協議会(以下、非核協)※は、「全国の自治体、さらには全世界のすべての自治体に核兵器廃絶、平和宣言を呼びかけるとともに、非核宣言を行った自治体間の協力体制を確立すること」を目的とした非核宣言自治体※の協議組織である。2014年4月1日現在、全国の非核宣言自治体数の18%にあたる297自治体が加盟している※。

非核協は、13年5月28日の第30回総会の決議※で、同年4月にスイスのジュネーブで開催された2015年NPT再検討会議第2回準備委員会において、南アフリカが発表した「核兵器の人道的影響に関する共同声明」に言及した。同声明に世界の80か国を超える国々が賛同するなど、核兵器を非人道的側面から廃絶しようとする動きが広がってきている中で、日本政府はこの署名を拒否した。

これに対し決議は、「本来、唯一の被爆国として積極的な取り組みが期待されている日本政府の対応に国際社会には大きな失望感がひろがっている。私たちは非核宣言自治体として、今後、日本政府には被爆国として誠実な対応を求めるとともに、国際社会において積極的なリーダーシップを発揮していかれるよう強く要請する」と日本政府の姿勢に強く抗議している。非核協の会長である田上富久長崎市長は、その後13年8月9日の平和宣言において、「日本政府は署名せず、世界の期待を裏切りました」と批判した。

さらに同決議は、北朝鮮が12年12月の人工衛星発射実験や、13年2月12日に3度目となる地下核実験を強行したことに抗議の意思を表明した上で、「協議会は、これまでも日本

と朝鮮半島の核兵器に頼らない安全保障体制の確立のために、「北東アジア非核兵器地帯」※の創設を訴えてきた」としている。さらに、決議は「北東アジア非核兵器地帯化を支持する首長署名は400自治体を超えており、国際社会においても非核兵器地帯の取り組みの推進を求めていく」※と続ける。

※用語の説明「非核兵器地帯」(234ページ)。

※キーワードE1(172ページ)。14年4月1日現在、広島・長崎市長をはじめ543人の首長が署名している。

決議は、国連事務総長、ジュネーブ軍縮局のほか、5つの核兵器国(米、英、ロ、仏、中)、インド、パキスタン、イスラエルの在日大使、北朝鮮、国連北朝鮮代表部、そして日本政府に送付された。

非核協は、長年にわたり核保有国による核実験や核爆発を伴わない未臨界核実験やZマシン新型核実験※の実施に対し、会長名での抗議や要請を続けてきている。2013年においては8月20日(実験の実施日5月15日)、10月31日(同9月12日)の2回、米国が実施したZマシンによる新型核実験への抗議声明※を発している。近年、米国が、実験の実施日を事前に通知しないため、抗議声明を出す日付は実施日から時差が生じる場合もあるが、自治体として把握した場合は、即日、抗議をしている。

※データシート4(101ページ)。

※抗議声明のURLは以下。www.nucfreejapan.com/kaku_1_31.htm

また非核協は、従来から取り組んできた活動も継続している。1984年の設立以降、自治体の非核宣言の実施状況や非核自治体の活動に関する調査や情報発信、協議会への加入促進の活動、平和事業担当自治体職員の研修会開催※などである。また、被爆アオギリ・被爆クスノキの苗木配布※、巡回原爆展※、ミニミニ原爆展、姉妹都市原爆パネル展、親子記者事業※など、多方面にわたる活動を通じて非核自治体の取り組みをバックアップしている。

核抑止に固執し、核兵器を禁止する取り組みを躊躇する日本政府を動かすためにも、日本国内全自治体の88%を占める非核自治体が示すビジョンと行動はますます重要性を高めている。

※13年度は、第1回が長崎市、第2回が東京都豊島区で開催された。

※02年から開始。13年の配布は、クスノキ6本が東京都青梅市、岐阜県北方町に、アオギリ7本が東京都青梅市、岐阜県北方町、広島県廿日市市に配布された。

※巡回原爆展の累積開催実績(統計を取り始めた07年以降)は、自治体数延べ104自治体、延べ入場者数71,732人。ミニミニ原爆展の累積開催実績(09年~)は、開催数延べ297自治体・団体、延べ入場者数は444,186人。

※抽選で選ばれた会員自治体の親子9組が、8月8日から11日にかけ長崎市内で行われる平和関連行事や被爆者等への取材を行い、「おやこ記者新聞」として発刊、配布する事業。

E3. 平和市長会議が 平和首長会議に名称変更

国際NGO「平和首長会議」※は、2020年までの核兵器廃絶の実現に向けた具体的行動計画「2020ビジョン(核兵器廃絶のための緊急行動)」を2003年に策定し、各国の自治体、NGO、市民との連携のもと、国際的な運動を展開している。

※1982年6月24日、ニューヨークの国連本部で開催された第2回国連軍縮特別総会において、荒木武広島市長(当時)が提唱した、「核兵器廃絶に向けての都市連帯推進計画」に賛同する世界の都市によって構成される。
会長:松井一實広島市長、副会長:田上富久長崎市長をはじめとする15市長(14年4月1日現在)。
事務局:広島市中区中島町1−5/TEL:082−242−7821/FAX:082−242−7452/www.mayorsforpeace.org/jp/index.html

2013年8月3〜5日、広島市内において、第8回平和市長会議総会※が開催された。総会では日本語名称が「平和首長会議」に変更する規約改正がなされた。これは、国内の加盟自治体が市のみならず、区町村にも広がっている実態に合わせたものである。英語名称の"Mayors for Peace"はそのまま変らない。

※総会は4年に1度開催されている。第8回総会には過去最高の157都市(251人)、11か国政府(13人)、自治体組織・NGO等18団体(41人)が参加。

総会の中の一セッションとして、8月5日に第3回国内加盟都市会議※が開催された。国内における取り組みの充実を図ることを趣旨に開かれ、「核兵器禁止条約の早期実現に向けた日本政府に対する要請について」等が議論された。

※日本国内67自治体(107人。うち首長34人)が参加。

最終日の8月5日は「ヒロシマアピール」が採択された。アピールを議長として取りまとめた松井一實会長(広島市長)は、そのポイントについて、記者会見※で以下のように述べた。「経済危機というものが進行しているなかで、それにもかかわらずこの核兵器システムを最新鋭化するために巨額な資金が流れているという現実、人間の基本的なニーズを満たすために必要とされる財源が、このようなところに使われているという事実も押さえた上での議論をした」。

※平和首長会議HP「第8回平和市長会議総会報告書」に記者会見全文。

ヒロシマアピールは、「放射線の発生源のいかんを問わず、いかなる場所においても、これ以上の「ヒバクシャ」を出さないように全力を尽くさなければならない」とも述べた。平和首長会議は核兵器廃絶と世界恒久平和をめざしているが、この一節は福島第1原発事故を含むすべての放射能汚染被害を、平和首長会議として想起したものとして注目したい。

13年2月1日、松井会長は岸田文雄外相と面会し、「核兵器禁止条約」の早期実現に向けた取り組みの推進について安倍首相宛ての要請書を提出した。外相は「広島市、長崎市、平和市長会議の思いを受け止めて、核兵器のない世界の実現を目指し、皆さんと連携を図りながらしっかりと取り組んでいきたい」と述べた。

13年4月20〜27日、ジュネーブで開催された2015年核不拡散条約(NPT)再検討会議第2回準備委員会に合わせ、松井会長および田上富久副会長(長崎市長)をはじめとする代表団を派遣した。NGOセッションでのスピーチで各国政府関係者等に核兵器の非人道性と「核兵器禁止条約」の早期実現に向けた取り組みの必要性を訴えるとともに、フェルーツァ議長に「核兵器禁止条約」の交渉開始等を求める市民署名を提出した。

平和首長会議は、各国の核実験が実施されるたびに抗議してきた。13年内には、北朝鮮の3度目の地下核実験(2月12日)、米国の「新たなタイプの核実験」(Zマシン核実験)※や未臨界核実験(3月12日、8月20日、10月30日)に対し、両国の首脳に抗議文を送っている(いずれも抗議文の日付)。

※用語の説明「未臨界核実験とZマシン核実験」(234ページ)、キーワードC1(100ページ)。

14年4月1日現在、平和首長会議への加盟自治体数は158か国・地域の6,000都市である。日本国内の加盟自治体数は、全市区町村数(1,742)の82.6%にあたる1,439となり、着実に広がっている※。

※データシート22(224ページ)。

10年12月に開始された「核兵器禁止条約」の交渉開始等を求める市民署名に対する賛同は、14年4月1日現在で940,667筆にのぼる※。この署名の前に取り組まれたCANT(「都市を攻撃目標にするな」)署名には、10年5月の核不拡散条約(NPT)再検討会議時点で約102万筆(07年2月からの累計)の賛同が寄せられ、その一部は現在、国連本部に常設展示されている。

※平和首長会議HPから、署名用紙のダウンロードならびにオンライン署名が可能。

E4. PNND、「列国議会同盟」(IPU)との関係を強化

核軍縮・不拡散議員連盟

※共同代表は、マニ・シャンカール・アイヤール(インド)、セミバー・チョードリー(バングラデシュ)、ターヤ・クロンバーグ(欧州議会)、ポール・デューアー(カナダ)、ビル・キッド(スコットランド自治政府)、河野太郎(日本)、イ・ミギョン(韓国)、エド・マーキー(米国)、スー・ミラー(英国)、クリスティーン・ムットネン(オーストリア)、マリ・ニバック(ノルウェー)の11名。
公式HP:www.pnnd.org/

※キーワードA4(58ページ)。

※キーワードA1(52ページ)。

「核軍縮・不拡散議員連盟」(PNND)※は2013年末現在、80か国以上800人を超える議員が参加する超党派の国際ネットワークである。国連・国際機関や市民社会との協力の下、非核兵器地帯、核兵器禁止の法的枠組み、米ロ戦略核削減、米戦術核の欧州配備、核兵器予算など幅広いテーマで、各国・地域議員との情報共有、署名活動、シンポジウム開催などの有志議員による活動のネットワークとして機能している。2013年にも、「国連公開作業部会(OEWG)」※に関する書簡の国連提出や、核兵器の人道的影響に関する国際会議(オスロ)※の並行イベント開催、国際NGO「核兵器廃絶国際キャンペーン(ICAN)」との協力による核兵器禁止に向けた議員署名の開始など、時宜を得たさまざまな取り組みの場となってきた。

近年、PNNDは「列国議会同盟」(IPU)との関係強化に力を注いできた。120年の歴史を持つIPUは、グローバルな課題における議会間の対話と協力の推進を目指して設立された、主権国家の議会を構成メンバーとする国際組織である。現在、160か国を超える議会が参加し、その中には、米国を除く4つの核兵器国(ロ、英、仏、中)、インド、パキスタン、イスラエル、北朝鮮も含まれている。

2013年3月22日〜27日にエクアドルの首都キトで開催された第128回IPU総会は、翌14年開催の第130回総会の議題に、「核兵器のない世界に向けて:議会の貢献」を含めることを決定した。これは、IPU常設委員会の一つである「平和と国際安全保障に関する常設委員会」の提起を受けたものであり、その背景には、同常設委員会の委員長を務めたセイバー・

チョードリーPNND共同代表ら、PNND参加メンバーの強力なイニシアティブがあった。

14年に核軍縮をテーマにしたIPU決議が採択されれば、09年4月の第120回総会が採択した決議(「核不拡散・核軍縮を前進させ、包括的核実験禁止条約を確実に発行させる:議会の役割」)に続くものとなる。09年の画期的な決議は、潘基文国連事務総長の「5項目提案」への言及があったことで注目を集めた。米国が含まれていないとはいえ、その他のすべての核保有国の議会が加盟している議会同盟において、間接的な形ながらも「核兵器禁止条約」への支持が盛り込まれたことになるからである。14年の総会決議において、核軍縮の前進への一層前向きな手がかりが含まれることが期待されている。

他方、PNNDの日本支部である「PNND日本」※(会長:河野太郎衆議院議員、副会長:近藤昭一衆議院議員、事務局長:鈴木馨祐衆議院議員、顧問:江田五月参議院議員)は、13年12月13日に第9回総会を行った。12年〜13年にかけ、衆議院解散総選挙および参議院選挙等により一時活動が停滞していたが、新たな役員体制の下、活動の再活性化が図られることとなった。2014年2月5日現在、PNND参加議員は衆参あわせて40名(自民:10名、民主:16名、公明:6名、共産:2名、社民:2名、維新、未来、みんな、結いの党:各1名)である。総会にはPNNDグローバル・コーディネーターのアラン・ウェア氏が参加し、国際的なPNND活動の最新状況について講演を行った。

※PNND日本事務所:
鈴木馨祐事務所 〒100-8982
東京都千代田区永田町2-2-1
衆議院第一議員会館423号室
TEL:03-3508-7304
FAX:03-3508-3304
www.pnnd.jp/

「核兵器の人道的影響に関する国際会議」と並行して開催されたPNNDとノルウェー議員とのラウンドテーブル。右から2番目がアラン・ウェアPNNDグローバル・コーディネーター(13年3月4日、オスロ)。(写真:www.pnnd.org/photos/roundtable-norwegian-parliament-oslo-2013)

E5. 第5回地球市民集会ナガサキ ─「核兵器の非人道性」に焦点

2013年11月2日から4日にかけて「核兵器廃絶─地球市民集会ナガサキ」が開催された。同集会は2000年11月から始まり、5回目※の開催である。「核兵器廃絶地球市民集会長崎実行委員会」(委員長:朝長万佐男・長崎原爆病院長(当時))が企画と運営を行い、3日間で延べ3,280人が参加した。

※過去4回は、00年11月、03年11月、06年10月、10年2月。

開会集会は、長崎市長や長崎県知事のあいさつに始まり、被爆者の池田早苗さんが自らの体験を語った。また、第1回「核兵器の非人道性に関する国際会議」を主催したノルウェー政府から、駐日大使館のスノーフリッド・エムテルード参事官が招かれ、基調講演を行った。

エムテルード参事官は、「いかなる核爆発も、意図的に国家またはテロリストが起こしたものであろうと、あるいは事故によって起こったものであろうと、人道上の対応に大きな負荷を与えるもの」であるとの基本的認識を示し、「核兵器の非人道的影響を常に議題に上げ続けること」の意義を訴えた。日本に関しては、「核兵器使用の非人道的な結末に関して、特別な経験だけでなく、提供すべき非常に多くの知見」を持っているとし、「核兵器なき世界」の実現に向けた協力を呼びかけた。

また、NGOからは、イ・テホ(参与連帯)、ウォード・ウィルソン(米英安全保障情報センター)、スージー・スナイダー(IKVパックス・クリスティ)、デイビッド・クリーガー(核時代平和財団)の各氏が発言した。海外からは他に、アラン・ウェア(核軍縮・不拡散議員連盟(PNND)グローバル・コーディネーター)、ジャクリーヌ・カバッソー(西部諸州法律財団事務局長)の両氏も参加した。ダンス、トロンボーン演奏、コーラスなどもあり、ホールの外では、パネル展示やNGOブースなどの自主企画もあった。

分科会は以下の4つであった。

- 分科会①「非核の傘・非核兵器地帯を広げよう」
- 分科会②「フクシマからナガサキを考える」
- 分科会③「核兵器禁止の法的枠組みをめざして」
- 分科会④「ナガサキの声・継承する若者たち」

11年の東電福島第一原発事故を受けてフクシマの問題が入ったこと、また、12年に長崎大学が核兵器廃絶研究センター(RECNA)を新設したことから地元大学生が多く参加したことが、これまでにない特徴であった。

3日間の討論のまとめとして行われた全体会議は「核兵器の非人道性を基礎に、世界はこれから何をなすべきか」と題され、世界で広まりつつある核兵器の非人道性を強調するアプローチを活かすための議論がなされた。

最終日に採択された「長崎アピール2013」※は、「福島の事故と、長崎・広島の原爆被爆の経験は、核の惨事の影響が、時間的にも空間的にも制御できないことを示した」と指摘する一方で、明るい傾向として、核兵器の非人道性を強調する国際潮流※があることを指摘している。8項目の要求では、14年までに「核兵器の全面禁止と廃絶に向かう外交交渉」を開始することや、核兵器の役割の低減、北東アジアでの非核兵器地帯の設立などが求められている。同時に、「『フクシマ』を風化させてはならない」「福島の事故は『ノー・モア・フクシマ』と叫ぶことを要求している」などとも述べている。

※資料3-19(343ページ)。

※キーワードA1(52ページ)。

今回のアピールは、日本政府に向けた4項目を掲げたことが特徴の一つである。「『いかなる状況下においても』核兵器が使用されないことに人類の生存がかかっていると明確に述べた125か国共同声明※に沿って、日本政府は『核の傘』依存政策の変更に進むべきである」「日本政府が韓国政府と協議し、[北東アジア非核兵器]地帯実現に向けた共同の取り組みを開始することを求める」などと、具体的に訴えている。

※キーワードA2(54ページ)。資料2-2(285ページ)。

E6. レクナ核弾頭データ追跡チーム、データとポスターを公表

※長崎大学核兵器廃絶研究センター(RECNA)
センター長:梅林宏道
〒852-8521長崎市文教町1-14/TEL:095-819-2164/FAX:095-819-2165/E-mail: recna@ml.nagasaki-u.ac.jp/www.recna.nagasaki-u.ac.jp

※www.recna.nagasaki-u.ac.jp/datebase/nuclear0/nuclear/

2013年8月1日、68回目の長崎原爆忌を前に、「長崎大学核兵器廃絶研究センター(RECNA。レクナと読む)」※は「世界の核弾頭データ」を記者会見で発表するとともに、公式ホームページに掲載した※。

RECNAは核兵器廃絶という目的に資する調査研究や教育に特化した、世界でも例のない、大学付属の研究機関として2012年4月に被爆地長崎に誕生した。RECNAは、設立以来の主要プロジェクトとして「市民データベース」の構築に取り組んできた。これは、核兵器にかかわる条約や国連文書、各国の政策文書、市民社会からの提言などのさまざまなデータを収集・整理し、関心を持つ市民がアクセスできるようにウェブ上で提供するものである。

「世界の核弾頭データ」は、この「市民データベース」の一環として、核保有9か国の核兵器(核弾頭及びそれらの運搬手段の数や種類)に関するさまざまな情報を分析し、詳細なデータ集として提供したものである。梅林宏道(RECNAセンター長、座長)、冨塚明(長崎大学環境科学部准教授、コーディネーター)、湯浅一郎(NPO法人ピースデポ代表)、中村桂子(RECNA准教授)の4名で構成する「核弾頭データ追跡チーム」が約1年かけて準備を進めた。

※本イアブックにおいても、04年版から、データシート「地球上の核弾頭全データ」として毎年掲載。データシート6(118ページ)。

核兵器に関する推計データに関しては、米国科学者連盟(FAS)やストックホルム国際平和研究所(SIPRI)が信頼性のあるデータを提供してきた。それを基礎として、国内ではピースデポが、独自の整理をして提供してきた※。RECNAの「世界の核弾頭データ」は、これらを含めたさまざまな文

献・資料を精査し、独自の分析を加えつつ、説得力のある論拠を提示することを試みた。13年8月時点で、データベースの脚注は計122件、参照文献は延べ207件（重複あり）にのぼっている。また、ポップアップで情報を示すなどデザインの工夫を重ね、研究者や専門家のみならず関心ある市民が気軽に活用できるウェブサイトとなることを目指した。情勢の変化を受けてデータは随時更新される。

データがより広く活用されることをめざして、13年8月、RECNAは「世界の核弾頭データ」ポスターを制作した。これは、長崎県、長崎市、長崎大学の3者が構成する核兵器廃絶推進のための協議体である「核兵器廃絶長崎連絡協議会（PCU-NC）」の協力を得て実現した。ポスターは、長崎県内の小中高や大学、図書館などを含む各方面に配布され、核兵器をめぐる世界の現状をわかりやすく伝える教育ツールとして活用されている。

さらには、教材として使用する際に小中高の教員らがポスターの内容をポイントをつかんで説明できるように、解説用のリーフレット「核弾頭データポスターのしおり」を作成した。「しおり」にはポスターに関する想定問答や用語の解説も含まれている。ポスターと併せて、長崎県の小中高などに教育委員会を通して配布された。ポスターやしおりはRECNAから無料で入手することができる。ウェブサイトから無料でダウンロードすることも可能である。

また、ポスターの英語版、韓国語版もウェブ上で公開されている。今後、毎年8月の広島・長崎原爆忌の前に最新ポスターが出される予定である。

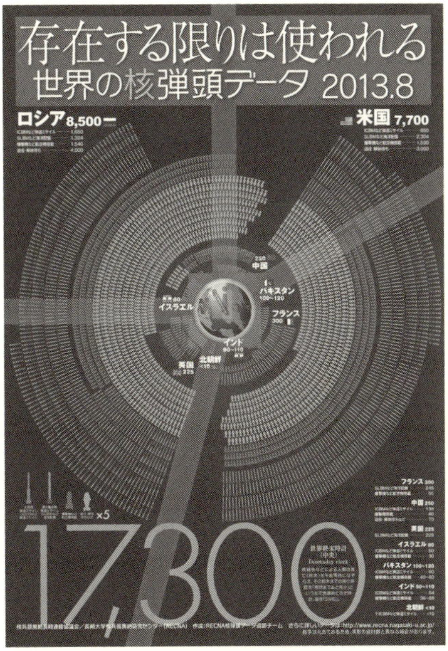

「世界の核弾頭データ」ポスター（2013年版）。

E7.「継承する会」、ヒバクシャ記憶遺産継承センター構想を発表

※〒102−0085 東京都千代田区六番町15プラザエフ6F
設立：11年12月10日。岩佐幹三代表理事。http://kiokuisan.com/

※会のHPで、「ノーモア・ヒバクシャ記憶遺産の継承センター 〜基本構想〜」が読める。

ノーモア・ヒバクシャ記憶遺産を継承する会※は、2013年11月2日、ノーモア・ヒバクシャ記憶遺産継承センターの基本構想※を発表した。会では継承センター設立委員会を設置し、センターの実現に向けて歩み出した。

基本構想は、以下のように設立の趣旨を述べている。

「〝ノーモア・ヒバクシャ記憶遺産の継承センター〟は、被爆者たちによる原爆とのたたかい（運動）を人類のあゆみ・歴史に刻むアーカイブスである。原爆が人間にもたらした『死』と『生』に関する証言（言葉や作品・モニュメント）を散逸させず、形ある『記憶遺産』として、後世にあまねく伝え『継承』し、『核兵器も戦争もない世界』をきずく『平和の砦』になる。これを実現するため本センターを設立する。」

ここには記憶遺産、継承、アーカイブス（文書館）という3つのキーワードがある。記憶遺産は、有名・無名を問わず、死者・生存者が残した証言を人類の遺産にしていくことである。検討委員会の議論のなかで、当初の「資料センター」から「継承センター」へ名称が改められた。そこには、単に資料を集めるだけでなく、被爆者（生存者、死者）と継承者が出会い・学ぶ、継承のための諸活動の「場」＝センターとなる意図が込められている。アーカイブスとは、重要記録を保存・活用し、未来に伝達するための施設、仕組みである。

そして、今なぜ必要とされるのかが述べられる。

1）被爆者に残された時間はわずか。

2）被爆者の長い時間をかけた経験と志を人類の歴史に位置づける。

3)資料を系統的に収集し遺産として共有・発信する。

4)埋もれた研究・原資料を発掘し光をあてる。

5)戦争の歴史から人類のあゆみを転換する。

以上を前提に、収集する主な資料には4つの柱がある。

1)原爆体験記録:手記、語り・講話、自分史、聞き書き(手記や出版物に掲載されなかった手稿も含む)。

2)(被爆者が描いた)小説・詩歌、絵画・写真など。

3)被爆者運動史資料:会報・会議録、メモ・ノート・草稿類、会員からの手紙。

4)原爆被害・原爆体験実態調査研究資料。

日本被団協や各県被爆者の会がつくりあげてきた諸文書、在外被爆者の記録、被爆者運動のなかで実施されてきた調査資料、社会科学者らの努力(雑誌掲載や未出版論文も含む)、さらには現在進められている日本被団協所蔵の運動史資料の整理作業風景や、書いた人の息遣いが伝わる手書きの調査票(原票)など、この会でなければ集めることが難しい貴重な資料の数々が収蔵されることになる。また、各地で続く「証言の会」や広島市、長崎市の継承事業や記録保存事業とは相互にリンクをはり、ネットワークを形成する。

アーカイブスとしての施設の主な空間は、A「継承・交流活動スペース」とB「記憶遺産館スペース」である。Aは「被爆者のあゆみ・運動を伝える展示コーナー」と継承交流活動を行う多目的スペースである。Bは、資料庫(開架、及び保存)、検索・閲覧・視聴コーナー、資料調査・整理室、スタジオ・IT室などからなる。

14年3月末現在、国内で被爆者健康手帳の所持者は192,719人、平均年齢は79.44歳※となった。最大時、372,264人(1981年3月末現在)であったのが、いまやおよそ半数となった。また、海外で暮らす被爆者手帳所持者は、14年3月末現在で、韓国、米国、ブラジルなどに計4,440人とされる※。

※「中国新聞」、14年7月8日。

※厚生労働省HP「原子爆弾被害者対策」より。

被爆者の高齢化が進む中、次世代への継承を形にするノーモア・ヒバクシャ記憶遺産継承センター設立は極めて重要であり、市民の幅広い支援と取り組みが求められる。

E8. 外務省の「ユース非核特使」始まる

岸田文雄外相(広島1区選出)は2013年4月、ハーグにおける軍縮・不拡散イニシャチブ(NPDI)第6回外相会合において、「ユース非核特使」制度を立ち上げることを発表した。そして、ユース非核特使の第1号として、第16代高校生平和大使20名が委嘱を受け、13年7月29日に広島で委嘱式が行われた。

「非核特使」(Special Communicator for a World without Nuclear Weapons)は、被爆者らが政府の委嘱を受け、国際会議や原爆展などの機会に被爆証言を行うなどして、核兵器使用の惨禍の実相を広く世界に伝え将来の世代に継承していくものである。10年に菅直人首相が立ち上げた。非核特使は、委嘱の対象となる活動について、その活動期間中のみ外務省軍縮不拡散・科学部長から「特使」の委嘱を受けるものである。核軍縮・不拡散政策に関する日本政府の立場を代表するものではない。13年1月までに88名が委嘱されている※。

※外務省HP「非核特使」 www.mofa.go.jp/mofaj/gaiko/kaku/tokushi/jigyo.html

ユース非核特使は、この非核特使を若い世代に広げたものである。被爆者の高齢化が進むなか、被爆の実相を伝える活動を若い世代に広げる必要性が近年大きな課題になっている。たとえば12年8月の軍縮・不拡散教育グローバル・フォーラム(長崎市)においても、若い世代の非核特使の必要性が指摘された。ユース非核特使(Youth Communicator for a World without Nuclear Weapons)は、こうした市民社会の声を受けて始められることになった。概ね高校生以上30歳未満の若者を対象とする。地方自治体や学校、NPOなどから申請を受け、個人に委嘱する。岸田外相は公募開始にあたり、これは「被爆の実相を伝える活動を次世代に継承する重要な事業」であり「核兵器のない世界を目指すという大きな目標につながる」と意義を強調した。

ユース非核特使の第1号となった平和大使らは8月18～22日にスイスを訪れ、全国で集めた核兵器廃絶を求める19万5704人分の署名をサレバ国連欧州本部軍縮局長に提出し、同局幹部に英語で原爆の悲惨さを訴えた。地元の若者と交流し、首都ベルンの街頭で署名活動を行った。平和大使の代表らは帰国後、10月、外務省に岸田外相を表敬訪問し、活動を報告している※。

※ユース非核特使(高校生平和大使)の第1号よる岸田外務大臣表敬。www.mofa.go.jp/mofaj/kaidan/page3_000484.html

長崎から選ばれた活水高校3年の麻生こころさんは委嘱にあたり「世界にしっかりと平和を訴えたい」と意気込みを語った。帰国後、広島県立広島高2年の松岡朱音さんは「世界中の人たちが核兵器廃絶を願っていると実感した」と述べている※。2011年の福島の原発事故で浪江町の自宅が警戒区域になり、県内を転々とした経験を持つ福島県立小高工業高校3年の吉田有沙さんは、「放射線におびえる日々は平和と言えない」と訴え、帰国後は11月に核兵器廃絶地球市民集会ナガサキに参加し「二度と同じことを繰り返さないために、福島の現状を正しく理解し風化させないでほしい」と語った※。

※「中国新聞」、13年8月30日。

※第5回「核兵器廃絶ー地球市民集会ナガサキ」第2分科会(13年11月3日)。http://ngo-nagasaki.com/ngo-pdf/02-2.pdf

また、同年7月から10月にピースボート「ヒバクシャ地球一周　証言の航海」に参加した大学生1名もユース非核特使に委嘱された※。委嘱された早稲田大学の瀬戸麻由さんは、世界各地で被爆証言会を企画した。被爆者の証言を聞いた人に「行動を起こしていく仲間になってもらいたい」、だから「被爆証言の前後に世界の核情勢や現地の原発事情、日本との関係や現地の戦争経験などに触れて、いかに『自分たち』につながっているのかを考えてもらう」ために心を砕いたと振り返っている。

※瀬戸麻由「おりづるユース特使として地球一周を経験して」http://ameblo.jp/hibakushaglobal/entry-11693796825.html

左がユース非核特使の瀬戸麻由さん。

E9. 日弁連、「国防軍」の創設に反対決議

※www.nichibenren.or.jp

日本弁護士連合会※(日弁連、会長:山岸憲司(当時))は、2013年10月4日、人権擁護大会において「恒久平和主義、基本的人権の意義を確認し、『国防軍』の創設に反対する決議」※を採択した。人権擁護大会は、日弁連最大の行事であり、その大会宣言は総会決議・宣言に準ずる日弁連としての意思表明である。

※資料3-16(331ページ)。

決議は、「『国防軍』の創設は、国民の平和的生存権をはじめとする基本的人権を危うくし、かえって我が国の安全保障を損なうおそれが強い」とし、以下の3点を強調している。

①「国防軍」の創設は、自衛隊の他国との軍事協力や、海外での武力行使を可能にする。

②軍事機密保護法の制定や軍事裁判所の設置、緊急事態宣言などの法制を伴うことになる。

③堅持してきた恒久平和主義の放棄と受け止められ、北東アジアの緊張を増大させる。

そして、今求められていることは、個人の尊重を根本とした立憲主義に基づく基本的人権の保障であり、軍事力によらない平和的方法による国際的な安全保障のためのリーダーシップの発揮であると提言している。

※12年4月27日。資料3-17(333ページ)。

この決議は、自民党の改憲草案※第2章安全保障、第9条の2で国防軍の保持がうたわれ、かつ自民党が政権政党となったことを念頭に置いたものであり、政治的な内容を含んでいる。日弁連は、弁護士法に基づいて1949(昭和24)年9月1日に設立された法人で、全国52の弁護士会、弁護士及び弁護士法人で構成され、日本全国すべての3万5千人余りの弁護士

は日弁連に登録されている。その限りにおいて、弁護士の政治信条は個々に異なるため、当然、政治的に一枚岩ではない。他方、弁護士の任務は、「基本的人権の擁護と社会正義の実現」とされている(弁護士法1条)。従って政治的な対立を内包している問題であっても、それが基本的人権を侵害し、社会正義と相容れない場合には、弁護士会には、積極的行動が求められ、実際、具体的な行動を起こすことができるのである。

これまでに日弁連は、いずれも人権擁護大会において「国民主権の確立と平和のうちに安全に生きる権利の実現を求める宣言」(1997年)、「立憲主義の堅持と日本国憲法の基本原理の尊重を求める宣言」(2005年)、「平和的生存権および日本国憲法9条の今日的意義を確認する宣言」(2008年)、「今こそ核兵器の廃絶を求める宣言」(2010年)※などを行ってきた。その底流にあるのは、戦争は最大の人権侵害であること、日本国憲法の恒久平和主義は世界に誇りうる先駆的意義を有すること、憲法9条は自衛隊の組織、装備や活動を大きく制約し、海外での武力行使や集団的自衛権行使を禁止するなどの機能を果たしている、という認識である。

※本イアブック11年版・資料3-10(307ページ)。

このように日弁連は、戦争という最大の人権侵害と不正義を許さないという立場から、強制加入団体という制約はあるものの、時の政治権力と対抗してきている。その社会的発言は、日本国憲法の立憲主義、基本的人権の尊重、国民主権、恒久平和主義などの基本原理に依拠して、政治権力の暴走を食い止めるためになされているものである。

最近では、「特定秘密保護法」反対の運動に取り組んだだけではなく、閣議決定で集団的自衛権の行使を容認しようという解釈改憲、「国家安全保障基本法」の制定による立法改憲、明文改憲などの動きに対抗するために「憲法問題対策本部」を立ち上げている。

E10. 限定的地域核戦争で 20億人が「核の飢饉」

※アイラ・ヘルファンド『核の飢饉:危機にさらされる20億人――限定的核戦争が農業、食料供給、人類の栄養に与えるグローバルな影響』。発行:核戦争防止国際医師の会(IPPNW)、社会的責任のための医師団。www.ippnw.org/pdf/nuclear-famine-two-billion-at-risk-2013.pdf

※本イアブック13年版・特別記事3(33ページ)に全訳。

※アラン・ロボックら、「地域核戦争による気候への影響」。「環境化学及び物理」、第7号(07年)。www.atmos-chem-phys.net/7/2003/2007/

※炭素を主成分とする「すす」。

※ムトル・オズドガンら、「南アジアの核戦争による合衆国中西部の大豆・トウモロコシ生産への影響」。「気候変動」(電子版)、12年6月22日。

2013年11月、核戦争防止国際医師会議(IPPNW)のアイラ・ヘルファンド医師が論文「核の飢饉:20億人の危機」を発表した※。これは、2012年4月に発表した論文※の第2版である。12年4月の第1版では、限定的地域核戦争による気候変動予測を基に、それに伴う農業への影響を分析し、「10億人の危機」をもたらすとしていた。第2版では、中国への影響を再評価することによって、それが2倍になることを示した。

第1版では、まず限定的な地域核戦争による気候変化について、アラン・ロボック※らが07年に地球規模の大気大循環モデルを用いて行った計算結果を引用する。インドとパキスタンの間で「5月半ばに北半球亜熱帯の北緯30度、東経70度(インド、パキスタン国境)地点で核戦争が勃発」し、ヒロシマ型原爆(TNT換算15キロトン)相当の核兵器を相互に50発ずつ使用したと仮定する。それにより緯度4度、経度5度(南北440km、東西550km)の範囲の対流圏上層にブラックカーボン※微粒子500万トンが充満した状態を初期条件として、10年間の気候の推移を計算した。その結果、核戦争の1年後には平年との温度差(偏差)がマイナス1.25度の地表温度の低下が起こり、10年目でも依然マイナス0.5度のままであることを示した。これに伴い蒸発と植物による蒸散が減少するため、降水量も減少する。冷戦期の1980年代、米ソ間の大規模核戦争による「核の冬」の議論がなされたが、当時の計算技術では、微粒子の成層圏での滞留を考慮できなかったため、影響は30日程度の短期にとどまっていた。

これを受けてムトル・オズドガンら※が、農業生産などに活用されている計算モデルを用い、降水量、気温などの減少を前提に米国の穀倉地帯4州(インディアナ、イリノイ、アイオワ、ミズーリ)でのトウモロコシ、大豆生産への影響を予測したところ、トウモロコシ、大豆は戦争後10年にわたり平均10%の減産となった。

ヘルファンドは、「世界の9億2500万人は、必要エネルギー量の最低基準、1日当たり1750キロカロリー以下の栄養不良にある」との2010年の国連食糧農業機関(FAO)報告を引きながら、穀物の世界的減産がこの人々を直撃し、飢餓を生みだすことを示した。さらに食料輸出国が自国民の食料確保を名目に輸出規制を行えば、新たに日本、韓国も含む数億人を栄養不良に追い込み、合わせて10億人を越える人々に飢餓が発生すると警告した。

第2版の論理的構成は第1版と基本的に同じである。これに、シアとロボックが、13年10月、中国の冬小麦、及びトウモロコシ生産への影響を評価した新たな論文を加味したものとなっている※。それによると、とりわけ中国の冬小麦生産への影響が大きく、核戦争後の最初の5年は生産高が39%減、10年を通じても平均31%減になる。この結果、カロリー摂取の多くを穀物に依存している世界最大の国、中国において、深刻な食糧不足が発生する。ヘルファンドは、この論文の結論を踏まえ、飢餓に陥る人口を再評価したところ、核戦争によって引き起こされる飢饉により脅かされる人々は、10億人ではなく、優に20億人を超えるとの結論に達した。

※リリ·シア、アラン·ロボックら「地域的核戦争後のグローバルな飢饉」、地球の未来、13年10月。

20億人は世界人口の3分の1に当たる。同報告は、世界の小麦生産は、中国とほぼ同じ緯度において、米国、ロシア、欧州でも行われており、同様の減産が起きる可能性を指摘している。そうなれば、影響はさらに拡がる。核兵器の非人道性は、直接的な無差別の殺戮や物理的破壊だけでなく、気候崩壊に伴う飢饉を通じて、とりわけ貧困に苦しむ多くの人々を飢餓に陥れる可能性のあることが、いよいよ明らかになってきている。

データシート

18. 米軍機・艦船による事故

2013年1月〜12月(防衛省まとめ)

●米軍機による事故

(1) 予防着陸(不時着)等

月 日	発生場所	概 要
4月16日	那覇空港	米軍機(P-3C)が天候不良のため着陸
8月28日	徳之島空港	米軍ヘリ(UH-60)6機が燃料不足のため着陸
9月25日	対馬空港	米軍ヘリ(UH-60)6機が天候不良のため着陸
12月16日	神奈川県三浦市	米軍ヘリ(MH-60)が不時着・横転し電柱等を破損
	計	4件

(2) 部品の落下等

月 日	発生場所	概 要
2月5日	普天間基地南西	米軍機(MV-22)から個人用飲料水のボトルが落下
4月17日	沖縄県読谷村沖合	米軍ヘリからケミカルライトが落下
	計	2件

(3) 部品の遺失等

月 日	発生場所	概 要
1月8日	岩国基地を離陸後、帰還するまでの間	米軍機(FA-18)が機体を覆うパネルを遺失
4月2日	普天間基地を離陸後、帰還するまでの間	米軍ヘリ(AH-1)が燃料タンクのキャップを遺失
4月23日	三沢基地を離陸後、帰還するまでの間	米軍機(F-16)がパネルを遺失
5月14日	岩国基地から同基地北東に位置する訓練空域の間	米軍機(AV-8B)が金属製のフェアリングを遺失
7月30日	横田基地を離陸後、帰還するまでの間	米軍機(C-130)がアルミ製のバッテリーカバーパネルを遺失
8月13日	三沢基地を離陸後、帰還するまでの間	米軍機(F-16)が部品(静圧探子)を遺失
9月9日	厚木基地を離陸後、帰還するまでの間	米軍機(FA-18)が模擬ミサイルのフィンを遺失
10月29日	嘉手納基地から中部訓練場(キャンプ・ハンセン、キャンプ・シュワブ)の間	米軍ヘリ(HH-60)が機外に取り付けられていたカメラを遺失
	計	8件

(4) 事故等

月 日	発生場所	概 要
8月5日	キャンプ・ハンセン内	米軍ヘリ(HH-60)が訓練中に墜落
	計	1件

原注1 米軍艦船による事故は、2013年1月〜2013年12月までの間において該当なし。
2 本表は、米軍から通報を受けたこと等により防衛省が知り得たものである。

19. 米軍人による刑法犯検挙状況

（警察庁刑事局まとめ）

		総数	犯罪別の検挙状況（件数）					
			凶悪犯	粗暴犯	窃盗犯	知能犯	風俗犯	その他
全国総数 2013年		37	1	7	8	1	3	17
米軍基地等が存在する都県 2013年	警視庁	5	0	3	0	0	0	2
	神奈川	12	0	3	2	1	1	5
	大阪	1	0	1	0	0	0	0
	島根	1	0	0	0	0	1	0
	山口	1	0	0	0	0	0	1
	福岡	1	0	0	1	0	0	0
	長崎	5	1	0	3	0	0	1
	沖縄	11	0	0	2	0	1	8

原注）1　上記資料は米軍人の犯罪で、軍属と家族は含まれない。
　　　2　刑法犯の数値は、道路上の交通事故に係る業務上（重）過失致死傷罪、危険運転致死傷罪及び自動車運転過失致死傷罪を除いたものである。

20. 自衛隊機・艦船の事故

13年1月〜12月（防衛省まとめ）

1 自衛隊機による事故、予防着陸（不時着）、部品の落下等

<陸上自衛隊>

発生年月日	概要
1.30	第7飛行隊所属のOH-6Dが、北海道札幌飛行場周辺を整備試験飛行中、エンジン燃料ドレーンパイプの脱落。
2.26	第10飛行隊所属のUH-1Jが、静岡県東富士演習場周辺を飛行中、航空機搭載用小型消火器の落下。
7.12	第1ヘリ団所属のEC-225LPが、千葉県木更津飛行場周辺を飛行中、エグゾースト・ノズル・フィックスドの一部を脱落。
8.12	第2対戦車ヘリ隊所属のAH-1Sが、富士総合火力演習準備訓練で射撃のため静岡県東富士演習場周辺を飛行中、対戦車ミサイル誘導用ワイヤーの残片を落下。
10.17	航空学校所属のCH-47Jが、茨城県霞ヶ浦飛行場周辺を教育飛行中、実習学生が手順書を落下。
10.22	北部方面ヘリ隊所属のUH-1Jが、#1ハイドロプレス警報灯の点灯により、北海道十勝飛行場に予防着陸。
12.17	第1ヘリ団所属のCH-47JAが、徳島県徳島飛行場周辺を飛行中、トランスミッション・オイル・プレス及びトランスミッション・チップ・ディテクタ警報灯の点灯により、徳島飛行場に予防着陸。

データシート

20. 自衛隊機、艦船の事故（続き1）

13年1月～12月（防衛省まとめ）

＜海上自衛隊＞

年月日	概要
1.30	第71航空隊所属US-2が、救難待機進出のため岩国航空基地を離陸し、下総飛行場に着陸後、HFアンテナの切断及びインシュレータの脱落を確認した。
2.4	第3航空隊所属P-3Cが、厚木基地において連続離着陸訓練中に、正面に5羽程度の鳥を視認すると同時に、左席側ワイパー付近に衝突を認めたため、タワーに通報するとともに訓練を中止し、飛行後点検したところノーズレドームと外板のへこみ、リベット5本の欠損等を認めた。
3.6	第23航空隊所属SH-60Jが人員輸送のため舞鶴航空基地を離陸、館山航空基地で給油し、舞鶴帰投後、飛行後点検中にテールローターケーブルの脱落を発見した。
4.3	第72航空隊所属UH-60Jが、航空機所在替えのため大村飛行場を離陸し、徳島飛行場着陸後の点検で、右主脚タイヤ取り付け用ボルトのナット部が折損していることを確認した。
8.7	第23航空隊所属SH-60Jが、訓練のため舞鶴飛行場を離陸、訓練終了し着陸後、整備員による飛行後点検でメインローター・ディアイスケーブル・クランプ保護用ゴムの脱落を発見した。飛行場内を捜索したところ、当該部品を発見した。
9.9	第2航空隊所属P-3Cが、下総飛行場において夜間駐機中、翌日訓練飛行に備え、点検したところ、上部ストロボライトカバーの破断及び脱落を認めた。八戸飛行場及び下総飛行場を捜索するも当該部品は発見できず。

原注　※海自機は予防着陸はなし。

＜航空自衛隊＞

年月日	概要
1.7	新田原基地所属のF-15が、空域での訓練を終了し、着陸後の点検において、エンジン・ショート・コネクティングリング取付ボルト及びナットが脱落紛失していることを発見。
1.8	新田原基地所属のF-4が、空域での訓練を終了し、着陸後の点検において、パネル75R取付ファスナー及びピンが脱落紛失していることを発見。
1.9	岐阜基地所属のXC-2が、空域での飛行試験終了後、随伴機による外観点検において、機体後部下面のパネルが脱落紛失していることを発見。
1.17	入間基地所属のT-4が、空域での訓練を終了し、着陸後の点検において、右エンジンドア・スリーブボルトが脱落紛失していることを発見。
1.24	新田原基地所属のF-4が、空域での訓練を終了し、着陸後の点検において、右翼スポイラー内フィードバック・スプリング頭部の一部が欠損し脱落紛失していることを発見。
1.27	三沢基地所属のF-2が、築城基地へ移動し、着陸後の点検において、右タイヤ・エンド・タイ及びコッター・ピンが脱落紛失していることを発見。
2.8	新田原基地所属のF-15が空域での訓練を終了し、着陸後の点検において、右フラップ・アップ・ストップが脱落紛失していることを発見。
2.25	入間基地所属のEC-1が、空域での訓練を終了し、着陸後の点検において、スクリュ-×1が脱落紛失していることを発見。
3.12	新田原基地所属のF-15が空域での訓練を終了し、着陸後の点検において、右パイロン内側ランチャー・アンビリカル・クイックリリース・ピンの一部が脱落紛失していることを発見。

3.25	岐阜基地所属のF-4が、空域での訓練を終了した後、着陸後の点検において、機体尾部後方パネル取付リベットが脱落紛失していることを発見。
4.4	新田原基地所属のF-4が、空域での訓練を終了し、着陸後の点検において、右翼スポイラー内フィードバック・スプリング頭部の一部が欠損し脱落紛失していることを発見。
4.8	新田原基地所属のF-4が、空域での訓練を終了し、着陸後の点検において、右翼スポイラー内フィードバック・スプリング頭部の一部が欠損し脱落紛失していることを発見。
4.16	小牧基地所属のC-130が、任務飛行を終了し、着陸後の点検において、No3エンジン下部排気口スクリューが脱落紛失していることを発見。
4.17	千歳基地所属のF-15が、空域での訓練を終了し、着陸後の点検において、ドア45R内ユニバーサル・リベット×2が脱落紛失していることを発見。
5.23	小牧基地所属のC-130が、航法訓練を終了し、着陸後の点検において、クルー・エントランスドア・ヒンジ部分のカバーが脱落紛失していることを発見。
5.30	小松基地所属のF-15が、離陸直後において、ビジュアル・オーグメンタ・カバーを脱落した。
6.10	岐阜基地所属のF-4が、空域での訓練を終了した後、着陸後の点検において、ミサイル取付部キャビティ・ドア内のボルト及びワッシャーが脱落紛失していることを発見。
6.10	松島基地所属のU-125Aが、空域での訓練を終了し、着陸後の点検において、右主翼上面フラップ・シュラウド・ラビングパッド(テフロンテープ)が脱落紛失していることを発見。
6.27	三沢基地所属のF-2が、空域での訓練を終了し、着陸後の点検において、スクリュー×1が脱落紛失していることを発見。
7.2	三沢基地所属のE-2Cが、那覇基地から浜松基地への飛行を終了し、着陸後の点検において、ステアリング・ユニット・ダンパー・スプリング×1が脱落紛失していることを発見。
7.11	芦屋基地所属のT-4が、空域での訓練を終了し、着陸後の点検において、左主脚アップロック・シリンダーの銘板の一部が脱落紛失していることを発見。
7.12	三沢基地所属のF-2が、飛行場周辺における訓練を終了し、着陸後の点検において、尾灯カバーが脱落紛失していることを発見。
7.18	新田原基地所属のF-4が、着陸進入時にビジュアル・オーグメンターを脱落。
7.23	芦屋基地所属のUH-60が、空域での訓練を終了し、着陸後の点検において、メイン・ギア・ボックス・スワッシュ・プレートの銘板が脱落紛失していることを発見。
7.24	築城基地所属のF-15が、空域での訓練を終了し、着陸後の点検において、左アウトリガー内側126Lパネル取付スクリュー×1が脱落紛失していることを発見。
7.24	築城基地所属のF-2が、空域での訓練を終了し、着陸後の点検において、スタティック・ディスチャージャーの一部が脱落紛失していることを発見。
7.31	新田原基地所属のF-4が、空域での訓練を終了し、着陸後の点検において、フィードバック・スプリングの一部が脱落紛失していることを発見。
7.31	新田原基地所属のF-4が、空域での訓練を終了し、着陸後の点検において、右ギア室内カラー、スペーサー及びロック・ボルトが脱落紛失していることを発見。
8.22	新田原基地所属のF-15が、空域での訓練を終了し、着陸後の点検において、ドア123Rのスクリュー×1が脱落紛失していることを発見。

データシート

20. 自衛隊機、艦船の事故(続き2)

13年1月～12月(防衛省まとめ)

<航空自衛隊(続き)>

8.23	松島基地所属のT-4が、東松島市での展示飛行事前訓練を終了し、着陸後の点検において、エンジン・ノズル・取付ボルトの頭部×15が脱落紛失していることを発見。
8.28	三沢基地所属のT-4が、空域での訓練を終了し、着陸後の点検において、左エンジン・セグメント取付スクリューが脱落紛失していることを発見。
8.29	新田原基地所属のF-4が、空域での訓練を終了し、着陸後の点検において、右翼スポイラー内・フィードバック・スプリングが脱落紛失していることを発見。
9.24	新田原基地所属のF-15が、空域での訓練を終了し、着陸後の点検において、右垂直尾翼上部スクリューが脱落紛失していることを発見。
9.25	新田原基地所属のF-15が、空域での訓練を終了し、着陸後の点検において、スクリュー×1が脱落紛失していることを発見。
9.27	芦屋基地所属のT-4が、空域での訓練を終了し、着陸後の点検において、右エンジン・セグメント取付スクリュー、ワッシャー、ナット×各1が脱落紛失していることを発見。
10.9	新田原基地所属のF-4が、空域での訓練を終了し、着陸後の点検において、右ダンプ・マスト付け根付近スクリュー×1が脱落紛失していることを発見。
10.24	浜松基地所属のE-767が、空域での訓練を終了し、着陸後の点検において、ミッド・アウター・アコースティック・ライナー・パネル×14が脱落紛失していることを発見。
10.30	岐阜基地所属のF-4が、空域での訓練を終了し、着陸後の点検において、右脚室内アキュムレーター・チャージ・バルブ・キャップが脱落紛失していることを発見。
11.5	入間基地所属のT-4が、千歳基地より入間基地への飛行を終了し、着陸後の点検において、右エンジン・アクセスパネルが脱落紛失していることを発見。
11.5	新田原基地所属のF-15が、空域での訓練を終了し、着陸後の点検において、ナット、ワッシャ×各1が脱落紛失していることを発見。
11.7	築城基地所属のF-15が、空域での訓練を終了し、着陸後の点検において、右垂直尾翼上部外側後方リベット頭部×4が脱落紛失していることを発見。
11.17	新田原基地所属のF-4が、任務飛行を終了し、着陸後の点検において、右ホイール・ウェル・スイッチ・カバー×1が脱落紛失していることを発見。
11.20	美保基地所属のT-400が、航法訓練を終了し、着陸後の点検において、右エンジン・カウリング下部スクリュー、ワッシャー×各1が脱落紛失していることを発見。
11.24	浜松基地所属のE-767が、任務飛行を終了し、着陸後の点検において、右エンジン・ブロック・フェアリングが脱落紛失していることを発見。
11.27	三沢基地所属のF-2が、空域での訓練を終了し、着陸後の点検において、前脚シーケンス・バルブのボタン×1が脱落紛失していることを発見。
11.27	新田原基地所属のUH-60が、空域での訓練を終了し、着陸後の点検において、テール・ギア・ボックス・ファスナー・ピンが脱落紛失していることを発見。
11.27	百里基地所属のRF-4が、空域での訓練を終了し、着陸後の点検において、ヒンジ軸ボルト×1が脱落紛失していることを発見。
12.2	芦屋基地所属のT-4が、空域での訓練を終了し、着陸後の点検において、ノーズ・ストラット・ビスカス・ダンパーの銘板が脱落紛失していることを発見。
12.19	松島基地所属のT-4が、空域での訓練を終了し、着陸後の点検において、左主脚ドア外板リベットの頭部×1が脱落紛失していることを発見。
12.19	松島基地所属のT-4が、松島基地の南、約10キロ付近の洋上において鳥と衝突し、着陸後の点検において、右空気取入口外側パネルの一部、リベット、外部電源リセプタクルが脱落紛失していることを発見。

② 艦船による事故 ＜海上自衛隊＞

年月日	概要
1.21	第15護衛隊所属護衛艦「おおよど」が尻屋埼灯台181度5.7マイルにおいて、試験支援のため漂泊待機中、航進を起こしたところ定置網固定用索を巻き込み損傷させた。
1.24	第3潜水隊所属潜水艦「もちしお」が修理地の川崎重工業神戸造船工場で主機の暖機運転中、主機に海水が流入し、1、2号主機を損傷した。
3.2	第1輸送隊所属輸送艦「しもきた」が小樽港に係留中、低気圧接近に伴う強風及び波により、船体が岸壁と接触し双方を損傷させた。
5.16	海洋業務群所属海洋観測艦「にちなん」が沖縄南東海域で観測器材を投入中、係維索に不具合が生じたため揚収したところ、はえ縄が絡まっていることを確認した。
5.16〜17	海洋業務群所属音響観測艦「ひびき」が沖縄北西海域で業務に従事中、はえ縄を切断した可能性があるとの情報を入手し、後日アレイを揚収したところ、はえ縄が絡まっているのを確認した。
6.2	第1潜水隊所属潜水艦「いそしお」が豊後水道で水上航走状態から潜航状態に移行中、発令所ハッチの閉鎖作業中に同ハッチとシート面の間に右腕を挟み隊員が負傷した。
6.11	第3護衛隊所属護衛艦「しらね」がイムアラ港岸壁（ブルネイ）への進入時、風と潮流に流されインド海軍LSTの左舷に係留していたLCUに接触した。
6.12	第2護衛隊所属護衛艦「あしがら」が佐世保港恵美須湾において前部浮標係留作業中、係留索が破断し作業員1名が負傷した。
7.9	第6護衛隊所属護衛艦「てるづき」が横須賀港において、砲の作動確認中、教練薬きょうが飛び出さないよう右手で保持していたところ、抜け出てきた教練薬きょうと砲との間に右手薬指を挟み負傷した。
8.20	第1護衛隊所属護衛艦「しまかぜ」が佐世保港倉島岸壁に入港中、対岸の部外岸壁に艦尾が接触した。
9.1	掃海隊群所属掃海母艦「ぶんご」が伊予灘において航行中、漁船1隻が右舷後部に接触した。
11.16	海洋業務群所属敷設艦「むろと」が津軽海峡において、海洋観測中、漁網ブイ数個が船体に接触した後視認できなくなり、付近漁船からはえ縄が切断しているとの申し出を受けた。

防衛省注）上記の艦船事故とは「艦船事故調査及び報告等に関する訓令」第2条に規定する艦船事故に該当するものをいう。

F 核軍縮日誌 (2013年1月1日～12月31日)

核:軍備と軍縮　13年1月～3月

1月

9日　オランド仏大統領、弾道ミサイル搭載原潜と航空機搭載核兵器の保有を継続するとの発言。

9日　インド海軍、ロシアとインドの合弁会社が開発した超音速巡航ミサイル「ブラモス」の発射実験に成功。

10日　ロシア海軍、弾道ミサイル搭載可能な第4世代型の戦略原潜「ユーリー・ドルゴルーキー」を就役。

19～29日　ロシア海軍、ソ連崩壊以来最大規模の海上軍事演習を地中海と黒海で実施。

22日　国連安保理、北朝鮮のロケット発射を非難し、資産凍結などの制裁を科す決議2087を全会一致で採択。

23日　北朝鮮外務省、安保理決議を受け、核抑止力を含む「物理的対応措置」を拡大・強化するとの声明。

25日　北朝鮮平和統一委員会、92年の朝鮮半島非核化共同宣言の無効化を宣言。

その他の事項

8日　独、NATO加盟国のトルコへ対空ミサイル「パトリオット」の輸送を開始。シリアとの国境地帯に配備される予定。

29日　米上院、クリントン国務長官の後任にジョン・ケリー上院議員を承認。

29日付　韓国政府、金正日総書記の遺訓公開。6か国協議を「核保有を公式化する会議にせよ」。

30日　イスラエル軍、シリアのダマスカス付近を空爆。

30日　韓国、初の人工衛星搭載ロケット「ナロ号」打ち上げ。軌道投入に成功。

2月

10日　北朝鮮、日本海に向け短距離ミサイル数発を発射。70～80キロを飛行。

12日　北朝鮮、同国北部で3回目の地下核実験を実施。

13日　パネッタ米国防長官、日米韓のミサイル防衛の連携強化を図る方針を示唆。

18日　EU外相理事会、北朝鮮に対し、核・ミサイル開発の資金や関連物資の流入を規制する独自の制裁強化策を決定。

その他の事項

4日　韓米、東海(日本海)での合同軍事演習を開始。米原潜や韓国のイージス艦などが参加。

5日　米海軍、横須賀基地のミサイル巡洋艦カウペンスをアンティータムと交代。

13日　中国外務省、米韓に対し、6か国協議再開を要請する声明。

25日　韓国の朴槿恵(パク・クネ)大統領就任。「北朝鮮が核を放棄し、平和と共同発展の道に進むよう願う」。

3月

4,5日　ノルウェーのオスロで「核兵器の人道的影響に関する国際会議」開催。

7日　国連安保理、2月12日に核実験を行った北朝鮮に対し、制裁を強化する決議2094を全会一致で採択。

12日　CTBTO準備委員会、2月の北朝鮮の核実験以降、放射性物質が検知されず、今後も検知される可能性は非常に低いとの見解を示す。

14日　イラン陸軍、短距離ミサイル「ファジル5」と中距離弾道ミサイル「ナーゼアート10」の発射実験に成功。

15日　ヘーゲル米国防長官、アラスカ州に迎撃ミサイル14基を追加配備する方針。

17日　北朝鮮「労働新聞」、日本も核先制攻撃の例外ではないと述べる。

18日　ロシア外務省、迎撃ミサイル増設を発表した米国に法的保証を要求。

その他の事項

1日　米韓合同軍事訓練「フォウルイーグル」開始(～4月30日)。

5日　北朝鮮、朝鮮戦争の休戦協定を白紙化すると警告。

11～21日　米韓合同軍事訓練「キー・リゾルブ」を実施。

11日　米、北朝鮮の朝鮮貿易銀行の米国内資産を凍結し、単独の追加制裁を発表。

14日　中国全人代、習近平総書記を国家主席と国家中央軍事委員会主席に選出。

19日　菅官房長官、北朝鮮の対外貿易銀行に対する米制裁への日本の参加を表明。

28日　米ステルス戦略爆撃機B2、朝鮮半島で初の爆撃訓練。

4月

1日　北朝鮮最高人民会議、法令「自衛的核保有国の地位を強固にすることについて」を採択。

2日　北朝鮮、6か国協議合意(06年)により稼動停止した寧辺の核施設を再稼働すると宣言。

3日　米国防総省、対北朝鮮の予防的措置として、MDシステムTHAADを数週間以内にグアムに配備すると発表。

7日　インド、東部オディシャ州で、核搭載可能な中距離弾道ミサイル「アグニ2」の発射実験に成功。

10日　パキスタン、核搭載可能な中距離弾道ミサイル「ハトフ4」発射実験に成功。

22日〜5月3日　2015年NPT再検討会議第2回準備委員会、ジュネーブ国連欧州本部で開催。

29日　デンプシー米統合参謀本部議長、北朝鮮のミサイル脅威に備えた日米韓の共同ミサイル防衛体制の構築を提案。

その他の事項

5日　日本、北朝鮮の船舶入港禁止、輸出入全面禁止などの制裁を2年延長する閣議決定。

7日　米、北朝鮮との軍事情勢の深刻化を避けるため、ICBM発射実験を延期。

11日付　北朝鮮、原子力工業省を設置する政令を発表。

18日　中国、ナミビアで共同ウラン鉱山開発プロジェクト着工。

30日　安倍首相、サウジアラビアのサルマン皇太子と会談。日本の核技術輸出協議開始に合意。

5月

10日　パキスタンのカーン博士、北朝鮮が核弾頭の開発を完了したことは疑いの余地がないと述べる。

15日　米国防総省、中国が13日に事実上のASAT開発のための新型弾道ミサイル発射実験を実施したと発表。

19日　韓国軍合同参謀本部当局者、延坪島と白翎島にイスラエル製誘導ミサイル「スパイク」を実戦配備したと明らかに。

22日　IAEAイラン報告書、中部ナタンツのウラン濃縮施設に高性能遠心分離機「IR-2m」を増設、計689基に達したとする。

その他の事項

5日　イスラエル軍、シリアの首都ダマスカス近郊を空爆。シリア兵約40人が死亡。

9日　米政府、対イラン制裁の回避に加担したとして、イランやUAEの6企業と1個人への追加金融制裁を発表。

10日　小野寺防衛相、14年度に北海道か東北にPAC3を配備する方針を示す。

24日　ブルネイでASEAN高級事務レベル協議。北朝鮮高官、対話の用意があると述べる。

6月

2日付　ロシア軍参謀本部筋、核ミサイル搭載可能な最新型ボレイ級原潜が14年以降、南半球で哨戒任務に当たると述べる。

9日　イラン、中部アラクに建設中の重水炉に原子炉容器を設置したと発表。

19日　北朝鮮の金桂冠第1外務次官、中朝次官級対話で、同国の核問題を6か国協議再開など平和的に解決する意思を表明。

19日　オバマ米大統領、ベルリンで演説。米ロの配備戦略核弾数を、新STARTの上限からさらに1/3削減を目指すと表明。同日、オバマ政権初の核政策指針が策定さ

その他の事項

1日　日米韓防衛相会談、シンガポールで開催。共同声明を発表し、対北朝鮮政策での連携を確認。

3日　「38ノース」、寧辺核施設の衛星写真分析結果を公表。黒鉛減速炉の再稼働準備が1、2か月で完了する可能性を指摘。

3日　田上長崎市長と鈴木藤沢市長、外務省で松山外務副大臣に北東アジア非核兵器地帯求める自治体首長409名の署名手交。政府の取組み要請。

核:軍備と軍縮		その他の事項	
	れる。		
22日	ラブロフ・ロシア外相、新STARTを超える削減措置は、他の核保有国も加わって協議されるべきだと表明。	4日	オバマ米大統領、イラン追加金融制裁の大統領令。通貨リアルを初めて対象に。
28日	ASEAN、ブルネイで東南アジア非核兵器地帯条約に関する委員会を開催。5核兵器国とも出席を拒否。	16日	北朝鮮報道官、朝鮮半島の緊張緩和に関する高官会談を米国に提案する談話。

7月

2日	ARF外相会議(ブルネイ)議長声明、6か国協議合意の遵守と朝鮮半島の非核化への支持を表明。	4日	韓豪防衛・外務「2プラス2」会談、ソウルで初開催。
4日	ラスムセンNATO事務総長、ロシアが戦術核を削減しない限り、NATOが一方的に削減することはないとの方針を再強調。	6日	防衛省、イージス艦2隻を導入し、8隻に増強する方針。
		9日	日本、13年版防衛白書を閣議了承。中国の海洋活動に国際規範の遵守を要求。
8日	米CIAの元職員スノーデン氏、米とイスラエルがイラン核計画を破壊するためにウイルスを開発したと暴露。	15日	パナマ政府、キューバから北朝鮮へ向かう貨物船からミサイル関連物資を発見、乗組員を拘束したと発表。
10日	バイデン米副大統領、米中戦略経済対話で、米中は北朝鮮を核保有国だと認めず、同国の非核化に向け協力すると発表。		
12日	イスラエル、核弾頭や化学兵器搭載可能な新たな長距離弾道ミサイルの試験発射を実施。		
24日	中国、最新型ICBM「東風31A(DF31A)」の3回目の試射。	27日	朝鮮戦争の休戦協定締結から60周年。北朝鮮、平壌で大規模な軍事パレード。韓国はソウル市内で記念式典。
26日	国連軍縮諮問委員会、北東アジア非核兵器地帯の設立の検討を勧告		

8月

		3日	イランの新大統領にロウハニ師が就任。「国際社会からの経済制裁解除を目指す。
25日	米国防総省高官、オバマ政権が巡航ミサイル搭載の4隻目の駆逐艦を地中海東部に配備したことを明らかに。	9日	インド海軍、核搭載可能な初の国産原潜アリハントの原子炉臨界到達に成功。
26日	中国の武大偉6か国協議議長、米朝対話や6か国協議再開の環境整備について話し合うために平壌を訪問。	26日付	米NSAがIAEAを日常的に盗聴する最重要対象に挙げていたことを、豪紙「プレッセ」が報道。
28日	IAEA、イラン核問題報告書で、ウラン濃縮施設の高性能型遠心分離機が1008基に達したことを明らかに。	28日	イスラエル政府、シリアによる攻撃に備えて北部のミサイル防衛を強化し、数百人規模の予備兵動員命令。
29日	ブルース・ベクテル米DIA元上級分析官、北朝鮮がシリアへのミサイルや化学兵器、核施設の支援を続けていると明かす。		
30日	日本、北朝鮮の9団体と2人に対し、資産凍結などの制裁対象を閣議了解。		

9月

3日　イスラエル、地中海で発射した弾道ミサイルを、米との合同演習で発射された「ヘツ2」であることを認める。

8日　韓国政府高官、米韓軍当局が北朝鮮の核脅威に対応する「アクションプラン」を完成したことを明らかに。

15日　インド、核弾頭搭載可能な長距離弾道ミサイル「アグニ5」発射実験に成功。

17日付　日米韓の関係筋、北朝鮮が8月末に東倉里ミサイル基地で、エンジンの燃焼実験を行ったことを明らかに。

26日　初の核軍縮に関する国連総会ハイレベル会合、ニューヨーク国連本部で開催。

（その他の事項）

16日　トルコ空軍、シリアから領空侵犯してきたヘリをミサイルで撃墜。

18日　中国外務省系シンクタンク「中国国際問題研究所」、6か国協議10周年の記念シンポジウムを北京で開催。

23日　中国、北朝鮮への大量破壊兵器関連物資・技術の輸出禁止対象リスト公表。

24日　ニューヨークでNPDI第7回外相会合。フィリピンとナイジェリアの参加を決定。

23日　中国外務省、日本の米Xバンドレーダー受入れを批判。

10月

7日　米ロ、偶発的核戦争を回避するため、80年代後半に設置された「核危機軽減センター」の機能を更新する合意文書に調印。

10日付　北朝鮮が白頭山周辺の山岳地帯に地下ミサイル基地建設を完了したことを、複数の韓国政府関係者が明らかに。

21日　日本、国連総会第1委員会で「核兵器の人道的影響に関する共同声明」に初めて賛同。

22日　中国、地下施設攻撃用の弾道ミサイルを公表。「東風15」の改良型、射程約700km。

28日　イスラエル軍、同国南部のアシュケロン市に向けて発射されたパレスチナのミサイルを「アイアンドーム」で撃墜。

29日　NNSA、Zマシン実験を今年7〜9月に1回実施したと公表。実験は10回目。

30日　米国防総省が開発中のステルス戦闘機F35、レーダー誘導式の中距離空対空ミサイル試射に初成功。

（その他の事項）

3日　日米「2プラス2」、東京で開催。共同文書発表。

6日　シリア、化学兵器全廃作業として、ミサイル弾頭や航空爆弾、化学物質混合設備の破壊を国際専門家の監督下で開始。

7〜9日　第129回IPU会議、ジュネーブで開催。核兵器のない世界の実現に向けた議会の役割と協力をテーマに議論。

8日　韓国国家情報院、国会の情報委員会で報告し、北朝鮮が寧辺黒鉛減速炉を再稼働していることを公式認定。

核：軍備と軍縮　13年11月～12月		その他の事項	

11月

		2日	日ロ、初の2プラス2協議を東京で開催。東アジアのMD政策などを議論。
18日	CTBTO準備委員会のゼルボ事務局長、17年までにCTBT発効を目指す方針。	23日	中国、尖閣諸島含む東シナ海上空に「防空識別圏」を設定したと発表。同日、偵察機2機が哨戒飛行。
20日	イスラエル、米と共同開発のMDシステム「デービッドスリング」の第2回実験を実施したと発表。	26日	スコットランド自治政府、14年9月に実施される独立住民投票を前に、独立構想を記した白書を公表。
24日	イランとP5＋独、イランの核兵器開発疑惑をめぐり協議し、外交解決への第1段階の措置で初めて合意。	26日	中国初の空母「遼寧」、性能試験と訓練で、青島の母港を出港し、南シナ海へ。
29日	米ジョンズ・ホプキンス大学の米韓研究所、北朝鮮の舞水端里基地でのミサイル施設等の建設工事が再開されたと発表。	27日	日本、新たな防衛大綱の骨子まとめる。北朝鮮のミサイル攻撃を想定した敵基地攻撃能力保有は明記せず。

12月

		5日	国連総会、日本提案の核廃絶決議案を採択。20年連続。共同提案国は102か国。
16日	ロシア国防省、対EU国境の西部軍管区に新型ミサイル発射システム「イスカンデル」を配備したことを明らかに。	6日	特定秘密保護法が成立。同13日に公布。
17日	米情報サイト「ワシントン・フリー・ビーコン」、中国がICBM「東風41」の2度目の発射実験を行ったと報道。	17日	日本政府、国家安全保障戦略、防衛計画大綱を策定。
19日	米議会下院、核戦力維持や新戦力開発に当てる予算資料で、14年から23年まで3550億ドルを充当すると発表。	18日	ロシア軍事情報サイト、中国最大のミサイル企業とロ国営企業が33項目の提携プロジェクトに合意と報道。
23日	インド、核弾頭を搭載可能な弾道ミサイル「アグニ3」の発射実験を実施。	26日付	イラン議会、米国などが追加制裁をすれば、最大60％のウラン濃縮活動に踏み切る新法案を起草。
24日	ロシア、新型ICBM「RS-24」をプレセツク宇宙基地からの発射実験に成功。		
27日	米国務省高官、イラク政府支援のためミサイルと無人偵察機をイラクに2年間納入していることを明らかに。		

第4章

市民と自治体にできること

市民と自治体にできる9つのこと

考え方：市民の安全保障

「安全保障は国の専管事項である」という誤解をとくために、まず基本的な考え方を簡単に述べておきたい。

市民が安全、安心に暮らすために、世界中の市民が努力している。1994年に国連は「人間の安全保障」という考え方を導入したが、それは、安全保障を「国家の論理」から「人間の論理」へと転換しようとする試みであった。この転換を遂げる主体は誰であろうか。

地球上の人間は、国際社会を構成している。国際社会の公正性を高めなければ安全や安心を高めることはできないということが、いまや常識になっている。したがって、安全保障は国際社会全体を視野に入れて取り組むべき課題であり、それを構成している人間、つまり「地球市民」が「人間の安全保障」を実現する主人公にならなければならない。「人間の安全保障」とは私たち市民が主体となる「市民の安全保障」であるととらえ返したい。

地球市民は、居住地域では自治体の主権者であり、国の中では国家の主権者であり、さまざまな国際機関に非政府組織（NGO）としてますます強い発言権を獲得している。いま市民は、安全、安心の向上を求める主権者として、少なくとも「自治体」「国」「国際機関」の3つの機関に仕事を託している。そして、これら3つの機関はそれぞれ影響を及ぼしあうチャンネルをもっている。図に示すと197ページの三角形のようになる。図で明らかなように、自治体もまた安全保障を実現するために不可欠な当事者である。

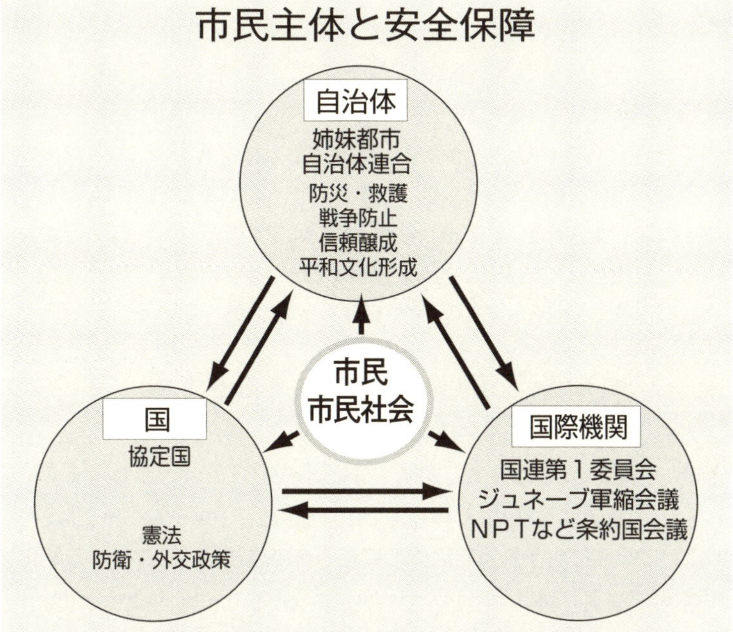

国は普遍的な国際機関（通常「多国間」機関と呼ぶ）とは別に、少数の有志国家と公的協定を結んで行動をともにすることがあるので、図では国レベルに「協定国」を加えた。日米安保条約下における米国が例。

このような構図を頭に描きながら、核兵器のない世界をつくるために市民と自治体ができる具体的な9つのアプローチを提案したい。

1. 非核宣言自治体を広げていく

もし、あなたの住む街がまだ「非核宣言」を行っていないならば、地域から平和と安全を求める取り組みをそこからスタートさせよう。以下は、日本における「非核宣言自治体」の広がりを示すいくつかのデータである（14年4月1日現在。データシート21（220ページ））。

◎国内の全自治体数（1,789）のうち、88.3%にあたる1,579の自治体が宣言を行っている。

◎岩手、宮城、秋田、山形、千葉、神奈川、富山、石川、山梨、三重、大阪、鳥取、

広島、山口、徳島、愛媛、福岡、佐賀、長崎、熊本、大分、宮崎の1府21県では、宣言率100％が達成されている（府県及び府県内の全市町村が宣言している）。

◎47都道府県のうち、41道府県が道府県として宣言を行っている（未宣言は、青森県、栃木県、東京都、新潟県、岐阜県、兵庫県の1都5県）。

◎20の政令指定都市（地方自治法により、政令で指定する人口50万以上の市と規定されている）はすべて宣言を行っている。

◎42の中核市（人口30万以上の市）はすべて宣言を行っている。

◎東京23区はすべて宣言を行っている。

◎全国の非核宣言自治体内には、日本の総人口（1億2,837万人）の95.9％を占める1億2,316万人が居住している。

こうした状況を、貴重な財産として十分に活用しつつ、さらなる拡大をめざしていきたい。**後述する「日本非核宣言自治体協議会」のホームページは、各都道府県ごとにそこに含まれる自治体の宣言の有無などが一目でわかる便利な「宣言自治体マップ」を載せている。**（www.nucfreejapan.com/map/map.htm）

いわゆる「平成の大合併」による自治体数の減少、ならびに合併による合併前の市町村の宣言失効の影響で非核自治体数は大きく減少したが、市民や自治体の努力により、現在、その数は再び増加傾向にある。14年4月1日現在の宣言率は、最も低くなった05年の67.1％より21.2ポイントも高い88.3％である。12年4月からの1年間において、新たに宣言を行った自治体の数は10自治体であった。残る未宣言自治体は210である。地域での努力を継続し、すべての都道府県での宣言率100％を目指したい。

あなたの住む自治体に働きかける方法には、申し入れ、署名、請願などによる、地方議員、地方議会、首長への働きかけがある。また、議員選挙のテーマとすること、メディアを活用することなどが考えられる。

9つの提案

2. 日本非核宣言自治体協議会に加入する

非核宣言を行った自治体は、「日本非核宣言自治体協議会」(以下、「非核協」。キーワードE2(180ページ))に参加することで、相互学習と協力を強め、各地での平和活動をより魅力あるものにできるだろう。

非核協は、国内非核自治体の拡大を追求するとともに、自治体間の「横の連携」を強化し、情報提供や人的交流の促進を図ることで自治体の平和活動の発展に寄与することをめざして設立された。非核協の現在の会長は長崎市長であり、事務局も長崎市に置かれている。14年4月1日現在、全国の非核自治体の19.1%を占める301の自治体が加入している。市町村合併の影響により、非核協の加入自治体数も一時減少したが、その後ふたたび数を伸ばした(データシート21(220ページ))。しかしそれでもまだ少ないことが残念である。

非核協への加入を通じ、自治体がそれぞれに培ってきた平和事業の経験やノウハウを共有することで、新たなアイデアが生まれ、各地での動きを活発化することができる。非核協は、加入自治体が行った平和事業の詳細なデータを例年収集し、ホームページ上で公開している。データシート23(230ページ)に、非核宣言自治体の活動と事業を分類整理して紹介する。

また、非核協に加入することで、個々の地域における自治体間の連携を強化し、全国や世界各国に向けたアピールを共同で発信することも可能となる。こうした際に、自治体間の共通テーマになりうるものとして、「北東アジア非核兵器地帯」構想が挙げられるだろう。非核協はこれまでも、総会決議等の採択や普及パンフレットの作成等を通じて、同構想実現の必要性を繰り返し訴えてきた。非核協として初の代表団派遣となった10年5月の核不拡散条約(NPT)再検討会議においては、北東アジア非核兵器地帯をテーマとしたNGO主催会議で意見表明を行った。また、ピースデポなどNGOが呼びかけた北東アジア非核兵器地帯の実現を求める署名に対し、賛同が大きく広がっている(データシート17(174〜179ページ))。同署名は、非核協会長(田上富久長崎市長)らにより、これまでに日本政府に3度提出されており、14年4月28日には、潘基文(パン・ギムン)国連事務総長に提出された(キーワードE1(172ページ))。また、非核協会員自治体で、すばらしい議会決議があがっている例も出てきた(以下の9節参照)。

こうした自治体間の取り組みに加え、非核協は、被爆地と全国の市民をつなぐ「ハブ」としての役割も担っている。08年に始まった「親子記者事業」は、こうした特長を最大限活かした取り組みの一つに挙げられる。

また、自治体ネットワークの利点を活かしつつ、被爆の実相を全国、全世界に伝えることも非核協の重要な仕事である。希望する自治体への被爆アオギリや被爆クスノキの配布はそうした取り組みの一つである。09年からは、「ミニミニ原爆展」(自治体や市民団体を対象に、小規模な原爆展用の写真を寄贈)、「姉妹都市原爆展」(会員自治体の海外姉妹都市を対象に、原爆写真ポスターを送付)といった活動も行われている。前述のNPT派遣代表団もニューヨーク滞在中に多くの学校を訪問し、原爆展パネル等の寄贈を行った。また、会長の長崎市長らが出席した10年11月の英マンチェスター市非核都市宣言30周年記念行事に関連しては、長崎市とともに現地の博物館で原爆展を開催した。さらに、13年8月5日に設立30周年を迎えたことをきっかけに、新規加入を促進するためのDVDが作成された。

非核協への参加を市民が働きかけるためには、担当課への直接の申し入れもできるが、議員、議会を通じての申し入れが有効である。その際、非核協が行う自治体担当者研修会や平和学習教材の提供など、非核協参加によって受けるメリットを具体的に説明できることが大切であろう。

3. 平和首長会議※に加盟する

(※13年8月3~6日の第8回総会で「平和市長会議」から改称。)

世界158か国・地域の6,000都市(14年4月1日現在)が加盟する平和首長会議(キーワードE3(182ページ))に参加することで、志を同じくする世界の自治体やNGOとの協力関係を深め、自治体の国際的な情報収集・発信力を高めていくことができるだろう。

加盟自治体5,000に向けて、平和首長会議は国内外の自治体に参加の呼びかけを強め、11年9月16日に目標を達成した。日本国内においては、全市区町村の82%を超える1,439へと急速に数を伸ばしてきた。平和首長会議の取り組みの国内自治体の認知度は格段に大きくなっている。

その一方で、平和首長会議に加盟している国内自治体のうち、前述の非核協に加盟している自治体は289で、全体の2割ほどである(データシート22(224ページ))。また、129自治体が非核宣言自体を行っていない。

平和首長会議は、14年4~5月にニューヨークで開催されたNPT再検討会議第3回準備委員会に代表団を派遣し、潘基文国連事務総長に「核兵器禁止条約」

の交渉開始に向けたリーダーシップを求める要請文を提出している。

これらの情報を活用しながら、あなたの住む自治体や関係する自治体に対し、両方の組織に加盟するよう働きかけてゆこう。平和首長会議への加盟申請書や自治体首長宛の加盟呼びかけ文など、市民が自治体に参加を働きかける上で必要な書類は、平和首長会議の公式HPからダウンロードできる。

4.「非核(平和)委員会」を各地につくる

「非核宣言」の理念を実現していくためには、市民と自治体が協力して、自治体の非核平和施策を協議する恒常的な「制度」をつくることが重要だ。具体的には、市民と自治体職員で構成する「非核(平和)委員会」や有識者委員会の設置があげられる。非核宣言自治体の担当課が事務局となることも考えられる。議会の支援も必要だ。

「委員会」の主な役割には、次のようなことが含まれるだろう。

①核軍縮・平和問題に関する幅広い市民教育の実施

②核をめぐる国内や国際動向に関する継続的な情報収集

③条例、議会決議、意見書、首長宣言など、自治体の施策の協議や提案

④自治体の平和事業の継続的なフォローアップ

「非核(平和)委員会」の活動にとって大事なことは継続性と専門的蓄積である。そのためには、専従する自治体職員や外部スタッフによる人的支援が欲しい。自治体自身が相応の財政負担をすることが前提だが、市民の協力を呼びかけ、参加意識を促進する方法もある。

実績のある先進例として、たとえば藤沢市(神奈川県)では、公募による市民と市で構成する「平和の輪をひろげる実行委員会」が自治体の担当課を事務局として定期的な協議を重ねつつ、市と協働で平和事業に取り組んでいる。10年11月には、市とともに「平和の輪をひろげる湘南・江の島会議」を共催した。また、逗子市(神奈川県)では、11年8月に第1回「ずし平和デー」が開催されて以来、毎年開催されている。これも市民と市による協働によるものである。

さらに、長崎においては、市民と自治体による恒常的な組織として「核兵器廃絶地球市民集会長崎集会実行委員会」がある。同実行委員会は、長崎県、長崎市、財団法人長崎平和推進協会、そして一般市民により構成される。過去5回にわたる「核兵器廃絶—地球市民集会ナガサキ」の開催(キーワードE5(186ペー

ジ))に加え、さまざまな学習会の開催やNPT再検討会議への代表団派遣なども行っている。

広島、長崎とは別に、東京都立第五福竜丸展示館、焼津市歴史民俗資料館、水戸市平和記念館、埼玉県平和資料館、川崎市平和館など50以上の自治体に、平和博物館、資料館(室)がある(「平和のための博物館・市民ネットワーク」(2010年2月)作成の冊子より)。これらの拠点を活用して、委員会を発足させるのも一法である。

5.「条例づくり」に取り組む

「非核宣言」を活用し、継続的に、また具体的に発展させる方法の一つは、宣言に基づいた条例をつくることである。例として藤沢市では、「藤沢市核兵器廃絶平和都市宣言」(82年6月22日)をベースに、「藤沢市平和基金条例」(89年3月31日)を制定することで、継続的、安定的な平和事業の推進のための財源確保をめざし、さらに、「藤沢市核兵器廃絶平和推進の基本に関する条例」(95年3月30日)によって、自治体と市民との協力のもと平和事業を行っていくことを条例で義務付けている※。

また、神奈川県大和市は、「平和都市宣言」(85年9月19日)に基づき、「次世代に戦争の記憶をつなげる条例」(02年9月27日)※※というユニークな条例を制定している。条例は、戦争を知らない世代に戦時体験を伝え、それをきっかけとして平和問題を考える機会を作るという事業の実施を市長に求めるものである。公募の市民及び市民団体で構成される大和市平和都市推進事業実行委員会と市が協力し、戦争体験の語り部の発掘、学校への派遣、ビデオ保存などが行われている。

条例づくりには、前項で述べた「非核(平和)委員会」が大きな役割を果たすだろう。

※藤沢市HP:www.city.fujisawa.kanagawa.jp/から条例名で検索できる。
※※大和市HP:www.city.yamato.lg.jp/web/kokusai/heiwa.html

6.市民参加型で啓発活動を広げる

市民や自治体は協力してさまざまな啓発活動に取り組もう。前述の「非核(平和)委員会」があれば、そこの重要な仕事になるが、「委員会」がなくても催しごとに市民参加型を追求することが大切だ。それによって、コアとなる市民と職員との信頼関係を育てることができる。

啓発活動の企画には、時局の市民の関心を的確に把握することが大切であり、その意味でも市民参加が必要である。また、核・平和問題に詳しいNGOとの日頃の情報交換が必要であろう。そのような日常的な情報収集の一環として、自治体の担当者は、核・平和問題に関心を持つ多くのNGO、市民、専門家が参加する電子メール・リストサービス（「アボリション・ジャパンML」）に加入しておくことが役に立つだろう（下の囲みに加入方法）。

市民と自治体による参加啓発活動には、次のような機会が活用できる。

1. 広島、長崎の原爆資料館訪問。8月6日（広島）、8月9日（長崎）の原爆慰霊祭への参加や、そこで開催される諸行事への参加と組み合わせる。
2. 地元に住む被爆者の証言、原爆写真展、原爆を題材にした映画の上映などの機会を作り、被爆体験の次世代への継承に取り組む。前述の「ミニミニ原爆展」などの取り組みも活用できる。
3. ほぼ毎年春に開かれるNPTに関連する政府会議、毎年10月頃に開催される国連総会第1委員会（軍縮）の活用。それらと並行して開催される平和首長会議、その他のNGO行事への参加。このような機会に開かれるNGOの会議には、「若者フォーラム」などの企画が含まれているものも多く、高校生・大学生を派遣するチャンスともなる。また、国内で毎年開かれる「国連軍縮会議」への参加も考えられる（13年の開催地は静岡市）。
4. 日本赤十字社との協働。13年11月、国際赤十字・赤新月運動は、核兵器廃絶決議及び4か年行動計画を採択した（キーワードA8（70ページ））。全国各地に綿密なネットワークを有する日本赤十字社と協働し、地域で様々な取り組みを実施することもできるだろう。

★アボリション・ジャパンML
の登録方法
メールを受け取りたいアドレスから、
abolition-japan-subscribe@yahoogroups.jp
にメールをお送りください。本文は必要ありません。

7. 核実験や日本の核武装論など内外の事件に反応していく

多くの自治体が行ってきた核実験や未臨界核実験、さらにはZマシンを使った新型核実験（キーワードC1（100ページ））などへの抗議文の送付は、重要であるとともに有効である。また、政治家の核武装発言や核兵器の使用を容認する趣旨の発言、あるいは非核三原則の見直しを求める発言などがあったときに非核自治体として批判することも世論形成に大切である。

もちろん、抗議や批判だけではなくて、軍縮に前向きな貢献をした政府に激励のメッセージを送ることも大事だ。タイムリーかつ説得力をもってそうしたアクションをとるためには、背景にある事実情報を理解し、常に情報をアップデートしておくことが必要である。「非核(平和)委員会」がそのような役割を担うことができるだろう。また、自治体の担当部署と事情に精通したNGOとの連絡体制を日頃から緊密にしておくことを勧めたい。

8. 国際的発信を強める

地方自治体として非核化や平和のための取り組みをしたとき、それを当該自治体の市民に知らせるだけではなくて、海外の自治体や市民に知らせるようにしよう。地方議会が決議をあげたとき、首長が声明文や抗議文を出したとき、どんな小さな取り組みでも、それを海外発信することが大切だ。選挙で選ばれた議会や首長の取り組みは、それを支える多くの市民を代表している重みがあり、その重みは私たちが考えている以上に海外で高く評価される。海外の自治体や市民に賛同を広げるだけではなくて、日本そのものに対する国際的信頼を高める役割を果たしている。2010年NPT再検討会議や、2015年NPT再検討会議準備委員会(12年に第1回、13年に第2回、14年に第3回)は、多くの自治体が市民代表団を派遣した。このような活動も具体的な自治体の平和外交になる。

発信には、さまざまな手段と道筋が考えられる。姉妹都市がある場合には、まず姉妹都市に知らせよう。平和首長会議に参加している自治体のリストも利用可能だ。また、核兵器廃絶に関心がある世界中の市民団体が見ている電子メール・リストサービスの「アボリション・コーカス」(下の囲みに加入方法)に流すと、市民団体を通して広がって行くだろう。

多くの場合、英語での発信が必要となるが、海外発信の作業を市民団体と自治体が協力を強める契機とすることも可能であろう。

★アボリション・コーカス(英語)の登録方法

メールを受け取りたいアドレスから、abolition-caucus-subscribe@yahoogroups.comにメールをお送りください。本文は必要ありません。

9.「北東アジア非核兵器地帯」設立を共通テーマとする

「北東アジア非核兵器地帯の早期設立を求める」という簡潔な要求を掲げた決議、意見書、宣言を出す非核自治体運動を起こそう。

北東アジア地域における緊張緩和が、この地に住むすべての人々の平和と安全に資することは間違いない。この地域に、核兵器に頼らない、協調的な安全保障の枠組みをつくっていく現実的な一歩として、「北東アジア非核兵器地帯」の設立は、極めて実現性のある構想だ。北朝鮮の核問題をめぐる6か国協議を前進させるためにも、実現に向けた一歩を踏み出すことが重要である。また、「核の傘」に依存する政策をとる日本や韓国から「北東アジア非核兵器地帯」の実現を求める動きが高まることは、昨今の「核兵器のない世界」に向けた国際気運に対する大きな追い風になる。そうした声がすでに各方面から出ていることにぜひ注目してほしい。

自治体による決議、宣言、意見の文例の一つとしては、日韓NGOが呼びかけた国際署名のテキストがあげられる（**データシート17（174ページ）**）。これには、2014年4月1日現在、544名の国内自治体首長が賛同している。

また2011年3月25日、秦野市議会（神奈川県）が、市民からの陳情を受けて「北東アジア地域に非核地帯設立を求める意見書」を採択しており、議会としての動きも出てきている。

北東アジアに姉妹都市があるときには、その制度の活動などが考えられる。中国、韓国の自治体と姉妹提携を結んでいる日本の自治体はそれぞれ354自治体、154自治体であり、米国を除き提携先として圧倒的に多い（財団法人自治体国際化協会調べ。14年8月31日現在）。「北東アジア非核兵器地帯」実現に向けた相互理解促進のために、これらの姉妹自治体が、共同事業として両国の戦争体験・被爆体験を聞く機会を持ったり、両自治体の若者同士が現実の国際社会の課題について議論するフォーラムを開催したりすることも重要だ。

市民や自治体から日本政府への働きかけには、超党派「核軍縮・不拡散議員連盟」（PNND）など議員との協力も必要であろう（**キーワードE4（184ページ）**）。12年8月にはPNND日本「『北東アジア非核兵器地帯』促進ワーキング・チーム」が条約の骨子案を発表した。民主党の「核軍縮促進議員連盟」による「北東アジア非核兵器地帯」条約案も併せて、手がかりとなる。地元選出の議員がこれらの議員グループに参加しているかを、まずはチェックするところから始めてみよう。

データシート

21. 非核宣言自治体の現状

【1】都道府県別データ

14年4月1日現在、出典：日本非核宣言自治体協議会

（宣言率、会員率は小数点以下を四捨五入した。）

都道府県	全自治体数 A	非核宣言自治体数 B	宣言率 B/A	「協議会」会員数 C	会員率 C/B
北海道	180	109	61%	19	17%
青森県	41	29	71%	1	3%
岩手県	34	34	100%	4	12%
宮城県	36	36	100%	14	39%
秋田県	26	26	100%	4	15%
山形県	36	36	100%	4	11%
福島県	60	53	88%	4	8%
茨城県	45	40	89%	10	25%
栃木県	27	26	96%	3	12%
群馬県	36	35	97%	7	20%
埼玉県	64	56	88%	4	7%
千葉県	55	55	100%	10	18%
東京都	63	52	83%	16	31%
神奈川県	34	34	100%	10	29%
新潟県	31	28	90%	8	29%
富山県	16	16	100%	6	38%
石川県	20	20	100%	3	15%
福井県	18	10	56%	0	0%
山梨県	28	28	100%	9	32%
長野県	78	76	97%	8	11%
岐阜県	43	24	56%	4	17%
静岡県	36	28	78%	4	14%
愛知県	55	36	66%	11	31%
三重県	30	30	100%	7	23%
滋賀県	20	19	95%	3	16%
京都府	27	26	96%	2	8%
大阪府	44	44	100%	15	34%
兵庫県	42	37	88%	5	14%
奈良県	40	39	98%	4	10%
和歌山県	31	24	77%	3	13%
鳥取県	20	20	100%	1	5%
島根県	20	13	65%	2	15%
岡山県	28	26	93%	3	12%
広島県	24	24	100%	15	63%
山口県	20	20	100%	2	10%
徳島県	25	25	100%	3	12%
香川県	18	16	89%	2	13%
愛媛県	21	21	100%	1	5%
高知県	35	28	80%	8	29%
福岡県	61	61	100%	15	25%
佐賀県	21	21	100%	2	10%
長崎県	22	22	100%	16	73%

都道府県	全自治体数 A	非核宣言 自治体数 B	宣言率 B/A	「協議会」 会員数 C	会員率 C/B
熊本県	46	46	100%	4	9%
大分県	19	19	100%	5	26%
宮崎県	27	27	100%	3	11%
鹿児島県	44	43	98%	1	2%
沖縄県	42	41	98%	16	39%
合計	**1789**	**1579**	**88%**	**301**	**19%**

【2】非核宣言自治体数の推移

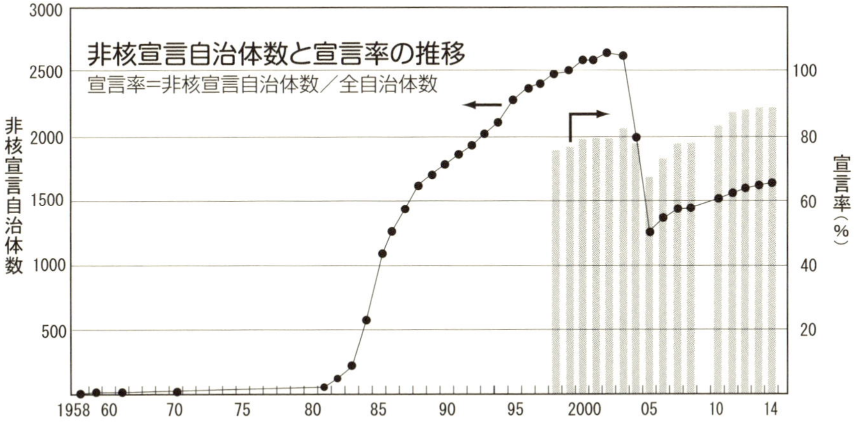

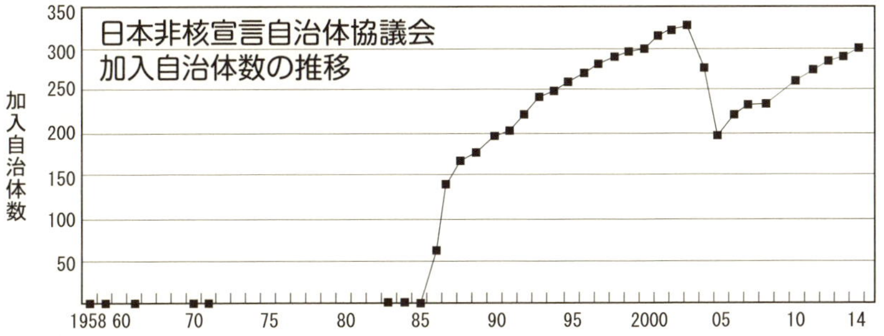

21. 非核宣言自治体の現状

【3】都道府県別面積・人口データ

14年4月1日現在、出典:日本非核宣言自治体協議会

都道府県	全自治体数★	非核宣言自治体数★	全人口(人)	宣言自治体人口(人)	宣言自治体人口割合	総面積(km²)	宣言自治体面積(km²)	宣言自治体面積割合
北海道	179	108	5,465,451	4,663,348	85.3%	83,457.06	50,954.94	61.1%
青森	40	29	1,372,010	1,226,629	89.4%	9,644.70	7,581.66	78.6%
岩手	33	33	1,314,180	1,314,180	100%	15,278.89	15,278.89	100%
宮城	35	35	2,318,692	2,318,692	100%	7,285.77	7,285.77	100%
秋田	25	25	1,076,205	1,076,205	100%	11,636.30	11,636.30	100%
山形	35	35	1,155,942	1,155,942	100%	9,323.46	9,323.46	100%
福島	59	52	1,980,259	1,890,231	95.5%	13,782.76	13,030.45	94.5%
東北地方計	227	209	9,217,288	8,981,879	97.5%	66,951.88	64,136.53	95.5%
茨城	44	39	2,997,072	2,727,788	91.0%	6,095.72	5,383.35	88.3%
栃木	26	26	2,010,934	2,010,934	100%	6,408.28	6,408.28	100%
群馬	35	34	2,023,382	1,802,975	89.1%	6,362.33	6,186.67	97.2%
埼玉	63	55	7,272,304	7,014,125	96.4%	3,798.08	3,365.06	88.6%
千葉	54	54	6,240,455	6,240,455	100%	5,156.62	5,156.62	100%
東京	62	52	13,142,640	13,002,627	98.9%	2,188.67	1,742.41	79.6%
神奈川	33	33	9,084,323	9,084,323	100%	2,415.86	2,415.86	100%
関東地方計	317	293	42,771,110	41,883,227	96.5%	32,425.56	30,658.25	93.4%
新潟	30	28	2,361,133	2,299,406	97.4%	12,583.84	11,718.64	93.1%
富山	15	15	1,094,827	1,094,827	100%	4,247.61	4,247.61	100%
石川	19	19	1,163,089	1,163,089	100%	4,186.16	4,186.16	100%
福井	17	9	810,552	706,468	87.2%	4,189.88	2,788.64	66.6%
山梨	27	27	863,917	863,917	100%	4,465.37	4,465.37	100%
長野	77	75	2,165,604	2,035,103	94.0%	13,562.23	13,118.11	96.7%
岐阜	42	24	2,102,879	1,624,823	77.3%	10,621.17	4,971.77	46.8%
静岡	35	27	3,809,470	3,565,358	93.6%	7,780.60	6,722.42	86.4%
愛知	54	35	7,462,800	5,916,732	79.3%	5,165.14	3,176.44	61.5%
三重	29	29	1,871,619	1,871,619	100%	5,777.31	5,777.31	100%
中部地方計	345	288	23,705,890	21,141,342	92.9%	72,579.31	61,172.47	85.1%
滋賀	19	18	1,419,426	1,337,394	94.2%	4,017.36	3,839.97	95.6%
京都	26	25	2,587,129	2,551,077	98.6%	4,613.21	4,261.29	92.4%
大阪	43	43	8,873,698	8,873,698	100%	1,901.42	1,901.42	100%
兵庫	41	37	5,660,302	5,518,706	97.5%	8,396.39	7,003.80	83.4%
奈良	39	38	1,405,453	1,401,654	99.7%	3,691.09	3,018.74	81.8%
和歌山	30	23	1,016,563	797,519	78.5%	4,726.29	2,394.09	50.7%
近畿地方計	198	184	20,962,571	20,480,048	94.8%	27,345.76	22,419.31	83.4%

都道府県	全自治体数★	非核宣言自治体数★	全人口（人）	宣言自治体人口（人）	宣言自治体人口割合	総面積（km^2）	宣言自治体面積（km^2）	宣言自治体面積割合
鳥取	19	19	588,508	588,508	100%	3,507.31	3,507.31	100%
島根	19	12	713,134	641,530	90.0%	6,707.98	4,997.78	74.5%
岡山	27	25	1,946,083	1,914,821	98.4%	7,113.23	6,729.72	94.6%
広島	23	23	2,873,603	2,873,603	100%	8,479.73	8,479.73	100%
山口	19	19	1,447,499	1,447,499	100%	6,114.13	6,114.13	100%
中国地方計	107	98	7,568,827	7,465,961	97.7%	31,922.38	29,828.67	93.8%
徳島	24	24	785,001	785,001	100%	4,146.80	4,146.80	100%
香川	17	15	1,010,707	965,673	95.5%	1,876.55	1,572.55	83.8%
愛媛	20	20	1,440,117	1,440,117	100%	5,678.50	5,678.50	100%
高知	34	27	755,994	674,833	89.3%	7,105.19	5,051.26	71.1%
四国地方計	95	86	3,991,819	3,865,624	96.2%	18,807.04	16,449.11	88.7%
福岡	60	60	5,105,427	5,105,427	100%	4,979.30	4,979.30	100%
佐賀	20	20	853,341	853,341	100%	2,439.65	2,439.65	100%
長崎	21	21	1,427,133	1,427,133	100%	4,105.75	4,105.75	100%
熊本	45	45	1,825,361	1,825,361	100%	7,404.85	7,404.85	100%
大分	18	18	1,199,401	1,199,401	100%	6,339.75	6,339.75	100%
宮崎	26	26	1,141,559	1,141,559	100%	7,735.99	7,735.99	100%
鹿児島	43	42	1,701,387	1,699,491	99.9%	9,188.99	9,085.87	98.9%
九州地方計	233	232	13,253,609	13,251,713	99.9%	42,194.28	42,091.16	99.8%
沖縄	41	40	1,437,994	1,429,616	99.4%	2,276.64	2,212.96	97.2%
全国合計	1,742	1,538	128,374,559	123,162,758	95.9%	377,959.91	319,923.40	84.6%

日本非核宣言自治体協議会のデータをもとにピースデポ作成。
★都道府県全体として宣言を行っているものを抜いているため、データシート20【1】の数値と異なる。

データシート

22. 日本国内の「平和首長会議」加盟自治体

下線は「日本非核宣言自治体協議会」の加盟自治体
※印は非核宣言を行っていない自治体
（　）は、都道府県ごとの自治体数。

◆北海道（115）

札幌市
赤平市
旭川市
芦別市※
網走市
石狩市
歌志内市
恵庭市※
江別市※
小樽市
帯広市
北広島市
北見市
釧路市
士別市
滝川市※
伊達市※
苫小牧市
名寄市
根室市
登別市
函館市
美唄市
富良野市
室蘭市
留萌市
夕張市
稚内市
足寄町
厚真町※
池田町
今金町
浦臼町※
浦河町
浦幌町
江差町
えりも町
遠軽町※
置戸町※
奥尻町
音更町
小平町※
上川町
上士幌町
上砂川町
上ノ国町※
木古内町※
喜茂別町
京極町
釧路町
倶知安町
黒松内町
訓子府町※
剣淵町※
様似町※
鹿部町※
標津町※
士幌町
清水町
知内町※
新得町
新ひだか町
寿都町
せたな町
壮瞥町※
大樹町
滝上町※
月形町※
津別町
天塩町※
弟子屈町
当麻町※
洞爺湖町
苫前町※
豊浦町※
豊富町※
中川町
中標津町
中頓別町※
中富良野町※
七飯町
仁木町
ニセコ町
沼田町
羽幌町
東神楽町※
比布町※
広尾町
美深町
平取町
福島町※
古平町
別海町
北竜町※
幌加内町※
本別町
幕別町
松前町
むかわ町※
芽室町
妹背牛町
八雲町
湧別町※
余市町
蘭越町
利尻町
和寒町※
音威子府村
更別村
占冠村
初山別村※
新篠津村
鶴居村
中札内村
真狩村

◆青森県（11）

青森市
黒石市
五所川原市
十和田市
八戸市
平川市
弘前市
おいらせ町
南部町
深浦町※
蓬田村

◆秋田県（24）

秋田市
大館市
男鹿市
潟上市
北秋田市
仙北市
大仙市
にかほ市
能代市
湯沢市
由利本荘市
横手市
井川町
羽後町
小坂町
五城目町
八郎潟町
八峰町
藤里町
美郷町
三種町
大潟村
上小阿仁村
東成瀬村

◆岩手県（26）

盛岡市
一関市
奥州市
大船渡市
釜石市
北上市
久慈市
滝沢市※
遠野市
二戸市
八幡平市
花巻市
宮古市
陸前高田市
岩手町
金ケ崎町※
葛巻町
紫波町
住田町
西和賀町
平泉町
洋野町
矢巾町
九戸村※
野田村
普代村

◆山形県（25）

山形市
尾花沢市
酒田市
寒河江市
新庄市
鶴岡市
天童市
長井市
村山市
米沢市
飯豊町
大石田町
大江町
小国町
金山町
河北町
白鷹町
庄内町
中山町
西川町
舟形町
最上町
山辺町
大蔵村
戸沢村

◆宮城県（27）

仙台市
石巻市
岩沼市
大崎市

角田市
栗原市
気仙沼市
塩竈市
白石市
多賀城市
登米市
大河原町
大郷町
加美町
川崎町
色麻町
柴田町
大和町
富谷町
丸森町
美里町
南三陸町
村田町
利府町
涌谷町
亘理町
大衡村

◆福島県 (45)

福島市
会津若松市
いわき市
喜多方市
白河市※
須賀川市
相馬市
二本松市
本宮市
南相馬市
会津坂下町
会津美里町
浅川町
猪苗代町
大熊町
小野町
鏡石町
金山町
国見町
桑折町
下郷町
只見町
棚倉町
浪江町
西会津町
磐梯町※
広野町
古殿町
三島町
三春町
南会津町
柳津町
矢吹町
矢祭町
飯舘村
泉崎村※
大玉村
川内村※
北塩原村
昭和村
玉川村
西郷村
檜枝岐村
平田村
湯川村

◆新潟県 (28)

新潟市
阿賀野市
糸魚川市
魚沼市
小千谷市
柏崎市
加茂市
五泉市
三条市
新発田市
上越市
胎内市
燕市
十日町市
長岡市
見附市
南魚沼市
妙高市
村上市
出雲崎町
聖籠町
田上町
津南町
湯沢町
粟島浦村※
刈羽村
関川村
弥彦村

◆富山県 (12)

富山市
射水市
魚津市
小矢部市
黒部市
砺波市
滑川市
南砺市
氷見市
朝日町
立山町
入善町

◆石川県 (9)

金沢市
かほく市
珠洲市
七尾市
野々市市
内灘町
川北町
志賀町
中能登町

◆福井県 (16)

福井市
あわら市
越前市
小浜市
大野市
勝山市
坂井市
鯖江市
敦賀市
永平寺町※
越前町※
おおい町※
高浜町※
南越前町※
美浜町※
若狭町※

◆長野県 (73)

長野市
安曇野市※
飯田市
飯山市
伊那市
上田市
大町市
岡谷市
駒ヶ根市
小諸市
佐久市
塩尻市
須坂市
諏訪市
千曲市
茅野市
東御市※
中野市
松本市
上松町
阿南町
飯綱町
池田町
木曽町※
小布施町
軽井沢町
木曽町
小海町
坂城町
佐久穂町
信濃町
下諏訪町
高森町
辰野町
立科町
長和町
南木曽町
富士見町
松川町
箕輪町
山ノ内町
青木村
朝日村
阿智村
生坂村
売木村
王滝村
大桑村
大鹿村
小川村
小谷村
麻績村
川上村
木島平村
木祖村
北相木村
栄村
下條村
高山村
筑北村
天龍村
豊丘村
中川村
根羽村
野沢温泉村
白馬村
原村
平谷村
松川村
南相木村
南牧村
南箕輪村
宮田村
山形村

◆東京都 (40)

新宿区
足立区
板橋区
江戸川区
大田区
葛飾区
北区
江東区
杉並区
世田谷区
中央区
千代田区
豊島区
練馬区
文京区
港区
目黒区
昭島市
稲城市
青梅市
清瀬市
国立市
小金井市
国分寺市
小平市
狛江市
多摩市
調布市
西東京市
羽村市
東久留米市

22. 日本国内の「平和首長会議」加盟自治体(続き1)

東村山市
東大和市
日野市
府中市
町田市
三鷹市
武蔵野市
新島村※
檜原村※

◆神奈川県 (27)

横浜市
厚木市
綾瀬市
伊勢原市
海老名市
小田原市
鎌倉市
川崎市
相模原市
座間市
茅ヶ崎市
秦野市
逗子市
平塚市
藤沢市
三浦市
南足柄市
大和市
愛川町
大磯町
寒川町
開成町
中井町
箱根町
葉山町
真鶴町
清川村

◆埼玉県 (62)

さいたま市
上尾市
朝霞市
入間市
桶川市
春日部市
加須市
川口市
川越市
北本市
行田市
久喜市
熊谷市
幸手市
鴻巣市
越谷市
坂戸市
幸手市
狭山市
志木市
白岡市
草加市
秩父市
鶴ヶ島市
所沢市
戸田市
新座市
蓮田市
羽生市
飯能市
東松山市
日高市
深谷市
富士見市
ふじみ野市
本庄市
三郷市
八潮市
吉川市
和光市※
蕨市
伊奈町
小鹿野町
小川町
越生町
上里町
川島町※
杉戸町
ときがわ町※
長瀞町※
滑川町※
鳩山町
松伏町
美里町
皆野町
宮代町
三芳町
毛呂山町※
横瀬町
吉見町
寄居町
嵐山町
東秩父村※

◆千葉県 (54)

千葉市
旭市
我孫子市
いすみ市
市川市
市原市
印西市
浦安市
大網白里市
柏市
勝浦市
香取市
鎌ケ谷市
鴨川市
木更津市
君津市
佐倉市
白井市
山武市
匝瑳市
袖ケ浦市
館山市
銚子市
東金市
富里市
流山市
習志野市
成田市
野田市
富津市
船橋市
松戸市
南房総市
茂原市
八街市
八千代市
四街道市
一宮町
大多喜町
御宿町
鋸南町
九十九里町
神崎町
栄町
酒々井町
芝山町
白子町
多古町
長南町
長柄町
東庄町
睦沢町
横芝光町
長生村

◆茨城県 (42)

水戸市
石岡市
潮来市
稲敷市
小美玉市
牛久市
笠間市
鹿嶋市
かすみがうら市
神栖市
北茨城市
桜川市※
下妻市
常総市
筑西市
つくば市
つくばみらい市
土浦市
取手市
行方市※
坂東市
古河市※
那珂市
常陸太田市
日立市
ひたちなか市
鉾田市
守谷市
結城市
龍ケ崎市
阿見町
茨城町
大洗町
河内町
五霞町
境町
城里町※
大子町
利根町※
八千代町
東海村
美浦村

◆栃木県 (21)

宇都宮市
足利市
大田原市
小山市
鹿沼市
さくら市
佐野市
下野市
栃木市
那須烏山市
那須塩原市
日光市
真岡市
矢板市
市貝町
岩舟町
上三川町
那須町
野木町
芳賀町
壬生町

◆群馬県 (29)

前橋市
安中市
伊勢崎市
太田市※
桐生市
渋川市
高崎市
館林市
富岡市
沼田市
藤岡市
みどり市
板倉町
邑楽町
大泉町
神流町※
甘楽町
草津町
下仁田町
玉村町
千代田町
中之条町
東吾妻町
みなかみ町
片品村
川場村
昭和村
高山村
南牧村

◆山梨県 (24)

甲府市
上野原市
大月市
甲斐市
甲州市
中央市
都留市
韮崎市
笛吹市
富士吉田市
北杜市
南アルプス市
山梨市
市川三郷町

南部町
西桂町
早川町
富士河口湖町
富士川町
身延町
小菅村
道志村
鳴沢村
山中湖村

◆静岡県（22）

静岡市
熱海市
伊豆市
伊豆の国市
伊東市
磐田市
掛川市
湖西市
御殿場市
島田市※
下田市
裾野市※
沼津市
浜松市
袋井市
藤枝市
富士市
富士宮市
三島市
焼津市
函南町
長泉町

◆愛知県（38）

名古屋市
愛西市
あま市
安城市※
犬山市
岩倉市
岡崎市
大府市※
尾張旭市
春日井市※
蒲郡市※
北名古屋市
清須市
江南市
新城市※
田原市※
知多市※
知立市
東海市※
常滑市※
豊明市
豊川市
豊田市
豊橋市
長久手市※
日進市
半田市
みよし市
弥富市
蟹江町
幸田町※
武豊町
東郷町※
豊山町
東浦町
扶桑町
美浜町
飛島村

◆岐阜県（40）

岐阜市
恵那市※
大垣市
海津市※
各務原市
可児市
郡上市
下呂市
関市
高山市※
多治見市
土岐市※
中津川市
羽島市
飛騨市※
瑞浪市
瑞穂市
美濃市
美濃加茂市
本巣市
山県市※
安八町※
池田町
大野町※
笠松町
川辺町
北方町
岐南町※
神戸町※
坂祝町
白川町※
関ヶ原町※
垂井町
富加町※
七宗町
御嵩町
八百津町
養老町※
輪之内町※
白川村※

◆三重県（29）

津市
伊賀市
伊勢市
いなべ市
尾鷲市
亀山市
熊野市
桑名市
志摩市
鈴鹿市
鳥羽市
名張市
松阪市
四日市市
朝日町
大台町
川越町
木曽岬町
紀宝町
紀北町
菰野町
大紀町
多気町
玉城町
東員町
南伊勢町
御浜町
明和町
度会町

◆滋賀県（19）

大津市
近江八幡市※
草津市
甲賀市
湖南市
高島市
長浜市
東近江市
彦根市
米原市
守山市
野洲市
栗東市
愛荘町
甲良町
多賀町
豊郷町
日野町
竜王町

◆京都府（21）

京都市
綾部市※
宇治市
亀岡市
木津川市
京田辺市
京丹後市
城陽市
長岡京市
福知山市
舞鶴市
宮津市
向日市
井手町
大山崎町
京丹波町
久御山町
精華町
与謝野町
和束町
南山城村

◆大阪府（43）

大阪市
池田市
和泉市
泉大津市
泉佐野市
茨木市
大阪狭山市
貝塚市
柏原市
交野市
門真市
河内長野市
岸和田市
堺市
四條畷市
吹田市
泉南市
高石市
高槻市
大東市
豊中市
摂津市
富田林市
寝屋川市
羽曳野市
阪南市
東大阪市
枚方市
藤井寺市
松原市
箕面市
守口市
八尾市
河南町
熊取町
島本町
太子町
田尻町
忠岡町
豊能町
能勢町
岬町
千早赤阪村

◆奈良県（33）

奈良市
生駒市
宇陀市
橿原市
香芝市
葛城市
五條市
御所市
桜井市
天理市
大和郡山市
大和高田市
安堵町
斑鳩町
王寺町
上牧町
河合町
川西町
広陵町
三郷町
下市町
高取町
平群町
三宅町
吉野町
明日香村
上北山村
川上村
黒滝村
下北山村
十津川村※
野迫川村
山添村

◆和歌山県（30）

和歌山市
有田市
岩出市
海南市※
御坊市
紀の川市
新宮市※
田辺市
橋本市
有田川町※
印南町
かつらぎ町
上富田町
紀美野町※
串本町
九度山町
高野町※
古座川町
白浜町

データシート

22. 日本国内の「平和首長会議」加盟自治体(続き2)

すさみ町
太地町
那智勝浦町
日高川町※
日高町
広川町
美浜町
みなべ町
湯浅町
由良町
北山村

◆兵庫県(37)

神戸市
相生市
明石市
赤穂市
朝来市
芦屋市
尼崎市
淡路市
伊丹市
小野市
加古川市
加西市
加東市
川西市
篠山市
三田市
宍粟市
洲本市
高砂市
宝塚市
丹波市
西宮市
西脇市
姫路市
三木市
南あわじ市
市川町
猪名川町
稲美町
上郡町
香美町
神河町※
新温泉町
太子町
多可町※
播磨町
福崎町

◆岡山県(27)

岡山市
赤磐市
浅口市
井原市
笠岡市
倉敷市
瀬戸内市
総社市
高梁市
玉野市
津山市
新見市
備前市
真庭市
美作市
鏡野町
吉備中央町
久米南町
里庄町
勝央町
奈義町
早島町
美咲町※
和気町
矢掛町※
新庄村
西粟倉村

◆広島県(23)

広島市
安芸高田市
江田島市
大竹市
尾道市
呉市
庄原市
竹原市
廿日市市
東広島市
福山市
府中市
三原市
三次市
安芸太田町
大崎上島町
海田町
北広島町
神石高原町
世羅町
坂町
熊野町
府中町

◆山口県(19)

山口市
岩国市
宇部市
下松市
山陽小野田市
下関市
周南市
長門市
光市
萩市
防府市
美祢市
柳井市
阿武町
上関町
周防大島町
田布施町
平生町
和木町

◆鳥取県(7)

鳥取市
倉吉市
境港市
米子市
琴浦町
北栄町
八頭町

◆島根県(16)

松江市
出雲市
雲南市
江津市
大田市
浜田市
益田市
安来市※
飯南町※
邑南町
隠岐の島町
奥出雲町
川本町※
西ノ島町
美郷町※
知夫村※

◆徳島県(20)

阿南市
阿波市
小松島市
美馬市
三好市
藍住町
石井町
板野町
海陽町
勝浦町
上勝町
神山町
北島町
つるぎ町
那賀町
東みよし町
松茂町
美波町
牟岐町
佐那河内村

◆香川県(12)

高松市
観音寺市
坂出市
さぬき市
善通寺市
東かがわ市
丸亀市
三豊市
多度津町
土庄町
まんのう町※
三木町

◆愛媛県(20)

松山市
今治市
伊予市
宇和島市
大洲市
西条市
四国中央市
西予市
東温市
新居浜市
八幡浜市
愛南町
伊方町
内子町
上島町
鬼北町
久万高原町
砥部町
松前町
松野町

◆高知県(34)

高知市
安芸市
香美市
香南市
四万十市
宿毛市
須崎市
土佐市
土佐清水市
南国市
室戸市
いの町※
大月町
越知町
大豊町
黒潮町※
佐川町
四万十町※
田野町
津野町※
土佐町
東洋町
中土佐町※
奈半利町※
仁淀川町※
本山町
安田町
梼原町
馬路村
大川村
北川村
芸西村
三原村
日高村

◆福岡県(58)

福岡市
朝倉市
飯塚市
糸島市
うきは市
大川市
小郡市
大野城市
大牟田市
春日市
嘉麻市
北九州市
久留米市
古賀市
田川市
太宰府市
筑後市
筑紫野市

中間市
直方市
豊前市
福津市
みやま市
宮若市
宗像市
柳川市
八女市
行橋市
芦屋町
糸田町
宇美町
大木町
大任町
岡垣町
苅田町
上毛町
小竹町
遠賀町
粕屋町
川崎町
鞍手町
桂川町
篠栗町
志免町
新宮町
須恵町
添田町
大刀洗町
築上町
筑前町
那珂川町
久山町
広川町
福智町
水巻町
みやこ町
赤村
東峰村

◆佐賀県（14）

伊万里市
嬉野市
小城市
鹿島市
唐津市
多久市
武雄市
鳥栖市
有田町
大町町
基山町
玄海町
白石町
吉野ヶ里町

◆長崎県（20）

長崎市
壱岐市
諫早市
雲仙市
大村市
五島市
西海市
島原市
対馬市
平戸市
松浦市
南島原市
小値賀町
新上五島町
川棚町
佐々町
時津町
長与町
波佐見町
東彼杵町

◆大分県（18）

大分市
宇佐市
臼杵市
杵築市
国東市
佐伯市
竹田市
津久見市
中津市
日田市
豊後大野市
豊後高田市
別府市
由布市
玖珠町
九重町
日出町
姫島村

◆熊本県（39）

熊本市
阿蘇市
天草市
荒尾市
宇城市
宇土市
上天草市
菊池市
合志市
玉名市
人吉市
水俣市
八代市
山鹿市
あさぎり町
大津町
小国町
菊陽町
玉東町
高森町
多良木町
長洲町
和水町
南関町
錦町
氷川町
益城町
美里町
南小国町
御船町
湯前町
苓北町
産山村
球磨村
相良村
西原村
水上村
南阿蘇村
山江村

◆宮崎県（23）

宮崎市
えびの市
串間市
小林市
西都市
日南市
延岡市
日向市
都城市
綾町
門川町
川南町
木城町
五ヶ瀬町
国富町
高千穂町
高原町
都農町
日之影町
三股町
椎葉村
西米良村
諸塚村

◆鹿児島県（41）

鹿児島市
姶良市
阿久根市
奄美市
伊佐市
いちき串木野市
出水市
指宿市
鹿屋市
霧島市
薩摩川内市
志布志市
曽於市
垂水市
西之表市
日置市
枕崎市
南九州市
南さつま市
天城町
伊仙町
大崎町
喜界町
肝付町
錦江町
さつま町
瀬戸内町
龍郷町
知名町
徳之島町
中種子町
長島町
東串良町
南大隅町
南種子町
屋久島町
湧水町
和泊町
宇検村※
十島村
大和村

◆沖縄県（26）

那覇市
糸満市
沖縄市
石垣市
浦添市
うるま市
豊見城市
宜野湾市
名護市
南城市
宮古島市
竹富町
北谷町
南風原町
西原町
粟国村
伊江村
大宜味村
北中城村
座間味村
多良間村
渡名喜村
中城村
東村
南大東村
読谷村

合計：1439 自治体

平和首長会議および日本非核宣言自治体協議会のデータは2014年4月1日現在。
宣言の有無については、一部ピースデポの調査によるアップデートを含む。

データシート

23. 非核宣言自治体の活動と事業

以下は、日本の非核宣言自治体がこれまでとり組んだ主要な活動や事業を分類整理したものである。すべてが網羅されているわけではない。他にユニークなとり組みをご存知の方は、ピースデポまでご一報いただければ幸いである。

1. 宣言や条例の制定

●宣言

(手続きにより3種類のものがある)

①首長提案、議会決議のもの。

②市民または議員提案・議会決議のもの。

③再度の宣言を議会が決議したもの。

(内容)核兵器の廃絶と恒久平和を訴える、非核港湾を訴える、放射性物質等の持ち込みや原子力関連施設の立地を拒否する、など。

●条例

(内容によりほぼ3種類に分類できる)

・非核平和条例(核兵器の通過などを具体的に禁止している。市民や市長の不断の努力を規定し、企画の段階からの市民参加を明文化している)

・平和条例(平和行政、予算化などを明記)

・平和基金条例(億単位の基金を制定し、利息による平和事業の実施、募金の拡大をめざす)

2. 首長・議長の抗議や要請行動

・核爆発実験に対する抗議文の持参・送付

・未臨界核実験やZマシン新型核実験に対する中止要請文、抗議の持参・送付

・北東アジア非核兵器地帯を求める自治体首長署名の持参

・NPT再検討会議への参加と要請

・他の自治体への非核宣言実施の依頼

3. 議会の決議など

・非核三原則の堅持を求める意見書

・北東アジア非核兵器地帯の設立を求める意見書

・ミサイル発射実験、核爆発実験に抗議する決議

・包括的核実験禁止条約(CTBT)の制定を求める意見書

・非核法の制定を求める意見書

・核兵器禁止の国際条約の制定を求める決議

・核兵器搭載艦船の入港を認めない港湾条例を求める決議

・プルトニウム輸送の情報公開を求める意見書

・高速増殖炉「もんじゅ」の安全管理に関する意見書

・核燃料再処理事故に関する意見書

・平和市長会議への加盟

4. 市民への情報発信

・宣言文の掲示(プレート、垂幕、碑など)

・図書館での平和関連図書コーナーの設置

・ホームページ、広報誌、ローカル誌、ケーブルテレビを使った情報発信

・市民キャンペーン(祭りなど市民の集まるところで広報活動)

・平和の映画ビデオや図書の貸出

5. 啓発プログラムの強化

・平和に関する各種講演会・セミナー、

被爆体験・戦争体験を聞く会、戦時中の食事体験講座、原爆パネル・資料展(海外含む)、移動原爆展、ミニミニ原爆展、映画会、朗読劇、コンサート、書道展、ミュージカルなど
・インターネットテレビ会議システムを利用した平和学習講座
・平和啓発ステッカーの公用車への貼り付け
・市製封筒に「非核平和宣言都市」と印字
・無料電車「平和号」の運行
・啓発用品の市民・公共施設への配布(パンフレット、カレンダー、花の種、文具、カードなど)
・平和副読本の作成、平和マップの作成、マンガの発行、日本国憲法の冊子作成と配布
・戦争体験の証言集・ビデオ・絵の作成
・国内ジャーナリスト研修
・被爆アオギリ・クスノキ二世植樹
・平和記念館の開設
・バーチャル平和資料館(ホームページ)
・広報誌、市内ケーブルテレビ、FMラジオでの平和特集
・平和の灯火(キャンドルナイト)

6. 情報収集・管理

・平和資料館、展示室、資料コーナーの運営。企画展などの実施
・平和関連資料(海外のものも含む)の収集・貸出

7. フィールドワーク

・市民(子ども、若者、親子、留学生を含む)、自治体職員、議員の広島・長崎・沖縄への派遣。親子記者など
・戦跡、米軍基地、平和資料館・美術館・博物館などの見学ツアー
・他の非核自治体や海外の姉妹都市との市民交流
・NPT再検討会議への派遣と報告会

8. 市民参加

・「核兵器禁止条約」の交渉開始等を求める市民署名活動事業
・平和賞、平和標語・作文コンクール、平和の絵、メッセージ、俳句・短歌の募集
・折り鶴コーナーの設置、千羽鶴の作成
・平和基金の募金活動
・スポーツ大会の開催
・平和ボランティアの募集、育成、派遣
・平和へのメッセージの募集

9. 市民との協力事業、および支援

・市民団体・文化団体との共催事業(国際会議、平和のつどい、講演会、映画会、コンサート、原爆展、スポーツなど)
・小・中学校の平和学習への補助金
・市民団体への補助金の交付、事業費の一部負担
・市民団体への事業委託
・市民海外インターンシップ制度補助金
・平和行進の受け入れと激励

10. 被爆者支援

・見舞金、助成金等の支給
・栄養食品の支給
・被爆者団体への育成補助

11. 記念式典

・黙祷の実施、半旗の掲揚
・平和記念式、戦没者追悼式、慰霊祭
・平和の鐘の打鐘
・原爆死没者サイレンの吹鳴

用語の説明

●イージス・システム

洋上防空能力など艦船防御能力を備えた艦上戦闘システム。レーダーやソナーを利用して複数の目標に関する情報を同時に処理し、誘導ミサイルなどを用いてそれらを同時攻撃できる。近年では、弾道ミサイルに対する迎撃能力を備えたミサイルSM3が組み込まれるようになってきている。「イージス」はギリシャ神話の神の盾。

●核態勢見直し(NPR)(米)
(Nuclear Posture Review)

米議会が核政策の包括的な再検討のために作成を求める文書。米国防総省が作成する。これまで、94年(クリントン政権)、02年(ブッシュ政権、作成されたのが01年末なので01年NPRと呼ぶこともある)、そして10年(オバマ政権)の3回出されている。10年のNPRは資料1-11(266ページ)参照。

●オスロ・プロセス

クラスター弾の全面禁止条約締結を目指した条約案交渉プロセス。国連や赤十字委員会、NGO「クラスター弾連合(CMC)」などの働きかけが後押しとなり、2007年2月、ノルウェーなど49か国が「オスロ宣言」を採択して条約交渉が始まった。対人地雷禁止条約の成立プロセスをオタワ・プロセスというのと同じように、同志国家とNGOが国連システムの外でクラスター弾禁止条約を成立させたプロセスをこう呼ぶ。

●核軍縮・不拡散議員連盟(PNND)
(Parliamentarians for Nuclear Non-proliferation and Disarmament)

国際NGO「中堅国家構想」(MPI)の提唱で01年に創設された、核軍縮を目指す国際的な議員集団。13年末現在、80か国から800人以上の議員が参加している。なかでも日本、ニュージーランド、ベルギー、カナダ、ドイツは多数の議員を送り出している。PNND日本は02年7月に結成され、14年2月5日現在、40人が参加。

●核燃料サイクル

ウラン鉱石の採掘から核燃料の製造までの過程、原子炉で核燃料を燃焼する過程、使用済み核燃料を再処理したり、処分したりする過程の全過程をさす。再処理過程を含むかどうかでサイクルの様相は大きく異なる。⇒使用済み核燃料再処理。

●カットオフ条約

兵器用核分裂性物質生産禁止条約(FMCT)のこと。核兵器の材料となる高濃縮ウランやプルトニウムの生産を禁止することが目的。

●核供給国グループ(NSG)

核兵器に転用可能な物資、燃料、技術などの輸出規制を目的とする国際グループ。74年のインドによる核実験を受けて翌75年にできた。13年4月現在、48か国が加盟。

●国連公開作業部会(OEWG)
(Open-Ended Working Group)

国連総会の決議により特定の課題についての国際的取り組みを前進させるべく、設置される組織。政府代表、専門家、国際機関、NGOが垣根を超えて議論する場となる。分野は、気候変動、廃棄物、高齢化、核軍縮など多岐にわたる。

●国連総会第1委員会

国連総会に付属する6つの委員会のうちのひとつで、主に、軍縮・国際安全保障問題を取り扱う。通常は、10月から4~5週間にわたって開催される。

●集団的自衛権

自国が攻撃を受けていなくても、同盟国が攻撃された場合にその同盟国に対して援助をし、共同で防衛する権利。国連憲章第51条は、国連加盟国に対して武力攻撃が行われた際、安全保障理事会が必要な措置をとるまでの間、加盟国が個別的・集団的自衛権を行使する権利を認めている。日本政府は、集団的自衛権の行使は憲法上認められないとの立場をとってきたが、14年7月1日、行使を容認する閣議決定を行った。

●ジュネーブ軍縮会議(あるいは単に軍縮会議)(CD)
(Conference on Disarmament)

現在65か国で構成される、唯一の多国間の軍縮問題交渉機関。事務局長は国連総会によって指名されるが、厳密には国連の付属組織ではない。60年の「10か国軍縮委員会」(東西5か国ずつで構成)を起源とし、CDの名前になったのは84年である。日本の加盟は69年。前身も含めると、NPTやCTBTなどがCDで作成・採択された。全会一致の決定方式をとっている。

●消極的安全保証(NSA)
(Negative Security Assurance)

非核兵器国に対して核兵器を使用しないと約束することによって、安全の保証を提供すること。核保有5か国(米・ロ・英・仏・中)は、国連安保理決議984(95年4月11日採択)によって一方的にNSAを宣言しているが、非核兵器国側は、法的拘束力のあるNSAを求めている。非核地帯条約のNSA議定書に核保有国が署名・批准している場合には、地帯内の非核国に対してNSAは法的拘束力を持つ。

●使用済み核燃料再処理

原子炉で燃やした後の使用済み核燃料から、ウランやプルトニウムを分離、回収する作業のこと。使用価値のない核分裂生成物等が出てくるため、これらを高レベル放射性廃棄物、低レベル放射性廃棄物に分離した上で処分・埋設する。

●新アジェンダ連合(NAC)
(New Agenda Coalition)

ブラジル・エジプト・アイルランド・メキシコ・ニュージーランド・南アフリカの6か国から成る核軍縮推進派の国家連合(設立時はスウェーデン、スロベニアを含む)。98年に「核兵器のない世界へ:新アジェンダの必要性」という共同宣言を発したことから、この名で呼ばれている。

●戦略兵器削減条約(START)
(Strategic Arms Reduction Treaty)

米国とソ連(当時)が91年7月に署名。94年12月に発効。09年12月5日に期限満了をもって失効。初めての米ソ間の戦略核兵器削減条約であった。条約において運搬手段や核弾頭の数え方を厳密に定義し、その上限を定め削減を義務づけた。また条約には広範かつ複雑な監視・検証メカニズムが規定された。01年12月、米ロ両国はこれらの削減義務の履行完了を宣言。11年2月5日、新たなSTARTが発効した。

●弾道ミサイル防衛(BMD)システム

敵国などからの弾道ミサイルを迎撃するシステム。迎撃の起点(陸上、海上、空中、大気圏外)、迎撃対象の飛行段階(初期の噴射、中間、終末)、迎撃の手段(運動エネルギー、指向性エネルギー)などの組み合わせによって、様々な種類のシステムがある。

●日米安全保障協議委員会(SCC)
(Security Consultative Committee)

日米安保条約第4条を根拠とし、60年に設置された。当初、日本側は外務大臣と防衛庁長官、米国側は駐日米大使と太平洋軍司令官であった。しかし、90年に米側の構成員が国務長官と国防長官に格上げされ、日本側は後に防衛庁長官ではなく防衛大臣となった。しばしば「2プラス2」(ツー・プラス・ツー)と呼ばれるようになった。

●濃縮ウランと劣化ウラン

天然ウランにはウラン238が約99.3%、ウラン235が約0.7%含まれる。235は核分裂性であり、核燃料や兵器に用いられる。235の割合を0.7%以上に高めたものを濃縮ウランという。235が20%より低いものを低濃縮ウラン(LEU)、高いものを高濃縮ウラン(HEU)、90%を超えるものを兵器級ウランと呼ぶ。軽水型発電炉の燃料は3～5%の低濃縮ウランである。濃縮の結果、235の含有量が天然ウランより減った残余を劣化ウランという。劣化ウランは、密度と硬度が高く、安価であることから「ウラン弾」に用いられる。劣化ウランの放射能は天然ウランの約60%に減っているにすぎない。

●非核兵器地帯(NWFZ)

一定の地理的範囲内において核兵器が排除された状態を創り出すことを目的とした、国際法上の制度。地帯内において、核兵器の開発・実験・製造・生産・取得・所有・貯蔵・輸送・配備などが禁止される。これに加え、地帯内において核兵器による攻撃やその威嚇を行わないとの核兵器国による約束(すなわち、消極的安全保証)を議定書の形で定めるのが通例である。

●武器輸出三原則

佐藤栄作内閣が1967年4月に打ち出した政策。①共産圏向けの場合、②国連決議により武器輸出が禁じられている場合、③国際紛争の当事国(あるいはそのおそれがある国)の場合、武器輸出を禁じるというもの。76年2月、三木武夫内閣はこれを拡大し、上記の対象国以外に対しても武器輸出を慎むこと、武器製造関連設備も武器に準ずる取り扱いにすることとした。しかし83年1月、対米武器技術供与を例外とする後退を示した。さらに2011年12月、藤村修官房長官談話により「包括的な例外措置」を講ずるとし、例外措置の大幅拡大に踏みきった。そして14年4月1日、安倍晋三内閣は「防衛装備移転三原則」を閣議決定し、武器輸出三原則は、事実上撤廃された。

●未臨界核実験とZマシン核実験

核分裂物質は、ある一定の条件が満たされると核分裂の連鎖反応を起こす。この限界のことを「臨界」といい、臨界に達しない状態で行う核実験のことを未臨界核実験という。地下核実験を行うことなく、備蓄核兵器を維持するために行われてきた。

2010年以降、米国は、強力なX線発生装置Zマシンで、核爆発に近い環境の中でのプルトニウム挙動を調べる新型核実験を始めている。現時点では、両者の関係は不明確であるが、目的は極めて似ており、相補的な関係にあると推測される。

●IAEA追加議定書

国際原子力機関(IAEA)と保障措置協定締結国との間で追加的に締結される議定書のことであり、既存の保障措置よりも強化された措置が盛り込まれている。原子力施設内の全ての建物や活動がIAEAに対する申告の対象になり、さらに、未申告の施設や活動に対しても、直前の通告による追加的な査察(いわゆる「抜き打ち」査察)が認められている。1997年5月のIAEA特別理事会でモデル追加議定書が採択されている。2012年12月31日現在、139か国が署名、119か国が批准済み。米国は09年1月6日になってようやく批准。

●NPT再検討会議

核不拡散条約(NPT)第8条3項に従って、NPTの運用状況を点検するために5年に一度NPT加盟国が開く会議。1975年から2010年までの計8回開かれている。再検討会議は、本会議に加えて、第1主要委員会(核軍縮関連)、第2主要委員会(保障措置・非核兵器地帯関連)、第3主要委員会(原子力平和利用関連)に分かれる。なお、最近では、再検討会議に先立つ3年の間、準備委員会が毎年開催されている。

●PAC3 (Patriot Advanced Capability 3)

改良型パトリオットミサイル。短・中距離弾道ミサイルを陸上から迎撃するシステムで、弾道ミサイルのターミナル(終末)段階において撃ち落とす。PAC3が防御できるのは、それが配備された地点の半径数10キロ程度とされる。

●SM3(Standard Missile 3)

イージス艦に搭載され、短・中距離弾道ミサイルを迎撃するミサイル。弾道ミサイルのミッドコース(中間飛行)段階において撃ち落とす。

●4年ごとの国防見直し(QDR) (Quadrennial Defense Review)

米国防総省が議会からの要求によって4年ごとに提出する国防政策見直しのための文書。国防戦略や戦力構成、戦力の近代化、インフラ、予算などについて、包括的な再検討が行われる。1997年、2001年、06年と作成され、10年2月1日に発表されたQDRで4本目となる。

略語集

ASAT 対衛星(兵器)
Anti-Satellite (Weapons)

ATT 武器貿易条約
Arms Trade Treaty

BMD 弾道ミサイル防衛
Ballsitic Missile Defense

BMDR 弾道ミサイル防衛見直し
Ballistic Missile Defense Review

CD (ジュネーブ)軍縮会議
Conference on Disarmament

CPGS 通常型迅速グローバル・ストライク
Conventional Prompt Global Strike

CTBT 包括的核実験禁止条約
Comprehensive Test Ban Treaty

CTBTO 包括的核実験禁止条約機関
Comprehensive Test Ban Treaty Organization

CWC 化学兵器禁止条約
Chemical Weapons Convention

DOD (米)国防総省
Department of Defense

DOE (米)エネルギー省
Department of Energy

DPRK 朝鮮民主主義人民共和国
Democratic People's Republic of Korea

DU 劣化ウラン
Depleted Uranium

EPAA 欧州段階的適応性アプローチ
European Phased Adaptive Approach

EU 欧州連合
European Union

FMCT 兵器用核分裂性物質生産禁止条約、またはカットオフ条約
Fissile Material Cut-off Treaty

GBI 地上配備迎撃体
Ground-Based Interceptor

GMD 地上配備中間飛行段階防衛
Ground-Based Midcourse Defense

GNEP グローバル原子力パートナーシップ
Global Nuclear Energy Partnership

GSI 世界安全保障研究所
Global Security Institute

HEU 高濃縮ウラン
Highly Enriched Uranium

IAEA 国際原子力機関
International Atomic Energy Agency Organization

ICAN 核兵器廃絶国際キャンペーン
International Campaign to Abolish Nuclear Weapons

ICBM 大陸間弾道ミサイル
Inter-Continental Ballistic Missile

ICBUW ウラン兵器禁止を求める国際連合
International Coalition to Ban Uranium Weapons

ICJ 国際司法裁判所
International Court of Justice

ICRC 赤十字国際委員会
International Committee of the Red Cross

IPPNW 核戦争防止国際医師会議
International Physicians for the Prevention of Nuclear War

IPU 列国議会同盟
Inter-Parliamentary Union

LEP 寿命延長計画
Life Extension Program

LEU 低濃縮ウラン
Low-Enriched Uranium

MD ミサイル防衛
Missile Defense

MDA (米)ミサイル防衛庁
Missile Defense Agency

MOX ウラン・プルトニウム混合酸化物
Mixed (uranium and plutonium) Oxide

MPI 中堅国家構想
Middle Powers Initiative

NAC 新アジェンダ連合

New Agenda Coalition

NAM 非同盟運動(諸国)
Non-Aligned Movement

NATO 北大西洋条約機構
North Atlantic Treaty Organization

NCND 肯定も否定もしない
Neither Confirm Nor Deny

NIE 国家情報評価
National Intelligence Estimate

NLL 北方限界線
Northern Limit Line

NNSA (米)国家核安全保障管理局
National Nuclear Security Agency

NPDI 不拡散・軍縮イニシャチブ
Non-Proliferation and Disarmament Initiative

NPR 核態勢見直し
Nuclear Posture Review

NPT 核不拡散条約
Nuclear Non-Proliferation Treaty/ Treaty on the Non-Proliferation of Nuclear Weapons

NSA 消極的安全保証
Negative Security Assurance

NSG 核供給国グループ
Nuclear Suppliers Group

NTI 核脅威イニシャチブ
Nuclear Threat Initiative

NWBT 簡易型核兵器禁止条約
Nuclear Weapons Ban Treaty

NWC 核兵器禁止条約
Nuclear Weapons Convention

OEWG 国連公開作業部会
Open-Ended Working Group

PAC3 改良型パトリオットミサイル3
Patriot Advanced Capability 3

PAROS 宇宙における軍備競争の防止
Prevention of Arms Race in Outer Space

PNND 核軍縮・不拡散議員連盟
Parliamentarians for Nuclear Non-Proliferation and Disarmament

PSPD 参与連帯
People's Solidarity for Participatory Democracy

QDR 4年ごとの国防見直し
Quadrennial Defense Review

RECNA 長崎大学核兵器廃絶研究センター
Research Center for Nuclear Weapons Abolition, Nagasaki University

RV 再突入体
Re-entry Vehicle

SACO 沖縄に関する特別行動委員会
Special Action Committee on Okinawa

SLBM 潜水艦発射弾道ミサイル
Submarine-Launched Ballistic Missile

SM3 スタンダード・ミサイル3
Standard Missile 3

SSMP 備蓄核兵器維持管理計画
Stockpile Stewardship and Management Plan

START 戦略兵器削減交渉(あるいは条約)
Strategic Arms Reduction Talks (Treaty)

UAE アラブ首長国連邦
United Arab Emirates

WHO 世界保健機構
World Health Organization

WMD 大量破壊兵器
Weapons of Mass Destruction

資料

1. 基礎資料
2. 特集資料
   核兵器：非人道性から禁止の法的枠組みへ
3. その他の資料

（翻訳責任は、特に断りのない限りピースデポにある。）

資料目次

1.基礎資料

2.特集資料　核兵器：非人道性から禁止の法的枠組みへ

3.その他の資料

※2014年版に掲載されていない旧版の資料一覧は、ピースデポのホームページに掲載。

www.peacedepot.org

1.基礎資料

資料1－1　核不拡散条約(NPT)　第4条1、第6条

採択　1968年7月1日
発効　1970年3月5日

第4条

1 この条約のいかなる規定も、無差別にかつ第一条及び第二条の規定に従つて平和的目的のための原子力の研究、生産及び利用を発展させることについてのすべての締約国の奪い得ない権利に影響を及ぼすものと解してはならない。

第6条

各締約国は、核軍備競争の早期の停止及び核軍備の縮小に関する効果的な措置につき、並びに厳重かつ効果的な国際管理の下における全面的かつ完全な軍備縮小に関する条約について、誠実に交渉を行うことを約束する。

資料1－2　国連憲章第7章　第39～42条、第51条

(国連広報センター訳)

第7章　平和に対する脅威、平和の破壊及び侵略行為に関する行動(抜粋)

第39条

安全保障理事会は、平和に対する脅威、平和の破壊又は侵略行為の存在を決定し、並びに、国際の平和及び安全を維持し又は回復するために、勧告をし、又は第41条及び第42条に従っていかなる措置をとるかを決定する。

第40条

事態の悪化を防ぐため、第39条の規定により勧告をし、又は措置を決定する前に、安全保障理事会は、必要又は望ましいと認める暫定措置に従うように関係当事者に要請することができる。この暫定措置は、関係当事者の権利、請求権又は地位を害するものではない。安全保障理事会は、関係当時者がこの暫定措置に従わなかったときは、そのことに妥当な考慮を払わなければならない。

第41条

安全保障理事会は、その決定を実施するために、兵力の使用を伴わないいかなる措置を使用すべきかを決定することができ、且つ、この措置を適用するように国際連合加盟国に要請することができる。この措置は、経済関係及び鉄道、航海、航空、郵便、電信、無線通信その他の運輸通信の手段の全部又は一部の中断並びに外交関係の断絶を含むことができる。

第42条

安全保障理事会は、第41条に定める措置では不充分であろうと認め、又は不充分なことが判明したと認めるときは、国際の平和及び安全の維持又は回復に必要な空軍、海軍または陸軍の行動をとることができる。この行動は、国際連合加盟国の空軍、海軍又は陸軍による示威、封鎖その他の行動を含むことができる。

第51条

この憲章のいかなる規定も、国際連合加盟国に対して武力攻撃が発生した場合には、安全保障理事会が国際の平和及び安全の維持に必要な措置をとるまでの間、個別的又は集団的自衛の固有の権利を害するものではない。この自衛権の行使に当って加盟国がとった措置は、直ちに安全保障理事会に報告しなければならない。また、この措置は、安全保障理事会が国際の平和及び安全の維持または回復のために必要と認める行動をいつでもとるこの憲章に基く権能及び責任に対しては、いかなる影響も及ぼすものではない。

資料1－3　国際司法裁判所(ICJ)勧告的意見

核兵器の威嚇または使用の合法性に関する国際司法裁判所の勧告的意見

(抜粋)

1996年7月8日

99.このような状況のもとで、核不拡散条約第6条の「誠実に核軍縮交渉をおこなう義務」という認識がきわめて重要であると、本法廷は考える。この条項は以下のように述べている。

「各締約国は、核軍備競争の早期の停止及び核軍備の縮小に関する効果的な措置につき、並びに厳格かつ効果的な国際管理の下における全面的かつ完全な軍備縮小に関する条約について、誠実に交渉を行うことを約束する。」

この義務の法的重要性は、単なる行為の義務という重要性をこえたものである。すなわちここで問題となる義務とは、あらゆる分野における核軍縮という正確な結果を、誠実な交渉の追求という特定の行為をとることによって達成する義務である。

100.交渉を追求しかつ公式に達成するというこの二重の義務は、核不拡散条約に参加する182カ国、いい換えれば国際社会の圧倒的多数にかかわるものである。

さらに、核軍縮に関する国連総会決議がくり返し全会一致で採択されてきたとき、事実上国際社会全体がそれに関与してきたのである。実際、全面的かつ完全な軍縮、とくに核軍縮の現実的な追求には、すべての国家の協力が必要である。

105.これらの理由により、裁判所は、(1)勧告的意見の要請に従うことを決定する。

(2)総会の諮問に次の方法で答える。(13票対1票)

A　核兵器の威嚇または使用のいかなる特別の権限も、慣習国際法上も条約国際法上も存在しない。(全会一致)

B　核兵器それ自体の威嚇または使用のいかなる包括的または普遍的禁止も、慣習国

際法上も条約国際法上も、存在しない。(11票対3票)

C　国連憲章2条4項に違反し、かつ、その51条のすべての要請を満たしていない、核兵器による武力の威嚇または武力の行使は、違法である。(全会一致)

D　核兵器の威嚇または使用は、武力紛争に適用される国際法の要請とくに国際人道法の原則および規制の要請、ならびに、核兵器を明示的にとり扱う条約および他の約束の特別の義務と、両立するものでなければならない。(全会一致)

E　上述の要請から、核兵器の威嚇または使用は、武力紛争に適用される国際法の諸規則、そしてとくに人道法の原則および規則に、一般に違反するであろう。しかしながら、国際法の現状および裁判所の有する事実の諸要素を勘案して、裁判所は、核兵器の威嚇または使用が、国家の存亡そのものがかかった自衛の極端な状況のもとで、合法であるか違法であるかをはっきりと結論しえない。(7票対7票、裁判所長のキャスティング・ボート)

F　厳格かつ効果的な国際管理の下において、すべての側面での核軍縮に導く交渉を誠実におこないかつ完結させる義務が存在する。(全会一致)

www.icj-cij.org/docket/files/93/7407.pdf

資料1－4　95年NPT再検討会議「中東決議」(全訳)

NPT/CONF.1995/32 (Part I)付属文書
1995年5月11日採択

核不拡散条約(NPT)の加盟国会議は、

NPTの目的及び諸条項を強調し、

条約第7条にしたがい、非核兵器地帯の設立が国際的な不拡散体制の強化に貢献することを認識し、

安全保障理事会が、1992年1月31日付の声明において、核及び他のすべての大量破壊兵器の拡散が国際の平和と安全に対する脅威であると確認したことを想起し、

また中東非核兵器地帯の設立を支持する全会一致採択の総会決議(最新は1994年12月15日付49/71)を想起し、

中東におけるIAEA保障措置の適用に関する、IAEA総会採択の関連決議(最新は1994年9月23日付GC(XXXVIII)/RES/21)を想起し、また、核不拡散が、とりわけ緊張した地域においてもたらす危険に留意し、

安保理決議687(1991)、特にその14節に留意し、

安保理決議984(1995)及び1995年5月11日に会議が採択した「核不拡散と核軍縮のための原則と目標」決定の第8節に留意し、

1995年5月11日に会議が採択した他の諸決定に留意し、

1. 中東和平プロセスの目的及び目標を支持するとともに、この点における努力が、他の努力とともに、とりわけ中東非核・非大量破壊兵器地帯に貢献することを認識する。
2. 会議の主委員会Ⅲが、「条約未加盟国に対し、加盟によって核兵器あるいは核爆発装置を取得せず、すべての核活動にIAEA保障措置を受け入れるという国際的に法的拘束

力のある誓約を受諾するよう求める」ことを会議に勧告したことを満足をもって留意する。

3. 中東において保障措置下に置かれていない核施設が引き続き存在していることに懸念をもって留意するとともに、これに関連し、保証措置下に置かれていない核施設を運転しているNPT未加盟国に対し包括的なIAEA保障措置の受諾を要求した主委員会Ⅲ報告の第6項第3節に盛り込まれた勧告を強調する。
4. NPTの普遍的加盟を早期に実現する重要性を強調し、未だそれを行っていないすべての中東諸国に対し、例外なく、可能な限り早期にNPTに加盟し、自国の核施設を包括的なIAEA保障措置の下に置くよう求める。
5. 中東におけるすべての加盟国に対し、とりわけ中東に効果的に検証可能な大量破壊兵器、すなわち核・化学・生物兵器、ならびにそれらの運搬システムが存在しない地帯を設立するために前進を図るべく、適切な場において実際的措置を講じるよう、また、この目的の達成を妨げるようないかなる措置をとることも控えるよう求める。
6. すべてのNPT加盟国、とりわけ核兵器国に対し、協力を拡大し、地域諸国による中東非核・非大量破壊兵器及び非運搬システム地帯の早期設立に向けた最大限の努力を行うことを求める。

www.un.org/disarmament/WMD/Nuclear/1995-NPT/pdf/Resolution_MiddleEast.pdf

資料1－5　国連軍縮委員会による非核兵器地帯に関する報告書(抜粋訳)

地域の関係国間の自由意志による体制に基づく非核兵器地帯の設立資料

国連軍縮委員会 1999年4月30日

A. 一般的概観

1. 近年の、とりわけ軍縮と不拡散の分野における国際関係の進展は、地域の関係国間の自由意志による取り決めに基づいて設立された現存する非核兵器地帯を強化し、かつ新しい非核兵器地帯を設立する努力を強める結果を生み出し、またそのような地帯の重要性に対するよりよい理解を生み出している。
2. 国連総会第10回特別会議の最終文書は、地域の関係国間の自由意志による合意あるいは取り決めに基づく非核兵器地帯の設立、またこれらの合意あるいは取り決めが完全に遵守され、その地帯が核兵器から真に自由であることの確認、そして核兵器国によるそうした地帯の尊重は、重要な軍縮手段となる、と述べた。
3. 1993年に、軍縮委員会は、「グローバルな安全保障の文脈における軍縮に向けた地域的アプローチに関するガイドライン及び勧告」を全会一致で採択した。それは、核兵器及び他の大量破壊兵器のない地帯についての実質的な考察を含むものであった。
4. 国連総会は長年にわたり、世界の様々な地域における非核兵器地帯の設立の問題に関する数々の決議を採択してきた。そのことは、非核兵器地帯の設立に対する国際社会の継続的な関心を反映している。
5. 非核兵器地帯はグローバルな戦略環境において次第に例外的なものではなくなった。現在までに、既存の非核兵器地帯を設立する諸条約に107カ国が署名または加盟している。南極条約によって非軍事化されている南極大陸を加えると、非核兵器地帯は今や地球上の全陸地面積の50パーセント以上をカバーしている。

B. 目標及び目的

6. 広く認識されてきたように、非核兵器地帯は、その目標において、国際的な核不拡散体制の強化、核軍縮の達成、そして、核兵器の廃絶、さらに大きく言えば、厳格かつ効果的な国際的管理の下における全面的かつ完全な軍縮という究極の目標を達成しようとするグローバルな努力に対して、重要な貢献をしてきたし、現在も貢献し続けている。
7. それぞれの非核兵器地帯は、関係する地域の具体的な環境の産物であり、異なった地域における状況の多様性を照らし出している。その上、非核兵器地帯の設立はダイナミックな過程である。現存する非核兵器地帯の経験は、これらが静的な構造ではないということ、そしてまた、地域ごとの状況の多様性にもかかわらず、地域の関係国間の自由意志による取り決めに基づく新しい非核兵器地帯の設立が、実現可能であることを明白に示している。
8. 非核兵器地帯は、地帯に属する諸国家の安全保障を強化するのに役立つ。
9. 非核兵器地帯は、地域の平和と安全保障を強化するという第一義的な目的に貢献し、その延長として、国際的な平和と安全保障に貢献するという、一つの重要な軍縮手段である。それらはまた、重要な地域的信頼醸成措置であると考えられる。
10. 非核兵器地帯はまた、核軍縮、軍備管理及び不拡散の分野における共通の価値を表現し、促進する手段となりうる。
11. 核不拡散条約(NPT)の加盟国にとっては、非核兵器地帯は、NPTを補足する重要な手段である。なぜならばNPT第7条は、加盟国の領域における核兵器の完全な不在を保証するために地域的な条約を締結する権利を認めることを明記しているからである。NPTの1995年再検討・延長会議の最終文書における「核不拡散と軍縮に関する原則と目標」に関する決定(1995年採択)は、地域の関係国間の自由意志による取り決めに基づいて設立され、国際的に認知された非核兵器地帯の設立は、グローバル及び地域的な平和と安全保障を高める、というNPT加盟国の確信を再確認した。
12. 非核兵器地帯は、核兵器を取得せず、国際原子力機関(IAEA)によって設立された保障措置にしたがって核エネルギーを平和目的のためだけに開発し使用するという、NPTに加盟する非核兵器国の核不拡散義務を大幅に強化し、増進する。
13. 非核兵器地帯は、核兵器のいかなる実験的爆発、あるいは他のいかなる核爆発をも禁止する国際的枠組みへの有用な補助手段である。
14. 非核兵器地帯条約に関係する議定書への署名と批准によって、核兵器国は非核兵器地帯の地位を尊重し、非核兵器地帯条約の加盟国に対して核兵器の使用もしくは使用の威嚇を行わないという法的拘束力のある誓約を行う。
15. 現在の非核兵器地帯は、新しい地帯の設立のための手本としての役割を果たしてきたし、今も果たしている。同時に、それらは他の地域で非核兵器地帯を設立する提案もしくは手順を検討している諸国に対して、支援と彼らの経験からくる便宜を提供する。
16. 非核兵器地帯は、それぞれの条約が規定している限りにおいて、その地域における平和目的のための核エネルギーの利用に関する国際的な協力の枠組みとして役立つことができる。それは加盟国の経済的、科学的、技術的発展を促進するだろう。
17. 非核兵器地帯はまた、当該地域が放射性廃棄物や他の放射性物質による環境汚染のない状態を保つことを保証すること、そして適切な場合には、そうした物質の国際的な輸送を規制する国際的に合意された基準を施行することを目的とした協力を促進するのに役立つことができる。

C. 原則と指針

18. 以下に示される原則と指針は、非核兵器地帯の発展の最新段階における一般に受け入れられている考え方の網羅的ではないリストにすぎないと考えるべきものである。また、これらの原則と指針は、最新の実践と入手可能な諸経験に基づいており、非核兵器地帯を設立するプロセスは各原則と指針の調和的な履行を考慮すべきだということを念頭に置いたものである。
19. 非核兵器地帯の設立は、目的の多様性と矛盾しない。国際的な不拡散体制の強化と地域的及び世界的な平和と安全保障に対する非核兵器地帯の重要な貢献はあまねく認められている。
20. 非核兵器地帯は、地域の関係国間の自由意志による取り決めに基づいて設立されるべきである。
21. 非核兵器地帯を設立しようとするイニシアティブは、地域の関係国からのみ発せられるべきであり、その地域の全ての国によって追求されるべきである。
22. ある特定の地域において非核兵器地帯を設立するという目標について、地域の全ての国の一致した合意が存在する場合には、非核兵器地帯を設立しようとする地域の関係国によって行われる努力は国際社会によって奨励され支持されるべきである。適切な場合には、国連の不可欠な役割を通して行うことも含めて、非核兵器地帯を確立しようと努力する地域の関係国に支援が提供されるべきである。
23. 全ての地域の関係国は、地域の関係国間の自由意志による取り決めに基づく非核兵器地帯についての交渉とその設立に参加すべきである。
24. 非核兵器地帯の地位は、その地帯を設立する条約の全加盟国のみならず地域の外部の国によっても尊重されるべきである。地域外部の国には、非核兵器地帯が最大限の効果を発揮するためにその協力と支持が不可欠な全ての国、すなわち、核兵器国と、もしあるならば、当該地帯内に領域を持つか、地帯内の領域に国際的に責任を負っている国などが含まれる。
25. 条約の関連議定書への核兵器国の署名と批准を容易にするために、非核兵器地帯を設立する各条約及び関連議定書の交渉の期間において、核兵器国との協議がなされるべきである。この議定書を通じて、核兵器国はその非核兵器地帯の地位を尊重し、その条約の加盟国に対して核兵器の使用もしくは使用の威嚇を行わないという法的拘束力のある誓約を行うことになる。
26. もし当該地帯内に領域を持つか、あるいは地帯内の領域に国際的に責任を負っている国があるならば、非核兵器地帯を設立する各条約と関連する議定書の交渉の期間において、条約の関連議定書へのこれらの国の署名と批准を容易にするという観点から、これらの国家との協議がなされるべきである。
27. 非核兵器地帯を設立するプロセスは、当該地域の関連する全ての諸特性を考慮に入れるべきである。
28. 新しい非核兵器地帯の設立においては、その地帯に属する諸国が、加盟している核不拡散と核軍縮の分野において現に有効な他の国際文書から由来する法的義務を尊重するという誓約を再確認する。

29. 非核兵器地帯を設立する条約の全加盟国の義務は明確に定義され、法的拘束力がなければならない。また、加盟国はそのような合意を完全に遵守しなければならない。

30. 非核兵器地帯に関連する取り決めは、国連海洋法条約を含む、国際法の諸原則と諸規則に一致したものであるべきである。

31. 無害通航、群島航路帯通航もしくは国際的な航行のために使用されている海峡の通過通航の諸権利は完全に保証されているが、非核兵器地帯の加盟国は、その主権を行使し、また非核兵器地帯の目的と目標を損なうことなく、外国艦船や航空機がその国の港湾や飛行場に寄港すること、外国の航空機が領空を一時通過すること、外国艦船が領海及び国際的な航行に使用される群島水域あるいは海峡を航行し、または一時通過することを許可するかどうかについて、自身で決定する自由を保持している。

32. 地域の関係国間の自由意志による取り決めに基づく非核兵器地帯を設立し、かつ、そうした諸国家が現存する地域的、及び国際的取り決めの下で負っている他のあらゆる義務を完全に考慮に入れている条約は、もし該当する場合は、当該加盟各国の憲法上の要請に従って履行されるべきであり、また国際法と国連憲章で認められた諸権利と諸義務に合致すべきである。現行の非核兵器地帯の加盟国は、他の国際的、及び地域的諸協定への加盟が、非核兵器地帯条約の下で負う彼らの義務に反するようないかなる義務も伴っていないことを明確にするべきである。

33. 非核兵器地帯は、いかなる目的のいかなるタイプの核爆発装置であれ、条約加盟国が、それを開発、製造、管理、保有、実験、配置あるいは輸送することを実効的に禁止することを定めなければならない。また、条約加盟国は、地帯内において、他のいかなる国によるいかなる核爆発装置の配置をも許可しないことを規定すべきである。

34. 非核兵器地帯は、条約加盟国によってなされた誓約の遵守を効果的な検証について定めるべきであり、とりわけ、地帯内の全ての核関連活動に対するIAEAの包括的(フルスコープ)保障措置の適用を通して行われべきである。

35. 非核兵器地帯は、他の関係諸国との十分な協議をしながら、非核兵器地帯条約に加盟が見込まれる諸国によって地帯の境界線が明確に定義付けられるような地理的実体を構成すべきである。とりわけ地帯内に係争中の領域が含まれる場合には、関係諸国の合意を促進するという観点から十分な協議が行われるべきである。

36. 核兵器国の側においては、関連議定書に署名し、批准すると同時に、非核兵器地帯の条項を厳格に遵守することなどを含む、非核兵器地帯に関する義務を完全に負うべきである。また、関連議定書に署名することを通じて、非核兵器地帯に属する諸国に対しては核兵器の使用もしくは使用の威嚇を行わないという拘束力のある法的義務を負うべきである。

37. 非核兵器地帯は平和目的のための核科学と核技術の利用を妨げるべきではない。また、もし非核兵器地帯を設立する条約の中で規定されているならば、加盟国の社会経済的、科学的、技術的な発展を促進するために、地帯内における核エネルギーの平和利用のための二国間、地域的、国際的な協力を促進することもできるであろう。

D. 将来的への展望

38. 新しい非核兵器地帯を設立するためのイニシアティブの数の多さは、軍縮、軍備管理及び不拡散を促進するための現在の国際的努力に対する非核兵器地帯の重要性の明確な証拠である。

39. 全ての既存の非核兵器地帯はできる限り早急に発効すべきである。既存の非核兵器地帯を設立する条約及び関連議定書の署名もしくは批准(あるいはその両方)をいまだ検討中である諸国は、直ちに実行することが奨励される。この文脈で、関係する全ての国の協力と努力が不可欠である。

40. 中東や中央アジアのような国連総会の全会一致による決議が存在する地域における非核兵器地帯の設立は、すべての大量破壊兵器のない地帯の発展はもちろんのこと、奨励されるべきことである。

41. 非核兵器地帯条約の加盟国及び署名国の間での協力と調整を確保するための精力的な努力が、それら諸国の共通の目的を促進するためになされるべきである。非核兵器地帯の構成国はまた、他の地域の諸国と経験を共有し、さらなる非核兵器地帯を設立しようとする諸国の努力を支援するために共に努力することもできる。

42. ある関心地域のいかなる国家も、その地域における非核兵器地帯の設立を提案する権利を持つ。

43. 自由意志による取り決めに基づく非核兵器地帯の設立についてのいかなる提案も、当該地域内における広範な協議の中で目的についての合意が得られた後にのみ、考慮されるべきである。

44. 公海における自由の原則を含む国連海洋法条約の諸条項や他の適用可能な諸条約を侵害することなく、非核兵器地帯条約への加盟国及び署名国間の政治的関係や協力は、とりわけ南半球とその隣接地域において、全ての核兵器の廃絶という究極目標の文脈において拡大され強化されることができる。

45. 国際社会は、他の大量破壊兵器と同様に全ての核兵器から世界全体を解放するという究極の目標、そして、さらに大きく言えば、厳格で効果的な国際的管理の下での全面的かつ完全な軍縮という究極の目標の実現に向けた努力の一つとして、世界中で非核兵器地帯の創造を促進し続けるべきである。そうすることで将来の世代がより安定的で平和な環境で生きることができるのである。

出典:"Report of the Disarmament Commission, General Assembly Official Record, Fifty-fourth session Supplement No. 42 (A/54/42), Annex 1

訳:梅林宏道『非核兵器地帯—核なき世界への道筋』岩波書店、2011年

資料1−6　2000年NPT再検討会議最終文書・(13+2)項目(部分訳)

2000年5月19日、NPT/CONF. 2000/28

<第Ⅰ巻>
第1部
「1995年のNPT再検討延長会議で採択された決定と決議を考慮に入れた、NPTの運用の再検討/強化されたNPT再検討過程の有効性の改善」
第2部
「会議の組織と作業」
<第Ⅱ巻>
第3部
「会議で出された文書」
<第Ⅲ巻>
第4部「概略の記録」

第1部の内容

(条文ごとに、過去5年間の評価と将来の課題とが混在して記載されている。)

■**「1995NPT再検討・延長会議における決定と決議を考慮に入れた、条約運用の再検討」**

- 第1、2条および前文第1節から3節—(全11節)
- 第3条および前文第4、5節。とりわけ第4条および前文第6、7節との関係で。—(全56節)
- 第4条および前文第6、7節
  ・NPTと核エネルギーの平和利用—(全11節)

・核と放射線の安全性/放射性物質の安全な輸送/放射性廃棄物と責任—(全16節)
・技術協力—(全11節)
・核物質の平和利用への転換—(全4節)
●第5条—(全1節)
●第6条および前文第8 ～ 12節—(全15節)
(核軍縮を論じた部分。第1 ～ 14節が過去5年間の評価。**最後の第15節が将来の核軍縮措置を全13項目にわたってあげている。以下に、第15節全体を訳出する。**)
●第7条および非核兵器国の安全保障—(全16節)
(このうち、**第2節(消極的安全保証)と第6節(非核地帯)の2つを訳出する。**第16節「地域的課題」の中に、「中東問題」として全10項目、「南アジア問題その他」(北朝鮮を含む)として全16項目含む。)
●第9条—(全10節)
■**「強化されたNPT再検討過程の有効性の改善」**—(全9節)

第6条関連

第15節

会議は、核不拡散条約(NPT)第6条、および、1995年の決定「核不拡散と核軍縮のための原則と目標」第3節と第4節(c)の履行のための体系的かつ前進的な努力に向けた、以下の実際的な諸措置について合意する。

1. 包括的核実験禁止条約(CTBT)の早期発効を達成するために、遅滞なく、無条件に、憲法上の過程にしたがって、署名し批准することの重要性と緊急性。
2. CTBTが発効するまでの、核兵器の爆発実験またはその他のあらゆる核爆発の一時停止。
3. ジュネーブ軍縮会議(CD)において、1995年の専門コーディネーターの声明とそこに含まれる任務に従って、核兵器用およびその他の核爆発装置用の核分裂性物質の生産を禁止する、差別的でなく、多国間の、国際的かつ効果的に検証可能な、条約のための交渉を、核軍縮および核不拡散という両方の目的を考慮して、行うことの必要性。CDは、5年以内に妥結する見通しをもって、このような条約の交渉を即時に開始することを含んだ作業プログラムに合意することが求められる。
4. CDにおいて核軍縮を扱う任務をもった適切な下部機関が設置されることの必要性。CDは、このような機関の即時設置を含んだ作業プログラムに合意することが求められる。
5. 核軍縮、核およびその他の軍備管理と削減措置に適用されるべき、不可逆性の原則。
6. すべての締約国が第6条の下で誓約している核軍縮につながるよう、核兵器国は保有核兵器の完全廃棄を達成するという明確な約束をおこなうこと。
7. 戦略的安定の基礎として、また、戦略的攻撃兵器のさらなる削減の基盤として、条約の規定に従いつつABM条約を維持し強化しながら、STARTⅡを早期に発効させ完全に履行し、STARTⅢを可能な限り早期に妥結すること。
8. アメリカ合衆国、ロシア連邦および国際原子力機関(IAEA)の三者構想の完成と履行。
9. 国際的安定を促進するような方法で、また、すべてにとって安全保障が減じないとの原則に則って、すべての核兵器国が核軍縮へつながる諸措置をとること:
   - 核兵器国による、保有核兵器の一方的な削減のさらなる努力。
   - 核兵器能力について、また、第6条にもとづく合意事項の履行について、核軍縮のさらなる前進を支えるための自発的な信頼醸成措置として、核兵器国が透明性を増大させること。

－一方的な発議にもとづいて、また、核軍備削減と軍縮過程の重要な一部分として、非戦略核兵器をさらに削減すること。
－核兵器システムの作戦上の地位をさらに低めるような具体的な合意された諸措置。
－核兵器が使用される危険を最小限に押さえるとともに、核兵器の完全廃棄の過程を促進するために、安全保障政策おける核兵器の役割を縮小すること。
－すべての核兵器国を、適切な早い時期において、核兵器の完全廃棄につながる過程に組みこむこと。

10. すべての核兵器国が、もはや軍事目的に必要でないと各核兵器国が認めた核分裂性物質を、そのような物質が永久に軍事プログラムの外に置かれることを保証するために、実際可能な早期において、IAEAまたは関連する国際的検証の下に置くという制度。および、そのような物質を平和目的に移譲するという制度。
11. 軍縮過程における国の努力の究極的な目標は、効果的な国際的管理の下で全面かつ完全な軍縮であることの再確認。
12. 強化されたNPT再検討過程の枠組みの中で、すべての締約国が、第6条、および、1995年の決定「核不拡散と核軍縮のための原則と目標」の第4節(c)の履行について、1996年7月8日の国際司法裁判所(ICJ)の勧告的意見を想起しつつ、定期報告をおこなうこと。
13.核兵器のない世界を達成し維持するための核軍縮協定の遵守を保証するために必要な、検証能力のさらなる開発。

第7条関連

第2節

本(再検討)会議は、核兵器の完全廃棄が、核兵器の使用または威嚇を防止する唯一の絶対的な保証であることを再確認する。会議は、5核兵器国による、NPT締約国である非核兵器国への法的拘束力を持った安全の保証が、核不拡散体制を強化することに同意する。会議は、準備委員会に対して、この問題についての勧告を2005年再検討会議に提出することを要請する。

第6節

本(再検討)会議は、さらなる非核地帯条約を締結しようとして1995年以来とられてきた措置を歓迎しまた支持し、地域の関係諸国間で自由意思によって達成された制度に基づいて、国際的に認知された非核地帯を設立することが、世界の、また地域の平和と安全を強化し、核不拡散体制を強化し、核軍縮の目的の実現に貢献するとの確信を再確認する。

www.un.org/disarmament/WMD/Nuclear/2000-NPT/pdf/FD-Part1and2.pdf

資料1－7　2010年NPT再検討会議最終文書「行動勧告」

第1巻 第1部　結論ならびに今後の行動に向けた勧告(全訳)

2010年5月28日採択

NPT/CONF.2010/50(vol. I)

I.核軍縮

会議は、本条約第6条ならびに1995年の「核不拡散と核軍縮に向けた原則と目標」決定第3及び4(c)項の完全で、効果的、かつ速やかな履行を目指し、2000年再検討会議の最終文書で合意された実際的措置を基礎として、核兵器の完全廃棄への具体的措置を含む核軍縮に関する以下の行動計画に合意する。

A. 原則と目的

i. 会議は、条約の目的にしたがい、すべてにとって安全な世界を追求し、核兵器のない世界の平和と安全を達成することを決意する。

ii. 会議は、すべての加盟国が第6条の下で誓約している核軍縮につながるよう、保有核兵器の完全廃棄を達成するという核兵器国の明確な約束を再確認する。

iii. 会議は、2000年NPT再検討会議の最終文書で合意された実際的措置が引き続き有効であることを再確認する。

iv. 会議は、核兵器国による核軍縮につながる重要措置が、国際の安定、平和、安全を促進し、また、すべてにとって強化され、減じない安全という原則に基づくべきであることを再確認する。

v. 会議は、核兵器のいかなる使用も壊滅的な人道的結果をもたらすことに深い懸念を表明し、すべての加盟国がいかなる時も、国際人道法を含め、適用可能な国際法を遵守する必要性を再確認する。

vi. 会議は、NPTの普遍性の死活的重要性を確認するとともに、条約の非加盟国に対し、即時かつ無条件に非核兵器国として条約に加盟し、すべての核兵器の完全廃棄を達成することを誓約するよう求める。また、加盟国に対し条約の普遍的加盟を促進し、条約の普遍化の見通しに否定的影響を与えうるいかなる行動もとらないよう求める。

会議は以下を決定する。

＊行動1：すべての加盟国は、NPT及び核兵器のない世界という目的に完全に合致した政策を追求することを誓約する。

＊行動2：すべての加盟国は、条約義務の履行に関して、不可逆性、検証可能性、透明性の原則を適用することを誓約する。

B. 核兵器の軍縮

i. 会議は、国際の安定、平和、安全を促進する形で、また、すべてにとって安全が減じず、強化されるという原則に基づき、核兵器国が2000年NPT再検討会議の最終文書で合意された核軍縮につながる措置を履行することが早急に必要であることを再確認する。

ii. 会議は、核兵器国があらゆる種類の核兵器を削減、廃棄する必要性を強調するとともに、とりわけ最大の核保有国に対し、これに関する努力を率先して行うよう奨励する。

iii. 会議は、具体的な軍縮努力の実行をすべての核兵器国に求める。また会議は、核兵器のない世界を実現、維持する上で必要な枠組みを確立すべく、すべての加盟国が特別な努力を払うことの必要性を強調する。会議は、国連事務総長による核軍縮のための5項目提案、とりわけ同提案が強固な検証システムに裏打ちされた、核兵器禁止条約についての交渉、あるいは相互に補強しあう別々の条約の枠組みに関する合意、の検討を提案したことに留意する。

iv. 会議は、核兵器国が核兵器の開発及び質的改良を抑制すること及び、高性能新型核兵器の開発を終了させることに対し、非核兵器国が抱く正統な関心を認識する。

会議は以下を決定する。

＊行動3：保有核兵器の完全廃棄を達成するとの核兵器国による明確な約束の履行において、核兵器国は、一方的、二国間、地域的、また多国間の措置を通じ、配備・非配備を含むあらゆる種類の核兵器を削減し、究極的に廃棄するため、いっそうの努力を行うことを誓約する。

＊行動4：ロシア連邦及びアメリカ合衆国は、戦略兵器削減条約の早期発効ならびに完全履行を追求することを誓約する。両国は、保有核兵器のいっそうの削減を達成するための爾後の措置について議論を継続するよう奨励される。

＊行動5：核兵器国は、国際の安定と平和や、減じられることなく強化された安全を促進する形で、2000年NPT再検討会議の最終文書に盛り込まれた核軍縮につながる措置について、確固たる前進を加速させることを誓約する。この実現に向け、核兵器国はとりわけ以下をめざし速やかに取り組むことが求められる。

a. 行動3で確認されたように、あらゆる種類の核兵器の世界的備蓄の総体的削減に速やかに向かう。

b. 全面的な核軍縮プロセスの不可欠な一部として、種類や場所を問わずあらゆる核兵器の問題に対処する。

c. あらゆる軍事及び安全保障上の概念、ドクトリン、政策における核兵器の役割と重要性をいっそう低減させる。

d. 核兵器の使用を防止し、究極的にその廃棄につながり、核戦争の危険を低下させ、核兵器の不拡散と軍縮に貢献しうる政策を検討する。

e. 国際の安定と安全を促進するような形で、核兵器システムの作戦態勢をいっそう緩和することに対する非核兵器国の正統な関心を考慮する。

f. 核兵器の偶発的使用の危険性を低下させる。

g. 透明性をいっそう高め、相互の信頼を向上させる。

核兵器国は、上記の履行状況について、2014年の準備委員会に報告するよう求められる。2015年の再検討会議は、第6条の完全履行に向けた次なる措置を検討する。

＊行動6：すべての加盟国は、ジュネーブ軍縮会議が、合意された包括的かつバランスのとれた作業計画の文脈において核軍縮を扱う下部機関を、即時に設置すべきであることに合意する。

C. 安全の保証

i. 会議は、核兵器の完全廃棄が核兵器の使用あるいは使用の威嚇を防止する唯一の保証であることを再確認し認識するとともに、核不拡散体制を強化しうる、明確かつ法的拘束力のある安全の保証を核兵器国から供与されることに対する非核兵器国の正統な関心を再確認し認識する。

ii. 会議は、NPT加盟国である非核兵器国に対し、核兵器の使用や使用の威嚇を行わないという条件付あるいは無条件の安全の保証を供与するという、核兵器国による一方的宣言に留意するとした国連安保理決議984（1995）を想起する。また、非核兵器地帯においては安全の保証が条約に基づいて供与されることを認識し、各非核兵器地帯のために設定された関連議定書を想起する。

NPTの枠内における諸努力を毀損することなく、会議は以下を決定する。

＊行動7：すべての加盟国は、合意された包括的かつバランスのとれた作業計画の文脈において、ジュネーブ軍縮会議（CD）が核兵器の使用あるいは使用の威嚇から非核兵器国の安全を保証するための効果的な国際取極めに関する協議を即時開始すべきであることに合意する。また、制限を排し、法的拘束力のある国際条約を除外することなく、この問題のあらゆる側面を扱う勧告をより良いものにすることをめざした実質的な議論を行うことに合意する。再検討会議は、国連事務総長に対しCDの作業を支援するためのハイレベル会議を2010年9月に開催するよう求める。

＊行動8：すべての核兵器国は、安全の保証に関する既存の誓約を完全に尊重することを誓約する。条約加盟国である非核兵器国に安全の保証を供与していない核兵器国は、そうした行動をとるよう奨励される。

＊行動9：地域の関係諸国間の自由意志で合意された取極めに基づき、また、国連軍縮委員会の1999年指針にしたがい、適切な地域に非核兵器地帯を追加して設立することが奨励される。すべての関連国は、非核兵器地帯条約ならびに関連議定書を批准するよう、また消極的安全保証を含む、すべての非核兵器地帯条約における法的拘束力のある関連議定書の発効に向けて系統的に協議し、協力するよう奨励される。関係国は、関連するいかなる留保をも見直すことが奨励される。

D. 核実験

i. 会議は、すべての核爆発実験ならびに他の核爆発の中止が、核兵器の開発と質的改良を抑制し、高性能新型核兵器の開発を終了させることにより、あらゆる側面において核軍縮と不拡散の有効な措置となることを認識する。

ii. 会議は、国際的な核軍縮･不拡散体制の中心要素である包括的核実験禁止条約（CTBT）の早期発効の死活的重要性を再確認するとともに、CTBTの発効までの間、それぞれの核爆発実験モラトリアムを堅持するという核兵器国の決定を再確認する。

会議は以下を決定する。

＊行動10：すべての核兵器国は、核兵器国による肯定的な決定がCTBTの批准に向けた有益な効果を生むであろうこと、また、核兵器国が付属文書2の国家、とりわけNPTに参加しておらず、保障措置下にない核施設の運用を継続している国家の署名と批准を奨励するという特別の責任を有することに留意しつつ、CTBTを批准することを約束する。

＊行動11：CTBTの発効までの間、すべての加盟国は、核爆発実験あるいは他の核爆発、核兵器に関する新技術の利用及びCTBTの目標と目的を損ういかなる行動をも慎むことを誓約する。また、核兵器爆発実験に関するすべての既存のモラトリアムは継続されるべきである。

＊行動12：すべてのCTBT批准国は、CTBT発効促進会議ならびに2009年9月の同会議で全会一致で採択された措置の貢献を認識するとともに、CTBT早期発効への進展を2011年の会議において報告することを誓約する。

＊行動13：すべてのCTBT批准国は、国家、地域、世界レベルでCTBTの発効ならびに履行を促進することを約束する。

＊行動14：包括的核実験禁止条約機関（CTBTO）準備委員会は、同委員会の任務にしたがい、国際監視システム（IMS）の早期完成及び暫定運用を含め、CTBT検証体制を完全に確立することが奨励される。CTBTO準備委員会は、条約発効の暁には、効果的で信頼性があり、直接参加的で、差別的でない、世界を網羅した検証組織として機能し、CTBT遵守の確保主体となるべきである。

E. 核分裂性物質

i. 会議は、核兵器あるいは他の核爆発装置のための核分裂性物質の生産を禁止する、差別的でなく、多国間の、国際的かつ効果的に検証可能な条約を交渉し、妥結することが早急に必要であることを再確認する。

会議は以下を決定する。

＊行動15：すべての加盟国は、合意された、包括的かつバランスのとれた作業計画の文脈において、1995年の専門コーディネーターの声明とそこに含まれる任務にしたがい、核兵器用及びその他の核爆発装置用の核分裂性物質の生産を禁止する条約の交渉をCDが即時に開始すべきであることに合意する。また、これに関して、再検討会議は、CDの作業を支援するためのハイレベル会議を2010年9月に開催するよう国連事務総長に求める。

＊行動16：核兵器国は、軍事的にもはや不要と各国が判断したすべての核分裂性物質について、国際原子力機関（IAEA）に適宜申告することを誓約するよう奨励される。また、これら物質が恒久的に軍事計画の外に置かれることを確保すべく、可能な限り早期に、当該物質をIAEAあるいは他の関連する国際検証及び平和目的への転換取極めの下に置くことが奨励される。

＊行動17：行動16の文脈の中で、すべての加盟国は、それぞれの核兵器国で軍事的にもはや不要と判断された核分裂性物質の不可逆的廃棄を確保するべく、IAEAの文脈において、適切かつ法的拘束力のある検証取極めの開発を援助するよう奨励される。

＊行動18：核兵器あるいは他の核爆発装置に使用される核分裂性物質の生産施設の解体あるいは平和利用への転換に向けたプロセスを開始していないすべての国家は、そのような行動を取るよう奨励される。

F. 核軍縮を支える他の措置

i. 会議は、核軍縮ならびに核兵器のない世界の平和と安全の達成には、公開と協調が不可欠であることを認識し、透明性向上と効果的な検証を通じた信頼を強化することの重要性を強調する。

会議は以下を決定する。

＊行動19：すべての加盟国は、信頼の増進、透明性の向上、核軍縮に関する効果的な検証能力の開発をめざした各国政府、国連、他の国際及び地域機構、そして市民社会による協力関係を支援してゆくことの重要性について合意する。

＊行動20：加盟国は、強化された条約再検討プロセスの枠組みにおいて、本行動計画ならびに第6条、1995年の決定「核不拡散と核軍縮のための原則と目標」の4（c）項及び2000年再検討会議の最終文書で合意された実際的措置の履行について、1996年7月8日の国際司法裁判所（ICJ）の勧告的意見を想起しつつ、定期報告を提出しなければならない。

＊行動21：すべての核兵器国は、信頼醸成措置として、報告の標準様式について可能な限り早期に合意するとともに、国家安全保障を損なわずに、標準化された情報を自発的に提供するという目的において、適切な報告提出の間隔を決定することが奨励される。国連事務総長は、核兵器国から提供される情報を含め、公衆からアクセス可能な情報集積サイトを確保するよう求められる。

＊行動22：すべての加盟国は、核兵器のない世界の実現を支持し、条約の目標を前進させるために、軍縮・不拡散教育に関する国連の研究に関する国連事務総長報告（A/57/124）に盛り込まれた勧告を履行することが奨励される。

II. 核不拡散

会議は、「核不拡散と核軍縮のための原則と目標」と題された1995年の再検討・延長会議の決定を想起し、再確認する。会議は、同原則の第1節ならびに条約第3条に関連する要素、とりわけ9－13節及び17－19節、そして第7条に関連した部分、とりわけ5－7節に留意する。会議は、1995年会議で採択された中東に関する決議を想起し、再確認する。会議は、2000年NPT再検討会議の成果についても想起し、再確認する。

＊行動23：会議は、条約の普遍的支持の促進に向けたあらゆる努力を払い、条約の普遍化の見通しに否定的影響を与えうるいかなる行動も慎むよう、すべての加盟国に求める。

＊行動24：会議は、第3条の規定にしたがい、加盟国のすべての平和的核活動におけるあらゆる原料物質または特殊核分裂性物質にIAEA包括的保障措置を適用するよう求めた過去の再検討会議の決定を支持する。

＊行動25：会議は、18の条約加盟国が包括的保障措置協定を未だ発効させていないことに留意し、可能な限り早期に、さらなる遅滞なく、そうした行動を取るよう当該諸国に強く求める。

＊行動26：会議は、条約の一体性や保障措置システムの権威を堅持するべく、あらゆる遵守問題に対応し、不拡散義務を遵守することの重要性を強調する。

＊行動27：会議は、IAEA憲章や各加盟国の法的義務に完全に合致した形で、保障措置義務に関するすべての不遵守問題を解決することの重要性を強調する。これに関して、会議は、IAEAとの協力を拡大するよう加盟国に求める。

＊行動28：会議は、追加議定書を未だ締結、発効させていないすべての国家に対し、可能な限り早期にそうした行動を取るよう、また、発効までの間、追加議定書を暫定的

に履行するよう奨励する。

＊行動29：会議は、IAEAに対し、包括的保障措置協定及び追加議定書の締結と発効を促進し、加盟国を支援することを奨励する。会議は、加盟国に対し、包括的保障措置協定の普遍性を促進しうる具体的措置についての検討を求める。

＊行動30：会議は、IAEAの諸資源確保の可能性を考慮しつつ、自発的申し出に基づく関連保障措置協定の下、可能な限りもっとも経済的かつ実際的な方法で、核兵器国の平和的核施設への保障措置の適用拡大を求める。また、核兵器の完全廃棄が達成された際には、包括的保障措置及び追加議定書が普遍的に適用されるべきことを強調する。

＊行動31：会議は、少量議定書を修正あるいは破棄していないすべての加盟国に対し、適宜、可能な限り早期に、そのような行動を取るよう奨励する。

＊行動32：会議は、IAEA保障措置は定期的に検討、評価されるべきであると勧告する。IAEA保障措置のさらなる有効性強化と能力向上を目的としてIAEAの政策機関が採択した決定は支持され、履行されるべきである。

＊行動33：会議は、すべての加盟国に対し、IAEAが条約第3条の求める保障措置適用の責務を効果的に果たせるよう、同機関に対するあらゆる政治的、技術的、財政的支援を確実に継続することを求める。

＊行動34：会議は、IAEA憲章の枠組みの中で、加盟国間やIAEAとの協力を通じ、高度な保障措置に向けた、強力で、柔軟性と適応性があり、対費用効果の高い国際技術基盤の開発をいっそう進めるよう、すべての加盟国に奨励する。

＊行動35：会議は、すべての加盟国に対し、自国の核関連輸出を、直接的にも間接的にも核兵器あるいは他の核爆発装置の開発を支援しておらず、また、当該輸出が条約第1、2、3条及び1995年再検討・延長会議で採択された「核不拡散と軍縮に関する原則と目標」決定に特に明記された条約の目標と目的に完全に合致したものとするよう強く求める。

＊行動36：会議は、加盟国に対し、自国の国家的輸出管理を確立させる上で、多国間で交渉され、合意された指針や了解事項を活用することを奨励する。

＊行動37：会議は、加盟国に対し、核輸出に関する決定を行う際には、受領国がIAEAの保障措置義務を履行しているか否かを考慮するよう奨励する。

＊行動38：会議は、すべての加盟国に対し、条約の目的を履行すべく行動するなかで、平和目的の核物質、装置、技術情報に対する完全なアクセスという、すべての国家、とりわけ発展途上国の正統な権利を守るよう求める。

＊行動39：加盟国は、条約第1条、2条、3条、4条にしたがい、核技術及び物質の移転ならびに加盟国間の国際協力を促進するよう奨励される。また、これに関して、条約と相反するいかなる不当な制限をも排除することが奨励される。

＊行動40：会議は、すべての加盟国に対し、核物質や施設の保安や物理的防護について、可能な限り最も高い水準を維持することを奨励する。

＊行動41：会議は、すべての加盟国に対し、核物質及び核施設の物理的防護に関するIAEA勧告（INFCIR/225/Rev. 4 (Corrected)）ならびに他の関連国際条約を、可能な限り早期に適用するよう奨励する。

＊行動42：会議は、核物質防護条約の全加盟国に対し、同条約の改正を可能な限り早期に

批准するよう要請するとともに、発効までの間、改正の目標と目的に合致した行動をとるよう奨励する。

＊行動43：会議は、すべての加盟国に対し、2004年のIAEA理事会で採択された改正「放射線源の安全とセキュリティに関するIAEA行動規範」ならびに「放射線源の輸出入ガイダンス」の原則を履行するよう強く求める。

＊行動44：会議は、すべての加盟国に対し、関連する国際法上の義務に合致した形で、自国領土全域における核物質の違法取引を探知し、抑止し、阻止するための能力を育成することを求める。また、このことにおける国際的な連携や能力育成の強化に取り組むべき立場にある国々が、それらに取り組むことを求める。会議はまた、加盟国に対し、関連国際法の義務に合致した形で、核兵器の拡散防止に向けた効果的な国内管理を確立するよう求める。

＊行動45：会議は、「核によるテロリズム行為等の防止に関する国際条約」に未だ加盟していないすべての加盟国が、可能な限り早期に同条約に加盟するよう奨励する。

＊行動46：会議は、IAEAに対し、核物質の計量及び管理にかかる国内システム、または地域レベルのシステムについて、それらの確立や維持を含めた核物質の国内法制による管理強化の面で加盟国に継続的な支援を行うよう奨励する。

III. 原子力の平和利用

会議は、NPTが、核エネルギーの平和利用を可能にする信頼と協力の枠組みをもたらすことによって、平和利用の発展を促進していることを再確認する。会議は、すべての加盟国に対し、条約の全条項に合致する形で行動し、以下を行うよう求める。

＊行動47：核エネルギーの平和利用や燃料サイクル政策に関する各国の政策や国際協力合意及び取極めを侵害することなく、核エネルギーの平和利用の分野における各国の選択や決定を尊重する。

＊行動48：核エネルギーの平和利用に向けた機器、物質、科学的·技術的情報の最大限の交換を促進し、それに参加する加盟国の権利を再確認することを約束する。

＊行動49：世界の発展途上地域の需要を考慮し、平和目的の核エネルギーのさらなる開発に向けて他の加盟国や国際機関と協力する。

＊行動50：発展途上国の需要を特に考慮しつつ、条約加盟国である非核兵器国を優先的に扱う。

＊行動51：条約第1条、2条、3条、4条に従い、核技術の移転や加盟国間での国際協力を促進するとともに、これに関して条約に相反するいかなる制約も排除する。

＊行動52：IAEA内部における、同機関の技術協力計画の有用性や効率を向上させるための努力を継続する。

＊行動53：核エネルギーの平和利用に関して発展途上の加盟国を支援するというIAEAの技術協力計画を強化する。

＊行動54：技術協力活動へのIAEAの諸資源を十分に確保し、不確定要因の除去を確実にするためのあらゆる努力を払い、具体的な措置をとる。

＊行動55：IAEAの活動の支援として各国あるいは国家グループが既に誓約した拠出を歓迎しつつ、それをなすべき立場にあるすべての加盟国に対し、今後5年間に

IAEA活動への予算外拠出として1億ドルを調達するイニシャチブに対する追加拠出を奨励する。

＊行動56：核エネルギー平和利用の発展に不可欠な特殊技能を有する労働力を訓練するための国内、二国間、国際努力を奨励する。

＊行動57：原子力発電を含む核エネルギーの開発にあたっては、核エネルギーの使用は、国内法及び各国の国際的義務にしたがい、保障措置ならびに適切かつ有効な水準の安全と保安に対する誓約と、それらの履行の継続が伴うものでなければならないことを確認する。

＊行動58：IAEAまたは地域機構の支援の下、差別的でなく透明性のある方法で、核燃料供給の保証のためのメカニズムを構築する可能性や、条約上の権利に影響を与えず、国家の燃料サイクル政策を阻害しない核燃料サイクルのバックエンド計画を含む、核燃料サイクルの多国間アプローチに関するさらなる議論を継続する。その一方で、IAEAの包括的保障措置の要求を含む、これらの問題をめぐる技術的、法的、財政的諸課題に取り組む。

＊行動59：「原子力安全条約」、「原子力事故の早期通報に関する条約」、「原子力事故または放射線緊急事態の場合における援助に関する条約」、「使用済燃料管理および放射性廃棄物管理の安全に関する条約」、「核によるテロリズム行為等の防止に関する国際条約」、「核物質防護条約(CPPNM)」の未加盟国は加盟を検討する。また、早期の発効を可能とするべく、CPPNMの改正を批准する。

＊行動60：原子力産業や民間部門との対話を通じたものを含め、核安全と保安の分野における最良慣行の適宜共有を促進する。

＊行動61：関係国に対し、技術的及び経済的に可能な限り、自由意志を原則として、民生用備蓄及び使用における高濃縮ウランを最小化するためのさらなる努力を奨励する。

＊行動62：安全、保安、環境保護に関する国際基準にしたがって放射性物質を輸送する。また、信頼を醸成するとともに、輸送上の安全、保安、緊急時対応に関する懸念に対処すべく、輸送国と沿岸国間の意思疎通を継続する。

＊行動63：関連する主要な国際諸条約で確立された原則に基づき、関連する国際条約の加盟国となり、もしくは適切な国内法を採択することによって民生用核に関する責任体制を実効化する。

＊行動64：会議は、すべての加盟国に対し、2009年9月18日のIAEA総会で全会一致採択された「運転中あるいは建設中の核施設に対する軍事攻撃あるいは攻撃の威嚇の禁止」に関する決定に従うことを求める。

Ⅳ. 中東、とりわけ1995年中東決議の履行

1. 会議は、1995年再検討・延長会議における中東に関する決議の重要性を再確認し、その目的と目標が2000年NPT再検討会議で再確認されたことを想起する。会議は、これら目的と目標が達成されるまで決議が有効であり続けることを強調する。NPTの寄託国(ロシア連邦、英国、アメリカ合衆国)により共同提案された同決議は、1995年会議の成果の重要な要素であり、1995年の条約の無投票の無期限延長の基礎の重要な要素でもある。加盟国は、個別あるいは協働して、その速やかな履行に向けたあらゆる必要な措置

に着手するとの決意を新たにする。

2. 会議は、中東和平プロセスの目的と目標への支持を再確認し、この努力が、関連する他の努力とともに、とりわけ中東非核·非大量破壊兵器地帯に貢献することを認識する。
3. 会議は、2010再検討会議において、1995年の中東決議の完全な履行に向けた5つの核兵器国の誓約が再確認されたことに留意する。
4. 会議は、1995年の中東決議の履行に向けた進展がほとんど達成されていないことに遺憾の意を表明する。
5. 会議は、イスラエルによる条約加盟ならびに同国のすべての核施設をIAEAの包括的保障措置の下に置くことの重要性が2000年再検討会議で再確認されたことを想起する。会議は、条約の普遍性を達成することの緊急性と重要性を再確認する。会議は、条約の普遍性を早期に達成すべく、中東における条約未加盟国に対し、非核兵器国として条約に加盟するよう求める。
6. 会議は、条約に基づく自国の義務と誓約がすべての加盟国によって厳格に遵守されることの必要性を強調する。会議は、地域のすべての加盟国に対し、1995年決議の目標の実現に貢献する関連措置ならびに信頼醸成措置を講じるよう強く求める。また、この目的の達成を阻むいかなる措置もとらないよう、すべての加盟国に求める。
7. 会議は、1995年決議の完全履行につながるプロセスの重要性を強調する。会議はこの目的に向けた以下の実際的措置を支持する。
   (a) 国連事務総長ならびに1995年中東決議の共同提案国は、地域国家との協議に基づき、中東の全国家の参加の下、中東非核·非大量破壊兵器地帯の設立に関する会議を2012年に開催する。これは、地域国家の自由意思による取極めに基づくものであり、また、核兵器国の全面的支援及び関与を得るものである。2012年会議は、1995年中東決議を委任された議題とする。
   (b) 地域国家との協議に基づき、国連事務総長並びに1995年中東決議の共同提案国はファシリテーター(調停人)を任命する。ファシリテーターは、地域国家との協議を行い、2012年会議の開催準備を通じて1995年決議の履行を支援するという任務を持つ。ファシリテーターはまた、2012年会議に参加した地域国家で合意された後継措置の履行も支援する。ファシリテーターは2015年再検討会議ならびにその準備委員会において報告を行う。
   (c) 国連事務総長ならびに1995年中東決議の共同提案国は、地域国家との協議に基づき、2012年会議の主催国を指名する。
   (d) 過去の実績やそこで得られた経験を踏まえ、非核·非大量破壊兵器及び運搬手段地帯のあり方に関して、IAEA、化学兵器禁止機関(OPCW)、及びその他の関連する国際組織に2012年会議に向けた背景文書の準備を要請することなど、決議の履行を支援することを目的とした追加的措置を講じる。
   (e) 欧州連合による2008年6月のフォローアップセミナーの主催の申し出を含め、決議の履行を支援することを目的としたあらゆる提案を検討する。
8. 会議は、核、化学、生物という、地域におけるすべての大量破壊兵器の全面的かつ完全な廃棄の達成につながる過程においては、内容的にも時期的にも並行した進展を維持することが求められることを強調する。
9. 会議は、条約のすべての加盟国、とりわけ核兵器国と地域国家が、決議の履行に向けて行った措置について、国連事務局を通じ、2015年再検討会議の議長ならびに再検討会議に先立って行われる準備委員会の議長に継続して報告すべきであることを再確認する。

10. 会議は、決議の履行に対する貢献として、市民社会が果たす役割の重要性をいっそう認識し、この点におけるあらゆる努力を奨励する。

他の地域的問題

1. 会議は、朝鮮民主主義人民共和国(DPRK)に対し、2005年9月の共同声明にしたがい、あらゆる核兵器ならびに現存する核計画の完全かつ検証可能な廃棄を含む、6か国協議に基づく誓約を履行するよう強く求める。また、DPRKに対し、NPTとIAEA保障措置協定の遵守に早期に復帰するよう強く求める。会議はまた、DPRK及びすべての加盟国に対し、関連するすべての核不拡散・核軍縮義務を完全に履行するよう求める。会議は、6か国協議への強固な支持を再確認するとともに、外交的手段を通じてこの事案が包含する諸問題に対する十分かつ包括的な解決を達成することを引き続き誓う。

www.un.org/ga/search/view_doc.asp?symbol=NPT/CONF.2010/50 (VOL.I)

ピースデポ注:最終文書の構成は次の通り。

第1巻

第1部

「1995年再検討・延長会議において採択された諸決定及び決議ならびに2000年再検討会議最終文書に照らした条約第8条3項に基く条約運用に関する評価」

「結論ならびに今後の行動に向けた勧告」(**本イアブック所収の資料2-1**)

第2部「会議の組織と作業」

第2巻

第3部「会議で出された文書」

第3巻

第4部「概略の記録と参加者名簿」

- **第1巻第1部の全訳は、ピースデポ・ブックレット「2010年核不拡散条約(NPT)再検討会議—市民社会からの総括」(10年8月6日刊)に所収。**

資料1-8　キッシンジャーらの「核兵器のない世界」提言

核兵器のない世界を (抜粋訳)

ジョージ・P・シュルツ、ウィリアム・J・ペリー、ヘンリー・A・キッシンジャー、サム・ナン

『ウォール・ストリート・ジャーナル』

2007年1月4日

今日の核兵器はすさまじい危険を呈しているが、それは同時に歴史的な機会をもたらしている。米国の指導者たちは、世界を新段階へと導くよう求められている。すなわち、潜在的危険を孕む者達への核拡散を防止し、究極的には世界の脅威である核兵器の存在に終止符を打つための決定的な貢献として、核兵器依存の世界的な中止に向かう確固たるコンセンサスへと導くことである。

冷戦時代においては、核兵器は、抑止の手段として、国家安全保障の維持に不可欠なものであった。しかし冷戦の終焉によって、ソビエト連邦とアメリカ合衆国のあいだの相互抑止という教義は時代遅れのものになった。抑止は、他の国家による脅威という文脈においては、多くの国家にとって依然として十分な考慮に価するものとされているが、このような目的のために核兵器に依存することは、ますます危険になっており、その有効性は低減する一方である。

北朝鮮の最近の核実験や、(兵器級物質生産の可能性もある)イランのウラン濃縮計画の中止拒否などによって、世界がいま、新たな、そして危険な核時代のがけっぷちに立っているという事実が浮き彫りとなった。最も警戒を要することは、非国家のテロリスト集団が核兵器を手にする可能性が増大しているということである。今日、テロリストによって引き起こされる世界秩序に対する戦争においては、核兵器の使用は大規模な惨禍を招く究極的な手段である。そして、核兵器を手にした非国家のテロリスト集団は、概念上、抑止戦略の枠外にあり、そのことが解決困難な新しい安全保障上の課題を生み出している。

テロリストによる脅威を別としても、緊急に新たな行動を起こさなければ、アメリカ合衆国は新たな核時代へと突き進むことを余儀なくされるであろう。それは、冷戦時代の抑止よりもいっそう不安定で、心理的な混乱を生み、経済的コストの高いものである。核兵器を所持し得る敵が世界中でその数を増す中で、核兵器使用の危険性を劇的に増大させることなく、かつての米ソ間の「相互確証破壊(MAD)」を再現して成功するどうかは極めて疑わしい。

核兵器によって引き起こされる不測の事態や判断ミス、または無許可使用を回避する目的で、冷戦時代には段階的な保障措置が有効に働いていた。しかし、新たな核保有国はこうした長年の経験による利益を得ることはないだろう。アメリカ合衆国やソビエト連邦は、結果的には致命的とはならなかった数々の過ちから様々なことを学んだ。両国は、意図的にしろ、偶発的にしろ、核兵器が一発も使用されることのなきよう、冷戦時代に絶え間ない努力を積み重ねてきた。今後50年間、新たな核保有国にとって、そして世界にとって、冷戦時代のこのような幸運は望めるのだろうか。(略)

核不拡散条約(NPT)が描くものは、全ての核兵器の廃絶である。この条約は、(a)1967年の時点で核兵器を保有していない国家が核兵器を取得しないことに合意すること、及び(b)核兵器を保有している国家は、それを後々放棄することに合意することを定めている。リチャード・ニクソン米大統領以降の民主・共和両党の大統領は全員、この条約下の義務を再確認してきたが、非核兵器国は、核大国がどれほど条約の規定を誠実に遵守しているか、ますます懐疑的になってきた。

核不拡散を推進する強力な取り組みが進行中である。「協調的脅威削減(CTR)プログラム」、「地球的規模脅威削減イニシャチブ(GTRI)」、「拡散防止構想(PSI)」、そして国連原子力機関(IAEA)追加議定書などの取極めは、NPT違反や世界の安全を危機にさらすような行いを探知する強力な新しい手段を提供する革新的なアプローチである。これらの取極めは完全に履行されるべきものである。北朝鮮やイランによる核兵器拡散問題に対し、国連安全保障理事会の常任理事国に加え、ドイツ・日本を巻き込んだ交渉を行うことが極めて重要である。これらの手段を精力的に追求することを行わなければならない。

しかしながら、これらだけでは、危機に対応する十分な措置とはいえない。レーガン大統領とゴルバチョフ書記長は、20年前のレイキャビクの会談において、核兵器の完全廃棄という、より大きな目標の達成を目指した。彼らのビジョンは、核抑止教義を信奉する専門家の度肝を抜いたが、世界中の人々の期待を膨ませるものであった。最大数の核兵器を保有する両国の指導者たちが、最も破壊力のある武器を廃絶しようと、議論を始めたのであるから。

では、どのような手段がとられるべきだろうか。NPTにおいて取り交わされた約束や、レイキャビクで構想された可能性は結実することとなるのだろうか。堅実な段階を経て、めざす答えに行き着くためには、アメリカ合衆国が先導して最大限の努力を行うことが必要である、と私たちは確信している。

何よりもまず、核兵器を所持している国々の指導者たちが、核兵器なき世界を創造するという目標を、共同の事業に変えていく集中的な取り組みが必要である。このような共同事業は、核保有国の体質を変容させることなどを含むが、これらによって、北朝鮮やイランが核武装国となることを阻止しようという現在進行中の努力にいっそうの重みが加えられることとなるだろう。

合意を目指すべき計画とは、核による脅威のない世界を実現するための基礎作業となる、一連の合意された緊急措置で構成される。そのような措置には、次のようなものが挙げられる。

※冷戦態勢の核兵器配備を変え、警告の時間を増やし、これによって核兵器が偶発的に使用されたり、無許可で使用されたりする危険性を減らすこと。

※すべての核保有国が核戦力の実質的な削減を継続的に行うこと。

※前進配備のために設計された短射程核兵器を廃棄すること。

※上院と協力して超党派的な活動を始めること。たとえば、包括的核実験禁止条約(CTBT)の批准を達成するために信頼を深め定期的な審議の場を設けるという理解を得ること、当代の技術的な進歩を活用すること、他の重要な国家にもCTBTを批准するよう働きかけること。

※世界中のすべての兵器、兵器利用可能なプルトニウム、および高濃縮ウランの備蓄を対象にした安全基準値をできるだけ高く設定すること。

※ウラン濃縮過程を管理下に置くこと。その際、原子炉で使用されるウランが、まずは核供給国グループ(NSG)を通して、次に国際原子力機関(IAEA)やその他の国際的に管理された備蓄から、相応な値段で入手できるという保証が伴うべきである。また、発電用の原子炉で発生する使用済み燃料が原因となって生じる核拡散の問題に対応することも必要である。

※兵器製造に使用される核分裂性物質の生産を地球規模で中断させること。具体的に

は、民間レベルでの高濃縮ウランの使用を段階的に廃止してゆくこと、世界中の研究施設から発生する兵器利用可能なウランを除去すること、核分裂性物質を無害なものに変質させること。

※新たな核保有国の出現を許してしまうような、地域での対立や紛争の解決に向けた私たちの努力を倍加させること。核兵器のない世界という目標を達成するためには、いかなる国家や人々の安全をも脅かす可能性のあるあらゆる核関連行為を防止し、それらに立ち向かう、効果的な措置を講じる必要がある。

核兵器のない世界というビジョン、ならびにそのような目標の達成に向かう実際的な措置を再び世に訴えることは、アメリカの道徳的遺産と一致した力強いイニシャチブとなるであろうし、またそのようなものと受け止められるであろう。このような努力を積み重ねれば、次世代の安全保障に極めて前向きな影響を与えることができるであろう。大胆なビジョンなくては、これらの行動が正しいことも、緊急であることも理解されないだろう。逆に、行動なくては、このビジョンは、現実的であるとも実現可能性であるとも思われないことであろう。

私たちは、核兵器のない世界を実現するという目標を立て、その目的の達成に求められる行動を精力的に起こすことを支持する。その際、上記のような措置をとることからまず始めなければならないのである。

シュルツは1982～89年の米国務長官、ペリーは1994～97年の米国防長官、
キッシンジャーは1973～77年の米国務長官、ナンは元上院軍事委員会議長。
www.hoover.org/publications/digest/6731276.html

資料1－9　潘基文国連事務総長の核軍縮5項目提案

国連、そして核兵器のない世界における安全保障(抜粋訳)

イースト・ウェスト研究所主催シンポジウム
2008年10月24日、ニューヨーク国連本部

(前略)

国連事務総長としての私の優先課題の一つは、世界的な公益を促進し、国境を越えた難題への対応を促進することにある。**核兵器のない世界は、優先順位のトップに挙げられる世界的な公益**であり、今日の私の話の焦点もそこに置かれる。核兵器は比類なく危険なものであり、かつそれらを非合法化するいかなる条約も存在しない。したがって、私は主に核兵器について話をするが、同時に、我々はあらゆる大量破壊兵器のない世界に向けて努力していかなければならない。

(略)

こうした精神にたって、今日は**5つの提案**をしたい。

第1に、私はすべてのNPT締約国、**とりわけ核兵器国に対し、核軍縮へと繋がる効果的な**

措置に関する交渉を行うという、条約に基づく義務を果たすことを強く求める。

各国は、相互に補強しあう別々の条約の枠組みに合意することにより、こうした目標を追求することも可能であるが、長年国連において提案されてきたように、**確固たる検証システムに裏打ちされた核兵器禁止条約の交渉を検討することも可能である。**コスタリカ及びマレーシアの要請を受け、私はすべての国連加盟国にこの条約の草案を配布した。これは良い出発点となるものである。

核保有国は、世界唯一の軍縮交渉の場であるジュネーブ軍縮会議(CD)において、その他の国々と共にこの問題に積極的に取り組むべきである。世界は、米国とロシア連邦のそれぞれが保有する核兵器の大幅かつ検証可能な削減を目指した2国間交渉の再開も歓迎するだろう。

各国政府はまた、検証に関する研究開発にさらなる努力を払うべきである。**核兵器国による検証問題の会議を開催するという英国の提案は、正しい方向に向かう具体的な一歩である。**

第2に、安保理常任理事国は、核軍縮プロセスにおける安全保障問題に関する協議を、たとえば軍事参謀委員会のような場で開始すべきである。これらの国々は、非核兵器国に対し、核兵器の使用あるいは使用の威嚇の対象としないことを明確に保証することができる。安保理はまた、核軍縮に関するサミットを呼びかけることもできるだろう。**NPT非締約国は自国の核兵器能力を凍結し、自国の核軍縮に対する誓約を行うべきである。**

私の**3番目の提案**は、**「法の支配」**に関するものである。核実験及び核分裂性物質の生産に関しては、一方的モラトリアムしかこれまで存在していない。**CTBTを発効させ、CDにおける核分裂性物質生産禁止条約の交渉を即時、無条件に開始するための新たな努力が必要である。**

私は、中央アジア及びアフリカ非核兵器地帯条約の発効を支持する。**核兵器国が、非核兵器地帯条約のすべての議定書を批准することを奨励する。また、私は非核兵器地帯を中東に設置するための努力を強く支持する。**さらに、私はすべてのNPT締約国に対し、IAEAとの保障措置協定を締結するよう、また、追加議定書の下で強化された保障措置を自発的に受け入れるよう要請する。**核燃料サイクルがエネルギーあるいは不拡散に関する問題に留まらないことを我々は忘れてはならない。その行く末は、軍縮の未来をも左右することになる。**

私の**4つ目の提案**は、**説明責任と透明性**に関するものである。核兵器国は目標に向かって自国が何を行っているかについての説明文書をしばしば配布しているが、そうした報告が一般の目に触れることはほとんどない。**核兵器国に対し、それらの資料を国連事務局に送付するよう求めるとともに、より広範囲に普及させることを奨励する。**核保有国は保有核兵器の規模、核分裂性物質の備蓄量、特定の軍縮面での達成について、公開している情報量を増やすこともできる。核**兵器の総数について公式の見積もりが存在しないという事実は、さらなる透明性が必要であることの証左である。**

5番目、そして最後の提案として、**多くの補完的措置が必要**であることを挙げたい。そうした措置には、**他の種類の大量破壊兵器の廃絶、大量破壊兵器を使ったテロを防止する新たな努力、通常兵器の生産及び取引の制限、ミサイル及び宇宙兵器を含む新型兵器の禁止**

などが含まれる。国連総会が、「軍縮、不拡散、テロリストによる大量破壊兵器の使用に関する世界サミット」の開催を求めるブリクス委員会の勧告を受け入れることも可能である。

大量破壊兵器を使ったテロの問題は解決不可能との見方もある。**しかし、軍縮において現実的かつ検証可能な前進が図られれば、こうした脅威を根絶する能力も飛躍的に高まる。**特定の種類の兵器の保有自体を禁止する、基本的な世界規範が存在すれば、それらに関する管理強化を各国政府を促すことも格段に容易になるだろう。世界で最も恐ろしい兵器及びその材料が漸進的に廃絶されてゆけば、大量破壊兵器を使ったテロ攻撃の実行は困難になる。我々の努力が、テロの脅威を増大させる社会、経済、文化並びに政治状況にも向けられてゆけば、さらに望ましい。(後略)

(強調はピースデポ)

www.ewi.info/system/files/WMD_Event.pdf

資料1－10　オバマ米大統領・プラハ演説(抜粋訳)

2009年4月5日、プラハ

(前略)

20世紀に我々が自由をめざし闘ったように、21世紀において我々は、恐怖から解き放たれて生きるというすべての人々の権利をめざし共に闘わなければならない。核保有国として、核兵器を使用した唯一の核保有国として、米国には行動する道義的責任がある。我々だけではこの努力を成功に導くことはできない。しかし我々は先導できる。スタートを切ることができる。

そこで本日、私ははっきりと、信念を持って、アメリカは核兵器のない世界の平和と安全を追求することを誓約したい。私はナイーブな人間ではない。この目標は直ちに達成できるものではない、おそらく私の生きている間には。忍耐と粘り強さが必要である。しかし我々は今、世界は変わらないと我々にささやく声に惑わされてはならない。我々は主張し続けなければならない、「そう、我々にはできる」と。

では、進むべき道筋について説明しよう。第一に、米国は核兵器のない世界に向けた具体的措置を講じる。冷戦思考に終止符を打つべく、我が国の国家安全保障戦略における核兵器の役割を低下させ、他の国家にも同調するよう要請する。誤解のないよう言っておきたいが、核兵器が存在する限り、米国はいかなる敵をも抑止できる安全、安心で効果的な核兵器保有を継続する。また、チェコ共和国を含め、我々の同盟国に対する防衛を保証する。だが我々は米国の保有核兵器を削減する作業を開始する。

我々の弾頭と備蓄の削減に向けて、我々は今年、ロシアとの間で新たな戦略兵器削減条約を交渉する。メドベージェフ大統領と私はロンドンでこのプロセスを開始した。今年末までに、法的拘束力を有するとともに十分に大胆な新合意を達成する。これはさらなる削減への足場となるものであり、我々はこの努力にすべての核兵器国を参加させるべく努める。

核実験のグローバルな禁止を実現するために、私の政権は速やかに、かつ果敢に、包括的核実験禁止条約(CTBT)の批准を追求する。50年以上にもわたる協議を経て、核兵器実験を禁止する時がついに来たのである。

また米国は、核兵器製造に必要な原料の生産禁止に向けて、核兵器としての使用を意図した核分裂性物質の生産を検証可能なかたちで禁止する新たな条約を追求する。我々がこれらの兵器の拡散防止を真剣に望むのであれば、それらの原料である兵器級物質の生産に終止符を打たなければならない。それが最初の一歩である。

第二に、我々は協力の礎である核不拡散条約(NPT)をともに強化してゆく。

核兵器を持つ国は軍縮に向かって進み、核兵器を持たない国はそれらを取得せず、すべての国は平和的核エネルギーへのアクセスを有する。この基本的取引は確固たるものである。NPTを強化するために、我々はいくつかの原則を受け入れなければならない。国際査察を強化するためには、我々にはさらなる資源と権限が必要である。正当な理由なくルールを破り、条約からの脱退を試みる国家は現実的かつただちに報いを受けなければならない。

我々はまた、国際燃料バンクなど民生核協力のための新たな枠組みを構築すべきである。これにより各国は拡散の危険性を増大させることなく平和的核エネルギーにアクセスできる。これは、核兵器を放棄したすべての国、とりわけ平和目的の計画に着手しようとする発展途上国の権利でなければならない。ルールに従って行動している国家の権利を否定するようなアプローチは決して成功しない。核エネルギーは、気候変動とたたかい、あらゆる人々に平和利用の機会を与える我々の努力に資するように、活用されてゆくべきだ。(略)

最後に、我々はテロリストが核兵器を絶対に入手しないようにしなければならない。これはグローバルな安全保障にとって最も緊急かつ危機的な脅威である。一発の核兵器を持つテロリストが一人いれば、甚大な破壊がもたらしうる。アルカイダは爆弾を追求し、使用することも辞さないと述べている。さらに、保安が確保されていない核物質が地球上のあちこちに存在していることを我々は知っている。我々の国民を守るために、我々は、遅滞なく、目的を定めて行動しなければならない。

私は本日、攻撃対象となりうる世界各地の核物質すべての保安を4年以内に確保するという新たな国際努力について発表したい。これらの機微物質の厳重管理をめざして我々は新たな基準を設け、ロシアとの協力を拡大し、新たなパートナーシップを追求する。

我々はまた、闇市場を解体し、輸送中の物質を検知・阻止し、こうした危険な取引を途絶させるための資金上の手段を講じる努力を強化しなければならない。こうした脅威は長期にわたるものであるから、我々は拡散防止構想(PSI)や核テロリズムに対抗するためのグローバル・イニシャチブといった努力を永続的な国際機構へと変えるべく力を合わせなければならない。我々は、来年中に核安全保障に関する世界サミットを米国主催で行うことで、その一歩を踏み出すべきである。

このような広範な課題に取り組むことができるのかと疑問に思う人もいるだろう。国家間の相違は抜き難くあるのだから、真の国際協力の可能性に異を唱える人もいるだろう。核兵器のない世界という議論を聞いて、達成不可能に思える目標を設定することの意義を疑う人もいるだろう。

しかし間違いのないように言っておきたい。我々は道がどこに向かっているかを知っている。国家あるいは人々が、相違点をもって自らが定義されると考えるならば、溝はさらに深まってゆく。我々が平和の追求を断念すれば、それは永遠に我々の手の届かないところに留まる。恐怖ではなく希望を選ぶ道を我々は知っている。協力の求めを非難し軽んじることは簡単だが、それは臆病者のすることだ。戦争はそのようにして始まる。そこで人類の前進は止まる。

我々の世界には立ち向かうべき暴力と不正義がある。我々は分断を受け入れるのではなく、自由な国家、自由な人々として協力して立ち向かってゆかなければならない。武器をとれと呼びかける方が、武器を捨てろと呼びかけるよりも人々の心を奮い立たせることを私は知っている。しかしだからこそ、平和と進歩を求める声をともに高めていかなければならないのである。(後略)

www.whitehouse.gov/the-press-office/
remarks-president-barack-obama-prague-delivered

資料1－11　米核態勢見直し(NPR)報告書

核態勢見直し(NPR)報告書 要約(全訳)

2010年4月6日 国防総省

2009年4月のプラハでの演説において、オバマ大統領は21世紀における核の危険に焦点を当て、これら深刻で増大しつつある脅威に打ち勝つために、合衆国は核兵器のない世界の平和と安全を追求すると宣言した。大統領はこのような野心的な目標はすぐには—その言葉を借りれば、自らの生きている間には—達成できないであろうことを認めた。しかし大統領はこの目標に向けて、核兵器の数と合衆国の国家安全保障戦略における核兵器の役割の縮小を含む具体的な措置をとるとの決意を明らかにした。同時に大統領は、核兵器が存在する限り、合衆国は、潜在的敵国を抑止するとともに同盟国及び安全保障パートナーに合衆国の安全保障コミットメントが信頼しうるとの安心を提供するため、安全、安心で効果的な保有核兵器を維持すると誓約した。

2010「核態勢見直し(NPR)」は、核の危険を減少しつつ核兵器のない世界という目標を追求することと同時に、より広範な合衆国の安全保障上の利益を増進するための大統領の政策課題を促進する政権の方針の大枠を示すものである。NPRには、大統領の安全保障における優先課題と、2010「4年毎の国防見直し」(QDR)によって示された、それらを支える戦略目標が反映されている。

本NPR報告書は、国際安全保障環境の基本的な変化を述べた後、我々の核兵器政策及び態勢における5つの主要目標に焦点を当てる:

1. 核拡散及び核テロリズムを防止する。
2. 合衆国の国家安全保障戦略における核兵器の役割を縮小する。
3. 縮小された核戦力によって戦略的抑止及び安定を維持する。
4. 地域的な抑止を強化し、同盟国及びパートナーに改めて安心を提供する。
5. 安全かつ安心で、効果的な保有核兵器を引き続き保持する。

NPRの一義的焦点は今後5年から10年の間にとるべき措置に置かれているが、同時に、より長期的な核戦略及び態勢に向かう道筋もまた考慮されている。合衆国と同盟国、パートナーの安全を確保しつつ核の危険の縮小に向けて前進しつづけるためには、今後の政権交代によっても揺るぐことのない取り組みが求められる。したがって将来にわたって持続可能なコンセンサスを形成することが緊要である。

変化した、今も変化しつつある、国際安全保障環境

冷戦終結後、国際安全保障環境は劇的に変化した。世界的核戦争の脅威は遠のいた。しかし、核攻撃の危険は高まった。

オバマ大統領が明らかにしたように、今日における最も差し迫った、極限的な危険は核テロリズムである。アルカイダとその同盟者の過激派たちは核兵器を欲している。一度彼らが核兵器を手に入れたならば、彼らはそれらを使うであろうと考えておかねばならない。世界中に存在する核物質は窃盗や強奪に対して脆弱であり、機微な機器や技術は核の闇市場をとおして入手可能である。その結果、テロリストが核兵器を作るために必要な物を手にする危険は深刻なレベルにまで高まっている。

もう一つの差し迫った脅威は核拡散である。米国及び同盟国とパートナー、そして幅広い国際社会と対立関係にある国家が新たに核兵器を入手する可能性がある。北朝鮮とイランは、核への野望を果たすために、不拡散義務に違反し、国連安全保障理事会の要求を無視して、ミサイルによる運搬能力を追求しつつ、彼らが作り出した国際的危機を外交的に解決するための諸努力に抵抗してきた。彼らの挑発的行動は、周辺地域に不安定をもたらし、近隣諸国が自ら核抑止力を選択するような圧力をうみだす。北朝鮮、イランその他による不拡散軌範の継続的な不履行は、核不拡散条約(NPT)を弱体化させ、合衆国及び国際社会の安全に悪影響をもたらすであろう。

核テロリズムと核拡散という喫緊の増大する脅威に直面する一方で、合衆国は現存する核兵器国、とりわけロシアと中国との戦略的関係の安定を確保するという、慣れ親しんだ課題に取り組まねばならない。ロシアは、合衆国と拮抗する核兵器能力を持つ唯一の国である。しかし、冷戦時に比して、米ロ関係は根本的に変化した。二国間の政策上の相違は依然として存在し、ロシアは強力な核戦力の近代化を継続している。しかし、ロシアと合衆国はもはや敵同志ではなく、軍事対決の可能性は劇的に減少した。両国は核テロリズムと核拡散防止を含む、共通の利益に資する分野における強力を強めている。

合衆国と中国は、相互依存を深めており、大量破壊兵器(WMD)の拡散と対テロリズムといったグローバルな安全保障課題への対処における共通の責任を拡大しつつある。その一方で、中国に隣接するアジア諸国と合衆国は、保有核兵器の量的·質的近代化を含む中国の軍近代化に引き続き懸念を抱いている。中国の保有核兵器数はロシア及び合衆国のそれに比べてはるかに少ない。しかし、核計画の速度と範囲、さらにはそれらの指針となる戦略やドクトリンといった、中国の核計画をとりまく透明性が欠如しているため、中国の将来の戦略的意図について疑問が持ち上がっている。

以上のような核の脅威における環境の変化によって、合衆国の核への関心と戦略目標の優先順位は変わった。今後数年間、我々は新しい核能力保有国の出現とテロリスト集団による核爆弾もしくは核爆弾製造用物質の入手の防止を最優先課題としなければならない。同時に我々はロシア、中国との戦略的関係の安定を維持するとともに、新たな核武装国の登場に対抗することによって、合衆国と同盟国及びパートナーを核の脅威もしくは脅迫から守るとともに彼ら自身の核抑止力追求の誘因を減少させなければならない。

米国の核兵器政策及び戦力態勢への影響

我々が、二極軍事対決の冷戦時代から引き継いだ膨大な保有核兵器は、核兵器を志向する、自滅的なテロリストや非友好的な国家体制による挑戦に対処するには適していない。従って、我々の核兵器政策と態勢は、核テロリズムと核拡散の防止という最優先課題に適したものへと再編されなければならない。

これは、我々の核抑止力が時代遅れであるということを意味しない。事実、核兵器が存在する限り、合衆国は安全、安心で、効果的な核戦力を維持しつづけるであろう。これら核戦力は潜在的敵国を抑止し、世界中の同盟国及びパートナーに改めて安心を提供するための不可欠な役割を引き続き果たすであろう。

しかし、合衆国の通常軍事能力の比類なき成長、ミサイル防衛における重要な進歩、そして冷戦時代の敵対関係の緩和を含む国際安全保障環境の根本的な変化の結果、上記の戦略目標は従来よりもはるかに少ないレベルの核戦力と、縮小された核兵器の役割によって達成することが可能である。したがって、我々は、伝統的な抑止及び安心の確保という目標を損なうことなく、最も差し迫った安全保障上の挑戦に合致するよう核兵器政策と核戦力態勢を形成することができる。

- 合衆国の核兵器の役割と数を縮小する—すなわち、核軍縮を前進させるというNPT第6条の下での義務に従う—ことによって、我々は不拡散レジームの再強化と世界中の核物質の保安を確立するための措置への参画をNPT加盟諸国に促しうる、より強い立場を確立することができる。
- 信頼性ある核抑止力の維持及びミサイル防衛、その他の通常軍事能力による地域的安全保障構造（アーキテクチャー）の強化によって、我々は世界中の核兵器を持たない同盟国、パートナーに対する安全保障公約を再確認するとともに、それら諸国が自らの核抑止力を必要としないことを確認することができる。
- 合衆国の核兵器の寿命を延長するための確固とした備蓄核兵器管理プログラムを遂行することによって、新しい核兵器の開発や核実験なしに安全、安心、かつ効果的な抑止力を確保することができる。
- 老朽化した核施設の近代化と人的資源への投資によって、技術的もしくは地政学的な突発事態に備えるために確保する核兵器の数を著しく減少させることが可能となり、退役核弾頭の解体を加速し、他国の核活動に関する知見を改善することが可能となる。
- ロシア及び中国との戦略的関係の安定化と透明性、相互信頼の向上によって、核兵器のない世界へと進むための条件整備と核拡散及び核テロリズムに対処するための基盤を強化することが可能となる。
- 国際問題における核兵器の重要性を減じ、核兵器廃絶へと段階的に進むことによって、核兵器保有国が存在する世界に住むことを宿命視する考えを逆転させ、将来の不確定さに備えるために自ら核オプションを手にしようと考える国々にとっての誘因を減少させることができる。

核拡散及び核テロリズムの防止

核兵器のない世界に向けた努力における不可欠の要素として、合衆国はグローバルな核不拡散レジームの再建と強化のための国際的努力の拡大を主導する。そして2010NPRは、これを初めて 合衆国の核政策における最優先事項とする。我々が核の崖っぷちに近づいているとの危機感が高まっている。それは、今日の危険な傾向に歯止めをかけ、逆転させなければ、我々は、遠からず核武装国が着実に増加し、テロリストが核兵器を手にする世界に住むことになるだろうという危機感である。

核拡散と核テロリズムを防止するための合衆国のアプローチには、3つの要素がある。第1に、我々は北朝鮮とイランの核の野望を挫き、IAEA保障措置とその遵守を強化し、核の闇取引を阻止し、拡散リスクの拡大無しに核の平和利用を促進することによって、NPTを中心とする不拡散レジームの強化を追求する。第2に、我々は世界中のすべての脆弱な核物質の保安を4年以内に確立するとしたオバマ大統領のイニシャチブの履行を加速する。

そして第3に、我々は、新戦略兵器削減条約(新START)、包括的核実験禁止条約(CTBT)の批准と発効、そして検証可能な核分裂性物質生産禁止条約の交渉を含む、軍備管理の努力を遂行する。これらは、不拡散レジームと核物質の世界的保安を強化するために必要な措置に対する広範な国際的支持を勝ちとるための我々の力を強化する手段である。

わが政府のイニシャチブには以下が含まれる:

- グローバル脅威削減イニシャチブ(GTRI)、国際核物質防護及び協力プログラムの加速を含む世界中の脆弱核物質の保安確立のためのオバマ大統領のイニシャチブを積極的に推進する。これにはエネルギー省の2011会計年予算における核不拡散プログラムへの27億ドル支出増(25%以上)が含まれる。
- 不法な拡散ネットワークを寸断し、核物質の密輸を阻止するための国家的及び国際的能力を向上させ、テロリストの核爆発デバイスに使用され、もしくは使用されようとしている核物質の出所を特定する能力を向上させる、核鑑識能力の拡大を継続する。
- 核兵器のない世界へと前進し続けることを支援する、検証技術の研究強化や透明化措置の開発を含む包括的研究開発プログラムを立ち上げる。
- 大量破壊兵器を入手したり使用したりしようとするテロリストの努力を、手助け、資金援助、もしくは専門知識や安全地帯の提供によって、支援もしくは幇助するすべての国家、テロリスト集団もしくは他の非国家主体に対して、合衆国は全面的に責任追求を行うとの誓約を再確認する。

合衆国の核兵器の役割を縮小する

過去数十年間にわたり、合衆国は国家安全保障及び軍事戦略における核兵器の役割を大幅に縮小してきた。しかし現段階においてさらになすべきこと、できること、がある。

核兵器が存在する限り継続する合衆国の核兵器の基本的役割とは、合衆国、同盟国及びパートナーに対する核攻撃を抑止することである。

冷戦期においては、米国はソ連及びワルシャワ条約機構の同盟国による大規模な通常攻撃に対する反撃に核兵器を使用する権利を留保していた。さらに、合衆国が国際諸条約に従い自らの化学・生物兵器(CBW)を放棄した後においては合衆国、同盟国及びパートナーに対するCBW攻撃を抑止するために核兵器を使う権利を留保していた。

冷戦終結後、戦略環境は根本的に変化した。合衆国の通常軍事力の圧倒的優位、ミサイル防衛能力のたえざる向上、CBWの効果を低減する能力の向上によって、非核―通常、化学、生物―攻撃の抑止における核兵器の役割は大幅に縮小された。合衆国は引き続き非核攻撃の抑止における核兵器の役割を縮小してゆくであろう。

さらに合衆国は、NPTに加盟し不拡散義務を遵守している非核兵器国に対して、核兵器の使用も使用の威嚇も行わないことを宣言することによって、長期わたって続けてきた「消極的安全保証」を強化する用意がある。

この安全保証の強化は、NPTを全面的に遵守することによって得られる安全保障上の利益を裏書きし、NPTに加盟する非核兵器国に対して、米国及び他の関係諸国とともに不拡散レジームの強化のために協働するよう促すことを意図するものである。

このように安全保証を強化するにあたって、合衆国は安全保証を提供される資格を有しながら化学生物兵器を合衆国もしくは同盟国及びパートナーに対して使用する国は、通常兵器による熾烈な反撃を受ける可能性に直面するであろうこと、また国家指導者もしくは軍司令官を問わず、このような攻撃に責任を有するいかなる個人の責任も全面的に問われるであろうことを合衆国は断言する。生物兵器の破滅的な潜在能力とバイオ・テクノロジーの急速な進歩を考えたとき、生物兵器の脅威の進化と拡散、そしてその脅威に対する合衆国の対処能力が要求する場合には、合衆国は前記安全保証に必要な変更を加える権利を留保する。

合衆国の核兵器は、ごく限られた非常事態において、上記の安全保証の対象から除外される国――すなわち核兵器を保有する国、及び核不拡散義務を遵守しない国――による合衆国もしくは同盟国及びパートナーに対する通常攻撃もしくは化学・生物兵器攻撃を抑止する役割を果たす可能性がある。したがって、合衆国は現段階においては、核攻撃の抑止を核兵器の唯一の目的とするという普遍的な政策を採用する用意はない。しかし、合衆国は、このような政策を安全に採用できるような条件を確立するために努力するであろう。

しかし、これは新しい安全保証の対象とならない国々に対して核兵器を使用するという我々の意思の高まりを意味するものではない。強調したいのは、合衆国は、合衆国もしくは同盟国及びパートナーの死活的な利益を守るという極限的な状況においてのみ核兵器を使用するであろうということである。過去65年以上つづいてきた核兵器不使用の記録をさらに更新することこそが、合衆国とすべての国にとっての利益である。

したがって、NPRの主要な結論には以下が含まれる:

- 合衆国は、核兵器の唯一の目的を合衆国もしくは同盟国及びパートナーに対する核攻撃の抑止に限定することを目指しつつ、通常兵器能力の強化を継続し、非核攻撃の抑止における核兵器の役割を縮小しつづけるであろう。
- 合衆国は、合衆国もしくは同盟国及びパートナーの死活的な利益を守るという極限的な状況においてのみ核兵器の使用を考慮するであろう。
- 合衆国は、NPTに加盟し不拡散義務を遵守している非核兵器国に対しては、核兵器の使用もしくは使用の威嚇を行わないであろう。

削減された核戦力レベルにおいて戦略的抑止と安定を維持する

冷戦終結以降、米国とロシアは作戦配備の戦略核兵器を約75%削減してきたが、いまだ両国とも抑止に必要とする以上の数の核兵器を保有している。政権は、大幅に削減された戦力レベルにおける安定性の確保に向けてロシアと協力することを誓約する。

新START

このプロセスの次の一歩は、すでに失効した1991年の第1次戦略兵器削減条約（START I）を新たな検証可能な条約、すなわち新STARTに置き換えることである。NPR策定に向けた初期段階の作業は、この新START交渉における米国の立場を確立し、新条約が規定する削減に照らしていかなる戦力構成が可能であるかを検討することにあった。NPRは次のような結論に達した：

- 米国の戦略的運搬手段、すなわち大陸間弾道ミサイル（ICBM）、潜水艦発射弾道ミサイル（SLBM）、核搭載可能な重爆撃機をSTART I レベルから約50%削減し、また、条約上の削減義務を負う 戦略核弾頭をモスクワ条約レベルから約30%削減しても、安定した抑止を維持することは可能である。
- NPRの分析に基づき、米国は、新STARTの条約上の義務を負う戦略核弾頭数の上限を1550発、配備戦略運搬手段の上限を700基（機）とすること、また、配備及び非配備の戦略発射装置数の合計の上限を800基（機）とすることでロシアと合意した。
- ICBM、SLBM、核搭載可能な重爆撃機で構成される米国の核の三本柱は新STARTにおいても維持される。
- 安定性の増大をめざし、すべての米国のICBMには、一基に搭載される核弾頭数を一発とする「非多弾頭化」措置が講じられる。
- 米国の地域的抑止ならびに安全の再保証という目的への非核システムの寄与は、ミサイル防衛に対する制限を回避し、重爆撃機や長距離ミサイルシステムを通常兵器に使用する選択肢を維持することによって保持される。

大統領の決定時間を最大化する

NPRは、現在の米戦略部隊の警戒態勢——重爆撃機の常時警戒態勢は解除され、ほぼすべてのICBMが警戒態勢に置かれ、また、いかなる時にも相当数の戦略原子力潜水艦（SSBM）が海洋に出ている——が当面維持されるべきであると結論づけた。NPRはまた、事故、無認可の行動、誤認識などによる核発射の可能性をいっそう低下させるとともに、核兵器使用を許可するか否かの検討において大統領に与えられる時間を最大化するべく引き続き努力がなされるべきであると結論づけた。重要な措置には以下が含まれる：

- すべてのICBMならびにSLBMについて、「外洋に向けた標的設定」の実施を継続する。これにより、万一の無認可あるいは偶発的発射の際にミサイルは外洋に着弾する。また、ロシアにこの慣行に対する誓約を再確認するよう求める。
- 核危機における大統領の決定時間を最大化するよう米国の指揮統制システムをいっそう強化する。
- 生き残りの可能性 を強化し、即時発射の誘因をさらに低減するようなICBM基地の新しい様態を探求する。

戦略的安定性の強化

ロシアと中国が現在自国の核能力の近代化を行い、さらには両国がともに米国のミサイル防衛や通常軍備のミサイル計画を不安定化要因と主張している中、これら2国との戦略的安定性を維持することが今後の重要な課題である。

● 米国は、さらなる安定性、柔軟性、透明性を伴った戦略的関係を促進することをめざし、ロシア及び中国と戦略的安定性に関するハイレベルの二国間対話を追求してゆく。

米国にとって、ロシアとの戦略対話は、米国のミサイル防衛及び将来におけるいかなる米国の通常兵器搭載長距離弾道ミサイルシステムも、新たに浮上した地域的脅威への対処を目的に設計されたものであり、ロシアとの戦略バランスに影響を与えることを意図したものではないことを説明する機会となる。また、ロシアの側においては、近代化計画について説明し、現在の軍事ドクトリン(とりわけ核兵器の重要性をどのように位置づけているのか)を明確にし、国境から離れたロシア国内の少数の安全な施設に非戦略システムをまとめているといったような、同国の非戦略保有核兵器に対する西側諸国の懸念を緩和するためにとりうる諸措置について議論する機会となる。

他方、中国との戦略的安定性に関する対話の目的は、双方とって、相手側の核兵器ならびに他の戦略能力に関する戦略、政策、計画をめぐる見解を伝える場やメカニズムを提供することにある。このような対話のめざすところは、信頼性と透明性の向上、不信の低減にある。2010「弾道ミサイル防衛見直し」(MDR)報告が述べるように、「本政権にとって、米中関係における戦略的安定性を維持することは、他の主要国との戦略的安定性を維持することと同等に重要である」。

将来における核削減

大統領は、核兵器のさらなる削減の検討に向けて、新START後の軍備管理目標に関する見直しを命じた。新STARTのレベルを超えて米国が将来的な核戦力の削減を行う上では、いくつかの要素がその規模や速度に影響を与える。

第1に、いかなる将来的な核削減も、地域の潜在的な敵への抑止、ロシアや中国との戦略的安定性、米国の同盟国及びパートナーへの安心の提供を強化し続けるものでなければならない。これには、抑止に求められる能力に関する最新の評価、米国ならびに同盟国、パートナーにおける非核能力のさらなる強化、戦略及び非戦略兵器の焦点を絞った削減、そして同盟国及びパートナーとの緊密な協議が必要である。米国は、いかなる潜在的な敵対者が計算したとしても、米国、あるいは同盟国及びパートナーに対する攻撃から期待される利益より、米国からの報復による耐え難いコストの方がはるかに勝るとの結論に達せしめるような能力を引き続き確保する。

第2に、備蓄核兵器維持プログラムの遂行ならびにNPRの勧告する核兵器インフラへの投資は、技術的あるいは地政学的突発事態に備えるために大量の非配備弾頭を維持するという米政策の転換をもたらし、備蓄核兵器の大幅な削減を可能にする。これらの投資は新START及びその後において、抑止を維持しつつ核兵器削減を促進する上で不可欠なものである。

第3に、ロシアの核戦力は、米国が自国の核戦力削減の幅及び速度を決定する上で引き続き重要な要素である。両国関係の改善を背景に、2国間における厳密な数字上の均衡の必要性は冷戦時代のように絶対的なものではない。しかし、核能力における大きな不均衡は、双方にとって、また、合衆国の同盟国及びパートナーとの間において懸念を生じさせるものであり、安定的かつ長期的な戦略関係の維持に貢献するものとはならないであろう。したがって、我々は合衆国がより低いレベルに移行する際には、ロシアも我々に同調することを重要視するであろう。

NPRの主要な勧告には以下が含まれる：

- 新STARTが予定しているレベル以下に将来的な核削減目標を定めるための、継続的な分析を実施するべきである。同時に、地域における潜在的な敵に対する抑止、ロシアと中国に対する戦略的安定性、我々の同盟国及びパートナーへの保証を強化してゆくべきである。
- ロシアとの間で新START後の交渉を行う際には、双方の側の非配備核兵器とならんで非戦略核兵器の問題を取り上げるべきである。
- 米核戦力の削減は、我々の同盟国及びパートナーへの安全の安全の保証における信頼性と有効性を維持する形で実施するべきである。米国は、新START後の交渉に向けたアプローチを確立するにあたって、同盟国及びパートナーと協議してゆくべきである。

地域的抑止を強化し、同盟国・パートナーに安全を再確認する

合衆国は、2国間及び地域的な安全保障関係を強化してゆくとともに、これらの関係を21世紀型の挑戦に適合させるべく同盟国及びパートナーと協力しあうことを全面的に公約する。このような安全保障関係は潜在的脅威を抑止する上で不可欠であり、また、それら脅威に隣接する諸国に対して、核兵器を求めることが自国の軍事的あるいは政治的利益を損なうものにしかならないこと知らしめ、また、合衆国の非核の同盟国及びパートナーに対しては自らが核抑止能力を持たずとも安全保障上の利益を確保できるとの保証を提供することによって、我々の不拡散上の目標にも寄与する。

米国の核兵器は、核兵器を保有し、あるいは保有を追求している地域国家による核攻撃あるいは核を背景とした脅しに対する拡大抑止を同盟国及びパートナーに提供する上で重要な役割を担ってきた。信頼性のある合衆国の「核の傘」は、「三本柱」の戦略軍、重要地域に前方配備された非戦略核兵器、そして地域的紛争に応じて即時に前方配備可能な米国内の核兵器といった手段の組み合わせによって提供されてきた。

欧州においては、冷戦終結後、前方配備された米国の核兵器は劇的に削減された。しかし少数の核兵器が引き続き残されている。NATO加盟国に対する核攻撃の危険性はかつてなく低下した。しかし、合衆国の核兵器の存在は、NATOの非核加盟国が核計画に参加し、核兵器運搬能力を持つ特殊仕様の航空機を保有するというNATO特有の核分担（ニュークリア・シェアリング）取極めとの組み合わされることによって同盟国間の結束を強化するとともに、地域的脅威を感じている同盟国及びパートナーに対し安心を提供するものとなっている。NATO加盟国を防衛する上での核兵器の役割は、NATOの「戦略概念」見直しとの関係で本年議論されることになる。NATOの核態勢におけるいかなる変更も、加盟国間での徹底した再検討と決定を経てなされるべきである。

アジア及び中東――これらの地域にはNATOに類似した多国間の同盟構造は存在しない――については米国は二国間同盟及び安全保障関係を通じて、また、前方配備の軍事的プレセンスと安全の保証を通じて拡大抑止を維持してきた。冷戦が終焉を迎えたとき、米国は、海軍の洋上艦や一般目的用の潜水艦からの核兵器撤去を含め、太平洋地域に前方配備された核兵器を撤退させた。以来、合衆国は、危機への対処は中央の戦略戦力及び東アジアへの核システムの再配備能力に依存してきた。

核兵器は同盟国及びパートナーに対する合衆国による安全の保証の重要な構成要素であることが示されてきた一方で、米国は、通常戦力のプレセンス及び効果的な戦域弾道ミサイル防衛を含む、地域的な安全保障構造（アーキテクチャー）の強化をめざし、非核要素への依存を高めてきた。核兵器の役割が米国の国家安全保障戦略の中で縮小されるにしたがい、これら非核要素は抑止の分担においていっそう大きな位置を占めるようになろう。さらに、効果的な地域的抑止にとっては、非核戦力による抑止にとどまらず、非軍事的抑止、すなわち米国とその同盟国、パートナーとの間での強固で信頼性のある政治的関係の構築が欠くべからざる要素である。

非戦略核兵器

冷戦終結後、米国は非戦略（または「戦術」）核兵器を劇的に削減してきた。今日では、世界中の同盟国及びパートナーに対する拡大抑止の一環として、限定された数の核兵器が欧州に前方配備されているのと、海外配備が可能な少数の核兵器が米国内で保管されているのみである。ロシアははるかに多くの非戦略核戦力を維持しており、そのうち相当数はいくつかのNATO加盟国の領土近くに配備されている。

NPRは、米国のとるべき行動について以下のとおり結論づけた：

- 戦術戦闘爆撃機ならびに重爆撃機に搭載された前方配備の米核兵器の能力を維持するとともに、安全、保安、使用管理の改善などを伴ったB－61核弾頭の全面的寿命延長を進める。
- 海洋発射核巡航ミサイル（TLAM－N）を退役させる。
- 米国の前方軍事プレセンスを補完し、地域的抑止を強化する長距離攻撃能力の維持と開発を継続する。
- 米国の拡大抑止の信頼性及び有効性を確保する方策について、同盟国及びパートナーとの協議を継続し、適当な場合には拡大する。米国の拡大抑止におけるいかなる変更も同盟国及びパートナーとの緊密な協議なしには行われない。

安全、安心、かつ効果的な保有核兵器を維持する

合衆国は安全、安心、かつ効果的な保有核兵器を維持することを誓約する。1992年に核実験を中止して以降、我々は、弾頭をほぼ当初の設計仕様になるよう改修することによって弾頭の寿命を延長する備蓄兵器維持プログラムを通じて、核弾頭を維持し安全性と信頼性を認証してきた。30年後を見通して、NPRは、議会が命じた備蓄兵器管理プログラムならびに合衆国の不拡散目的に合致した形で既存の核弾頭の寿命を延長させるための最善の方策を検討し、次のような結論に達した：

- 合衆国は核実験を実施せず、包括的核実験禁止条約の批准と発効を遂行する。
- 米国は新型核弾頭を開発しない。寿命延長計画（LEP）は、これまでに実験された設計に基づく核部品のみを使用し、新たな軍事的任務を支援したり新たな能力を準備したりしない。
- 合衆国は、核弾頭の安全性、保安、信頼性を個別事例ごとに、議会が命じた備蓄管理プログラムに合致した形で確保するための選択肢について研究する。LEPにおいては全ての範囲のアプローチを考慮する。すなわち、既存の弾頭の改修、別の弾頭の核部

品の再利用、及び核部品の交換、である。

- 核弾頭のLEPを工学的開発へと進行させるいかなる決定においても、合衆国が最優先で選択するのは改修あるいは再利用である。核部品の交換は備蓄兵器管理プログラムの重要目標がその他の手段では達成できない場合においてのみ、そして大統領による具体的な認可ならびに議会の承認が得られた場合にのみ実施される。

これらの結論に沿って、NPRは次の通り勧告する:

- 現在進行中の潜水艦発射弾頭W－76のLEP、ならびにB－61爆弾のLEPに関する研究及びそれに続く活動には満額の資金が提供されるべきである。
- ICBM用弾頭W－78のLEPに関する選択肢についての研究を開始するべきである。研究には、当該LEPの結果作られた弾頭をSLBMで使用することによって、弾頭の種類を減らす可能性の検討も含まれる。

安全、安心で、かつ効果的でありつづけるために、合衆国の備蓄核兵器は、国家安全保障に関する諸研究所と支援施設の複合体で構成される近代的な物的インフラや、核抑止維持に求められる専門的能力を持つ優秀な労働力に支えられなければならない。

人的資源もまた懸案である。国家安全保障に関する諸研究所では、次世代の、最も将来有望な科学者やエンジニアを引きつけ、確保することがますます困難になっている。備蓄兵器管理に関する明確な長期計画や、拡散及び核テロリズムの防止に関する政権の誓約は、挑戦的で有意義な研究開発活動に従事する機会を与えることによって、明日を担う科学者やエンジニアの獲得と確保を強化することに繋がる。

NPRは以下の結論に達した:

- 備蓄兵器維持にとって極めて重要であり、不拡散をめざす上での見識を提供する、科学、技術及び工学の基盤を強化する必要がある。
- 核兵器複合施設及び要員に対する投資の増額は、我々の保有核兵器の長期的な安全、保安と有効性を確保するために必須である。新たな施設は、国家核安全保障管理局が開発中の備蓄核兵器の維持及び管理計画の要求を支援できるよう規模を定めることになる。
- 建設後50年を経過した施設を更新するロスアラモス国立研究所における化学冶金研究施設更新計画およびテネシー州オークリッジのY－12プラントにおける新たなウラニウム処理施設の拡充のための資金の増額が必要である。

未来を見据える:核兵器のない世界に向けて

2010「核態勢の見直し」の勧告を遂行することにより、合衆国、同盟国、及びパートナーの安全保障は強化され、大統領の示した核兵器のない世界というビジョンに向けた大きな一歩がもたらされるであろう。

国際的な不安定や安全の欠如を拡大させるというリスクを犯すことなく、究極的に米国や他の国々による核兵器放棄を可能にするためには、極めて多くの条件が必要である。それらの条件の中には、核兵器拡散の阻止における成功、主たる関係国の計画や能力に関する透明性の飛躍的な向上、軍縮義務違反の探知を可能とする検証手段及び技術、それら違反を抑止するに十分な強さと信頼性を備えた執行手段、そして究極的には対立する国家を核兵器の取得や維持へと導くような地域的紛争の解決が含まれる。これらの条件が現在において存在しないのは明らかである。

しかし我々は、これらの条件を創出するために積極的に行動することができるし、しなければならない。我々は2010年NPRに示された実際的措置を実行することができる。これら実際的措置は世界におけるあらゆる核兵器の廃絶という究極的目標へと我々を導くのみならず、それ自身によって、グローバルな核不拡散レジームを再活性化させ、テロ集団による核兵器ならびに核物質取得に対してより高い防壁を築き、米国と国際の安全保障を強化する。

www.defense.gov/npr/

資料1－12　日本国憲法　前文、第9条

公布　1946年11月3日
施行　1947年5月3日

前文

日本国民は、正当に選挙された国会における代表者を通じて行動し、われらとわれらの子孫のために、諸国民との協和による成果と、わが国全土にわたつて自由のもたらす恵沢を確保し、政府の行為によつて再び戦争の惨禍が起ることのないやうにすることを決意し、ここに主権が国民に存することを宣言し、この憲法を確定する。そもそも国政は、国民の厳粛な信託によるものであつて、その権威は国民に由来し、その権力は国民の代表者がこれを行使し、その福利は国民がこれを享受する。これは人類普遍の原理であり、この憲法は、かかる原理に基くものである。われらは、これに反する一切の憲法、法令及び詔勅を排除する。

日本国民は、恒久の平和を念願し、人間相互の関係を支配する崇高な理想を深く自覚するのであつて、平和を愛する諸国民の公正と信義に信頼して、われらの安全と生存を保持しようと決意した。われらは、平和を維持し、専制と隷従、圧迫と偏狭を地上から永遠に除去しようと努めてゐる国際社会において、名誉ある地位を占めたいと思ふ。われらは、全世界の国民が、ひとしく恐怖と欠乏から免かれ、平和のうちに生存する権利を有することを確認する。

われらは、いづれの国家も、自国のことのみに専念して他国を無視してはならないのであつて、政治道徳の法則は、普遍的なものであり、この法則に従ふことは、自国の主権を維持し、他国と対等関係に立たうとする各国の責務であると信ずる。

日本国民は、国家の名誉にかけ、全力をあげてこの崇高な理想と目的を達成することを誓ふ。

第9条

日本国民は、正義と秩序を基調とする国際平和を誠実に希求し、国権の発動たる戦争と、武力による威嚇又は武力の行使は、国際紛争を解決する手段としては、永久にこれを放棄する。

2　前項の目的を達するため、陸海空軍その他の戦力は、これを保持しない。国の交戦権は、これを認めない。

資料1－13　日米安全保障条約　第5条、第6条

日本国とアメリカ合衆国との間の相互協力及び安全保障条約

署名　1960年1月19日
発効　1960年6月23日

第5条（共同防衛）

各締約国は、日本国の施政の下にある領域における、いずれか一方に対する武力攻撃が、自国の平和及び安全を危うくするものであることを認め、自国の憲法上の規定及び手続に従つて共通の危険に対処するように行動することを宣言する。

前記の武力攻撃及びその結果として執つた全ての措置は、国際連合憲章第51条の規定に従つて直ちに国際連合安全保障理事会に報告しなければならない。その措置は、安全保障理事会が国際の平和及び安全を回復し及び維持するために必要な措置を執つたときは、終止しなければならない。

第6条（基地許与）

日本国の安全に寄与し、並びに極東における国際の平和及び安全の維持に寄与するため、アメリカ合衆国は、その陸軍、空軍及び海軍が日本国において施設及び区域を使用することを許される。前記の施設及び区域の使用並びに日本国における合衆国軍隊の地位は、1952年2月28日に東京で署名された日本国とアメリカ合衆国との間の安全保障条約第3条に基く行政協定（改正を含む。）に代わる別個の協定及び合意される他の取極により規律される。

資料1－14　日本の核基本政策

1968年1月30日、佐藤榮作首相は、日本の核政策の柱として、以下の4点をあげた。以後、現在まで、この4項目が日本の核の基本政策とされている。

1. 非核三原則/2. 核軍縮への努力/3. 米国の「核の傘」への依存/4. 核エネルギーの平和利用

佐藤榮作首相による答弁

1968年1月30日、第58回衆議院本会議。大平正芳議員（自民）からの質問に対する答弁の抜粋。

御承知のように、わが国の核政策につきましては、大体四本の柱、かように申してもいいかと思います。

第一は、核兵器の開発、これは行なわない。また核兵器の持ち込み、これも許さない。また、これを保持しない。いわゆる非核三原則※でございます。うそを言うなというやじが飛んでおりますが、さようなことはございません。この点ははっきりしております。（※1967年12月11日、衆・予算委の佐藤首相答弁に発する。）

第二は、核兵器による悲惨な体験を持つ日本国民は、核兵器の廃棄、絶滅を念願してお

ります。しかし、現実問題としてはそれがすぐ実現できないために、当面は実行可能なところから、核軍縮の点にわれわれは力を注ぐつもりでございます。したがいまして、国際的な規制あるいは管理などについていろいろ意見を述べておる次第でございます。このこともなかなか容易なことではありませんから、粘り強く取り組んでいかねばならないのであります。

第三に、平和憲法のたてまえもありますが、私どもは、通常兵器による侵略に対しては自主防衛の力を堅持する。国際的な核の脅威に対しましては、わが国の安全保障については、引き続いて日米安全保障条約に基づくアメリカの核抑止力に依存する。これが第三の決定であります。

第四に、核エネルギーの平和利用は、最重点国策として全力をあげてこれに取り組む、そして世界の科学技術の進歩に寄与し、みずからその実益を享受しつつ、国民の自信と国の威信を高め、平和への発言権を強める、以上の四つを私は核政策の基本にしておるのであります。

資料1－15　日朝平壌宣言

日朝平壌宣言(抜粋)

2002年9月17日、平壌

小泉純一郎日本国総理大臣と金正日朝鮮民主主義人民共和国国防委員長は、2002年9月17日、平壌で出会い会談を行った。

両首脳は、日朝間の不幸な過去を清算し、懸案事項を解決し、実りある政治、経済、文化的関係を樹立することが、双方の基本利益に合致するとともに、地域の平和と安定に大きく寄与するものとなるとの共通の認識を確認した。

1. (略)
2. (略)
3. (略)
4. 双方は、北東アジア地域の平和と安定を維持、強化するため、互いに協力していくことを確認した。

双方は、この地域の関係各国の間に、相互の信頼に基づく協力関係が構築されることの重要性を確認するとともに、この地域の関係国間の関係が正常化されるにつれ、地域の信頼醸成を図るための枠組みを整備していくことが重要であるとの認識を一にした。

双方は、朝鮮半島の核問題の包括的な解決のため、関連するすべての国際的合意を遵守することを確認した。また、双方は、核問題及びミサイル問題を含む安全保障上の諸問題に関し、関係諸国間の対話を促進し、問題解決を図ることの必要性を確認した。

朝鮮民主主義人民共和国側は、この宣言の精神に従い、ミサイル発射のモラトリアムを2003年以降も更に延長していく意向を表明した。

双方は、安全保障にかかわる問題について協議を行っていくこととした。

日本国総理大臣　小泉純一郎
朝鮮民主主義人民共和国　国防委員会委員長　金正日

資料1－16　朝鮮半島の非核化に関する共同宣言(全訳)

1992年1月20日署名、2月19日発効

南と北は、朝鮮半島を非核化することにより核戦争の危険を除去し、我が国の平和と平和統一に有利な条件と環境をつくり、アジアと世界の平和と安全に資するため、次のように宣言する。

1. 南と北は、核兵器の実験、製造、生産、持ち込み、保有、貯蔵、配備、使用をしない。
2. 南と北は、核エネルギーを平和目的のみに利用する。
3. 南と北は、核再処理施設とウラン濃縮施設を保有しない。
4. 南と北は、朝鮮半島の非核化を検証するために、相手側が選定し双方が合意する対象に対して、南北核統制共同委員会が規定する手続きと方法で査察を実施する。
5. 南と北は、この共同宣言の履行のために、共同宣言の発効後1ヶ月以内に、南北核統制共同委員会を構成・運営する。
6. この共同宣言は、南と北がそれぞれ発効に必要な手続きを経て、その文書を交換した日から効力を発する。

南北高位級会談	北南高位級会談
南側代表団、主席代表	北側代表団、団長
大韓民国	朝鮮民主主義人民共和国
国務総理　鄭元植	政務院総理　延亨黙

資料1－17　9.19「6か国協議共同声明」

第4回6か国協議共同声明(全訳)

2005年9月19日、北京

第4回6か国協議は、北京において、中華人民共和国、朝鮮民主主義人民共和国、日本国、大韓民国、ロシア連邦及びアメリカ合衆国の間で、2005年7月26日から8月7日まで及び9月13日から19日まで開催された。

武大偉中華人民共和国外交部副部長、金桂冠朝鮮民主主義人民共和国外務副相、佐々江賢一郎日本国外務省アジア大洋州局長、宋旻淳大韓民国外交通商部次官補、アレクサンドル・アレクセーエフ・ロシア連邦外務次官及びクリストファー・ヒル・アメリカ合衆国東アジア太平洋問題担当国務次官補が、それぞれの代表団の団長として会合に参加した。

武大偉外交部副部長が会合の議長を務めた。

朝鮮半島及び東北アジア地域全体の平和と安定のため、6者は、相互尊重及び平等の精神の下、過去三回の会合についての共通の理解に基づいて、朝鮮半島の非核化に関する真剣かつ実務的な協議を行い、この文脈において、以下のとおり合意した。

1. 6者は、6か国協議の目標は、平和的な方法による、朝鮮半島の検証可能な非核化であ

ることを一致して再確認した。
朝鮮民主主義人民共和国(北朝鮮)は、すべての核兵器及び既存の核計画を放棄すること、並びに、核兵器不拡散条約及びIAEA保障措置に早期に復帰することを誓約した。
アメリカ合衆国は、朝鮮半島において核兵器を持っていないこと、及び、朝鮮民主主義人民共和国に対して核兵器または通常兵器による攻撃または侵略を行う意図を持っていないことを確認した。
大韓民国(南朝鮮)は、その領域内に核兵器が存在しないことを確認するとともに、1992年の朝鮮半島の非核化に関する共同宣言に従って核兵器を受領せず、かつ、配備しないとの誓約を再確認した。
1992年の朝鮮半島の非核化に関する共同宣言は、遵守され、かつ、実施されるべきである。
朝鮮民主主義人民共和国は、原子力の平和的利用の権利を有する旨発言した。他の参加者は、この発言を尊重する旨述べるとともに、適当な時期に、朝鮮民主主義人民共和国への軽水炉提供問題について議論を行うことに合意した。

2. 6者は、それらとの関係において、国連憲章の目的及び原則並びに国際関係について認められた規範を遵守することを約束した。
朝鮮民主主義人民共和国及びアメリカ合衆国は、相互の主権を尊重すること、平和的に共存すること、及び二国間関係に関するそれぞれの政策に従って国交を正常化するための措置をとることを約束した。
朝鮮民主主義人民共和国及び日本国は、平壌宣言に従って、不幸な過去及び懸案事項を解決することを基礎として、関係を正常化するための措置をとることを約束した。

3. 6者は、エネルギー、貿易及び投資の分野における経済的協力を、二国間又は多数国間で推進することを約束した。
中華人民共和国、日本国、大韓民国、ロシア連邦及びアメリカ合衆国は、朝鮮民主主義人民共和国に対してエネルギー支援をする意向があることを述べた。大韓民国は、朝鮮民主主義人民共和国に対する200万キロワットの電力供給に関する2005年7月12日の提案を再確認した。

4. 6者は、東北アジア地域の永続的な平和と安定のための共同の努力を誓約した。直接の当事者は、適当な別個の話合いの場で、朝鮮半島における恒久的な平和体制について協議する。
6者は、東北アジア地域における安全保障面の協力を促進するための方策について探求していくことに合意した。

5. 6者は、「誓約対誓約、行動対行動」の原則に従い、前記の意見が一致した事項についてこれらを段階的に実施していくために、調整された措置をとることに合意した。

6. 6者は、第5回6か国協議を、北京において、2005年11月初旬の今後の協議を通じて決定される日に開催することに合意した。

(英文テキストを基礎に外務省仮訳を改訂)
www.fmprc.gov.cn/eng/zxxx/t212707.htm

資料1－18　核兵器・核軍縮年表(1945年～2013年)

1945年	7月16日	米国が世界最初の核実験(アラモゴルド)
	8月6日	広島に原爆投下
	8月9日	長崎に原爆投下
1949年	8月26日	ソ連が最初の核実験
1952年	10月3日	英国が最初の核実験
	11月1日	米国が最初の水爆実験
1953年	8月12日	ソ連が最初の水爆実験
1954年	1月21日	世界最初の原子力潜水艦ノーチラス号進水
	3月1日	米国のビキニ環礁水爆実験。第五福竜丸被爆
1955年	7月9日	ラッセル・アインシュタイン宣言
1957年	7月29日	IAEA(国際原子力機関)憲章発効
	8月27日	ソ連、大陸間弾道弾試射に成功
	10月4日	ソ連、世界初の人工衛星(スプートニク1号)打ち上げ
1959年	6月9日	米、最初のポラリス弾道ミサイル原潜進水
	12月1日	南極条約署名
1960年	2月13日	フランスが最初の核実験
1961年	6月23日	南極条約発効
1962年	10月	キューバ危機
1963年	8月5日	部分的核実験禁止条約署名
	10月10日	部分的核実験禁止条約発効
1964年	10月16日	中国が最初の核実験
1967年	1月27日	宇宙条約署名
	2月14日	ラテン・アメリカおよびカリブ地域における核兵器禁止条約署名
1968年	7月1日	核不拡散条約(NPT)署名
1969年	4月25日	ラテン・アメリカおよびカリブ地域における核兵器禁止条約発効
1970年	3月5日	核不拡散条約(NPT)発効
1971年	2月11日	海底核兵器禁止条約署名
1972年	4月10日	生物兵器禁止条約(BWC)署名
	5月26日	米ソ、戦略核兵器制限交渉(SALT)Ⅰ諸条約署名
	5月26日	米ソ、対弾道弾ミサイルシステム制限条約(ABM条約)署名
1974年	5月18日	インドが地下核実験
	7月3日	米ソ、ABM条約議定書に署名 米ソ、地下核実験制限条約署名
1976年	5月28日	米ソ、平和目的核爆発条約署名
1977年	9月21日	核供給国グループ(NSG)設立
	10月3日	SALTⅠ失効
1978年	5月23日～6月30日	第1回国連軍縮特別総会
1979年	3月28日	米、スリーマイル島の原子力発電所事故
	6月18日	米ソ、SALTⅡ条約署名
	12月5日	月協定署名
1980年	3月3日	核物質の防護に関する条約署名
1982年	6月7日～7月10日	第2回国連軍縮特別総会
1983年	3月23日	レーガン米大統領、戦略防衛構想(SDI)発表
1985年	8月6日	南太平洋非核地帯条約署名
1986年	4月26日	チェルノブイリ原発事故
	10月11日～12日	米ソ、レイキャビク首脳会議
	12月11日	南太平洋非核兵器地帯条約発効
1987年	4月	ミサイル技術管理レジーム(MTCR)発足
	7月31日	米ソ、第1次戦略兵器削減条約(STARTⅠ)署名
	12月8日	米ソ、中距離核戦力(INF)条約署名
1990年	10月24日	ソ連、最後の地下核実験実施
1991年	11月26日	英、最後の地下核実験実施
1992年	1月20日	朝鮮半島非核化共同宣言署名
	5月23日	リスボン議定書署名
	9月23日	米、最後の地下核実験実施
1993年	1月3日	米ロ、STARTⅡ条約署名
	1月13日	化学兵器禁止条約(CWC)署名
	3月24日	南アフリカ政府、保有核兵器の廃棄を公表
1994年	7月25日	第1回ASEAN地域フォーラム(ARF)開催
	10月21日	米朝枠組み合意
	12月5日	STARTⅠ発効 リスボン議定書発効
	12月15日	最初の国連総会日本決議が採択
1995年	4月11日	非核兵器国の安全保証に関する安保理決議採択
	4月17日～5月12日	NPT再検討・延長会議開催
	5月11日	NPT無期限延長を決定
	9月5日	フランス、核実験を再開
	12月15日	東南アジア非核兵器地帯条約署名
1996年	1月17日	フランス、最後の地下核実験実施
	3月25日	英米仏、南太平洋非核地帯条約議定書署名
	4月11日	アフリカ非核兵器地帯条約署名
	7月8日	核兵器の使用に関する国際司法裁判所(ICJ)勧告的意見
	7月29日	中国、最後の地下核実験実施
	8月14日	キャンベラ委員会、報告書発表
	9月24日	包括的核実験禁止条約(CTBT)署名開始
1997年	3月21日	米ロ、STARTⅢの枠組みに合意

	3月27日	東南アジア非核兵器地帯条約発効
	5月14日	IAEAモデル追加議定書採択
	7月2日	米国が初の未臨界核実験
	9月26日	STARTⅡ条約議定書署名 ABM関係協定署名
	12月3日	対人地雷禁止条約署名
1998年	4月6日	英仏、核兵器国で初めてCTBT批准
	5月11・13日	インドが地下核実験を実施
	5月28・30日	パキスタンが地下核実験を実施
	6月9日	新アジェンダ声明
1999年	7月25日	東京フォーラム報告書発表
2000年	4月24日〜5月19日	第6回NPT再検討会議開催
	6月13日	南北朝鮮首脳会談
2001年	9月11日	米同時多発テロ
	10月8日	米英、アフガニスタン空爆開始
	12月13日	米、ABM条約脱退通告
2002年	5月24日	モスクワ条約(SORT)署名
	6月13日	ABM条約失効
	9月17日	日朝平壌宣言
	12月17日	米、ミサイル防衛初期配備決定を発表
2003年	1月10日	北朝鮮、NPTからの脱退を宣言
	3月20日	米、イラク戦争開始
	6月1日	モスクワ条約(SORT)発効
2004年	10月1日	米、MD初期配備
2005年	4月26日〜28日	初の非核地帯加盟国会議開催
	5月2日〜27日	第7回NPT再検討会議開催
	9月19日	6か国協議、初の共同声明を発表
2006年	9月8日	中央アジア非核兵器地帯条約署名
	10月9日	北朝鮮が初の地下核実験を実施
2007年	1月4日	米4高官、「核兵器のない世界」投稿
	1月11日	中国が衛星破壊実験を実施
2008年	2月20日	米国が自国の衛星を撃墜
	9月6日	NSG総会、ガイドライン修正案採択
	10月10日	米印、核協力協定に署名
	12月3日〜4日	クラスター弾に関する条約署名
2009年	3月21日	中央アジア非核兵器地帯条約発効
	4月5日	オバマ大統領、プラハ演説
	5月25日	北朝鮮が2度目の地下核実験
	7月15日	アフリカ非核兵器地帯条約発効
	12月6日	米印核協力協定が発効
	12月15日	核不拡散・核軍縮に関する国際委員会(ICNND)が最終報告発表
2010年	4月6日	米、核態勢見直し(NPR)発表
	4月8日	米ロ、新START条約に署名(プラハ)
	4月12・13日	核保安サミット(ワシントン)
	5月3日〜28日	第8回NPT再検討会議開催
	8月1日	クラスター弾禁止条約発効
	11月18日	米国、初のZマシン新型核実験
2011年	2月5日	米ロ、新START条約発効
	3月11日	東日本大震災、東京電力福島第1原発事故発生
2012年		
	3月26・27日	第2回核保安サミット(ソウル)
	5月20・21日	NATO首脳会議、「防衛・抑止態勢見直し」策定
	9月17日	モンゴル非核地位を支援する共同宣言にP5署名
	12月12日	北朝鮮、人工衛星「光明星3号」2号機の軌道投入成功
2013年	2月12日	北朝鮮、3度目の核実験を実施
	3月4・5日	核兵器の人道的影響に関する国際会議開催(オスロ)
	7月26日	国連軍縮諮問委員会、北東アジア非核兵器地帯設立の検討を勧告
	10月21日	4回目の「核兵器の不使用」共同声明に日本が初めて賛同
2014年		
	2月13・14日	第2回核兵器の人道的影響に関する国際会議(メキシコ・ナヤリット)

2.特集資料 核兵器:非人道性から禁止の法的枠組みへ

資料2−1　ノルウェー外相によるオスロ会議開会演説

「核兵器の人道的影響に関する国際会議」開会演説（抜粋訳）

エスペン・バート・アイデ・ノルウェー外相
2013年3月4日、オスロ

（前略）

今は重要な瞬間です。数十年にわたって政治指導者や専門家たちは、核兵器の存在の継続とさらなる拡散によってもたらされる難題について議論を重ねてきました。

しかしながら、この会議はそれらの議論とは別の出発点を持つものです。
この会議が投げかけるのは、極めて根源的で深刻な問題です。それは、もし核兵器が実際に使われたとしたら、どのような結果がもたらされるのか、という問題であり、核爆発の後に続く人道的破局を、果たして私たちは制御できるのか、という問題です。

冷戦下の数十年の間、人類にとっての最大の実在的恐怖の一つは核による絶滅でした。東側においても西側においても、人々が怖れていたのは一つの核兵器の意図的あるいは偶発的発射が、「相互確証破壊」といみじくも呼ばれた事態の引き金になるだろうということでした。（略）

冷戦の鎮静化とともに、この実在的脅威も影を潜めました。続いてやってきた核軍縮の10年の間に、人々、政府そしてNGOの関心は他の世界的課題に移ってゆきました。

しかし、核兵器は存在を止めませんでした。その総数こそ減ったものの、核兵器を保有する国の数は冷戦時代よりも増えました。さらに、非国家主体やテロリスト・ネットワークがこれら兵器を手に入れる可能性が、現実的懸念となっています。

言いかえれば、全面的な核の応酬の可能性は低下したが、ひとつまたは複数の核兵器が国際的に使われる可能性は数十年前よりもむしろ高まっている。私はそう考えています。（略）

＊＊＊

この会議は、2国的であれ多国的であれ、すでに確立したいかなる協議の場をも代替するものではありません。核不拡散条約（NPT）は決定的に重要ですが、深刻な挑戦を受けています。最近の北朝鮮による挑発の数々は、そのことを想起させました。私は国際社会がこれらの危険な行動を一致して非難していることを歓迎します。（略）

この会議には、130を超える国家、国際組織そして市民社会の代表が参加しています。この事実自体が広範な関与を示すものです。この事実は、核兵器が仮に使用された場合に、人類、社会そして環境に対してどのような影響をもたらすかという問題を、より詳細に検討する意思を私たちが共有していることを示しています。皆さまが会議に参加することを通して、我々が直面している挑戦に対する理解を深化するとの誓約を表明していることに、感謝いたします。

核爆発の影響におとらず深刻な問題は、複合的恐怖です。しかし、すでに知られているように、核兵器問題は複雑であり、時に微妙です。ここには、国家間対立、均衡のための行動、秘密性など、考慮せねばならない問題があり、それらには核保有国家が自らの責任で取り組むべきであるという声もあります。

＊＊＊

皆さま。私たちの多くは、核兵器は依然として生命、健康そして社会的発展に対する明確な脅威であると信じています。しかし、そう信じる人々によってさえ、核の脅威の深刻さや多様性については充分に理解されていません。(略)

これまで、国際的な場におけるこれらの問いに関する議論は欠如していたと私は考えています。もちろん、諸国家は核兵器を議論する多数の機会を持っています。しかし、この兵器による人道的影響が議論の中心になることは、稀にしかありませんでした。

この重要な問題を詳細に検討することに希望を抱くことができた時は間違いなくありました。2010年のNPT再検討会議において、すべてのNPT加盟国が「核兵器のいかなる使用も壊滅的な人道的結果をもたらすことへの深い懸念」を表明したのです。

この会議は、諸国家及び他の関係者がこの懸念を深く吟味する機会であり、NPT再検討会議が「壊滅的な人道的結果」に言及したことの意味について確固たる理解を確立する機会であります。

意図的であれ不慮のものであれ、核兵器の爆発は国際社会の成員全てに憂慮と影響をもたらします。核爆発は私たちの身体の安全、社会、経済そして将来に影響を与えるでしょう。私たちは、これらの挑戦にいかに対処し、そして実際に対処しうるのかを理解する必要があります。

したがって、この対話には全ての国と関係者が招待されました。実際、この会議を実現するためには、諸国家と国際機関そして国家とNGOのパートナーシップが極めて重要な役割を果たしてきました。

すでに赤十字国際委員会(ICRC)と主要な国連諸機関は、核爆発の影響に関して重要な問題を提起しています。このプロセスにおける彼らのリーダーシップは人道上の対処、準備そして被災者の救援が意味するところに関する広範な経験と深い理解の上に築かれたものです。ICRCと国連諸機関の参加を心から歓迎するものです。

ICRCと関連する国連諸機関は、地上における影響と現場レベルでの対処に関する実際的知識が提供してくれるでしょう。彼らの懸念は私たちの懸念とされねばなりません。

＊＊＊

核爆発の影響には、医療従事者の他、開発、環境、財政及び非常事態への準備といった多様な実践を担う人々に関連します。

この会議において専門家による報告と討議の対象として選定されたのは次の3つの主要課題です。

第1には、核爆発による人間への直接的影響です、準備体制に関するいかなる意味ある議論も世界が直面する実際の状況に関する共通の理解に基づかねばなりません。核物理学、医学そして災害対処の第一線の専門家によって、次のような問題が論じられるでしょう：核爆発とは何なのか？どのような医学的影響があるのか？歴史的経験から学ぶことのできる教訓は何か？

第2の主要な問題は、核爆発による、より広範な経済的、発展上のそして環境上の影響です。これらの影響は、核兵器に関する現在の国家間対話において必ずしも考慮されていません。しかし、相互の連関が深まりつつある世界において、これらが以前の予想に増して広範かつ重要な意味を持つ可能性があります。

第3の主要課題は、諸国家、諸国際機関、市民社会そして一般大衆の準備体制に関するものです。核爆発の後に起こる、予期しうる人道的影響に私たちは如何に対処するのでしょうか。

＊＊＊

2日間の会議で、全ての回答を得ることはできないでしょう、しかし、これらの問題を提起し議論することそれ自体が重要です。会議は核兵器が私たちすべてにもたらす危険を適切に反映する形で、核兵器に関する議論の枠組みを形成する方法のひとつです。私たちがここで獲得する洞察は核兵器に関する将来の論争を強め、示唆を与えるものとなるでしょう。(後略)

www.regjeringen.no/en/dep/ud/whats-new/Speeches-and-articles/e_speeches/2013/opening_humimpact.html?id=715948

資料2－2　核兵器の人道的影響に関する125か国共同声明

核兵器の人道的影響に関する共同声明(全訳)

第68回国連総会第1委員会
2013年10月21日、ニューヨーク
デル・ヒギー大使(ニュージーランド)

議長、

私は、国連加盟国であるアフガニスタン、アルジェリア、アンゴラ、アンティグア・バーブーダ、アルゼンチン、オーストリア、バハマ、バーレーン、バングラデシュ、バルバドス、ベラルーシ、ベリーズ、ベニン、ボリビア、ボスニア・ヘルツェゴビナ、ボツワナ、ブラジル、ブルキナファソ、カンボジア、カメルーン、ケープベルデ、中央アフリカ共和国、チリ、コロンビア、コンゴ、コスタリカ、コートジボワール、キューバ、キプロス、コンゴ民主共和国、デンマーク、ジブチ、ドミニカ共和国、エクアドル、エジプト、エルサルバドル、赤道ギニア、エリトリア、フィジー、ガボン、グルジア、ガーナ、グレナダ、グアテマラ、ギニア、ギニアビサウ、ハイチ、ホンジュラス、アイスランド、インドネシア、イラク、アイルランド、ジャマイカ、日本、ヨルダン、カザフスタン、ケニア、キリバス、ラオス、レバノン、レソト、リベリア、リビア、リヒテンシュタイン、マケドニア、マダガスカル、マラウイ、マレーシア、モルジブ、マリ、マルタ、マーシャル諸島、モーリシャス、メキシコ、モンゴル、モンテネグロ、モロッコ、モザンビーク、ミャンマー、ナミビア、ナウル、ネパール、ニカラグア、ニジェール、ナイジェリア、ノルウェー、パラオ、パナマ、パプアニューギニア、パラグアイ、ペルー、フィリピン、カタール、ルワンダ、サモア、サンマリノ、セネガル、セルビア、セイシェル、シエラレオネ、シンガポール、ソロモン諸島、南アフリカ、南スーダン、スリナム、スワジランド、スイス、タンザニア、タイ、東チモール、トーゴ、トンガ、トリニダード・トバゴ、チュニジア、ツバル、ウガンダ、ウクライナ、アラブ首長国連邦、ウルグアイ、バヌアツ、ベトナム、イエメン、ザンビア、そして我が国ニュージーランド、ならびにオブザーバー国であるバチカンを代表し、発言しています。

私たちは、核兵器のもたらす壊滅的な人道的結果について深く懸念しています。過去における実際の使用ならびに実験は、これらの兵器の持つ甚大かつ制御不能な破壊力、そしてその無差別性がもたらす受け入れがたい惨害を十分に示しています。今年3月にノルウェー政府の呼びかけで開催された核兵器の人道的影響に関する会議において事実情報に即した議論が行われたことで、核兵器使用がもたらす結果に関する我々の共通認識は深まりました。専門家及び国際機関が発した主たるメッセージは、いかなる国家あるいは国際機関であっても、核兵器爆発がもたらす短期的な人道上の危機に対処しえず、被害を受けた人々に十分な支援を提供できないというものです。

128か国の政府、赤十字国際委員会(ICRC)、いくつもの国連人道機関、そして市民社会を含めた同会議における広範な参加は、核兵器による壊滅的な人道的結果が根源的かつグローバルな懸念であるとの認識を反映しています。2014年2月13－14日にフォローアップ会議を開催するとのメキシコの発表を私たちは心より歓迎します。こうした問題、とりわけ核兵器爆発による長期的な結果に関する理解を広げ、深めることを目指したこの会議に参加することは、すべての国にとっての関心に見合うものです。私たちは市民社会の継続的な関与を歓迎します。

こうした取り組みは不可欠なものです。なぜなら核兵器による壊滅的な結果が影響を与えるのは政府のみならず、この相互につながった世界において一人ひとり、すべての市民に影響を与える問題であるからです。それらは人類の生存、私たちの環境、社会経済的な発展、経済、将来の世代の健康を左右しうる問題です。そうした理由から、私たちは、核兵器のもたらす壊滅的な結果に対する認識が核軍縮に向けたあらゆるアプローチや取り組みの下支えとなるべきであると確信しています。

これは当然ながら新しい考えではありません。核兵器のもたらす凄惨な人道的結果はそれが最初に使用された瞬間から明白なものであり、その瞬間から人類はそうした脅威の存在しない世界を切望してきました。それがこの声明を発することにもつながっています。核兵器のもたらす人道的結果は、1946年に国連総会が採択した第1号決議をはじめとする数多くの国連決議やNPTをはじめとする多国間の法的文書に反映されてきました。著名な核物理学者たちは1955年の時点ですでに核兵器が人類の継続的な生存にとっての脅威であり、核兵器戦争が人類の終焉につながりうる旨を警告していました。1978年の第1回国連軍縮特別総会(SSOD－1)は、「核兵器は人類ならびに文明の生存に対する最大の脅威である」と強調しました。これらの懸念の表現は今日においても説得力を持ち続けています。にもかかわらず、核兵器のもたらす人道的結果は長年核軍縮及び核不拡散の議論の中心には据えられてきませんでした。

したがって私たちは、いま人道的な焦点がグローバル・アジェンダにおいて十分に確立されていることに勇気づけられています。2010年のNPT再検討会議は、「核兵器のいかなる使用も壊滅的な人道的結果をもたらすことに深い懸念」を表明しました。こうした重大な懸念は、国際赤十字及び赤新月社運動代表者会議による2011年11月26日の決議や多国間核軍縮交渉を前進させるための諸提案を議論する「オープン参加国作業部会」の設置を決めた昨年の国連総会決定の原点となりました。これは、核問題に関するいかなる議論においても核兵器のもたらす人道的結果が重要視されることを国際社会に求めた、2013年8月の「ラテンアメリカ・カリブ諸国共同体」の訴えの基盤でもあります。先月行われた核軍縮に関するハイレベル会合においても、世界中の多くの国家指導者が核軍縮の前進を訴えるとともに、人道的結果への深い懸念をあらためて喚起しました。今日において人道的焦点への政治的支持が拡大していることはまさにこの共同声明が示しています。

核兵器がふたたび、いかなる状況下においても、使用されないことに人類の生存がかかっています。核兵器爆発の壊滅的な影響は、それが偶発的であれ、計算違いによってであれ、あるいは計画的であれ、十分な対応を行うことは不可能です。すべての努力はこれらの大量破壊兵器の脅威を取り除くことに割かれなければなりません。

核兵器が2度と使用されないことを保証する唯一の方法は、それらを全面廃棄することでしかありえないのです。核兵器の使用を防止し、NPTの目標を達成することやその普遍性を実現することを通じたものを含め、垂直的・水平的拡散を防止し、核軍縮を達成することはすべての加盟国に課された共通の責務です。

私たちは、ICRCや国際人道機関とともに、核兵器のもたらす壊滅的な人道的結果の問題を議論しようという国際社会の新たな決意を歓迎します。政府が自らの責務を果たすと同時に、市民社会は、政府と連携しながらこの問題についての認識を高めるという極めて重要な役割を有しています。私たちには、上記のことを実行し、それによって核兵器がもたらす脅威を取り除くために、次世代と共に働く責務があります。

（長崎大学核兵器廃絶研究センター（RECNA）暫定訳に、ピースデポが加筆・修正した。）

www.reachingcriticalwill.org/images/documents/Disarmament-fora/1com/1com13/statements/21Oct_Joint.pdf

資料2－3　核兵器の人道的結果に関するオーストラリア等の共同声明

核兵器の人道的結果に関する共同声明（全訳）

第68回国連総会第1委員会
2013年10月21日、ニューヨーク
ピーター・ウォルコット（ジュネーブ国際連合オーストラリア常駐代表、軍縮大使）

議長、

私は、オーストラリア、ベルギー、カナダ、フィンランド、ドイツ、イタリア、日本、ラトビア、リトアニア、ルクセンブルグ、オランダ、ポーランド、ポルトガル、スロバキア、スペイン、スウェーデン、ならびにトルコを代表し、発言します。私たちは、ニュージーランドによって数多くの国を代表して発表される核兵器使用の壊滅的な人道的結果に関する声明を歓迎します。

2010年NPT再検討会議の最終文書においてすべての加盟国によって支持されたよう

に、核兵器爆発による破壊的な短期および長期の人道的影響は明確な懸念です。これはまた、今年初めのオスロでの核兵器の人道的影響に関する会議で明らかに示されました。

これが核兵器のない世界という共通の目標を達成し、維持するという私たちの断固とした責務を切迫感を持って再確認する理由なのです。

この目標を達成するためには、すべての国のハイレベルの政治意志が必要ですが、期待は核武装国に最も重くかかっています。

人道的影響への懸念は、2010年NPT行動計画の履行を通じた努力を含め、効果的な軍縮に向けた私たちの実際的かつ持続的な努力の基礎となる認識でなければなりません。核兵器保有国を実質的かつ建設的に関与させ、また核兵器の議論における安全保障と人道性の両側面を認識することなしには、核兵器の禁止自体がそれらの廃絶を保証することはありません。

この目標を達成するためには、すべての国家が核兵器の使用を防止し、垂直的･水平的拡散を防止し、また核軍縮を達成するために協働する必要があります。これは、核不拡散条約の目標を達成することやその普遍性を実現することを通じたものを含みます。

私たちは、すべての国家が相互に補強しあう軍縮と不拡散という目標に貢献できる実質的かつ効果的な手段へ明確な焦点をあて、あらゆる関連した議論の場に積極的かつ建設的に参加することを奨励します。

私たちは、核兵器のないより安全な未来を確保する最善の機会を私たち全員および未来の世代に提供するために、核軍縮および不拡散へのあらゆる努力を強化することに献身し続けるべきだと確信しています。

私たちは、メキシコによる人道的側面に関するフォローアップ会議の開催の提案を歓迎し、すべての国家が参加することを推奨します。

ありがとうございました。　（訳：宮野史康、ピースデポ）

www.reachingcriticalwill.org/images/documents/Disarmament-fora/1com/1com13/statements/21Oct_Australia2.pdf

資料2－4　核軍縮に関する国連公開作業部会 報告書

核兵器のない世界の達成と維持のための多国間核軍縮交渉の前進に向けた国連作業部会（OEWG）報告書（抜粋訳）

2013年9月3日、ジュネーブ

IV. 会議における議論とそこで出された諸提案

18.（略）

A. 核兵器のない世界の達成と維持のための多国間核軍縮交渉を前進させるための諸アプローチ

19.（略）

20. OEWGの参加者は、多国間核軍縮交渉を前進させることの普遍的な目標が、引き続き核兵器のない世界の達成と維持である点を強調した。この目的に向けたいくつかのアプローチが検討された。それは以下のようなものである。

- 普遍的で、時間枠をともなう、非差別的、段階的かつ検証可能な方法によって核軍縮の目標を達成することを目指した、核兵器のない、非暴力的な世界に向けた行動計画
- 核兵器の全面完全廃棄につながるような、相互に補強される漸進的な措置によるステップ・バイ・ステップのアプローチ
- 核兵器禁止条約（NWC）を含め、核兵器の保有、開発、製造、取得、実験、備蓄、移転、使用あるいは使用の威嚇を禁止するとともに核兵器の破壊を義務付ける、特定された時間枠をともなった、核兵器完全廃棄への段階的計画に向けた包括的アプローチ
- 相互に補強し合う部分で構成され、無条件に履行され、明確に定義された予定表と基準に裏打ちされた、すべての国を核兵器のない世界へともたらす法的拘束力のある枠組み
- 「ビルディング・ブロック」アプローチ——相互に補強し合う、一国的な、あるいは二国間、複数国間、多国間的な要素の集合を追求する。それらは前提条件となることを意図せず、時間枠にこだわっていない。

21. 一方で、OEWGは、国際社会がいずれのアプローチを選択することになろうとも、核軍縮を前進させ、核兵器使用がもたらす壊滅的な人道的結果のリスクを究極的に排除するという目標に向けては、国際社会は差異にではなく共通基盤に焦点をあてるべきであることを強調した。

B. 核兵器のない世界の達成と維持のための多国間核軍縮交渉において検討すべき諸要素

22.～24.（略）

25. OEWGは、NPTならびにその再検討会議の成果を含む、既存の軍縮・不拡散義務や誓約に対する完全で、効果的、差別的でない履行が必要であるとの議論を行った。この文脈において、OEWGは、すべてのNPT加盟国が第6条の下で誓約した核軍縮に導くよう核兵器国が彼らの保有核兵器の完全廃棄を達成するという明確な約束の実現について協議した。

26.（略）

27. 議論やステートメントのなかで、また、提出された作業文書のなかで、参加者は、核兵器のない世界の達成と維持のための多国間核軍縮交渉を前進させる諸要素を、全体として、また前提条件や序列を設けずに追求することの重要性を検討した。核兵器のない世界の達成と維持に向け、透明性、検証可能性、不可逆性の原則を適用することの必要性が強調されるとともに、以下の諸要素が提起された。これらの中には、制定し、履行することが可能な政治的措置や法的文書が含まれる。

- 核兵器の完全廃棄という目標に向けたすべての国家による明確な約束を確約すること。
- 核兵器または他の核爆発装置に使用される核分裂性物質の生産に関するモラトリアムを維持あるいは宣言すること。また、設備を平和目的のものに転換し、国際的な検証措置下に置くこと。
- 核兵器実験、新型核兵器の開発、または現存の核兵器システムの性能向上に関するモラトリアムを維持あるいは宣言すること。
- 核兵器の完全廃棄をめざし、国家ならびに同盟の軍事及び安全保障ドクトリン／態

勢／戦略における核兵器の役割を低減すること。
- 核兵器の先行不使用を維持あるいは宣言すること。
- 非核兵器国の領域内から核兵器を撤去すること。
- もはや軍事目的に不要である核分裂性物質を指定し、そのような核分裂性物質の不可逆的な除去を確実にするよう、IAEAの文脈において、法的拘束力のある検証や取り組めを開発すること。
- 核兵器国によって課せられた諸条件や留保を取り除くことによって非核兵器地帯の役割を強化するとともに、未だ存在していない地域、とりわけ中東に新しい地帯を設立することによって非核兵器地帯を拡大すること。また、核兵器を禁止する国内法を制定すること。

（略）

28. OEWGは、中間段階で履行されることになる、核兵器のない世界の達成に向けた法的拘束力のある文書よりなる措置についても議論を行った。そうした措置は多様であるが、以下のようなものが含まれる。

- 明確で、法的拘束力を有する、普遍的で、非差別的で、多国間の、明確に定義された基準と予定表をもった核軍縮の目標へのすべての国が関与した誓約
- 国際的な検証体制をともない明確な基準と予定表をもった、すべての場所と種類における保有核兵器の漸進的、継続的、不可逆的な削減。また、すべての核施設をそのような体制の下に置くこと。
- 核兵器実験のあらゆる側面を扱う法的拘束力のある多国間の法的文書。CTBTの発効。
- 核分裂性物質に関する法的拘束力のある多国間の法的文書。以下を含む選択肢が検討された。

（略）

29. OEWGは、核兵器のない世界が達成された後に、それを維持するために必要な要素を検討した。そのなかで以下の諸要素が確認された。

- 核兵器と核兵器物質の完全廃棄、ならびにその検証
- 核兵器の使用や使用の威嚇の禁止
- 核兵器の保有、備蓄、開発、移転の禁止
- 核兵器用核分裂性物質の生産ならびに既存の備蓄の使用を禁止し、そのような核分裂性物質をすべて国際的保障措置の下に置くこと。
- 超臨界、未臨界の双方を含む、あらゆる形態の核兵器実験を禁止すること。

C. 核兵器のない世界の達成と維持のための多国間核軍縮交渉の前進を目的として、21世紀の安全保障状況における核兵器の役割を再検討する

30.（略）

31. 核兵器の役割を議論するなかで、参加者は、とりわけ人道問題や開発目標を考慮した、集団的安全保障のより広範かつ多面的な定義について考察した。核兵器の人道的影響の問題は、軍縮問題のあらゆる要素に影響を及ぼす横断的な問題として提起された。また、参加者は、21世紀の安全保障の特質を検討する必要性に言及し、核兵器がそうしたニーズに見合うものであるかについて疑義が呈された。核兵器の価値を低めることや、抑止態勢の効果に対する疑問といった点も議論された。

32. 参加者は、核兵器保有国側の安全保障感覚を考慮に入れることの必要性、また、それらの国家間が対話と信頼と安心感を確立することの必要性について議論した。現存する安全保障ドクトリンにおける核兵器の重要性を減じることに関するいくつかの提案が示された。非核兵器国と核兵器保有国との間の関与の必要性も指摘された。

33. 提案には、戦術、戦略、非配備の核弾頭の一方的削減から多国間で交渉されたプロセスによる完全廃棄まで、幅広い活動が網羅されていた。参加者からは、既存の保有核兵器の近代化や新型核兵器の開発を阻止するための提案も出された。

D. 核兵器のない世界の達成と維持のための多国間核軍縮交渉を前進させるための国際法の役割

34. (略)

35. OEWG は、核兵器のない世界という目標の達成に向けて、現在の国際的な法的枠組みなどにある法的な欠落部分を、既存の法的文書(複数)を補完する一つあるいは複数の多国間の法的文書によって埋める選択肢について議論した。参加者は、このように一つあるいは複数の法的文書は、普遍的なものであり、核兵器の開発(近代化を含め)、あらゆる種類の核兵器実験、核兵器の製造、核兵器用核分裂性物質の生産あるいは既存の備蓄の使用、核兵器の保有と備蓄、核兵器の移転、及び核兵器の使用ならびに使用の威嚇を禁じるものであるべきかどうかについて議論した。この文脈において、核兵器を禁止する条約(訳注:a treaty banning nuclear weapons)という選択肢が検討された。

36. ～39. (略)

E. 核兵器のない世界の達成と維持のための多国間核軍縮を前進させる上での国家ならびに他のアクターの役割

40. ～44. (略)

F. 核兵器のない世界の達成と維持のための多国間核軍縮交渉を前進させるのに寄与しうるその他の実際的行動

45. ～50. (略)

(暫定訳:長崎大学核兵器廃絶研究センター(RECNA))

www.reachingcriticalwill.org/images/documents/
Disarmament-fora/OEWG/Documents/finalreport.pdf

資料 2−5　第68回国連総会・オーストリア等の決議

「多国間核軍縮交渉を前進させる」(抜粋訳)

2013年12月5日採択、A/68/46

提案国:オーストリア、チリ、コロンビア、コスタリカ、デンマーク、ホンジュラス、アイスランド、アイルランド、リヒテンシュタイン、メキシコ、ニュージーランド、ナイジェリア、パナマ、ペルー、フィ

リピン、サモア、スイス、トリニダード・トバゴ

（前略）

国連の枠組みにおける多国間核軍縮交渉が10年以上具体的な成果を出していないことを認識し、

軍縮・不拡散問題への政治的関心が増大しており、また、国際政治環境が多国間軍縮の促進や核兵器のない世界という目標に向けた前進に対しさらなる追い風となっていることを認識し、

2012年12月3日の決議67/39にしたがって2013年9月26日に開催された核軍縮に関する国連総会ハイレベル会合がこの分野での進展を求める国際社会の願いを強調したことを歓迎し、

軍縮・不拡散問題を最優先とする実質的進展の重要性と緊急性を強調し、

多国間の軍縮・不拡散・軍備管理プロセスにおいて市民社会がなす貢献の重要性を認識し、

とりわけ軍縮に関する審議と勧告を行うという国連総会の機能及び権限に言及した国際連合憲章第11条に留意し、

1. 決議67/56に基づき総会が設置した国連公開作業部会が、核兵器のない世界の達成と維持のための多国間核軍縮交渉の前進に向けた一歩として2013年に開催され、核軍縮に関連したさまざまな問題を取り上げる上でオープンかつ建設的、透明で双方向的な方法で議論を行ったことに、満足の意をもって留意する。
2. 核兵器のない世界の達成と維持のための多国間核軍縮交渉の前進に向けた協議のなかで出された議論や諸提案を反映した、国連公開作業部会作業報告書※を歓迎する。
3. 国連公開作業部会の作業過程においても立証されたように、多国間核軍縮交渉を前進させる上で国際機関、市民社会、アカデミアが果たす貢献の価値をあらためて認識する。
4. 多国間核軍縮交渉を前進させることの普遍的な目的が、引き続き核兵器のない世界の達成と維持であることを強調するとともに、多国間核軍縮交渉の前進に向けては、包括的かつ双方向的、そして建設的な方法で核兵器関連問題を取り扱うことが重要であることを強調する。
5. 国連公開作業部会の報告書を、ジュネーブ軍縮会議（CD）及び軍縮委員会での検討に付すべく送るよう、国連事務総長に要請する。
6. 国連公開作業部会報告書ならびにそこに含まれる諸提案を念頭に、軍縮と平和、安全保障の問題を取り扱う国連機関において多国間核軍縮交渉を前進させる方途に関する議論を今後も豊富化してゆくよう、全ての加盟国、国際機関、市民社会に求める。
7. 人道、保健、人権、環境、開発といった問題を扱う議論の場において、国連公開作業部会報告書ならびにそこに含まれる諸提案を考慮に入れるよう、加盟国、国際機関、市民社会に対し奨励する。
8. 多国間軍縮交渉を前進させる方途に関し、その目的ですでに講じている措置を含め、各加盟国の見解を求めるとともに、それに関する報告書を第69回国連総会に提出するよう事務総長に要求する。
9. 第69回総会において現在の決議の履行状況の検討を行い、必要な場合は国連公開作業部会を通じたものを含め、多国間核軍縮交渉を前進させるためのさらなるオプションを

追求することを決定する。

10. 多国間核軍縮交渉における実質的進展を確保することの緊急性を再確認し、これに関するいっそうの努力を歓迎する。

11. 第69回総会の暫定議題として、「全面完全軍縮」項目の下に「多国間核軍縮交渉を前進させる」というサブ項目を含めることを決定する。

※印には参照すべき文書の名称等が記載されているが省略した。
（暫定訳：長崎大学核兵器廃絶研究センター（RECNA）、協力：ピースデポ）
www.un.org/en/ga/68/resolutions.shtmlより決議番号で検索。

資料2－6　第68回国連総会・非同盟運動決議

「核軍縮に関する2013年国連総会ハイレベル会合のフォローアップ」（全訳）

2013年12月5日採択、A/68/32

総会は、

2012年12月3日の決議67/39を想起し、

2013年9月26日の核軍縮に関する国連総会ハイレベル会合の開催を歓迎し、核兵器の完全廃棄という目標の前進に向けたその貢献を認識し、

すべてにとってより安全な世界を追求し、核兵器のない世界の平和と安全を達成することの重要性を強調し、

第一回国連軍縮特別総会で確認されたように、核軍縮の効果的な措置が最優先事項であることを再確認し、

核軍縮と核兵器の完全廃棄こそが、核兵器の使用あるいは使用の威嚇を行わないための唯一の絶対的保証であることに確信を持ち、非核兵器地帯を設立することや、核兵器計画を自主的に放棄することあるいはいくつもの国が自国の領土からすべての核兵器を撤去することによって核軍縮の目標の実現に向けた重要な貢献がなしえることを認識し、また、中東における非核兵器地帯の速やかな設置を強く支持し、

国連ミレニアム宣言も述べるように、大量破壊兵器、とりわけ核兵器の廃棄に向けて努力し、また、核兵器の危険性を除去する方途を探る国際会議を開催する可能性を含め、この目的の達成に向けてあらゆる選択肢を残すという、各国首脳及び政府の決意を想起し、

軍縮分野における国連の中心的役割を再確認するとともに、第一回国連軍縮特別総会で任じられたように、多国間軍縮機構の継続的な重要性及び妥当性を再確認し、

核軍縮の目的を前進させる上での、NGO、アカデミア、議員、マスメディアを含む市民社会の重要性を認識し、

核兵器のいかなる使用もがもたらす壊滅的な人道的結果に対する深い懸念を共有し、この文脈においてすべての国家がいかなる時も国際人道法を含む適用可能な国際法を遵守することの必要性を再確認し、

とりわけ核軍備競争の早期停止や核軍縮に関連した効果的な措置につき、誠実に交渉を行うといった、NPT第6条において約束された加盟国の重大な責務に留意し、

核軍縮の実現に向けて共に力を合わせてゆくことを決意し、

1. 核軍縮に関する国連総会ハイレベル会合において、核兵器の完全廃棄の達成をめざした緊急かつ効果的な措置をとることに確固たる支持が表明されたことを強調する。
2. 法的義務に対する速やかな遵守と、核軍縮に関してなされた誓約の実行を求める。
3. ハイレベル会合において核兵器に関する包括的条約への広範な支持が示されたことに賛同の意を表す。
4. ジュネーブ軍縮会議において、核兵器の保有、開発、製造、取得、実験、備蓄、移転、使用あるいは使用の威嚇、ならびにその廃棄を規定した包括的条約の早期締結をめざした交渉が速やかに開始されることを求める。
5. 核兵器の完全廃棄という目標を達成することについて、とりわけ核兵器に関する包括的条約の諸要素について、各加盟国の見解を求め、第69回総会において報告書を提出し、その報告書をジュネーブ軍縮会議にも送付するよう、国連事務総長に要請する。
6. 2018年までに、国連ハイレベル国際会議を開催し、核軍縮の進捗について検討することを決定する。
7. 核兵器のない世界という共通目的の達成をめざした国際努力の促進に向け、核兵器が人類に及ぼす脅威やそれらの完全廃棄の必要性に関する世論強化や教育を通じたものを含め、こうした目的の前進を図る日として、9月26日を「核兵器完全廃棄のための国際デー」とすることを宣言する。
8. 「核兵器の完全廃棄のための国際デー」の記念及び促進に必要なあらゆる準備を行うことを国連事務総長に要請する。
9. 加盟国、国連システム、さらにはNGO、アカデミア、議員、マスメディア、個人を含む市民社会に対し、あらゆる手段の教育活動や世論喚起活動を通じて、「核兵器の完全廃棄のための国際デー」を記念し、推進するよう求める。
10. 第69回総会において本決議の履行状況を報告するよう国連事務総長に要請する。
11. 第69回の暫定議題案において、「全面完全軍縮」と題する項目の下に「核軍縮に関する2013年国連総会ハイレベル会合のフォローアップ」と題するサブ項目を含めることを決定する。

(暫定訳:長崎大学核兵器廃絶研究センター(RECNA))

www.un.org/en/ga/68/resolutions.shtmlより決議番号で検索。

資料2－7　国連ハイレベル会合・モンゴル大統領演説

核軍縮に関する国連総会ハイレベル会合における ツァヒャ・エルベグドルジ・モンゴル大統領の演説(全訳)

2013年9月26日、ニューヨーク

(前略)このような重要な会議で発言し、討議中の諸問題についての私見を述べることで、核兵器のない世界の促進に向けた断固たる措置を講じる必要性について明確かつ強力なメッセージを発する一助を担う機会を得ましたことを大変光栄に存じます。

私たちは皆、核兵器のない世界という骨太のビジョンを支持し、粘り強い努力、相互理解、強い意志を持った交渉、そして国際社会のあらゆる構成員——とりわけ核兵器国——の緊密な協力によってそれを達成しうると確信しています。それが私たちが今日ここに集った理由にほかなりません。(後略)

1　核兵器の禁止(略)

2　包括的核実験禁止条約機関(CTBTO)(略)

3　軍縮交渉とキャンペーン(略)

4　非核兵器地帯

非核兵器地帯の設立は、核不拡散と核軍縮の地域的措置としてその有用性が証明されています。今日、9つの非核兵器地帯(NWFZ)が存在します。南極、宇宙、海底、また、人の居住地としてラテンアメリカ及びカリブ地域、南太平洋、東南アジア、アフリカ、中央アジア、そして一国非核兵器地帯のモンゴルです。これらを合わせると、150万平方キロメートル以上の地域が覆い尽くされます。これらの非核兵器地帯は、グローバルな措置を補完する重要かつ効果的な地域措置であることが広く認識されています。既存の地帯の強化とあわせて、中東や北東アジアといった新しい地帯の設立を促進するための措置が講じられるべきです。後者には長期にわたって対立が存在し、地帯の設置は容易ではないでしょう。しかしだからといって我々は足を止めたり躊躇したりするべきではありません。

前述したような諸地帯の設立を通じて、私たちは新しい地帯の設立に役立つ豊かな経験を手にしています。以上のことから、モンゴルは、国連が非核兵器地帯の設立に関するあらゆる側面からの包括的研究を再び実施することを提案します。そのような実際的で有用な研究が最初に実施されたのは38年前であり、前述の諸地帯を設置する上で役立ったからです。そうした研究をラテンアメリカ及びカリブ地域に非核兵器地帯が初めて設置された40周年(ママ)を国際社会が祝う前に実施するということも考えられます。

5　モンゴルの非核兵器地位

2つの核兵器国に挟まれたモンゴルは、核兵器のない世界というビジョンに則して、20年以上も前に自国が一国非核兵器地帯であることを宣言し、爾来その地位を制度化するべく懸命な努力を重ねてきました。国内においては、2000年に、その地位を明確に定義し、それに違反する行為を犯罪化する国内法を制定しました。また、国際レベルにおいては、国際社会の幅広い支持を受けるとともに、我々の柔軟でありつつも筋の通った、粘り強い政策の結果として、このようなモンゴルの独自の地位が国際的な評価を広く獲得しています。2012年9月には、5つの核兵器国がモンゴルの非核兵器地位を認識するのみならず、その地位を尊重し、それに背くようないかなる行動もとらないことを誓約する共同声明に署名しました。これは、モンゴルに対して核兵器のシステムのいかなる部分も受け入れるよう圧力をかけないことをすべてのP5に誓約させたことを意味します。よって将来の地政学的競争や大国間の対立のコマとしてモンゴルを利用することは許されません。安定し、同盟にくみせず、安全を保証されたモンゴルは信頼と安心の地帯となり、その領土が他国の利益を害するために利用されることはありません。モンゴルの経験は、たとえ小国であっても核兵器のない世界というビジョンの促進に貢献できるとの希望を与え、それを証明するものです。

6 北東アジア

政治的・外交的手段を柱とする安全保障の確保を身をもって体験した国として、モンゴルは、この地に非核兵器地帯を設立することが可能か、そしてそれはいかにして達成可能か、を検討する非公式ベースの作業を北東アジアの国々と行う準備ができています。それが容易なことではなく、勇気、政治的意思、忍耐力を要するものであることを私たちは十分に理解しています。しかしそれはたとえ直ちに可能ではなくとも、間違いなく実現可能です。実現までの間においては、さらなる信頼醸成の促進のための措置がとられるべきです。このことを念頭に、この3月、私は「北東アジアの安全保障に関するウランバートル協議」の開始を提案し、段階的な地域間の信頼醸成を可能にするオープン協議に地域諸国を招待いたしました。

議長、我々は核軍縮の前進に向け最大限の努力をはらう所存です。今日の極めて重要な集まりを通じて、必要とされる推進力を生み出すべきです。ご清聴ありがとうございました。

（暫定訳：長崎大学核兵器廃絶研究センター（RECNA））

www.reachingcriticalwill.org/images/documents/Disarmament-fora/HLM/26Sep_Mongolia.pdf

資料2－8　核軍縮に関するラテンアメリカ・カリブ諸国共同体宣言（抜粋訳）

2013年8月20日、ブエノスアイレス

2013年8月20日にアルゼンチン共和国のブエノスアイレスに参集したラテンアメリカ・カリブ諸国共同体（CELAC）の各国高官は、核軍縮へ向けたこの共同体の歴史的な誓約を認識し、以下の宣言を発表した。

1. 各国高官は、2011年12月3日にベネズエラ・ボリバル共和国のカラカスで、ラテンアメリカ・カリブ諸国共同体の加盟国政府の首脳によって採択された核兵器の完全な廃絶に関する特別声明の妥当性と完全ある正当性を強調した。この文脈で、彼らは、核兵器が存在し続けていること、そして、その潜在的な使用やその威嚇が人類に与えている脅威に対して、深刻な懸念を強調した。

2. 各国高官はまた、核軍縮の第一目標へ向かって前進し、核兵器の完全で全面的な廃絶を達成するという差し迫った必要をとりわけ再確認しながら、2011年9月に採択されたラテンアメリカ及びカリブ地域における核兵器禁止に関する条約機構（OPANAL）の33の加盟国による宣言の完全ある正当性を強調した。そしてこの関連で、核兵器を禁止する普遍的で法的拘束力のある手段の交渉へ向けた進展を図ろうとする国際社会の努力に参加することに同意した。

3.～4.（略）

5. 多国間で合意された、透明性があり不可逆で検証可能な時間枠に沿って、普遍的な核軍縮を達成するための具体的な提案の起草に、CELAC加盟国が積極的に参加することの重要性を強調した。

6. 核兵器国が核兵器の使用やその威嚇を行わないと無条件で法的拘束力のある保証を行うことは、全てのCELAC加盟国を含む非核兵器国の正当な利益であると確認した。CELAC加盟国は、消極的安全保証に関する普遍的で法的拘束力のある手段に関する交渉と採択を、できる限り早期に開始することを要求した。

7. 核兵器の種類や地理的位置に関わらず、その完全廃絶を達成するために、各国高官は、全ての国とりわけ核兵器国に対して、基本政策(ドクトリン)、軍事戦略及び安全保障政策における核兵器の役割、あるいは、紛争を解決する有望なアプローチとしての核兵器の役割を廃絶することを要求した。

8. 非核兵器地帯の設立は、不拡散体制と同様に国際的な平和と安全保障を強化するものであり、核軍縮への重要な貢献であると強調した。

9. ラテンアメリカ及びカリブ地域における核兵器禁止に関する条約(トラテロルコ条約)の下で、非核兵器地帯を宣言した世界で最初の人口密集地域となったラテンアメリカ・カリブ諸国の誇りを表した。ラテンアメリカ・カリブ非核兵器地帯の設立は、核軍縮・不拡散だけでなく、地域的及びグローバルな平和と安全保障に貢献してきたことを再確認した。

10. トラテロルコ条約とOPANALは、世界の異なる地域における他の非核兵器地帯の設立に当たって、政治的、法的及び制度的な参照軸となってきたことを強調した。今日、OPANALの経験は、他の現存する4つの非核兵器地帯や一つの国で非核兵器地位を単独で宣言したモンゴルの経験とともに、新たな非核兵器地帯の設立を鼓舞し、核兵器のない世界という目標に向かって前進するための、国際社会にとって重要な財産となっている。

11. 核兵器国に対して、トラテロルコ条約の議定書Ⅰ及びⅡに対するすべての解釈宣言を撤回することを要求した。なぜなら、それはこの地帯内国家に対する核兵器使用の可能性を取り除くことに貢献するからである。それらの宣言を撤回するか改良するよう核兵器国を説得するために、議定書の加盟国とともに努力を続けるとの誓約を表明した。

12. (略)

13. 核兵器国に対して、NPT第6条の下の誓約を完全に履行し、核兵器の完全なる廃絶に向けて前進することを要求した。2000年のNPT再検討会議が合意した核軍縮へ向けた13の実際的措置を、2010年再検討会議が採択した行動計画とともに、完全かつただちに履行することを要求した。

14. ～**17.** (略)

18. 核兵器を禁止する法的拘束力のある条約に向けた交渉を開始すること、及び、この第一義的な目標に向けた誓約の重要性を再確認した。

19. ～**20.** (略)

21. 特定された時間枠の中で核兵器を完全に廃絶するための段階的計画に合意することを目的とする、核兵器の廃絶の行程と手段を特定するための国際的なハイレベル会議を、できる限り早急に開催するために取り組むという、CELACの堅い誓約を改めて表明した。この計画は、核兵器の開発、生産、取得、実験、備蓄、移転、使用及び使用の威嚇を禁止し、その解体を要求するものとなるだろう。

22. (略)
23. いかなる偶発的あるいは意図的な核爆発がもたらす広範囲に及ぶ人道的影響とグローバルな影響に対して、最大の関心を表明した。国際社会に対し、核兵器に関する議論が行われるときはいつでも、その人道的結果に関する懸念を改めて表明するよう要求した。2013年3月に開催された核兵器の人道的影響に関するオスロ会議を歓迎し、この観点から、全ての国に対して、2014年2月13-14日にメキシコで開催される、核兵器の人道的影響に関する第二回国際会議に参加するよう呼びかけた。
24. ～26. (略)

www.cubaminrex.cu/es/node/17392

資料2－9　国連軍縮諮問委員会の勧告

国連事務総長報告「軍縮諮問委員会の作業」(抜粋訳)

2013年7月26日、A/68/206

概要

国連軍縮諮問委員会は、第59会期を2013年2月27日～3月1日にニューヨークで、第60回会期を6月26日～28日にジュネーブでそれぞれ開催した。委員会は、これら2回の会期において、次の具体的項目に焦点をあてた議論を行った。(a)地域及びグローバルな安全保障を前進させる上での非核兵器地帯間の関係、(b)新たに出現した技術が軍縮と安全保障に及ぼす影響。

I　はじめに(略)

II　実質議論及び勧告

A. 地域及びグローバルな安全保障を前進していく上での非核兵器地帯間の関係

1. ～6. (略)
7. 既存の非核兵器地帯、また複数の地帯の関連議定書に対し、核兵器国が全面的な承認を与える必要性が数名の委員によって強調された。いくつかの地帯においては地帯内の国家と核兵器国との調整努力が行われていることに言及があった。
8. いくつかの加盟国からは検証と遵守の重要性が強調された。それらの実施能力については地帯によって差があることが指摘された。特定の地域においては監視遵守の能力や手段が不十分であることから、そうした能力の確立に向けて国際社会や国際機関が当該地域国家に支援を提供すべきであるとの見解が示された。
9. それぞれの非核兵器地帯には特性があり、ガバナンスや遵守メカニズムといった面が比較的弱い地帯があることから、数名の委員は、非核兵器地帯に関して諸モデルを比較検討し、それらの有効性の向上に向けて、また、新しい地帯創設へのモデルとして、それぞれの得た教訓を共有することの重要性を強調した。
10. (略)

11. また、委員会は、非核兵器地帯に関するいかなる議論も中東非核･非大量破壊兵器地帯の問題を抜きには語れないことを強調した。地帯設置に向け提案されている会議をめぐる進展の欠如は、その性質として主に政治的なものであり、技術的なものではないと見られている。

12. ～13.（略）

14. 北東アジアを含む他の地域に非核兵器地帯を設立するという諸提案に関連して、委員の一人からは、非核兵器地帯の設立に向けては関係国家間にいかなる重大な安全保障上の懸念があってもならないし、最低限のレベルの信頼がなければならないという発言があった。したがって北東アジア非核兵器地帯の創設は困難と考えられた。別の一人の委員は、南アジアにおける現在の戦略的状況を鑑みれば、同地域に非核兵器地帯を設立することは不可能ではないにせよ、極めて困難と考えられる、との見解を述べた。

15. ～18.（略）

19. 委員会は、国連が非核兵器地帯に提供してきた継続的かつ有益な支援、そして地域機関や既存の地域メカニズムが担ってきた重要な役割を称賛した。また、委員会は、限られたリソースのなかでの既存の地帯の履行、新たな地帯の設立促進、情報や知識の共有、新しい提案の開発といった面で市民社会が担ってきた前向きな役割を歓迎した。

20. 委員（複数）は、新しい非核兵器地帯の設立が、関係国のみが決定でき、また地域の力学やそれぞれの地域に固有の安全保障状況に依存するような複雑な問題であるという点で一致した。中東や北東アジアにおいて将来的に地帯を発展させるための不可欠な措置として、建設的な対話と信頼醸成が必要であることが再度強調された。中東非大量破壊兵器地帯に関する会議の延期が、すでに脆弱な地域にさらなる緊張をもたらす原因となることに懸念が表明された。これは平和プロセスのいっそうの後退を生みかねない。また、委員（複数）からは、中東地帯に関する会議の延期、誓約の不履行、進展の欠如が、2015年NPT再検討プロセスを人質にとることになりうるとの見解が述べられた。

21. 北東アジアにおける地帯の設立を促進するために地域フォーラムが担う前向きな役割について、委員の一人が言及した。何人かの委員は、朝鮮半島の非核化の問題や、朝鮮半島の平和と安全保障の問題を議論する際の適切なメカニズムとして6か国協議について言及した。

22. 委員（複数）からは、核兵器国の有する責任、消極的安全保証に関する扱いが地域間で平等ではないことへの不満、批准が済んでいない非核兵器地帯条約議定書の締結に向けた政治的意思及び継続的努力の必要性についての言及があった。非核兵器地帯に対する支持と尊重をより公式な方法で再確認するよう、事務総長から他の核兵器保有国に対し要請がなされるべきとの提案が出された。そのような一方的宣言は、1995年4月11日の国連安保理決議984と同じく、安全保障理事会によって留意されうるものである。将来的な非核兵器地帯の設立の文脈においては、いくつかの国の拡大抑止について議論することが必要であるとの指摘があった。委員の一人からは、たとえば南アジアにおいて、核分裂性物質の備蓄や核弾頭数のさらなる増加を防ぐ、「増加禁止」地帯の設立に関する提案があった。

23. 委員会は以下の勧告を行った。

(a) 事務総長は、地域及び国際の平和と安全、軍縮、不拡散に資する不可欠な実際的ツールとしての非核兵器地帯の重要な役割を引き続き重視してゆくべきである。事務総長は、他の非核兵器地帯において開発された最も高い基準や実践について検討し適用するよう非核兵器地帯条約加盟国に奨励することを通じ、既存の地帯の促進及びいっそうの強化を目指した指導的役割を担うべきである。事務総長は、核兵器国に対し、すべての地帯ならびにそれらの関連議定書に公式の承認を与えるよう奨励すべきであり、また、いかなる未解決問題についてもすべての関係者との建設的な対話を奨励すべきである。加えて、事務総長は、非核兵器地帯への支持に関する公的な誓約を行うよう、他の核兵器保有国に対して奨励すべきである。

(b) 事務総長は、非核兵器地帯間のいっそう緊密な連携や協力を促進すべきである。既存の非核兵器地帯の代表が一堂に会し、それぞれの地帯で得た教訓、それらの利点、限界に関する経験を共有できるようなプラットフォームあるいはフォーラムを創設することもその一例である。地域・国際組織、シンクタンク、市民社会団体及びネットワークは、そのような地帯の将来的な実現を追求している地帯の代表者とともに、そうしたフォーラムの一翼を担うべきである。

(c) 事務総長は、核不拡散と核軍縮のツールであるところの、新たな非核兵器地帯の設置における課題や関連したあらゆる側面を調査する適切な方法について検討すべきである。国連軍縮研究所(UNIDIR)はそのような努力の一端を担うべきである。また、事務総長は、現在の行き詰まりを克服するための新たな方途を追求し、共通基盤を模索することを目指した努力の中で、シンクタンクや市民社会組織、ネットワークのさらなる関与を奨励すべきである。

(d) 事務総長は、中東非大量破壊兵器地帯の設立をめざしたあらゆる努力を支持するために自身の権限を活用すべきである。とりわけ、事務総長は、中東非大量破壊兵器地帯に関する会議に向けた準備会合を、可能な限り早期に、最優先事項として開催する上で指導力を発揮することができる。事務総長は、現在の停滞を打ち破り、地域の平和と安全を促進するという目的に向けて、地域諸国の信頼醸成と建設的対話を促進するあらゆる措置を奨励すべきである。

(e) また、事務総長は、北東アジア非核兵器地帯の設立に向けた適切な行動を検討すべきである。とりわけ、事務総長は、地域国家間の透明性や信頼醸成を奨励する地域フォーラムの開催に向けて、いっそう積極的な役割を強めることができる。(後略)

(暫定訳:長崎大学核兵器廃絶研究センター(RECNA))

http://daccess-dds-ny.un.org/doc/UNDOC/GEN/N13/409/79/PDF/N1340979.pdf?OpenElement

資料2－10　国際赤十字・赤新月2013年核廃絶決議・4か年行動計画

2013年「国際赤十字・赤新月運動代表者会議」第1決議
「核兵器廃絶に向けての歩み：4か年行動計画」

2013年11月17、18日、シドニー

・決議（略）

・核兵器廃絶に向けての歩み：4か年行動計画

本行動計画を通して、国際赤十字・赤新月運動（以下「運動」）の構成員は、2011年代表者会議の第1決議（「核兵器廃絶に向けての歩み」）の諸コミットメントに立脚する。すなわち：

▷ 核兵器の使用がもたらす壊滅的な人道的結果及びそれにより生じる国際人道法上の問題、並びに核兵器の使用の禁止と廃絶に向けた具体的行動の必要性に関して、一般市民、科学者、医療従事者、政策決定者の意識を啓発する活動を、可能な限り行うこと。

▷ 政府及びその他の関係者との間で、人道法や国際人道法に関する継続的な対話を可能な限り行い、2011年代表者会議の第1決議で示された「運動」の見解を広めること。

本行動計画は、今後4年間における「運動」構成員による第1決議履行のための手引きとなる。本行動計画は、各国赤十字・赤新月社（以下「各国赤十字社」）、赤十字国際委員会（ICRC）及び、国際赤十字・赤新月連盟（連盟）がそれぞれ履行し、支援する活動の種類を示している。「運動」構成員は、核兵器に関する現行の議論や社会的及び政治的状況を考慮しながら、各自のマンデート（任務）、専門性及び能力に従って、可能な限り本決議を履行する。

第1決議履行のための行動

1. 国内

- 各国赤十字社は、第1決議及び核兵器関連文書を、自国語でウェブサイトに掲載する。
- 各国赤十字社は、第1決議を政府関係当局、省庁、委員会及び国会議員に伝達するとともに、「運動」の憂慮と見解に関するブリーフィングの機会を提供する。
- 各国赤十字社は、第1決議への意識を、各赤十字社内のガバナンス、職員、ボランティア、ユースメンバーのすべてのレベルにおいて高める。各国赤十字社は、可能な限り、核兵器に関する「運動」の憂慮と見解に関する社内イベントやブリーフィングを、少なくとも1度は実施する。
- 各国赤十字社は、「人道外交」の枠組みを活用し、可能な限り、以下に分類する一般市民向けの発信活動を行う：
  — 「運動」の核兵器に関する憂慮と見解を、自国の一般市民に発信する。これは、印刷、ソーシャル、デジタル、電子その他のメディアで可能である。
  —公開イベント（セミナー、会議、プレゼンテーション、パネルディスカッション等）を、国会議員、医療従事者や市民社会におけるその他の適切な関係者に向けて開催する。
—それぞれの国内において、学術界、医療、人道、環境、法律、科学等の様々な分野において核兵器問題に関心がある、あるいは積極的に取り組んでいる特定の相手に対し、「運動」の憂慮と見解を共有する機会を設ける。
—核兵器がもたらす人道的結果の問題に関し、若い人々を教育し、その積極的活動を促進する。
—全国的に配付する発行物(ニュースレター、雑誌その他の発信等)に、「運動」の見解と憂慮を含めた、核兵器使用がもたらす壊滅的な人道的結果に関する特集を掲載する。
- 各国赤十字社は、国の災害対応当局に、以下のことを働き掛ける。(a)国家領域内や周辺地域における核爆発による人道的結果の検証、及び当局の対応能力の検証、(b)国の災害対応当局による、核兵器に関する政府の見解構築への関与。

2. 地域
- 各国赤十字社は、適宜ICRCの支援を受け、(地域機構の会議のような)地域諸国が関連する地域フォーラムにおいて、核兵器がもたらす人道的結果を提起するよう奨励し、「運動」の人道的憂慮が反映された、地域としての共通見解を構築する。
- 各国赤十字社は、可能であれば、自らの地域ネットワークと、一般市民、専門家、政府を連携させ、経験と資料を共有する。

3. 国際
- 各国赤十字社は、メキシコで開催される核兵器の人道的影響に関する会議(2014年2月)や、多国間核軍縮交渉の前進に向けた国連公開作業部会(OEWG。2014年も継続する場合)、2015年核不拡散条約(NPT)再検討会議とその準備委員会、ジュネーブ軍縮会議(CD)及び国連総会第1委員会など、核兵器がもたらす人道的結果と核軍縮を議論する多国間会議への自国政府の積極的な参加を奨励する。そして、それらの機会で彼らの政策が検討される際に、「運動」の憂慮が考慮されるよう働きかける。
- ICRCは、関連する多国間フォーラムにおいて「運動」を代表する主導的役割を維持し、その結果に関する報告を適切に行い、各国赤十字社による行動のための次のステップと機会を示す。
- 連盟は、関連する多国間会議への各国赤十字社の参加を調整し、とりわけ核兵器の使用においてはいかなる適切な人道援助能力や計画も存在しないという見識について各国赤十字社の声が確実に届くようにする。

4. 履行への支援(略)

(訳:ピースデポ。日本赤十字社のご協力をいただいた。)

www.icrc.org/eng/assets/files/red-cross-crescent-movement/council-delegates-2013/cod13-r1-nuclear-weapons-adopted-eng.pdf

3.その他の資料

資料3－1　第68回国連総会・新アジェンダ連合決議

「核兵器のない世界へ：核軍縮に関する誓約の履行を加速する」

2013年12月5日採択、A/68/39

提案国：ブラジル、エジプト、アイルランド、メキシコ、ニュージーランド、南アフリカ
共同提案国：オーストリア、マルタ、パプアニューギニア、トリニダード・トバゴ

総会は、

1946年1月24日の決議1/1及び2012年12月3日の決議67/34を想起し、

（中略）

NPTを強化し、条約の完全履行及び普遍性の達成に向けた進展に寄与し、1995、2000、2010年の再検討会議での誓約や合意された行動の履行状況を監視する2015年再検討会議につながる建設的かつ成功裡の準備プロセスの重要性を強調し、

1. NPTの各条項は加盟国をいかなる時もいかなる状況においても法的に拘束するものであり、すべての加盟国は、条約下の義務に対する厳格な遵守について全面的な責任を負わねばならないことを繰り返すとともに、すべての加盟国に対し、1995年、2000年、2010年の再検討会議におけるすべての決定、決議、誓約を完全に遵守するよう求める。

2. 2010年再検討会議において、核兵器のいかなる使用も壊滅的な人道的結末をもたらすことに対する深刻な懸念が表明されたこと、並びにすべての加盟国がいかなる時も国際人道法を含めた適用可能な国際法を遵守する必要性を再確認したことを繰り返し強調する。

3. すべてのNPT加盟国が同条約第6条の下で誓約している核軍縮につながるよう、自らの保有核兵器の完全廃棄を達成するという核兵器国による明確な約束を特に再確認することを含め、2000年のNPT再検討会議の最終文書において合意された実際的な措置が引き続き有効であることを再確認することを想起し、2010年再検討会議最終文書の核軍縮に関する行動計画の行動5に示された通り、核軍縮につながる措置の具体的な進展を加速させるとの核兵器国の誓約を想起し、核兵器国に対し、2014年の準備委員会に実質的進展を報告する要請を含め、自国の誓約の履行を加速するために必要なあらゆる措置を講じるよう求める。

4. （略）

5. 2010年NPT再検討会議が、核兵器国による核兵器の開発及び質的改良の制限並びに最先端の新型核兵器の開発中止に対する非核兵器国の正統な関心を認識したことを強調し、この点に関して措置を講じるよう核兵器国に要請する。

6. すべての核兵器国が、2010年再検討会議最終文書の核軍縮行動計画※に従い、それぞれの核兵器国でもはや軍事的に不要と判断された核分裂性物質の不可逆的廃棄を保証することを奨励する。また、すべての加盟国に対し、IAEAの文脈において、適切な核軍縮検証能力及び法的拘束力のある検証取り決めの前進を支援し、よってそのような物質が

検証可能な形で軍事計画の外に恒久的に置かれることを確実にするよう求める。

7.〜8.（略）

9. NPTが核軍縮及び核不拡散の実現において果たす中心的役割を引き続き強調し、すべての加盟国が、NPTの普遍化のためのいかなる努力も惜しまないよう求める。またこれに関連して、インド、イスラエル及びパキスタンが非核兵器国としてすみやかに、かつ無条件にNPTに加盟し、自国のすべての核施設をIAEA保障措置の下に置くことを求める。

10.（略）

11. すべての加盟国に対し、国際的な軍縮関連機関において、多国間の文脈の中で核軍縮の大義を前進させる努力を妨害している障害を乗り越えるために力をあわせ、2010年再検討会議行動計画の中でジュネーブ軍縮会議に言及した3つの特定の勧告を即時に履行するよう促す。(後略)

12. 加盟国が進捗状況を定期的に監視できるような形で、核軍縮に関する誓約を履行するよう、また、報告の促進に向けて、核保有国だけでなく、核保有国と非核保有国との信頼を高めるような標準化された報告様式について、核兵器国が可能な限り早期に合意するよう求める。

13. いくつかの核兵器国が自国の保有核兵器、政策ならびに軍縮努力についての情報提供を行ったことを歓迎するとともに、それを実施していない核兵器国に対し、同様に確信と信頼を増し、持続的な軍縮に貢献するような情報提供を行うことを要請する。

14.（略）

15.加盟国に対し、国連総会決議１/1及び核不拡散条約第6条の精神及び目的にそって、核兵器のない世界に向けて誠実に多国間交渉を追求するよう求める。

16.（略）

※印には参照すべき文書の名称等が記載されているが省略した。
www.un.org/en/ga/68/resolutions.shtmlより決議番号で検索。

資料3−2　第68回国連総会・日本決議

「核兵器完全廃棄へ向けた団結した行動」(抜粋訳)

2013年12月5日採択、A/68/51

提案国：アフガニスタン、アルバニア、オーストラリア、ベルギー、ベニン、カナダ、コスタリカ、クロアチア、チェコ共和国、デンマーク、ハンガリー、日本、ラトビア、リヒテンシュタイン、リトアニア、ルクセンブルク、メキシコ、モンテネグロ、オランダ、パナマ、パプアニューギニア、フィリピン、ポーランド、韓国、ルーマニア、スペイン、スイス、トルコ、ウクライナ、米国

共同提案国：アンドラ、アンティグアバーブーダ、オーストリア、バングラデシュ、ベリーズ、ボスニアヘルツェゴビナ、ブルガリア、ブルキナファソ、ブルンジ、中央アフリカ共和国、チリ、コロンビア、コモロ、コンゴ、コートジボワール、キプロス、ジブチ、ドミニカ共和国、エルサルバドル、エストニア、フィンランド、ガボン、グルジア、ドイツ、ギリシャ、ギニア、ハイチ、ホンジュラス、アイスランド、イラク、アイルランド、イタリア、ヨルダン、カザフスタン、ケニヤ、キリバス、

キルギスタン、レバノン、レソト、リベリア、マラウィ、マリ、マルタ、ミクロネシア、モロッコ、ニュージーランド、ナイジェリア、ノルウェー、パラオ、パラグアイ、ポルトガル、モルドバ共和国、セントルチア、サモア、サンマリノ、セネガル、セルビア、セイシェル、シンガポール、スロバキア、スロベニア、南スーダン、スリナメ、スウェーデン、タイ、マケドニア旧ユーゴスラビア共和国、東ティモール、トーゴ、トリニダード・トバゴ、ウルグアイ、ウズベキスタン、バヌアツ

総会は、

すべての加盟国が、核兵器のない平和で安全な世界を達成するとの見地に立ち、かつ核兵器の完全廃棄に向けてさらなる実際的かつ効果的な措置をとることの必要性を想起し、また、これに関した団結した行動をとるとの加盟国の決意を確認し、

軍縮の過程における各加盟国の努力の究極の目標が、厳格かつ効果的な国際管理の下に置かれた全面完全軍縮であることに留意し、

2012年12月3日の決議67/59を想起し、

核兵器のいかなる使用も壊滅的な人道的結果をもたらすことに深い懸念を表明し、すべての加盟国がいかなる時も、国際人道法を含む、適用可能な国際法を遵守する必要性を再確認するとともに、核戦争を回避するためにあらゆる努力がなされるべきであることを確信し、

核兵器の使用がもたらす壊滅的な人道的結果への理解が十分になされるべきであり、関連してそうした理解を広げるための努力がなされるべきであることに留意し、

（中略）

1995年のNPT再検討・延長会議※における決定及び決議、並びに2000年※と2010年※の再検討会議における最終文書を想起し、

（中略）

また、2013年5月14～24日、6月27日、8月19～30日にジュネーブで開催された「多国間核軍縮交渉を前進させるための」国連公開作業部会、ならびに2013年9月26日に開催された核軍縮に関する国連総会ハイレベル会合に留意し、

（中略）

朝鮮民主主義人民共和国が2013年2月12日に実施した核実験を最も強い言葉をもって非難し、2006年10月14日の国連安保理決議1718、2009年6月12日の同決議1874、2013年1月22日の同決議2087、2013年3月7日の同決議2094を認識し、国連憲章第7条の下で採択された決議1817（2006）、1874（2009）、2094（2013）の要求に留意し、すべての核兵器ならびに既存の核計画の放棄とあらゆる関連活動の即時中止が同国に求められていることにとりわけ留意し、この観点から同国におけるウラン濃縮計画ならびに軽水炉建設、2012年4月13日及び12月12日の運転開始、5メガワット黒鉛減速炉及び濃縮関連活動を含む寧辺の核施設の再調整及び再稼働への意向を述べた同国の最近の声明に懸念を表明し、同国がNPTの下での核兵器国の地位を持ち得ず、いかなる状況においても核兵器の保有を認められないことを宣言し、

1. NPTのすべての加盟国が同条約の全条文に基づく義務を遵守することの重要性を再確認する。
2. NPTの普遍化の死活的重要性を再確認し、同条約に未だ加盟していないすべての国家に対し、速やかかつ無条件に非核兵器国として同条約に加盟するとともに、同条約に加

盟するまでの間、同条約のすべての条項を遵守し、同条約を支持するための実際的な措置をとるよう求める。

3. さらに、すべてのNPT加盟国が同条約第6条の下で誓約している核軍縮につながるよう、自らの保有核兵器の完全廃棄を達成するという核兵器国による明確な約束を再確認する。

4. 核兵器国に対して、一方的、二国間、地域的あるいは他国的措置を通して、配備･非配備を問わず、あらゆる種類の保有核兵器を削減し、究極的に廃棄するためにさらなる努力を払うよう求める。

5. 核軍縮及び不拡散の過程において、不可逆性、検証可能性及び透明性の原則を適用することの重要性を強調する。

6. （前略）5核兵器国による2010年再検討会議のフォローアップ会議が、5か国間の透明性及び信頼醸成措置として2011年6月30日から7月1日にかけてパリで、2012年6月27日から29日にかけてワシントンDCで、また2013年4月18日から19日にジュネーブのロシア政府代表部で開催されたことを歓迎する。

7. ロシア及び米国が、戦略攻撃兵器のさらなる削減及び制限のための措置に関するアメリカ合衆国とロシア連邦との間の条約の履行に現在取り組んでいることを歓迎し、保有核兵器のさらなる削減を達成するための後継措置に関する議論を継続することを奨励する。

8. 包括的核実験禁止条約※を未だ署名、批准していない全ての加盟国に対して、同条約の早期発効と普遍化の見地から、もっとも早い機会をとらえて同条約を署名、批准するよう求め、同条約発効までの間、核兵器の爆発実験もしくは他のすべての核爆発に関する現行のモラトリアムを継続することの重要性を強調するとともに、同条約遵守を保証するために重要な貢献をなすとみなされる検証体制の開発を継続することの重要性を再確認する。

9. 核兵器あるいは他の爆発装置用の核分裂物質の生産を禁止する条約に関する交渉の即時開始を繰り返し要求するとともに、そうした交渉が未だ開始されていないことを遺憾に思い、すべての核兵器国及びNPT非加盟国に対して、同条約発効までの間、あらゆる核兵器もしくは核爆発装置のための核分裂性物質の生産に関するモラトリアムを宣言し維持するよう求める。

10. 核兵器国のいくつかの国がすでに取っている関連措置を歓迎しつつ、国際の安定と安全を促進するような形で、核兵器の偶発的あるいは無許可の発射の危険性をさらに低下させるための措置をとるよう核兵器国に対し求める。

11. また、核兵器国に対してあらゆる軍事及び安全保障上の概念、ドクトリン、政策における核兵器の役割と重要性をいっそう低減するよう求める。

12. 核不拡散レジームを強化しうる、核兵器国からの明確かつ法的拘束力のある安全の保証に関する非核兵器国の正統な関心を認識する。

13. 各核兵器国が一方的に行った宣言に留意した1995年4月11日の安保理決議984を想起し、すべての核兵器国に対して、安全の保証に関する現存する誓約を全面的に尊重するよう求める。

14. 地域の関係諸国の自由意志で合意された取り決めに基づき、また国連軍縮委員会の1999年指針※に従い、適切な地域に非核兵器地帯を追加して設立することを奨励するとともに、核兵器国が、消極的安全保証を盛り込んだ関連議定書に署名、批准することによって、そのような地帯の地位に関して、また、当該条約の加盟国に対して核兵器の使用あるいは使用の威嚇を行わないという、法的拘束力のある個別の誓約を行うことができると認識する。

15. 朝鮮民主主義人民共和国に対し、これ以上のいかなる核実験も行わないよう、また、2005年9月19日の第4回6か国協議で出された共同声明における同国の誓約、ならびに関連する安保理決議に基づく諸義務を完全に遵守するよう強く求める。

16.～21.（略）

※印には参照すべき文書の名称等が記載されているが省略した。
（翻訳：長崎大学核兵器廃絶研究センター（RECNA）、協力：ピースデポ）
www.un.org/en/ga/68/resolutions.shtmlより決議番号で検索。

資料3－3　2014年NPT第3回準備委員会・議長勧告

議長による作業文書
2015年再検討会議に向けた議長勧告（抜粋訳）

2014年5月8日、ニューヨーク、2015年NPT再検討会議第3回準備委員会
NPT/CONF.2015/PC.III/WP.46

（前略）

I 核軍縮

1.（略）

2. a.～b.（略）

c. 加盟国に対し、2010年再検討会議で採択された核軍縮に関する行動計画に盛り込まれた誓約の中で未だ履行されていないもの、とりわけ、行動計画5において核兵器国が実施するとした誓約を早期かつ完全に履行することを求めること。また、それらの完了に向けた合意されたタイムラインの詳細を含めることを要求する。

d. 新しい種類の核兵器の開発、既存の核兵器の質的向上、核兵器及び関連施設への新たな任務の付与を行わないよう、また、あらゆる軍事及び安全保障の概念、ドクトリン、政策において核兵器の役割や重要性をいっそう最小化するよう、核兵器国に奨励すること。

e. 核兵器国が提出した共通標準様式での報告に留意しつつ、核兵器国間の定期会合を通じたものを含め、さらなる透明性の強化と相互信頼の増大に向けた努力の継続の基盤の上に、より詳細かつ具体的な報告がなされるよう奨励すること。

f. 核兵器のいかなる使用によっても人類が経験するであろう破滅についてさらなる検討を行うこと。壊滅的な人道的結末に対しては国際的な対応能力が存在しないことを踏まえ、すべての加盟国がいかなる時も、国際人道法を含め、適用可能な国際法を遵守する必要性を再確認すること。また、核兵器のない世界を達成することに関連して各国政府や市民社会が出している新しい提案やイニシアティブについて検討すること。

g. 強固な検証システムに裏打ちされ、明確な到達基準（ベンチマーク）や時間軸をともなう、相互に補強しあう法的文書で構成された、核兵器のない世界の達成と維持のための、

包括的で、交渉された、法的拘束力のある枠組みを詳細に検討するべく、国連事務総長による核軍縮のための5項目提案に留意すること。

3. a.～c.（略）

d. 地域の関係諸国の自由意思を基礎とした、さらなる非核兵器地帯を、適宜、設立し、非核兵器地帯条約におけるすべての議定書を発効させ、すべての関連する留保事項について見直しを行うこと。既存の5つの非核兵器地帯条約（トラテロルコ、ラロトンガ、バンコク、ペリンダバ、中央アジア非核兵器地帯）及びモンゴルの一国非核兵器地位が、核兵器のない世界の実現と地域安全保障の強化に向けた重要な貢献であると認識すること。2014年5月6日に核兵器国が中央アジア非核兵器地帯条約議定書に署名したことを歓迎すること。

4. 2015年再検討会議は、透明性の向上や核軍縮に関連した効果的で効率的な検証能力の開発を通じて信頼性を高める措置などの追加的措置を検討するべきである。これらの措置には以下が含まれる。

a.（略）

b. 強化された条約再検討プロセスの枠組みにおいて、すべての加盟国がNPT第6条、2010年行動計画、2000年再検討会議最終文書の実際的措置、1995年決定2の4（c）節の履行に関する定期報告を行うことの重要性を強調すること。

II 核不拡散（略）

III 核エネルギーの平和利用（略）

IV 地域問題（略）

V 普遍性及びNPTのその他諸条項（略）

（暫定訳：長崎大学核兵器廃絶研究センター（RECNA））

http://reachingcriticalwill.org/images/documents/Disarmament-fora/npt/prepcom14/documents/WP46.pdf

資料3－4　2014年NPT第3回準備委員会・新アジェンダ連合作業文書

核兵器の不拡散に関する条約第6条
新アジェンダ連合（ブラジル、エジプト、アイルランド、メキシコ、ニュージーランド、南アフリカ）を代表したアイルランド提出の作業文書（抜粋訳）

2015年NPT再検討会議第3回準備委員会

NPT/CONF.2015/PC.III/WP.18

2014年4月2日

（前略）

作業文書の背景

1.（略）

2. 核兵器の拡散を防止するという条約の目標の履行は、条約発効と同時に始まった。しかし、それから44年、「核軍備競争の早期の停止及び核軍備の縮小」という相互に強化しあう目標の達成のために条約が提示した枠組みは、依然として実行されないままだ。この結果として、条約の軍縮目標の達成は、不拡散目標の達成より相当に遅れている。

3.～6.（略）

7. 冷戦期以降、備蓄された核兵器の数は相当程度に削減されたが、現在世界の核兵器は1万7000発を超えている。垂直拡散と近代化計画が進行中で、今後数十年間それを維持することが目指されている。同時に、数多くの核保有国が、核兵器は、自国及び同盟国の軍事ドクトリンの不可欠な一部であり、今後もそうであることを確認している。核不拡散条約第6条の下で、「核軍備競争の早期の停止及び核軍備の縮小」を達成する枠組みを確立するとの加盟国の義務は、いまだに果たされていない。これを達成するための体系的かつ漸進的な取り組みに関する13項目の実践的な措置は履行されていない。結果として、核不拡散条約上の核軍縮に関する枠組みは、条約がその目標を達成するために必要な緊急性や焦点、明晰性をもたらすようなメカニズムに欠けている。にもかかわらず、核保有国は、核兵器の人道的影響についての意義ある議論や、核軍縮に関する国連総会ハイレベル会合のフォローアップ・プロセス、核軍縮交渉に向けた「国連公開作業部会」に参加したりそれを支持したりすることを拒絶している。こうした機会のそれぞれが、核不拡散条約第6条と完全に整合的かつそれを支持するものであり、核保有国が自由意思でなした明確な約束に関して進展をもたらすとの見通しを提供するものである。これは、核軍縮につながるような自国の核兵器完全放棄を達成するとの明確な約束にアプローチする核保有国の真摯な態度を疑わせるものである。完全核軍縮を達成するとの保証と引き換えに核兵器を放棄する主権的な決断を下した圧倒的多数の国にしてみれば、この状況は受け容れがたく、持続可能でもない。

8.（略）

9. この文書の目的は、条約第6条によって想定され要請されている「効果的な措置」の枠組みに関するありうる選択肢を追求し、条約の中心的な軍縮目標を達成する効果的な手段としての第6条を強化するような条件でいかに実践的にこうした選択肢を具体化できるかを検討することにある。

問題：機能する核不拡散枠組みへの見返りとしての不完全な核軍縮枠組み

世界的な核軍縮レジーム

10.～11.（略）

12. 条約の不拡散目標を支持する実に数多くの構想や取り決めがあるのに対して、条約第6条の核軍縮目標は必要な優先順位を与えられてこなかった。いかなる二国間あるいは多国間取り決めに対しても保障措置を適用するとのIAEA規程における明確な任務があり、「保障措置が支える世界的な軍縮の確立を進める」との役割があるにもかかわらず、一部の国は、核軍縮活動に対するIAEA保障措置の適用を頑なに拒んでいる。IAEA理事会及び総会は、核兵器を全て放棄しNPTに非核保有国として参加した国を超える役割を与えられていない。

13.～14.（略）

核兵器なき世界を達成し維持する人道的な要請

15.（略）

16. 核不拡散条約それ自体は、「核戦争が全人類に惨害をもたらすものであり、したがって、このような戦争の危険を回避するためにあらゆる努力を払い、及び人民の安全を保障するための措置をとることが必要である」との認識および理解の下に締結された。現在の核不拡散条約再検討サイクルが開始されるまでは、これが実際には何を意味するのかについての議論が不十分であった。2010年NPT再検討会議の「最終文書」は、「これら兵器が使用される可能性と、使用がもたらすであろう壊滅的な人道的結果に対して深刻な懸念」を明確に表明した。現在の核不拡散条約再検討サイクルにおいて、国連加盟国と核不拡散条約加盟国の多数が、こうした提示の仕方を熱心に取り上げたのである。非人道性に関する懸念は、NPTの設立に動機を与えた要因であり、今も条約の条項が完全履行されるよう促す動力である。

17. ～ 22.（略）

核軍縮を達成する明確で、法的拘束力のある、多国間のコミットメントの必要性

23. 多国間核軍縮交渉に向けた「国連公開作業部会」で新アジェンダ連合は、世界的な核軍縮・核不拡散レジームの一体性と持続可能性を維持するカギを握るのは、「核軍縮に向けた今後の全ての取り組みを下支えし導くような、核軍縮を達成するための明確で、法的拘束力のある、多国間のコミットメント」の具体化であると主張した。これが実際に何を伴うのかということについて新アジェンダ連合は、「必要なのは、新アジェンダ連合が一貫して主唱してきた核兵器なき世界に全ての国家をコミットさせる包括的かつ法的拘束力のある枠組みを無条件に履行し、明確に定義された日程と指標によって支えることだ」と提案した。

24. ～ 25.（略）

核軍備競争の早期の停止及び核軍備の縮小に関連した効果的な諸措置を創り出すいかなる法的文書にも不可欠の要素

26. ～ 28.（略）

核兵器なき世界の達成と維持のために示唆されてきた選択肢

29. 核兵器なき世界の達成および維持のためにさまざまな選択肢がおのずと現れ、あるいは核軍縮に関する公的議論の中で示唆されてきた。これらの選択肢は今や、第6条の要件に照らし合わせて追求され、議論され、試されねばならない。これについては、この文書の添付文書で詳細に検討されている。それは以下のように要約される。

（1）包括的な核兵器禁止条約（Nuclear Weapons Convention）。同条約は、時限を設け、不可逆的で、検証可能な核軍縮のための一般的義務や禁止事項、効果的基盤を提示することで、すべての大量破壊兵器廃絶の効果的な措置として、化学兵器禁止条約や生物・毒素兵器禁止条約を補うことになる。

（2）簡潔型核兵器禁止条約（Nuclear Weapons Ban Treaty）。核兵器なき世界の追求、達成、維持に必要な主要な禁止条項を確立する。このような条約は、効果的で、時限を区切り、不可逆的で検証可能な核軍縮を履行・監視するのに必要な実際的な取り決めを追加的に提示することもできるが、そうする必要はない。

（3）核兵器なき世界の達成・維持を目標とした法的文書を相互に支える枠組み協定。これらは、核兵器なき世界の達成・維持のための主要な禁止事項、義務および取り決めを確立するために協調して機能することになる。

(4) 上記の選択肢のすべてあるいは一部の要素、または新たな要素を含んだ混合型協定。

30. ～ 31.（略）

核不拡散条約の中心的な要素としての第6条の完全履行の必要性

32. 核軍縮に向けた枠組みに関して、条約第6条の要請するすべての側面に関する真剣な議論が必要である。すべての利用可能な場が利用されるべきだ。たとえば、軍縮問題が扱われることになっている常設機関、および、核軍縮に関する2013年国連総会ハイレベル会合のフォローアップ・プロセスや、あらたな任務の下で再構成された、多国間核軍縮協議に向けての国連公開作業部会、軍縮問題を取り扱う単独会議のような、より最近の取り組みがそこには含まれるが、それに限られるわけではない。新アジェンダ連合は、これらすべての場において議論を行うよう呼びかけ続ける。

33. ～ 35.（略）

添付文書　I～IV

選択肢1：包括的核兵器禁止条約（A comprehensive Nuclear Weapons Convention）

1. モデル核兵器禁止条約は、公式文書として第62回国連総会に提出された。同文書は、核兵器のない世界の達成と維持に求められる法的、技術的、政治的な諸要素について詳しく述べたものである。その主たる要素には以下が含まれる。

(1) 核兵器の開発、実験、生産、備蓄、移転、使用及び使用の威嚇を禁止し、核兵器保有国に対してそれらの廃棄を求める、一般的義務の一式。

(2) 申告に関する義務。これに基づき、条約加盟国は、自国が保有する、あるいは管轄下に置くすべての核兵器、核物質、核施設、核兵器運搬手段について、ならびにその所在地について申告することが求められる。

(3) 核兵器廃棄に向けた段階的プロセス。ここには、廃棄に向けた次の5段階が含まれる。(i) 警戒態勢の解除、(ii) 配備の撤去、(iii) 運搬手段からの弾頭取り外し、(iv) 弾頭の無能化、(v)「ピット」の取り外しと変形、ならびに核分裂性物質を国際管理の下に置くこと。

(4) 検証プロセス。ここには、加盟国による申告と報告、定期査察、チャレンジ査察、現地センサー、衛星写真の撮影、放射性核種サンプリング及び他のリモートセンシング、他機関との情報共有、一般市民による報告等が含まれる。

(5)～(12)（略）

2. ～ 4.（略）

選択肢2：簡潔型核兵器禁止条約（A Nuclear Weapons Ban Treaty）

1. ～ 2.（略）

3. 包括的条約との違いとして、簡潔型条約においては、核兵器のない世界の達成と維持に必要とされる法的、技術的な諸協定を定めることが必須ではない。当然ながら、各国政府が望む範囲でそのような協定を定めることは可能である。これらの協定が簡潔型条約で定められない場合は、他の手段で定められる必要がある。このように、簡潔型条約とは、核兵器の禁止に特化したものである。これは、核兵器のない世界の達成と維持のための一連の完全なる「効果的な措置」を策定する長期プロセスのなかで、既存の義務を基盤とした法的文書として、あるいは、そのような目的の実現をめざしたより広範な枠組み協定（選択肢3の「枠組み協定」添付文書IIIを参照のこと）の構成要素の一つとして、検討されることが有益であろうと思われる。

4. ～ 7.（略）

選択肢3：枠組み協定（略）

選択肢4：混合型協定（略）

（強調は原文。共訳：ピースデポ、長崎大学核兵器廃絶研究センター（RECNA））

http://reachingcriticalwill.org/images/documents/Disarmament-fora/npt/prepcom14/documents/WP18.pdf

資料3－5　中東会議に関するファシリテーター報告（2013年）

2015年NPT再検討会議第2回準備委員会へのファシリテーター報告書（暫定訳）

NPT/CONF.2015/PC.II/10
2013年4月29日、ニューヨーク
ヤッコ・ラーヤバ（フィンランド外務次官）

会議に向けた準備

1. 2012年の4月から5月にかけて開催された2015年NPT再検討会議第1回準備委員会に提出されたファシリテーター報告書（NPT/CONF.2015/PC.I/11）のなかで、ファシリテーターはその任務を全うする上でのアプローチについて説明を行った。

2. 1995年決議の履行を支持し、中東非核・非大量破壊兵器地帯の設立に関する会議の開催に向けた準備への着手として、ファシリテーターは中東諸国との協議を継続してきた。

3. 2012年5月、ファシリテーター室は、地域国家に対し、同会議のさまざまな実質面及び運営面に関するノン・ペーパーを提示した。これは、地域の国々が自由意思の下で準備事項を特定することを支援するためのものである。2012年10月、こうした情報提供に続いて、ファシリテーターは、会議の準備事項に関するファシリテーター提案として改訂版のノン・ペーパーを提出した。ここには、会議の議題、モダリティ（様式）、手続き事項に関する規則等が含まれていた。ファシリテーターは、その提案において、会議及び地帯設立に関し、地域国家のそれぞれが異なる出発点にあることに十分対処することを目指した。

会議の開催

4. ～ 5.（略）

6. 地帯国家のすべてが会議への参加や諸準備に関する立場を示していないなかで、すべての地域国家が参加する会議を予定通り2012年に開催することは不可能であった。

7. 会議の招集者は皆、中東非核兵器地帯の実現という目的への継続的な誓約を強調し、可能な限り早期にすべての地域国家の参加のもとで会議を開催することへの誓約を再確認した。

8. 招集者のステートメントに続き、フィンランド政府は、会議の受け入れ国としての立場を継続することを表明した。ファシリテーターは地域諸国ならびに招集者とともに、今後も会議開催に向けた準備を継続し、可能な限り早期に多国間協議を行うことを表明した。

9. 会議の延期に対する失望が広く表明された。その一方で、すべての地域国家が会議開催に向けた準備を継続するとの意向を表明した。地域の多くの国家が会議の予定開催日を明確にするよう招集者に要求した。

今後のステップ

10. 会議開催に関する前提事項に変化はなく、準備はそれを踏まえて継続される。

11. 地域国家の自由意思に基づき会議の諸準備が決定に至り次第、遅滞なき会議開催が可能となる。これに向けては地域国家の見解のさらなる収斂を図ることが不可欠である。

12. 会議の可能な限りの早期開催に向け、ファシリテーター及び招集者は、中東地帯の目的を前進させる建設的対話に向けてすべての関係者を参集させることを可能にすべく、地域国家との協議を継続する所存である。

13. すべての関係国に対し、中東地域の安全と安定に資するよう本プロセスが有する可能性を活用し、また、地域及び国際の平和という、より広範な利益への重要な影響とともに、対立から協力へと、地域における漸進的変化をパートナー国が生み出せるような協力を行うことを奨励する。

（暫定訳：長崎大学核兵器廃絶研究センター（RECNA））
以下から文書番号で検索。
www.reachingcriticalwill.org/disarmament-fora/npt/2013/statements#specific2

資料3－6　イラン・「P5+1」共同行動計画

イラン・「P5+1」共同行動計画（抜粋訳）

2013年11月24日、ジュネーブ

前文

この交渉の目的は、イランの核計画が完全に平和的なものであるようにするための、相互に合意された長期的な包括的解決に到達することである。イランは、いかなる状況下においても、核兵器を追求したり開発したりしないことを再確認した。この包括的解決は、これらの初期的措置を基礎として成り立つものであり、今後合意される期間についての最終段階と懸念の解決に結びつくことになろう。この包括的解決によって、NPTの関連条項の下で、NPT上の義務に見合う形で、平和目的での原子力への権利を完全に享受することをイランに認めることになろう。この包括的解決は、イランの計画が平和的な性格であるようにするために、実際的な制限と透明性向上措置を伴った、相互に限界を画定した濃縮計画を含むであろう。この包括的計画は、すべてに関して合意があるまで何に関しても合意がなされないという、統合された全体を構成するものとなろう。この包括的解決は、相互的な、段階を追ったプロセスを含み、イランの核計画に関連したすべての国連安保理の制裁と、多国間および一国単独での制裁の包括的解除を生み出すことになろう。（後略）

第一段階の要素

第一段階は、6か月という次元を区切ったものであり、相互の合意によって更新可能である。この間、すべての当事者は、誠実な交渉に向けた建設的な環境を維持するために協力する。

イランは、次の自発的措置をとる：

- 既存の20%濃縮ウランから、テヘラン研究炉（TRR）用の燃料製造のために半分を20%酸化物の備蓄として保持する。残りの20%濃縮六フッ化ウラン（UF6）を、5%を超えないように希釈する。再転換ラインを作らない。
- イランは、6か月の間、ウランを5%以上に濃縮しないことを発表する。
- イランは、ナタンツ燃料濃縮工場、フォルドウ、（IAEAによってIR－40と指定された）アラク原子炉における活動をさらに進展させないと発表する。
- （略）
- 濃縮のためのあらたな場所を作らない。
- イランは、濃縮に関する現在の研究開発の実践も含め、濃縮ウランの蓄積を目的としない、保障措置を受けた研究開発の実践を継続する。
- 再処理を行わない。再処理が可能な施設の建設を行わない。
- 監視の強化。（後略）

見返りに、E3/EU+3は次の自発的措置をとる：

- イランの原油販売をさらに減少させるような取り組みを一時停止し、イランの現在の顧客が現在の原油平均量を購入できるようにする。（後略）
- 次のものに対する米国およびEUの制裁を停止する。
  —イランの石油化学輸出および関連サービスへの制裁
  —金および貴金属、および関連サービスへの制裁
- イランの自動車産業および関連サービスに対する米国の制裁を停止する。
- （略）
- 核関連で国連安保理による追加の制裁を行わない。
- 核関連でEUによる追加の制裁を行わない。
- 米政権は、大統領と議会のそれぞれの役割に適合する行動をとりつつ、あらたな核関連の制裁を課すことを控える。
- 外国で保有されているイランの石油収入を使ってイラン国内でのニーズをみたすための人道的通商を促進する金融経路を確立する。人道的通商とは、食料･農産品、医薬品、医療機器、外国で発生した医療費に関連した決済と定義される。（後略）

包括的解決の最終段階の要素

本文書の採択から1年以内に交渉を完了し履行を開始することを当事者が目指す包括的解決の最終段階は、次の要件を備えるものとなろう：

- 今後合意される、特定の長期的期限をもつ。
- NPTおよびIAEA保障措置協定の加盟国の権利・義務を反映する。
- 貿易や技術、金融、エネルギーの各分野におけるアクセスに関する措置を含めた、国連安保理、多国間、一国単独での核関連制裁を、今後合意されるスケジュールで包括的に解除する。
- 今後合意される期間に関して、実際上の必要に一致するような相互に合意された範囲をもち、濃縮活動、（それが実際に実行された場合の）能力、および濃縮ウランの保管に関する範囲および水準を合意に基づき規制された、相互に規定された濃縮計画を含む。
- （IAEAによってIR－40と指定された）アラクの原子炉に関連した懸念を完全に解決する。再処理を行ったり、再処理可能な施設を建設したりしない。
- 合意された透明性向上措置および強化された監視を完全に実行する。大統領とマジュリス（イラン議会）それぞれの果たす役割に一致するように、追加議定書を批准および履行する。
- とりわけ、近代的な発電用軽水炉、研究炉および関連機器の取得、および、近代的な核燃料の供給、合意された研究開発の実施を含めた、国際的な民生核協力を含む。

この包括的解決の最終段階の履行がその全期間にわたって成功に終わったのち、イランの核計画は、他のNPT加盟非核兵器国と同様に取り扱われることになろう。

www.whitehouse.gov/sites/default/files/foreign/jointplanofaction24november2013thefinal.pdf

資料3－7　国連安保理・北朝鮮制裁決議2087（抜粋訳）

2013年1月23日採択

安全保障理事会は、

決議825（1993）、1540（2004）、1695（2006）、1718（2006）、1874（2009）、1887（2009）を含む過去の関連諸決議、及び2006年10月6日の議長声明（S/PRST/2006/41）、2009年4月13日の議長声明（S/PRST/2009/7）並びに2012年4月16日の議長声明（S/PRST/2012/13）を想起し、

全ての国は、関連する安保理決議によって課された規制を含む国際法に従って、宇宙を探査および利用する自由を有することを確認し、

1. 弾道ミサイル技術を使用し、かつ安保理決議1718（2006）および1874（2009）に違反する、朝鮮民主主義人民共和国（DPRK）による2012年12月12日の発射を強く非難する。
2. DPRKに対し、弾道ミサイル技術を使用した更なる発射を行わず、また弾道ミサイル計画に関連する全ての活動を中止することによって安保理決議1718（2006）および1874（2009）を遵守し、この文脈においてミサイル発射凍結という従来の誓約を再確立することを要求する。

3. DPRKに対し、全ての核兵器および既存の核計画を、完全かつ検証可能で後戻りのできない形で放棄し、直ちに関連する全ての活動を中止するとともに、弾道ミサイル技術を使用したさらなる発射及び核実験、もしくはこれ以上の如何なる挑発行為も行わないことを含め、安保理決議1718(2006)および1874(2009)の下での義務を直ちに完全に遵守するよう要求する。

4. 決議1718(2006)および1874(2009)に含まれた現行の諸制裁措置を再確認する。

5.～14.(略)

15. 6か国協議に対する支持を再確認し、その再開を要請するとともに、同協議の全参加国が、朝鮮半島の検証可能な非核化を平和的に達成し、かつ朝鮮半島と北東アジアにおける平和と安定を維持するという展望をもって、中国、DPRK、日本、大韓民国、ロシア連邦およびアメリカ合衆国によって2005年9月19日に発出された共同声明の完全かつ迅速な履行への努力を強化するよう求める。

16. すべての国連加盟国に対し、決議1718(2006)および1874(2009)に従って、自国の義務を完全に履行するよう求める。

17. すべての国連加盟国が、外交関係に関するウィーン条約によりDPRKに置かれた外交使節団の活動を害することなく、決議1718(2006)第8項(a)(iii)および第8項(d)の条項を履行すべきことを再び強調する。

18. 決議1718(2006)および1874(2009)によって課された措置は、DPRKの住民に否定的な人道的結果をもたらすことを意図していないことを強調する。

19. DPRKの行動を継続的に評価の対象とするとともに、DPRKによる決議履行状況に照らして必要とされるであろう措置を強化、修正、停止あるいは解除する用意があることを強調し、また、この文脈で、DPRKによる更なる発射または核実験が行われた場合には、重大な行動をとる決意を表明する。

20. 事態を積極的に掌握しつづけることを決定する。

付録I　渡航禁止及び資産凍結(略)
付録II　資産凍結(略)

www.un.org/en/sc/documents/resolutions/index.shtml

資料3－8　国連安保理・北朝鮮制裁決議2094(抜粋訳)

2013年3月7日採択

安全保障理事会は、
(略)
国際連合憲章第7章に基づいて行動し、同憲章第41条に基づく措置をとって、

1. 北朝鮮が、安保理の関連決議に違反しかつ甚だしく無視して、2013年2月12日(現地時間)に核実験を実施したことを最も強い文言で非難する。

2. 北朝鮮が、弾道ミサイル技術を用いたいかなる発射、核実験、もしくはその他のいかなる挑発もこれ以上実施すべきでないことを決定する。

3. 北朝鮮に対し、NPTからの脱退に関する発表を直ちに撤回することを要求する。

4. 北朝鮮に対し、NPT締約国の権利および義務を念頭に置きながら、NPTおよび国際原子力機関(IAEA)の保障措置に早期に復帰することをさらに要求するとともに、NPTのすべての締約国が自国の同条約上の義務を引き続き遵守することが必要であることを強調する。

5. ウラン濃縮を含む、北朝鮮における進行中の核活動を非難し、そうした行為はすべて決議1718(2006)、1874(2009)および2087(2013)違反であることに留意し、北朝鮮が、すべての核兵器および既存の核計画を、完全で検証可能、かつ不可逆的な方法で廃棄し、すべての関連活動を即時に停止すべきであること、NPTの下で締約国に課される義務およびIAEA保障措置協定(IAEA INFCIRC/403)に定める条件に厳格にしたがって行動すべきであるとの決定を再確認する。

6. 北朝鮮が、現存するその他すべての大量破壊兵器、および弾道ミサイル計画を完全で検証可能、かつ不可逆的な方法で廃棄すべきことを再確認する。

7.〜30.(略)

31. 決議1718(2006)、1874(2009)、2087(2013)およびこの決議によって課される措置は、北朝鮮の一般市民に対して人道面の悪影響をもたらすことを意図するものではないことを強調する。

32. すべての加盟国は、外交関係に関するウィーン条約に従って北朝鮮におかれた外交使節団の活動を害することなく、決議1718(2006)の第8節(a)(iii)および第8節(d)の規定を遵守すべきことを強調する。

33. このような事態を平和的、外交的かつ政治的に解決することへの安全保障理事会の約束を表明し、対話を通じた平和的かつ包括的な解決を促進し、緊張を悪化させるおそれのあるいかなる行動も差し控える安保理加盟国とその他の国家による努力を歓迎する。

34. 6か国協議への支持を再確認し、その再開を要請し、朝鮮半島の検証可能な非核化を平和的な方法で達成し、かつ、朝鮮半島および北東アジアの平和と安定を維持することを視野に入れて、中国、北朝鮮、日本、大韓民国、ロシア連邦ならびにアメリカ合衆国によって発表された2005年9月19日の共同声明を完全かつ迅速に履行する取り組みを強化することを、すべての参加国に要請する。

35. 朝鮮半島と広く北東アジアにおける平和と安定を維持することの重要性をあらためて強調する。

36. 北朝鮮の行動を絶えず検討すること、および、北朝鮮による遵守の状況にかんがみ、必要に応じて、これらの措置を強化、修正、一時停止もしくは解除する用意があることを確認し、この関連で、北朝鮮によるさらなる発射もしくは核実験の場合にはさらなる重要な措置をとる決意を表明する。

37. この問題に引き続き関与することを決定する。

附属書I　渡航禁止/資産凍結　(略)

附属書II　資産凍結　(略)

附属書III　品目、資材、機材、物品および技術　(略)

附属書IV　奢侈品　(略)

(暫定訳:長崎大学核兵器廃絶研究センター(RECNA))

www.un.org/en/sc/documents/resolutions/index.shtml

資料3−9　シリアの化学兵器廃棄のための米ロ枠組み合意

「シリアの化学兵器廃棄のための枠組み」(抜粋訳)

2013年9月14日、ジュネーブ

化学兵器禁止条約に加盟するというシリア･アラブ共和国の決定と、発効以前に同条約を暫定的に適用するとのシリア当局の約束を考慮に入れ、米国とロシア連邦は、シリアの化学兵器計画(CW)の破壊を、最も迅速かつ安全な形で遂行する共同の決意を表明する。

この目的のために、米国とロシア連邦は、シリア化学兵器計画の迅速な破壊とそれに関する厳格な検証のための特別の手続きを定めた決定案を、化学兵器禁止機関(OPCW)執行理事会に対して数日以内に準備し提出する予定である。双方の考えるこの決定の基礎となる原則は、附属書Aに記されている。米国とロシア連邦は、シリアにおいて化学兵器がこれまでに使用されたこと、シリアで激しい内戦が行われていることによって、これらの異例の手続きが必要とされると考えている。

米国とロシア連邦は、OPCW執行理事会の決定を補強する国連安保理決議の迅速な採択に向けて協力する所存である。この決議は、その検証と効果的な履行を確実にする措置を含み、国連事務総長に対して、OPCWと協議のうえで、シリア化学兵器計画の廃棄における国連の役割に関して安保理に速やかに勧告を提出することを要請するものとなろう。

米国とロシア連邦は、この安保理決議は、OPCW執行理事会の決定のシリアにおける履行を恒常的に検討する基盤を提供するものであり、許可を受けない移転、またはシリア国内のいずれかの者による化学兵器のいかなる使用のような不遵守の場合には、国連安保理は国連憲章第7章の下での措置を科すべきであることに合意した。

提案された米ロ共同OPCW決定案は、不遵守のいかなるケースも国連総会および国連安保理に通知するとした、化学兵器禁止条約第8条の適用を支持する。

シリア化学兵器計画の廃棄という目標をさらに推し進めるために、米国とロシア連邦は、関連する化学兵器の量と種類について共通の評価に到達した。そして、我々はシリアにおける化学兵器とその構成要素を即時に国際管理下に置くことを約束する。米国とロシア連邦は、化学兵器剤の名称や種類、量、弾薬の種類、さらに、貯蔵、生産、研究開発に関わる施設の場所や形態を含めた包括的リストを、1週間以内にシリアが提出することを期待している。

我々はさらに、これら兵器の最も効果的な管理は、実現可能なかぎり多量の兵器をOPCWの監視の下で除去すること、そして、可能であればシリア国外でそれらを破壊することによって達成されるかもしれないと判断した。我々は、化学兵器関連物資と器材のすべてのカテゴリーを除去および破壊するという野心的な目標を設定し、そうした除去および破壊を2014年前半までに完了させるという目標を持っている。化学兵器や化学兵器剤の在庫、その前駆物質、専用のCW器材、化学兵器弾薬そのものに加えて、廃棄プロセスには、これら兵器の開発･生産に関わる施設が含まれねばならない。この点に関する双方の見解は附属書Bで展開されている。

米国とロシア連邦は、化学兵器の透明性を確保するために、シリアは、同国におけるいかなるおよび全てのサイトを査察する即時かつ無制限の権利を、OPCWおよび国連、その他の支援職員に対して与えなければならないことをさらに決定した。OPCW執行理事会に採択してもらうために米国とロシア連邦が提案し、国連安保理決議によって補強されるこの異例の手続きには、上記のように、この権利を確実にするためのメカニズムが含まれねばならない。(中略)

米国とロシア連邦は、今後数日で迅速に対処される必要があるこの枠組みの実施を推し進めるにあたってさらなる詳細があることに留意し、シリアの危機の現状を考えれば時間こそが重要であるとの理解の下に、実現可能な限り早期に、それらの詳細を詰める努力を行っていく。

附属書A　OPCW執行理事会による決定文書の原則(略)
附属書B　シリア化学兵器の破壊に関する共同枠組み(略)

www.state.gov/r/pa/prs/ps/2013/09/214247.htm

資料3−10　武器貿易条約(ATT)(抜粋訳)

2013年4月2日、第67回国連総会で採択(A/67/L.58)

(前略)

第1条　目標及び目的

本条約は、
—通常兵器の国際貿易の規制または規制の改善のための、共通の国際基準を確立し、
—通常兵器の不法な国際貿易を防止し、根絶し、不正転売(横流し)を防止することを目標とし、
—国際及び地域の平和、安全保障、安定に貢献し、
—人的被害を減少させ、
—通常兵器の国際貿易における、加盟国による協力、透明性の向上、責任ある行動を促進することによって、加盟国間の信頼を醸成することを目的とする。

第2条　対象範囲

1. 本条約は、以下の類型の通常兵器のすべてに適用される:
(a)戦車
(b)装甲戦闘車両
(c)大口径火砲システム
(d)戦闘用航空機
(e)攻撃用ヘリコプター
(f)軍用艦艇
(g)ミサイル及びミサイル発射装置
(h)小型武器及び軽兵器

2.～3.(略)

第3条　銃砲弾・弾薬（略）
第4条　部品及び構成品（略）
第5条　全般的履行（略）

第6条　禁止事項

1. 加盟国は、第2条1に規定された通常兵器または第3条もしくは第4条に規定された物品の移転が、国連憲章第Ⅶ章の下で行動する国際連合安全保障理事会によって採択された諸措置、とりわけ武器禁輸措置に違反する可能性がある場合には、いかなる場合にもこれを許可してはならない。
2. 加盟国は、第2条1に規定された通常兵器または第3条もしくは第4条に規定された物品の移転が、自国が加盟する国際取極めにおける国際的義務に違反する可能性がある場合には、いかなる場合にもこれを許可してはならない。
3. 加盟国は、第2条1に規定された通常兵器または第3条もしくは第4条に規定された物品の移転を許可する時点において、移転される武器及び物品が、ジェノサイド、人道に対する罪、1949年ジュネーブ条約の重大な違反、民間目標またはそれによって守られた民間人に対する攻撃、もしくは自らが加入する国際取極めによって定義された戦争犯罪に使用される可能性があることを認識している場合には、いかなる場合にもこれを許可してはならない。

第7条　輸出及び輸出事前評価

1. 加盟国は、その輸出が第6条の規定により禁止されていない場合には、第2条1に規定された通常兵器または第3条もしくは第4条に規定された物品の移転を許可するに先だって、自らの法管轄の下で、国家的管理システムに従い、客観的かつ非差別的な方法で、第8条(1)に従って輸入国により提供された情報を含む関連要素を考慮し、通常兵器又は物品がもたらしうる以下の潜在的影響に関する評価を行わなければならない：
   (a) 平和と安全に貢献するか、もしくは阻害するか；
   (b) 以下の目的で使用されうるか；
      (ⅰ) 国際人道法の重大な違反を犯す、又は助長すること；
      (ⅱ) 国際人権法の重大な違反を犯す、又は助長すること；
      (ⅲ) 輸出国が自ら加入する、テロリズムに関連する国際諸条約又は議定書の規定に対する違反を構成する行為を犯す、又は助長すること；
      (ⅳ) 輸出国が自ら加入する、国際的な組織犯罪に関連する国際条約又は議定書の規定に対する違反を構成する行為を犯す、又は助長すること。

2. ～ 7.（略）

（以下略）

第8条 輸入／第9条 通過・積み替え／第10条 仲介取引／第11条 不正転売（横流し）／第12条 記録の保持／第13条 報告／第14条 施行／第15条 国際的協力／第16条 国際的援助／第17条 加盟国会議／第18条 事務局／第19条 紛争解決 ／第20条 改正／第21条 署名、批准、受理、承認、加入／第22条 発効／第23条 暫定申請／第24条 期間及び脱退／第25条 留保／第26条 他の国際取極めとの関係／第27条 寄託／第28条 正文

www.un.org/disarmament/ATT/

資料3－11　オバマ大統領のベルリン演説(抜粋訳)

2013年6月19日

(前略)我々は、もはや世界的な絶滅の危機の中にはいないと言えるかもしれない。**しかし、核兵器が存在する限り我々は真に安全ではない。**我々はテロリストのネットワークに打撃を与えることはできる。だが、過激主義に火をつけるような不安定や不寛容さに配慮を怠るならば、結局は我々自身の自由が脅かされるだろう。我々は、世界の羨望の的となるような生活水準を享受することができよう。しかし、もし数百万の人々が空腹の苦痛や失業の悲しみに耐えているとするならば、私たちの繁栄は真のものとは言えない。(略)

正義を伴う平和は、核兵器の無い世界の安全保障を追求することを意味する－それが遠い夢であろうと。したがって、私は大統領として、核兵器の拡散を止めるための努力を強め、米国の保有核兵器の数と役割を減らしてきた。新START条約によって、我々は米国とロシアの配備核弾頭を、1950年代以来最低の水準まで削減する道を歩んでいる。

しかし、やらねばならいことはもっとある。そこで今日、私は、追加的な前進措置を明らかにする。包括的な見直しの結果、私は**我々の配備戦略核兵器を最大3分の1削減したとしても、米国と同盟国の安全保障を確かにし、強力かつ信頼性のある戦略的抑止を維持することが可能だと結論づけた。**そして私は、冷戦時代の核態勢を乗り越えるために、ロシアとの交渉による削減を追求するつもりである。

同時に、我々は、ヨーロッパにおける米国とロシアの戦術核兵器の大胆な削減を追求するためにNATO同盟国とともに努力するであろう。さらに我々は、原子力の平和利用のための新しい国際枠組みを創出し、北朝鮮とイランが追求していると思われる核兵器開発を阻止することができる。

米国は、世界中の核物質の保安に向けた努力を継続するために、2016年首脳会議の開催国になるとともに、包括的核実験禁止条約(CTBT)の批准に対する米国内の支持を獲得するために努力し、すべての国家に対して核兵器に使用可能な核分裂性物質の生産を中止する条約の交渉開始を求める。これらが、正義を伴う平和な世界を創出するために、我々がとりうる諸措置である。(後略)

(強調はピースデポ)

www.whitehouse.gov/

資料3－12　米国核政策指針

「合衆国の核使用戦略に関する報告」(抜粋訳)

2013年6月19日

I 目的

合衆国法典第10章491節に従い、国防長官は大統領に代わり、合衆国の核使用戦略に関する本報告書を提出する。491節は次のように定めている：

大統領は、大統領が合衆国の核使用戦略を、その時点において有効な戦略に置き換わるものとして履行する遅くとも60日前までに、下記事項に関する報告書を議会に提出しなければならない：

(1) 合衆国の核使用戦略、計画及び選択肢の修正に関する記述。

(2) これら修正が合衆国の核態勢に及ぼす影響。

(3) これら変更が合衆国の諸戦略軍の柔軟性及び抗堪(こうたん)性、並びに、核抑止、拡大抑止、安全保証及び防衛に関する合衆国の諸目標を支援する能力に及ぼす影響。

(4) 上記修正がもたらす、合衆国の通常あるいは非核攻撃能力もしくはミサイル防衛への依存増大の程度。

本報告書は、大統領による新しい核使用指針の発表に伴い、その履行に先立って提出されることにより、第491節の要請に応えるものである。この新しい核使用戦略は、来年以降の国防総省の軍事指針及び諸計画の改訂によって履行されるであろう。

II 核態勢見直しの追加分析

2011年に、大統領は国防総省(DoD)に対して、他の省庁と協議して2010核態勢見直し(NPR)の綿密な追加分析を行うよう指示した。この分析の目的は、合衆国の核抑止の諸要件を現在及び想定されうる安全保障環境に合致させるべく詳細に見直すことにあった。

同分析の結果、核使用戦略の変更が、以下に示す合衆国の核兵器政策の主要な5目標を支援するための最善の策となりうるものと評価された：

1) 核拡散と核テロリズムを防止する。

2) 合衆国の安全保障戦略における核兵器の役割を縮小する。

3)削減された核戦力によって戦略的抑止と安定を維持する。

4) 地域的抑止を強化し、同盟国及びパートナーに改めて安心を提供する。

5) 安全、安心で効果的な保有核兵器を引き続き保持する。

さらに同分析は、抑止が破綻した場合に、大統領に提供されるべきオプションを検討し、次の第6の目標を設定した：

6) 抑止が破綻した場合に合衆国及び同盟国の目標を達成する。

合衆国は、核兵器のない世界の平和と安全を追求する。これは、長期間を要する目標であるが、我々が今、具体的な措置を講じつづけるべき至上命題である。同時に、我々は核兵器が存在する限り、地下核実験(UGT)に回帰することなく、核抑止の安全性と保安及び効率性を維持しなければならない。

改訂された大統領の核使用指針は、合衆国の核使用政策を今日の安全保障環境に合致

させつつ、この目標に向かうための具体的措置である。(略)

Ⅲ 核使用戦略の修正(略)

戦略的環境

核使用指針の定義における鍵となるのは、戦略的環境に関する明確な評価である。2010NPRが述べるように、冷戦終結後の世界の安全保障環境は劇的に変化した。世界的な核戦争の脅威は遠ざかったが、核攻撃のリスクは増大した。

今日のもっとも差し迫った極限的危険は、核テロリズムである。アルカイダを含む過激派同盟は核兵器を求めている。核兵器をひとたび入手すれば、彼らはそれを使用するだろう。

今日におけるもうひとつの差し迫った脅威は、とりわけイランと北朝鮮による核拡散である。合衆国はイランの核兵器入手に反対し、それを防ぐことを公約しており、北朝鮮の核関連活動の正統性を認めていない。合衆国は引き続き外交及び国際的制裁の強化並びに他の手段をとおして、イランと北朝鮮の双方に国際的義務違反に対する説明責任を求めるとともに、義務遵守に立ち戻らせることを追求してゆく。

核テロリズムと核不拡散という増大しつつある喫緊の脅威に対処しつつ、合衆国はロシア及び中国との戦略的安定性という慣れ親しんだ課題に対処しなければならない。ロシアは現在、地上配備の大陸間弾道ミサイル(ICBMs)、弾道ミサイル潜水艦、戦略爆撃機に搭載された長距離巡航ミサイルという3本柱から構成される戦略核戦力を配備している。これら戦力に加え、ロシアは膨大な非戦略核戦力を保有している。2国間には見解の相違が生起し続けており、ロシアは核戦力の近代化を継続しているが、ロシアと合衆国はもはや敵ではなく、両国が軍事的対決に立ちいたる可能性は、著しく低下している。

同時に、ロシアは依然として米国と比肩される核兵器能力を持つ唯一の国である。2国間の量的均衡の必要性はもはや冷戦時代のような絶対的要請ではないが、核能力における著しい不均衡が両国間ならびに合衆国の同盟国の間での懸念となる可能性がある。とりわけ核戦力が著しく削減されるにつれて、安定した長期的戦略関係が損なわれる可能性がある。したがって、我々は、我々がより低いレベルの核兵器へと移行する過程にロシアが加わることが重要であると考える。

合衆国は、ロシアとの戦略的安定性を追求しつづける。効果的な抑止態勢を維持するという目標に従い、ロシアの戦略的核抑止力を無力化し、あるいはロシアとの戦略的関係を不安定化することにが我々の意図では無いことを明示することによって、合衆国は戦略的安定性の改善を追求してゆく。ロシアが、合衆国及び同盟国に対して同様の措置をとれば、戦略的安定性は強化されるであろう。

合衆国は、中国が通常戦力の近代化を様々な側面において進めていることを懸念し、中国の保有核兵器の近代化と拡大を注視している。中国の核計画、とりわけ、その進行速度と範囲、さらにはそれらを牽引する戦略とドクトリンを巡る不透明性は、我々に中国の長期的な意図に関する疑問を抱かせている。

合衆国は、米中関係における戦略的安定性を維持するとの約束を堅持し、より安定、柔軟かつ透明な米中関係を築くための対話の開始を支持する。

核使用指針

大統領の新しい核使用指針は、合衆国を長きにわたって導いてきた抑止の基本原則に従うが、今日の戦略環境に合致するよう適切な変更を加えたものである。

指導原則

数十年にわたる慣行に従い、合衆国軍最高司令官たる大統領は、合衆国の核戦力の使用を命ずる唯一の権限を有している。大統領の指針は、合衆国の核戦力の役割を指導する諸原則を確立する。そこには以下が含まれる:

- ・合衆国の核兵器の基本的役割は引き続き、合衆国、同盟国並びにパートナーに対する核攻撃を抑止することにある。
- ・合衆国は、合衆国、同盟国並びにパートナーの死活的国益を防衛する極限的な状況においてのみ、核兵器の使用を考慮する。
- ・合衆国は、合衆国、同盟国並びにパートナーを攻撃することの代償として受ける結果が、攻撃することによって得られる利益を著しく上回るであろうことを潜在的敵国に確信させうる、信頼性ある核抑止力を維持するであろう。
- ・合衆国、同盟国並びにパートナーの現在及び将来の安全保障上の要求に従い、可能な限り少数の核兵器によって信頼性ある抑止を達成するのが、合衆国の政策である。

核使用計画指針

新戦略は、強力かつ信頼性ある抑止を維持することを明らかにするものであるが、同時に抑止が破綻するという可能性に備えなければならないことを明らかにする。抑止を支援し、抑止が破綻した場合に大統領が手にしうるオプションを提供するために、新使用戦略は、DoDに核使用計画を策定するよう指示する。

2010NPRに述べられたように、合衆国は、核不拡散条約(NPT)に加盟し、かつ不拡散義務を遵守している非核兵器国に対しては核兵器の使用も、使用の威嚇も行わない。我々の核計画を今日の安全保障環境に対する我々の評価に合致させるために、同指針は、DoDの計画策定が、21世紀における抑止に求められる目標と任務を焦点化しなければならないことを指示する。

新指針は、合衆国が、潜在的敵国に対する有意な「対戦力」能力を維持することを求めている。新指針は「対価値」もしくは「最小限抑止」戦略には依らない。

新指針はすべての計画が武力紛争法の基本原則に合致しなければならないことを明らかにする。したがって、諸計画は、区別性、均衡性等の諸原則を採用し、民間人及び民間目標の殺傷と破壊を最小化することを追求するであろう。合衆国は意図的に民間人及び民間目標を標的とはしない。

核兵器の役割を縮小する

2010NPRは、合衆国が、核攻撃の抑止を合衆国の核兵器の「唯一の目的」とする政策を安全に採用しうる条件を整えることを、政府の目標に設定した。今日において同政策を採用することは出来ないが、新指針は時間をかけてその目標に向けて努力することを強調する。この目的で、新指針はDoDに対して、我々の国家安全保障戦略における核兵器の役割を縮小することに向けた具体的措置をとるよう指示している。

DoDは、どのような目的と効果が統合的な非核兵器攻撃オプションによって達成されうるのかを評価し、これら目的と効果を達成しうる可能な手段について提案するよう指示される。これらオプションは核兵器を代替するものではないが、非核攻撃オプションに関する計画は、核兵器の役割を縮小することの中核をなす。

我々の軍事力を無力化するような突然の核攻撃の可能性が消滅しつつあるとの認識に立ち、新指針はDoDに、命じられればそれを実行する能力を保持しつつ、「攻撃下における発射」が果たす役割を縮小するためのさらなる合衆国の計画におけるオプションの検討するよう指示する。

合衆国の戦力予備(ヘッジ)核兵器(略)

Ⅳ 合衆国の核態勢及び備蓄核兵器への影響

核戦力使用計画の指針を提供することに加えて、大統領の新指針は、配備戦力の態勢及び非配備の備蓄核兵器に関する指示を含んでいる。

核戦力態勢

合衆国の核の三本柱

新指針は、合衆国が大陸間弾道ミサイル(ICBMs)、潜水艦発射弾道ミサイル(SLBMs)、核能力重爆撃機からなる核の三本柱を維持すると述べる。これら3本柱を継続することは、潜在する技術的問題もしくは脆弱性を回避し、合理的なコストで戦略的安定性を維持するための最善の策である。

これらの戦力は、ロシア及び中国との戦略的安定性を保ち、地域に潜在する敵を抑止し、合衆国の同盟国及びパートナーに安心を提供するような方法で、日々運用されなければならない。これには外洋標的設定が含まれる。これによって、合衆国の核兵器の偶発的もしくは無許可発射という極めて想定しがたい出来事が起こっても、兵器は外洋上に着弾するであろう。

非戦略核兵器

合衆国はまた、合衆国の同盟国とパートナーに対する拡大抑止を支援するために、重爆撃機及び両用航空機による核兵器の前進配備能力を維持するであろう。欧州においては、北大西洋条約機構(NATO)による2012年の「抑止防衛態勢見直し」に従い、NATOが同盟の核態勢の変更に適した状況であると合意するまで、前進配備態勢を維持しなければならない。

戦略戦力の水準

新START条約が完全に履行された時に我々が保持することになる核戦力の水準は、合衆国が国家安全保障の目標を充足するために必要とされる水準よりも多い。合衆国の新使用指針は、より効果的で効率的な核戦力計画に帰結するであろう。

我々の核戦力を包括的に見直した結果、大統領は、新START条約で設定された配備戦略核兵器をさらに最大3分の1削減したとしても、合衆国、同盟国及びパートナーの安全を確保し、強力かつ信頼性ある戦略的抑止を維持することが可能であると判断した。合衆国には、冷戦時の核態勢を乗り越えて前進するために、さらなる戦力削減をロシアと交渉する意思がある。(略)

合衆国の備蓄核兵器

冷戦終結以来、合衆国は保有核兵器における技術的問題発生、あるいは米国の配備核兵器の構成要件に関する計算方法を変更させるような国際環境の変化に対する戦力予備(ヘッジ)として、予備的な非配備核弾頭の備蓄を維持してきた。

NPR追加分析の一環として、国防総省とエネルギー省はこの戦力予備として必要とされる非配備核弾頭の数を決定するためのアプローチを検討した。両省は、最小限の核兵器の総数の下で、技術的もしくは地政学的リスクに対する強固な戦力予備を維持することを可能とする、ひとつのアプローチを開発した。このアプローチに基づき、新指針は次のように指示する:

・合衆国は、いずれか一つのタイプの核兵器もしくは運搬手段に一時的に技術的欠陥が生じた時の戦力予備として、充分な数の非配備核兵器を維持するであろう。可能な場合には、合衆国は3本柱の一つの中で完結する互換可能な備蓄オプションを提供する。換言すれば、ある特定の弾頭に欠陥が生じた時に、同じ＜柱＞の中の他のタイプの核弾頭をアップロード(再搭載)する。備蓄核兵器の現状から同じ＜柱＞の中の戦力予備で対応することが不可能な時のために、合衆国は欠陥の生じた核弾頭を、他の＜柱＞に属する追加的な核弾頭によって代替する戦力予備を準備する。

・DoDは旧型の兵器を、寿命延長計画(LEP)を実施中の兵器の欠陥に対する戦力予備として、当該LEPが信頼を達成できるまでの間に限り、維持しなければならない。

・これら技術的リスクへの対処のために規模が定められた非配備戦力予備は、同時に、配備戦力の必要規模の見積もりを変更させるような地政学的状況変化に対応するための、追加的アップロード能力を合衆国に提供するであろう。

新指針は、多数の核弾頭からなる戦力予備から、即応性の高いインフラストラクチャーへと時間をかけて移行するという2010NPRの目標を再確認する。合衆国は、この転換を可能にするために、物的インフラの近代化への投資を開始したところである。しかし、このようなインフラが利用可能になるためには、今後10年もしくはそれ以上を要することから、非配備核弾頭を追加的に保持するという新指針の戦力予備アプローチは妥当な短期的方策である。

我々の核兵器事業体における研究は、地下核実験に回帰することなく、安全、安心でかつ効果的な備蓄核兵器を確保することに加え、戦力予備のための長期的アプローチの中核的構成要素である。合衆国は、核抑止力を維持するため、国立核研究所と支援施設複合体から構成される物的インフラ、及び専門的能力を有する優秀な労働力への投資を開始し、それを継続するであろう。核兵器が存在する限り、合衆国は、合衆国と同盟国及びパートナーの安全を保証するために、安全、安心でかつ効果的な保有核兵器を維持する努力を続けるであろう。

V 追加的影響

抗堪性と柔軟性(略)

核抑止、拡大抑止、安全保証及び防衛(略)

・核抑止と戦略的安定性:(略)

・拡大抑止：（略）
・合衆国の同盟国とパートナーに保証を与える：（略）

通常または非核攻撃能力及びミサイル防衛への依存の拡大（略）

www.defense.gov/pubs/ReporttoCongressonUSNuclearEmploymentStrategy_Section491.pdf

資料3－13　米国防総省のミサイル防衛に関する発表

米国防総省のミサイル防衛に関する発表（抜粋訳）

チャック・ヘーゲル国防長官
2013年3月15日、国防総省

（略）

本日、私は、イランおよび北朝鮮の長距離弾道ミサイル能力の開発によってもたらされた挑戦を食い止めるために米国が講じる一連の措置を発表する。

米国は、限定的なICBM攻撃から我々を守るために特定の場所にミサイル防衛システムを配備している。しかし、特に北朝鮮は、最近、その能力における進歩をとげ、一連の無責任で無謀な挑発を繰り返している。具体的には、北朝鮮は、先月、3回目の核実験を行ったと発表し、昨年4月には、移動式大陸間弾道ミサイルとみられるものを展示した。さらに、軌道上に衛星を投入するためにテポドン2ミサイルを使用し、それにより、長距離弾道ミサイル技術の開発における進歩を誇示した。

本土防衛を強化し、かつこの脅威を食い止めるために、我々は4つの措置を講じる。

第1に、我々は、フォート・グリーリー（アラスカ）に14基の地上配備迎撃ミサイル（GBI）を追加配備することにより、本土ミサイル防衛を強化する。これにより、カリフォルニア州バンデンバーグ空軍基地の4基のGBIを含めて、展開する迎撃ミサイル数は30基から44基へと増加する。この追加は、我々のミサイル防衛能力にほぼ50パーセントの増強をもたらすことになる。

第2には、日本政府の支援の下で、日本にもう一つのレーダー配備を計画している。この2基目の車載移動式XバンドレーダーTPY－2は、米国または日本へ向け北朝鮮から発射されたミサイルに対する早期警戒及び追尾能力の向上を可能にする。

第3に、我々は、議会の指示に従い、米国のGBI基地の新設計画に関する環境影響調査を実施している。政府が、追加的なサイトを追求すべきかどうか決定していない段階で、環境影響調査を行なっておけば、実施決定が下された時の建設スケジュールが短縮されるであろう。

そして第4に、我々はSM3ブロックⅡB計画を再構築している。よく知られているように、我々は、欧州段階的適応性アプローチ（EPAA）の一部としてSM3ブロックIIBの配備を計画してきた。その目的は、中東からのミサイル脅威に対する地上配備迎撃ミサイル（GBI）によって既に提供されている米本土防衛能力を向上ことである。この計画を展開するスケジュールは、議会の予算削減により少なくとも2022年まで先送りされている。その間に、脅威は増大する。この遅延しているプログラムからGBIおよび新バージョンのSM－3の性能を改善する先端的な迎撃体(KV)技術やGBIの追加配備に資金を移行することにより、我々は、北朝鮮の脅威に対する防衛能力を増強しながら、イランからのミサイルに対する防衛能力を強めることができるであろう。

NATOのミサイル防衛に対する米国の強力で継続的なコミットメントを強調したい。そのコミットメントは堅固なままである。ポーランドとルーマニアへの配備を含め、米国が、欧州段階的適用性アプローチ(EPAA)の第1段階から第3段階を通して形成するミサイル配備によって、2018年までに欧州NATO領域をカバーするという計画は依然として達成可能である。

亢進する予算難の中で、税金を最大限に活用しつつ、これら4つの決定は全体として、イランと北朝鮮からの将来のミサイルの脅威に対抗する我々の能力をさらに高めるであろう。アメリカ国民は、我々が、本土の安全保障と海外における米国の戦略的利益を保護するためのすべての必要な措置を講じることを期待している。一方で国民は、我々が最も効率的で効果的な方法でそれを実行することを期待している。今日概略を述べた措置を講じることによって、我々は本土防衛を強化し、同盟国とパートナーに対する関与を維持し、世界へ向けて米国が攻撃に対して断固として立ち向かうことを明確にするであろう。

www.defense.gov/speeches/speech.aspx?speechid=1759

資料3－14　無人機に関する国連特別報告者の中間報告

クリストフ・ヘインズ特別報告者の中間報告(抜粋訳)

2013年9月13日、国連総会、A/68/382

第4章　結論

102　(略)たとえ無人機が違法な兵器ではないとしても、それらは容易に悪用されうる。国際法の核心的規範は、テロリズムがもたらす新たな挑戦に際して放棄される必要はないし、放棄されるべきでもない。それどころか、とりわけ将来この技術にアクセスする国家の数が拡大するであろうことを考慮すると、無人機が標的の殺害を遥かに著しく容易にするということは、それらの諸基準の入念な適用の保証を促進するものとして役立つべきである。

103　潜在的な脅威に対抗するグローバルな警察機能を実質的に執行する国家が無人機を使用することは、生命の保護に危険をもたらす。なぜなら、(身柄拘束のような)国内での警察行為の手段は利用できず、攻撃目標に関するより甘い戦争法の枠組みがしばしば代わりに用いられるからである。

第5章　勧告

A.　総論

104　武力の使用に関する確立した国際法枠組み(国際人権法、国際人道法及び国家間武力行使)は、武装した無人機の使用に関する適切な枠組みを明らかにしているとみなされるべきである。

105（略）

B. 国連に対して

106　国連憲章に基づいて自衛権が行使される場合にも、安全保障理事会の支持があることが望ましい。武装した無人機の使用に対する多国間の監視を保証する安全保障理事会の役割は強化されるべきである。

107　自衛権が発動され、それが法に規定されたものでなく明白でもない場合、安全保障理事会は当該国家にその根拠に関する透明性を要求すべきである。

C. 武装無人機を使用している国家に対して

108　国家は、武装無人機の開発、取得及び使用について透明でなければならない。国家は、無人機の使用、作戦上の責任、攻撃目標設定の基準、（民間被害を含む）影響、違反の疑いとその調査及び訴追に関する情報について、法的根拠を公然と明らかにしなければならない。

109　国家は、攻撃目標設定の規範や服務規程及び交戦規則を含む実践と政策を、国際基準と合致させなければならない。（後略）

110　国家は、誤用に対する補償や無人機の使用に関する有意な監督、そして適切な場合には、調査及び説明責任を保証しなければならない。

111　国家は、武力紛争の間も含め、慣習法と国際法の一般原則に基づく生存権のグローバルな適用可能性に加えて、人権諸条約の域外における適用可能性を認識しなければならない。

112　無人機の操縦者は、作戦の公開が不可能な機関の内部で彼らに報告が求められるような指揮系統に位置づけられてはならない。

113　国家間の武力行使によって自衛権を発動する国家は、国連憲章第51条に従い、彼らがその領域内で武力を行使したそれぞれの国家に関する報告を安全保障理事会に提出すべきである。もし紛争が新たな国家の領域に拡大した場合は、新たな報告が提出されるべきである。

114　これを法的義務として認めるか否かに関わらず、国家は、武力衝突の間、それが可能な場合には、殺害ではなく身柄を拘束すべきである。

D. 領域内で武装した無人機が使用された国家に対して（略）

E. その他の当事者に対して（略）

ベン・エマーソン特別報告者の中間報告（抜粋訳）

2013年9月18日、国連総会、A/68/389

第4章　結論と勧告

77　もし国際人道法の原則に厳格に従って使用されるのであれば、遠隔操作の航空機は、軍司令官の状況認識を著しく改善することで、武力紛争における民間人被害のリスクを軽減することができる。

78 武力紛争において民間人を保護する国家の義務を考慮して、責任のある国家は、民間人が殺された、あるいは、殺されたと思われる場合には、迅速で独立した公平な実情調査を行い、詳細な公開の説明を行う義務を負っていると、特別報告者は考えている。事実が不透明であり、または、情報が断片的あるいは状況的なものである場合も含めて、民間人被害が継続していたかもしれないという何らかの情報源からの妥当な示唆が存在する場合はいつでも、この義務は生じる。(略)

79 特別報告者はここに、現時点で明白な国際的合意のない数多くの法的な論点が存在することを確認する。報告者は、これらの問題について国家間の合意を追求する緊急で不可避の必要性が存在すると考えている。そのために、報告者は現在、これらの論点についての立場を明らかにするという観点から、加盟各国と協議している。報告者は、全ての国家が可能な限り包括的に応答するよう求める。

80 とりわけ、特別報告者は米国に対して、ここで提起されている法律上及び事実上の問題についての立場をさらに明らかにすること、戦闘地域外における致死的な対テロリズム作戦に関連する情報を、可能な限り最大限、機密解除すること、そして、遠隔操作の航空機の使用によって与えた民間人被害の程度に関する自国の持つデータを、使用された評価の方法論に関する情報とともに公開することを求める。

資料3－15　武器輸出に関する官房長官談話

F－35の製造等に係る国内企業の参画についての内閣官房長官談話

2013年3月1日、菅義偉官房長官

1. 航空自衛隊の現用戦闘機の減耗を補充し、その近代化を図るための次期戦闘機については、平成23年12月20日の安全保障会議において、平成24年度以降、F－35A 42機を取得すること、一部の完成機輸入を除き、国内企業が製造に参画すること等を決定し、同日の閣議において了解された。F－35は、米国等の9か国によって開発中の最新鋭の戦闘機であり、その計画的な取得は我が国の防衛上不可欠である。政府としては、この安全保障会議決定及び閣議了解に基づき、平成25年度以降は、F－35の機体及び部品(以下「部品等」という。)の製造(整備を含む。以下同じ。)への国内企業の参画を行った上で、F－35Aを取得することとしている。F－35の部品等の製造への国内企業の参画は、戦闘機の運用・整備基盤を国内に維持する上で不可欠であり、また、我が国の防衛生産及び技術基盤の維持・育成・高度化に資することから、我が国の防衛に大きく寄与するものである。さらに、部品等の世界的な供給の安定化は米国等に資するほか、国内に設置される整備基盤により米軍に対する支援も可能となるため、日米安全保障体制の効果的な運用にも寄与するものである。

2. F－35については、従来我が国が取得した戦闘機と異なり、全てのF－35ユーザー国が世界規模で部品等を融通し合う国際的な後方支援システム(ALGS(Autonomic Logistics

Global Sustainment)という新たな方式。以下「本システム」という。)が採用されている。本システムに参加することにより、必要なときに速やかに部品等の供給を受け、迅速な整備が可能となることから、我が国としてもより適切なコストでF－35Aの可動率を維持・向上するため、本システムへの参加が必要である。本システムに参加する場合には、国内企業が製造若しくは保管を行う部品等又は国内企業が提供するF－35に係る役務が我が国から我が国以外のF－35ユーザー国に提供されることが想定されるが、本システムでは、米国政府の一元的な管理の下、F－35ユーザー国以外への移転が厳しく制限されている。

3. 政府は、これまで、武器等の輸出については武器輸出三原則等によって慎重に対処してきたところであるが、上記のとおり、国内企業の参画は我が国の安全保障に大きく資することに鑑み、本システムの下、国内企業が製造若しくは保管を行うF－35の部品等又は国内企業が提供するF－35に係る役務の提供については、米国政府の一元的な管理の下で、F－35ユーザー国以外への移転を厳しく制限すること、及び移転は国連憲章の目的と原則に従うF－35ユーザー国に対するもののみに限定されること等により厳格な管理が行われることを前提として、武器輸出三原則等によらないこととする。

なお、政府としては、国連憲章を遵守するとの平和国家としての基本理念は維持していく考えである。

資料3－16　日弁連の「国防軍」の創設に反対する決議

恒久平和主義、基本的人権の意義を確認し、「国防軍」の創設に反対する決議

2013年10月4日、日本弁護士連合会

恒久平和主義、基本的人権の意義を確認し、「国防軍」の創設に反対する決議

“不戦”は人類の等しく共有する痛切な願いである。日本国憲法は過去の軍国主義の歴史と先の大戦の惨禍への深い反省に基づいて、憲法前文に平和的生存権を謳い、憲法第9条に戦争の放棄と戦力を保持しないという徹底した恒久平和主義を定め、国家権力に縛りをかけた。この憲法前文と憲法第9条は、戦後68年間、戦争を防ぎ、我が国の平和を確保する上で重要な役割を果たしてきた。ところが今、この戦争防止のための条項をなくそうという憲法改正の動きが強まっている。

近時公表されている憲法改正草案等の中では、平和的生存権を前文から削除し、「戦争の放棄」の章題を変更した上、戦力の不保持・交戦権の否認を定める第9条第2項を削除して国際的軍事協力も任務とする「国防軍」等(以下「『国防軍』」という。)を保有する規定を設けるとするものがある。このような「国防軍」は、日本の国土防衛の枠を超えて、これまで、政府見解でも憲法上禁じられてきた集団的自衛権の行使を容認し、海外での権益を守るなどの名の下での軍事力の行使や、国際平和協力活動の名の下での海外での軍事活動に道を開くものとなる。さらに国民に向かっての治安維持活動も拡大する危険がある。

このような「国防軍」の創設は、国民の平和的生存権をはじめとする基本的人権を危うくし、かえって我が国の安全保障を損なうおそれが強い。

第1に、「国防軍」の創設は、自衛隊を、他国との軍事協力を可能にして、海外において同盟軍とともに武力行使をできる軍隊とすることを意味する。また、海外での権益を守るなどの名目で武力行使が際限なく拡大することへの歯止めがなくなるおそれがあり、憲法の基本原理である徹底した恒久平和主義を崩壊させて我が国を再び戦争へと導くおそれがある。

第2に、「国防軍」は軍事機密保護法の制定、一般裁判所と区別される軍事裁判所等の設置、緊急事態宣言などの法制を伴っており、これらは統治機構に対する国民の民主的コントロールを後退させて民主主義の基盤を掘り崩し、平和的生存権をはじめとする基本的人権の保障を極めて危うくする。

第3に、現在、北東アジアにおいては、様々な緊張関係が存在しているが、これらの紛争･対立は軍事力によって解決すべきものではなく、あくまで平和的方法による協調的･地域的安全保障の形成による解決こそが強く求められている。このような状況の中で自衛隊を「国防軍」とし、海外において戦争のできる軍隊とすることは、先の大戦の深刻な反省の下に採用された恒久平和主義を放棄するものと各国から受け取られ、北東アジアの緊張を増大し、かえって我が国の安全保障を損なうおそれが強い。

今、我が国に求められているのは、何よりも日本国憲法が目指す個人の尊重を根本とした立憲主義に基づく基本的人権の保障であり、軍事力によらない平和的方法による国際的な安全保障実現のためのリーダーシップの発揮である。

当連合会は、弁護士法の定める「基本的人権の擁護と社会正義の実現」という使命に立脚し、改めて日本国憲法の前文の平和的生存権や憲法第9条に示された基本原理である徹底した恒久平和主義の意義及び基本的人権尊重の重要性を確認し、ここに「国防軍」の創設に強く反対するものである。

以上のとおり決議する。

www.nichibenren.or.jp/activity/document/civil_liberties/year/2013/2013_3.html

資料3－17　自民党憲法改正草案（前文、第9条）

自民党憲法改正草案（現行憲法対照表）

2012年4月27日

※ 主な（実質的な）修文事項については、ゴシックで表記（原文ママ）

日本国憲法改正草案

（前文）

日本国は、長い歴史と固有の文化を持ち、国民統合の象徴である天皇をいただく国家であって、国民主権の下、立法、行政及び司法の三権分立に基づいて統治される。

我が国は、先の大戦による荒廃や幾多の大災害を乗り越えて発展し、今や国際社会において重要な地位を占めており、平和主義の下、諸外国との友好関係を増進し、世界の平和と繁栄に貢献する。

日本国民は、国と郷土を誇りと気概を持って自ら守り、基本的人権を尊重するとともに、和を尊び、家族や社会全体が互いに助け合って国家を形成する。

我々は、自由と規律を重んじ、美しい国土と自然環境を守りつつ、教育や科学技術を振興し、活力ある経済活動を通じて国を成長させる。

日本国民は、良き伝統と我々の国家を末永く子孫に継承するため、ここに、この憲法を制定する。

現行憲法

（前文）

日本国民は、正当に選挙された国会における代表者を通じて行動し、われらとわれらの子孫のために、諸国民との協和による成果と、わが国全土にわたつて自由のもたらす恵沢を確保し、政府の行為によつて再び戦争の惨禍が起ることのないやうにすることを決意し、ここに主権が国民に存することを宣言し、この憲法を確定する。そもそも国政は、国民の厳粛な信託によるものであつて、その権威は国民に由来し、その権力は国民の代表者がこれを行使し、その福利は国民がこれを享受する。これは人類普遍の原理であり、この憲法は、かかる原理に基くものである。われらは、これに反する一切の憲法、法令及び詔勅を排除する。

日本国民は、恒久の平和を念願し、人間相互の関係を支配する崇高な理想を深く自覚するのであつて、平和を愛する諸国民の公正と信義に信頼して、われらの安全と生存を保持しようと決意した。われらは、平和を維持し、専制と隷従、圧迫と偏狭を地上から永遠に除去しようと努めてゐる国際社会において、名誉ある地位を占めたいと思ふ。われらは、全世界の国民が、ひとしく恐怖と欠乏から免かれ、平和のうちに生存する権利を有することを確認する。

われらは、いづれの国家も、自国のことのみに専念して他国を無視してはならないのであつて、政治道徳の法則は、普遍的

日本国憲法改正草案（続き）	現行憲法（続き）
	なものであり、この法則に従ふことは、自国の主権を維持し、他国と対等関係に立たうとする各国の責務であると信ずる。
第二章　安全保障 （平和主義） 第九条　日本国民は、正義と秩序を基調とする国際平和を誠実に希求し、国権の発動<ins>としての</ins>戦争<ins>**を放棄し**</ins>、武力による威嚇<ins>及び</ins>武力の行使は、国際紛争を解決する手段<ins>としては用いない</ins>。 <ins>2　前項の規定は、自衛権の発動を妨げるものではない。</ins> （国防軍） <ins>第九条の二　我が国の平和と独立並びに国及び国民の安全を確保するため、内閣総理大臣を最高指揮官とする国防軍を保持する。 2　国防軍は、前項の規定による任務を遂行する際は、法律の定めるところにより、国会の承認その他の統制に服する。 3　国防軍は、第一項に規定する任務を遂行するための活動のほか、法律の定めるところにより、国際社会の平和と安全を確保すために国際的に協調して行われる活動及び公の秩序を維持し、又は国民の生命若しくは自由を守るための活動を行うことができる。 4　前二項に定めるもののほか、国防軍の組織、統制及び機密の保持に関する事項は、法律で定める。 5　国防軍に属する軍人その他の公務員がその職務の実施に伴う罪又は国防軍の機密に関する罪を犯した場合の裁判を行うため、法律の定めるところにより、国防軍に審判所を置く。この場合においては、被告人が裁判所へ上訴する権利は、保障されなければならない。</ins>	**第二章　戦争の放棄** 第九条　日本国民は、正義と秩序を基調とする国際平和を誠実に希求し、国権の発動<ins>たる</ins>戦争<ins>と</ins>、武力による威嚇<ins>又は</ins>武力の行使は、国際紛争を解決する手段<ins>としては、永久にこれを放棄する</ins>。 ②　前項の目的を達するため、陸海空軍その他の戦力は、これを保持しない。<ins>国の交戦権は、これを認めない。</ins> 〔新設〕

www.jimin.jp/policy/policy_topics/pdf/seisaku-109.pdf

資料3－18　モデル北東アジア非核兵器地帯条約（案）（草案5）

NPO法人ピースデポ

2008年12月13日

（以下の案は、多くの専門家や関心のある市民が継続的に議論してゆくためのたたき台となることを希望して作成、改訂されている。2004年7月4日の草案4から変更のある主要部分に下線を引いた。梅林宏道）

前文

この条約の締約国は、

北東アジアは、核兵器が実際に使用された世界で唯一の地域であることを想起し、

また、二つの都市の破壊と数10万人の市民の被爆によってもたらされた、約60年を経た現在にも続く人間的、社会的な形容しがたい苦難に思いを致し、

日本と朝鮮半島には、今なお多くの被爆者が不安に包まれて生きていることに思いを致し、

現在の核兵器は、当時よりもはるかに強力な破壊力を持ち、人類の築いた文明を破壊しうる唯一の兵器であることを認識し、

また、核兵器の先制使用を含め、実際に核兵器が使用されるという新たな軍事的脅威が生まれつつあることを危惧し、

さらにまた、核兵器を用いるか通常兵器を用いるかを問わず、核兵器を保有する国からの武力攻撃の脅威が、核兵器の拡散の誘因となりうる国際社会の現実を直視しながら、

朝鮮半島においては「朝鮮半島の非核化に関する南北共同宣言」が1992年2月に発効し、日本においては、今日国是とされる非核三原則が1967年以来確立していることを想起し、

さらに、この地域に関係する6か国が2005年9月に共同声明を発し、1992年南北共同声明の遵守と実行を再確認するとともに、「北東アジア地域における安全保障面の協力を促進するための方策について探求していくことに合意した」ことを想起し、

したがって、この地域に関係国の自発的合意に基づいて非核兵器地帯を設立することは、歴史的経緯から極めて自然な希求であるという認識を共有し、

一方、過去の一時期においてこの地域で行われた侵略戦争と植民地支配から発生したさまざまな困難を直視し、

同時に未来に向かってそれらを克服するために積み重ねられてきた地域内諸国家の歴代の政府による努力を想起し、

それらの中における最良のものを継承しつつ、その基礎の上に地域諸国家の友好と平和的協力をさらにいっそう発展させることの重要性を痛感し、

非核兵器地帯の設立が、そのような地域的な協調的安全保障を築くために優先されるべき第一歩であると固く信じ、

その設立が、1997年に発効した「化学兵器の発展、生産、貯蔵及び使用の禁止並びに廃棄に関する条約」、また1972年に発効した「細菌兵器及び毒素兵器の発展、生産及び貯蔵の禁止並びに廃棄に関する条約」を初めとする、すでに存在する国際的軍縮・軍備管理条約への普遍的な加盟と遵守を、この地域において促進するであろうことを希求し、

その設立が、1970年発効の「核兵器の不拡散に関する条約」第6条に規定され、1996年7月8日に出された国際司法裁判所の「核兵器の使用と威嚇に関する合法性」に関する勧告

的意見によって再確認された核軍縮に関する義務の履行の促進に貢献するであろうことを信じ、

さらに、その設立は、その他多くの国際条約や国際機関の決議に具現されてきた、一日も早い核兵器の全面的禁止と完全廃棄を求める世界の人民の熱望を実現するための一つの追加的な貢献となることを確信し、

次のとおり協定した。

第1条　用語の定義

この条約及びその議定書の適用上、

(a)「北東アジア非核兵器地帯」とは、日本、大韓民国及び朝鮮民主主義人民共和国の領域で形成される地域を意味する。

(b)「領域」とは、領土、内水、領海、これらの海底及び地下、並びにこれらの上空を意味する。

(c)「地帯内国家」とは、日本、大韓民国及び朝鮮民主主義人民共和国を意味する。

(d)「近隣核兵器国」とは、NPT条約上の核兵器国のうち中華人民共和国、アメリカ合衆国及びロシア連邦を意味する。

(e)「締約国」とは、「地帯内国家」と「近隣核兵器国」とを合わせた六か国のうち、本条約の規定にしたがって批准書を寄託した国家を意味する。

(f)「核爆発装置」とは、その使用目的を問わず、核エネルギーを放出することのできる、あらゆる核兵器またはその他の爆発装置を意味する。その中には、組み立てられていない形及び部分的に組み立てられた形における核兵器または爆発装置は含まれるが、それらの輸送または運搬手段がそれらと分離可能であり、かつそれらの不可分の一部をなしていない場合は、含まれない。

(g)当量の核物質、照射された核物質、放射性物質、または放射性廃棄物が存在する施設を意味する。「放射性物質」とは、国際原子力機関(IAEA)の勧告するクリアランス・レベルまたはイグゼンプション・レベルを超える放射性核種を含む物質を意味する。

(h)「放射性廃棄物」とは、IAEAの勧告するクリアランス・レベルを超える濃度または放射能をもった放射性核種を含む物質、あるいはそれで汚染された物質であり、いかなる利用価値も予想されない物質を意味する。

メモ

1. 第1条(b)　他の非核兵器地帯条約には領海の他に「群島水域」が領域として含まれているが、北東アジア非核兵器地帯には、「群島水域」は存在しないので削除した。

2. 第1条(c)　国名を列記するときには、必然的な理由のない場合は人口の大きい順に書いた。

3. 第1条(c)(d)(e)　この条約の一つの特徴は、(e)の締約国が、「地帯内国家」と「近隣核兵器国」に大別されていることである。このモデル条約草案では、地帯内国家を南北朝鮮と日本の3か国としたが、モンゴルを加えて4か国にする案も検討に十分に値する。モンゴルを加えることによって発生する利害得失を、情報に基づいて冷静に考察することが重要である。

4. 第1条(f)　「核爆発装置」の定義は、基本的にはラロトンガ条約によった。

5. 第1条(g)(h)　「放射性物質」及び「放射性廃棄物」の定義は、バンコク条約によった。

(i)「核物質」とは、IAEA憲章第20条において定義され、IAEAによって折に触れて修正された、あらゆる原料物質、あるいは特殊核分裂性物質を意味する。

(j)「核施設」とは、発電用原子炉、研究用原子炉、臨界施設、再処理施設、核燃料加工施設、使用済み燃料貯蔵施設、核燃料廃棄物貯蔵施設、その他すべての相当量の核物質、照射された核物質、放射性物質、または放射性廃棄物が存在する施設を意味する。

第2条　条約の適用

1. 別段の規定がない限り、この条約及び議定書は「北東アジア非核兵器地帯」に適用される。
2. 領土に関する争いがある場合、この条約のいかなる規定も、領有権の解釈に関する現状を変更するものではない。
3. この条約のいかなる規定も、海洋の自由に関する国際法上の国家の権利または権利の行使を害するものではなく、どのような形においても影響を与えるものではない。
4. 地帯内国家の領域内にある近隣核兵器国の管理下にある軍事施設もまた「北東アジア非核兵器地帯」の一部として条約の適用を受ける。

第3条　核爆発装置に関する基本的義務

1. 地帯内国家の義務

地帯内国家は、次のことを約束する。

(a)北東アジア非核兵器地帯の内であるか外であるかを問わず、核爆発装置の研究、発展、実験、製作、生産、受領、保有、貯蔵、配備、使用を行わない。

(b)他の国家、あるいは国家以外の集団や個人が、地帯内国家の領域内において、本条1項(a)記載の行為を行うことを禁止する。

(c)自国の安全保障政策のすべての側面において、核兵器、またはその他の核爆発装置

メモ

6. 第1条(i)(j)　「核物質」及び「核施設」の定義は、ペリンダバ条約によった。

7. 第2条3項　「海洋の自由」の部分は、ペリンダバ条約によった。

8. 第3条1項(a)　ここに列記されている義務項目は、「南北共同宣言」に、研究と発展を加えたものである。

9. 第3条1項(c)　これは、他の非核兵器地帯条約にはない条項である。2000年NPT再検討会議の最終文書において、加盟国が「安全保障政策における核兵器の役割を縮小する」ことに合意したことを受けて導入した。この条項は、いわゆる「核の傘」依存の放棄を意味する。核兵器保有国の核抑止力に依存することを禁止することによって、地域の緊張緩和をいっそう促進することができる。

10. 第3条2項(a)　この条項は、他の非核兵器地帯条約においては付属議定書に含まれている消極的安全保証の規定であるが、三つの核兵器国がこの地域に有する安全保障上の関与の深さを考慮し、条約本体に包含させることとした。また、6か国協議の2005年9月19日共同声明を踏まえて、通常兵器にまで安全保証の範囲を拡大した。その理由となる論理を前文に追加されている。

安全の保証を条約本体に入れることで、北朝鮮や日本の安心感が増加し、条約交渉へのインセンティブが増すというメリットが考えられる一方、米国が条約の成立についてより慎重になるというディメリットがあるであろう。

に依存することを完全に排除する。

(d)1945年の原子爆弾投下が都市や市民に与えた被害の実相を、現在及び将来の世代に伝達することを含め、核軍縮の緊急性に関する教育の世界的普及に努力する。

2. 近隣核兵器国の義務

近隣核兵器国は、次のことを約束する。

(a)核爆発装置によるか通常兵器によるかを問わず、北東アジア非核兵器地帯に対して武力攻撃を加えない。また、武力攻撃の威嚇を行わない。

(b)地帯内国家に対する本条1項の諸義務を尊重し、その履行の妨げとなるいかなる行為にも寄与しない。

(c)北東アジア非核兵器地帯において、核爆発装置を搭載する船舶または航空機を寄港、着陸、領空通過、または無害通行権または通過通行権に含まれない方法によって地帯内国家の領海を一時通過させない。

(d)核不拡散条約(NPT)第6条を含む国際合意にしたがい、核兵器完全廃棄への交渉を誠実に追求し、かつ合意を達成する。

第4条　原子力の非軍事的利用

1. 本条約のいかなる規定も、締約国が原子力を非軍事的に利用する権利を害しない。
2. 地帯内国家は、核不拡散条約(NPT)第3条に定められた保障措置の下においてのみ、原子力の非軍事的利用を行うものとする。
3. IAEAとの間に包括的保障措置協定及び追加議定書を締結していない地帯内国家は、本条約発効後18か月以内にこれらを締結しなければならない。

メモ

11. 第3条2項(c)　6か国協議の経過を踏まえて、寄港などの禁止を採択した。

北東アジア非核兵器地帯に接する海域(黄海、東シナ海、日本海(東海)、太平洋)は、すべて公海を通じて不便無く接近可能である。朝鮮海峡(対馬海峡西水道)では、日本、韓国とも領海3海里、対馬海峡東水道、津軽海峡、大隅海峡、宗谷海峡(ラ・ペルーズ海峡)では日本が領海3海里を採用しているため、これらすべての海峡において公海である航路が存在する。

草案4で採用した事前協議方式も代替案として用意しておく。これは、現在、日本政府がとっている方法であり、これをすべての地帯内国家に適用することは可能であると考えられる。日米間に事前協議を義務づけない秘密合意があるとする主張があるが、日本政府は繰り返しこれを公式に否定している。

第3条2項(c)　近隣核兵器国が、核爆発装置を搭載する船舶または航空機を地帯内国家に寄港、着陸、領空通過、または無害通行権または通過通行権に含まれない方法によって地帯内国家の領海を一時通過させる場合には、当該地帯内国家に事前通告し、許可を求めて協議を行う。協議の結果許可するか否かは、当該地帯内国家の主権的権利に基づく判断に委ねられる。

さらに、この条項を第3条2項からはずし、他の非核兵器地帯条約と同じように、第3条1項(e)として、次のように規定する、より保守的な案も可能である。

第3条1.(e)　地帯内国家は、その主権的権利の行使において、外国の船舶あるいは航空機による寄港、着陸、領空通過、あるいは無害通行、通過通行の権利に含まれない方法での領海の一時通過を許可するか否かを自ら決定する自由をもつ。

なお、当然のことながら、この条項が変化すれば、議定書の第3条もそれに従って変えなければならない。

4. 地帯内国家は、それぞれの国家の安定的で持続的なエネルギーの確保について、地帯内国家間の誠意を持った協力を発展させなければならない。

第5条　放射性物質の海洋投棄と空中放出

地帯内国家は、次のことを行わないことを約束する。

(a)北東アジア非核兵器地帯のいかなる場所であれ、放射性物質または放射性廃棄物を、海洋に投棄すること、また空中に放出すること。

(b)北東アジア非核兵器地帯のいかなる場所であれ、他の国家、あるいは国家以外の集団や個人が、放射性物質または放射性廃棄物を、海洋に投棄、または空中に放出することを許可すること。

第6条　核施設への武力攻撃の禁止

締約国は、北東アジア非核兵器地帯内に存在する核施設に対して、いかなる方法であれ、武力攻撃を目的とする行動をとらないこと、そのような行動を支援しないこと、また奨励しないことを約束する。

第7条　北東アジア非核兵器地帯委員会の設立

本条約の履行を確保するために北東アジア非核兵器地帯条約委員会(以下、「委員会」と言う)を設立する。

(a)委員会はすべての締約国によって構成される。各締約国は、外務大臣又はその代理によって代表され、代表代理及び随員を伴う。

(b)委員会の任務は、本条約の履行を監視し、その諸条項の遵守を確保することにある。また、そのことと関係して、必要な場合、本条約の前文に述べられた事項に関して協議を行う。

(c)委員会は、いずれかの締約国の要請によるか、あるいは第8条によって設立される執行委員会の要請により開催される。

(d)委員会は、すべての締約国の出席をもって成立し、コンセンサスによって合意を形成する。コンセンサスが達成できない場合は、1か国を除くすべての締約国の合意によって決定することができる。

(e)委員会は、各会合の冒頭に議長及びその他の必要な役員を選出する。議長は、締約国の内、三つの地帯内国家から選出される。彼らの任期は、その次の会議で議長及びそ

メモ

12. 第4条4項　この条項は、1992年の「南北共同宣言」においては、ウラン濃縮施設や再処理施設が禁止されていたにもかかわらず、日本はすでにそれを持っている現状からくる、エネルギー政策上の不平等をどう解決してゆくかという重要な問題に関係している。この問題の具体的解決策を盛り込むことは極めて膨大な作業を必要とし、おそらくこの条約の範囲を超える課題であると考えられる。モデル条約は、この問題に協力して取り組むことを定めた。

13. 第7条、第8条及び第9条　「北東アジア非核兵器地帯委員会」「執行委員会」に関しては、バンコク条約の関係条項を参考にした。

14. 第7条(b)　「北東アジア非核兵器地帯委員会」の任務の中に、前文に記されている地域の平和と安全保障や核兵器の世界的な廃絶への関心を含めて条約の遵守について協議することを唱った。前文には、化学兵器、生物兵器への関心も記されている。

の他の役員が新たに選出されるまでとする。

(f)委員会は、本部の所在地、委員会及び下部機関の財政、並びに運営に必要なその他の事項に関する規則及び手続きを決定する。

第8条　執行委員会の設立

1.委員会の下部機関として執行委員会を設立する。

(a)執行委員会はすべての締約国によって構成される。各締約国は、高官一人をもってその代表とし、代表は、代表代理と随員を伴うことができる。

(b)執行委員会は、その任務の効率的な遂行に必要とされるときに開催する。

(c)執行委員会の議長には、構成員の内、委員会の議長を代表する者が就任する。締約国から執行委員会議長に宛てられたすべての提出物または通報は、他の執行委員会構成員に配布される。

(d)執行委員会は、すべての締約国の出席をもって成立し、コンセンサスによって合意を形成する。コンセンサスが成立しない場合は、1か国を除くすべての締約国の合意によって決定することができる。

2. 執行委員会の任務は次の通りとする。

(a)第9条に掲げる本条約遵守を検証する管理制度の適切な運用を確保すること。

(b)第9条2項(b)に掲げる「説明の要請」あるいは「事実調査団に関する要請」があった場合、それについて検討しかつ決定すること。

(c)本条約の「管理制度に関する付属書」にしたがって、事実調査団を設置すること。

(d)事実調査団の調査結果について検討しかつ決定して、委員会に報告すること。

(e)適切かつ必要な場合に、委員会に対して委員会会合の招集を要請すること。

(f)委員会からしかるべく授権を得た後、委員会のために、IAEAその他の国際機関との間で協定を締結すること。

(g)委員会の委任するその他の任務を遂行すること。

第9条　管理制度の確立

1. 本条約に基づく締約国の義務遵守を検証するために管理制度を確立する。

2. 管理制度は、以下のものからなる。

(a)第4条3項に規定するIAEAの保障措置制度

(b)本条約の「管理制度に関する付属書」に規定された諸制度。それには、本条約の履行に影響すると考えられる事態に関する情報の報告と情報交換、本条約の遵守に関する疑念が生じたときにおける説明の要請、本条約の遵守に関する疑念が生じた事態を究明しかつ解決するための事実調査団に関する要請、執行委員会が違反を認定したときの改善措置、その他必要な事項が規定される。

メモ

15. 第7条(e)　「北東アジア非核兵器地帯委員会」の議長を締約国の中の地帯内国家から選ぶことによって、地帯内国家が運営の中心を担うべきものであることを示した。

16. 第8条2項(c)及び第9条2項(b)　「管理制度に関する付属書」の案は、未完である。

17. 第9条2項(b)　第7条(b)において、前文に書かれた内容も委員会の協議の対象となったことに関連して、この条項における「情報の報告と情報交換」には、前文の内容に関わる事項も含まれる。

第10条　署名、批准、寄託及び発効

1. 本条約は、中華人民共和国、アメリカ合衆国、ロシア連邦、日本、大韓民国及び朝鮮民主主義人民共和国による署名のために開放される。
2. 本条約は、署名国の憲法上の手続きにしたがって批准されなければならない。批准書はここに寄託国として指定される●●に寄託される。
3. 本条約は、すべての地帯内国家と少なくとも二つの近隣核兵器国が批准書を寄託した日に発効する。

第11条　留保の禁止

本条約には留保を付してはならない。

第12条　条約の改正

1. すべての締約国は、「管理制度に関する付属書」を含む本条約及びその議定書の改正を提案することができる。改正案は、執行委員会に提出され、執行委員会は改正案を討議するための委員会の会合を招集するよう速やかに委員会に要請するものとする。改正のための委員会はすべての締約国の出席をもって成立し、改正案の採択は、コンセンサスの決定によって行われる。
2. 採択された改正は、寄託国が締約国の5か国以上の受託書を受領した日から30日で発効する。

第13条　再検討会議

本条約の発効後10年に、本条約の運用を検討するため委員会の会合を開催する。委員会を構成する締約国すべてのコンセンサスがあれば、その後同一の目的を持った再検討会議を随時開催することができる。

第14条　紛争の解決

本条約の規定に起因するいかなる紛争も、紛争当事国である締約国の合意する平和的手段によって解決するものとする。紛争当事国が交渉、仲介、審査、調停などの平和的手段によって1か月以内に解決に達することができない場合には、いずれの紛争当事国も、他の紛争当事国の事前の同意を得て、当該紛争を仲裁裁判または国際司法裁判所に付託するものとする。

第15条　有効期間

本条約は無期限に効力を有する。

メモ

18. 第10条3項　発効の要件として、3つの地帯内国家の参加を掲げた。本条約のもっとも重要な義務を負う国だからである。米国だけが批准しないまま条約が発効する場面が想定されるが、そのときでも、すでに米国も署名している状況における規範的効果が期待できることと、国際圧力をかけて米国に批准を促すのにも、条約が発効した状況が有利であると考えられる。

19. 第11条、12条、13条、第14条及び第15条　「留保の禁止」「条約の改正」「再検討会議」「紛争解決」「有効期間」に関しては、バンコク条約を参考にした。脱退規定については今後の課題として、今回の草案には含めなかった。

20. 議定書　議定書に関しては、バンコク条約を参考にし、それを簡略化した。

北東アジア非核兵器地帯条約に対するモデル議定書(案)(草案5)

本議定書締約国は、

核兵器の全面的禁止と完全廃棄の達成に向けた努力に貢献し、それによって北東アジアを含む国際の平和と安全を確保することを希望し、●年●月●日に○○において署名された北東アジア非核兵器地帯条約に留意して、

次のとおり協定した。

第1条　北東アジア非核兵器地帯条約の尊重

議定書締約国は、北東アジア非核兵器地帯条約(以下「条約」という)を尊重し、条約締約国による条約への違反または議定書締約国による本議定書への違反となるいかなる行為にも寄与しないことを約束する。

第2条　安全の保証

議定書締約国は、核爆発装置によるか通常兵器によるかを問わず、北東アジア非核兵器地帯に対して武力攻撃を加えない。また、武力攻撃の威嚇を行わないことを約束する。

第3条　寄港と通過

議定書締約国は、北東アジア非核兵器地帯において、核爆発装置を搭載する船舶または航空機を寄港、着陸、領空通過、または無害通行権または通過通行権に含まれない方法によって地帯内国家の領海を一時通過させない。

第4条　署名、批准、発効

1. 本議定書は、フランス共和国とグレートブリテン·北アイルランド連合王国による署名のために開放される。
2. 本議定書は批准されなければならない。批准書は条約寄託国に寄託される。
3. 本議定書は、各議定書締約国が批准書を寄託した日に発効する。

資料3－19　第5回地球市民集会ナガサキ「長崎アピール2013」

長崎アピール2013

2013年11月4日
第5回核兵器廃絶―地球市民集会ナガサキ

1986年以降、5万発以上の核兵器が廃絶されたが、未だ1万7千発の核兵器が存在する。これらの大量破壊兵器の一部でも地球上の文明と生命に終止符を打つことができる。今日、9か国が核兵器を保有し、5か国が自国の領土に米国の核兵器を配備している。また多くの国が自国の安全を核保有国の核の傘に依存している。核兵器廃絶のために生涯を捧げ、この世を去った被爆者は数知れない。

核兵器の爆発による絶滅の危険が、偶発的あるいは計算違いにせよ、意図的にせよ、人類の未来に暗い影を投げている。核兵器のない世界に向けた核保有国の怠慢が、核不拡散条約（NPT）の正当性を低下させている。核軍縮への「明確な」約束の不履行が、不拡散体制の信頼を低下させた。そしてその破綻すら招きかねない。

2011年3月11日、東日本大震災により起こった東京電力福島第一原子力発電所の大量かつ継続的な放射能の放出は、人間が核技術を制御できないことをまたも示した。私たちは、福島の人々の健康や生活の不安と苦悩について知り、核兵器であれ原子力であれ、放射能の危険性を改めて認識した。福島の事故と、長崎・広島の原爆被爆の経験は、核の惨事の影響が、時間的にも空間的にも制御できないことを示した。

このような困難な問題の一方で、明るい希望もある。被爆者が何十年も訴えてきたことであるが、近年、核兵器使用の人道的影響が改めて強調されている。1996年、国際司法裁判所は核兵器の破壊的影響に鑑み、核兵器の使用または威嚇は一般的に国際法に違反すると結論づけた。2010年NPT再検討会議の最終文書は、「核兵器のいかなる使用も壊滅的な人道的結果をもたらすことへの深い懸念」と「すべての加盟国がいかなる時も、国際人道法を含め、適用可能な国際法を遵守する必要性」を再確認した。

また国際赤十字・赤新月社代表者会議が採択した2011年11月の決議は、核兵器の非人道性を根拠に、「国際条約を通じ核兵器の使用禁止と廃絶のための交渉を完結する」必要性を明確に訴えた。2010年以降、核兵器の人道的影響が国連総会と2015年NPT再検討会議に向けた準備委員会で議論された。さらには、本年3月、ノルウエー政府の主催により「核兵器の人道的影響に関する国際会議」が開催された。2014年2月にはオスロ会議の後継会議がメキシコ政府の主催で開催される。私たちはこのような流れを歓迎するとともに、この流れが核兵器の禁止と廃絶を達成するための世界的な努力に貢献することを期待する。

2010年NPT再検討会議は、加盟国が核兵器禁止条約に向けた交渉を含む国連事務総長の核軍縮5項目に留意し、「核兵器のない世界を実現し維持するために必要な枠組みを確立するために特別の努力をする必要性」について合意した。本年5月、6月、8月には核兵器のない世界の実現と維持のための多国間交渉を前進させるべき諸提案を作成する目的をもって、国連公開作業部会(OEWG)がジュネーブで初めて開かれた。政府代表と市民社会が対等に議論できる新しい状況が生まれたのである。このことは、軍縮会議(CD)が17年の停滞から脱し、非公式の核軍縮作業部会を設置することを促した。また、本年9月には国連総会において初めての核軍縮に関するハイレベル会合が開催された。その結果、9月26日を「国際核兵器廃絶デー」に制定し、核軍縮に関するハイレベル会議の2018年までの開催を求めた非同盟運動の提案が生み出された。私たちはこのような努力が継続されるよう希望する。

私たちは、核兵器は無差別大量破壊兵器であり、その使用はいかなる理由があっても許されない非人道兵器であることを改めて強調する。核抑止が自国の安全を保証するという考えは幻想である。核兵器が使用されると、人的被害は国境と世代を越えて広がり、地球規模での環境と生態系の破壊を招くであろう。限定的な核戦争でも地球規模の「核の飢餓」を起こし、何十億人もの死につながるであろう。

このようなことから、私たちは次のような具体的な行動を訴える。

1 核兵器の全面禁止と廃絶に向かう外交交渉が速やかに開始されるべきであり、2014年に交渉を始めるよう求める。そしてこれらの交渉が2015年NPT再検討会議、および、2018年までの開催が提案されているハイレベル会議において、支持されることを求める。
2 核兵器国、とりわけ最大の核戦力を有する米国とロシアは、二国間あるいは一国的な措置として、戦略・非戦略、配備・非配備を問わず、あらゆる種類の保有核兵器の大幅削減に取り組むべきである。同時に、すべての核保有国は核兵器システムの開発と近代化を中止すべきである。そして、それらに使われている莫大な資金や科学的資源を社会的、経済的ニーズに再配分すべきである。
3 すべての国家は、あらゆる軍事・外交における核兵器の役割と重要性をいっそう低減しなければならない。核兵器保有国と保有国の「核の傘」に依存する国々は特別の責務を負う。非保有国は国内法の制定や核兵器産業からの投資の撤退など、核兵器を非合法化し、それを「忌むべきもの」にするための措置をとることができる。
4 世界の政府と市民社会は、「広島・長崎への原爆投下は、甚大かつ無差別な被害をもたらした故に、戦争の行為を規定する最も基本的な法的原則に違反する」との1963年12月8日の下田裁判東京地裁判決の50周年が近づいているのを機に、この判決を広く伝えなければならない。
5 核廃絶のためのキャンペーン－平和首長会議、核軍縮・不拡散議員連盟(PNND)、グローバルネットワーク・アボリション2000、核兵器廃絶国際キャンペーン(ICAN)、核戦争防止国際医師会議(IPPNW)など－への市民の一層の参加を奨励しよう。とりわけ世界の若者の参加を歓迎する。
6 非核兵器地帯は安全保障における核兵器の役割を低減し、地域的に核兵器が使用される危険を減らす。また、拡大核抑止への依存に替わる実現可能でより安全な選択肢を提供する。私たちは、中東、北東アジア、北極圏などの非核兵器地帯設立への一層の努力を求める。
7 福島第一原発事故は福島県民に計り知れない被害と苦しみをもたらし続けている。この事故の責任の問題をおろそかにすべきではない。市民社会は、避難住民への支援や被災地域の再生などの取り組みを支援しなければならない。「フクシマ」を風化させてはならない。原発事故関連の情報は、隠すことなく公開されるべきである。放射線に被ばくした人たちには長期的な医療支援が保証されるべきである。
8 福島の事故は、原子力に依存し続けることができないことを私たちに教えた。被爆者の体験は、1982年、国連で山口仙二さんが訴えたような「ノー・モア・ヒロシマ/ノー・モア・ナガサキ/ノー・モア・ヒバクシャ /ノー・モア・ウオー」という認識をもたらした。福島の事故は「ノー・モア・フクシマ」と叫ぶことを要求している。

唯一の戦争被爆国でありながら米国の「核の傘」に依存する日本は、核兵器のない世界の実現を先導すべき特別な責務を有している。

1 本年10月21日、国連総会第一委員会において日本政府が125か国による「核兵器の人道的影響に関する共同声明」に賛同したことを、私たちは歓迎する。しかしながら、本年10月3日の日米安全保障共同声明を残念に思う。この声明では、核兵器、通常兵器を含むあらゆる範囲の米国の軍事力により日本の安全を守るという同盟関係を再確認した。「いかなる状況下においても」核兵器が使用されないことに人類の生存がかかっていると明確に述べた125か国共同声明に沿って、日本政府は「核の傘」依存政策の変更に進むべきである。
2 私たちは、日本政府が北東アジア非核兵器地帯設立に向かうことこそが核兵器に依存しない安全保障につながる近道であると確信する。532に及ぶ日本の自治体首長も同じ考えを表明している。2010年7月22日の日韓の超党派の国会議員83人も同様の考えを表明した。本年9月には、モンゴル大統領が国連総会において、北東アジア非核兵器地帯の創設を積極的に支援する意向を初めて表明した。日本政府が韓国政府と協議し、地帯実現に向けた共同の取り組みを開始することを求める。
3 日本政府が、核兵器の廃絶のために不可欠な手段として、核兵器の破壊的、非人道的な結果について世界に伝えるよう求める。2014年4月に広島で開かれる軍縮・不拡散イニシアティブ(NPDI)外相会合の場を活用するとともに、2016年に日本で開催される主要国首脳会議に参加する政治指導者と政府関係者が被爆地広島・長崎を訪問するよう働きかけるべきである。
4 日本政府が、福島の放射能危機を安定化させ、封じ込め、監視する上で、独立した国際的な専門家の協力を求め、受け入れるよう要請する。

第5回核兵器廃絶-地球市民集会ナガサキに参加した私たちは、米国が広島・長崎に投下した原爆の被爆者の「せめて生きている間に、核兵器廃絶を実現してほしい」という切実な声を再び聞いた。また私たちは、核兵器のない世界を達成し維持する責任を受け止めようとする若者たちの声に希望を持って耳を傾けた。私たちは3日間の感動的な交流と議論を通じて相互理解と連帯の絆を深めた。

核兵器のない世界の実現のための努力を一層強めることを誓うとともに、「ナガサキを最後の被爆地に」と改めて世界の人々に訴える。

資料 3−20　広島･長崎の2013年平和宣言

■広島平和宣言

「あの日」から68年目の朝が巡ってきました。1945年8月6日午前8時15分、一発の原子爆弾によりその全てを消し去られた家族がいます。「無事、男の子を出産して、家族みんなで祝っているちょうどその時、原爆が炸裂(さくれつ)。無情にも喜びと希望が、新しい『生命(いのち)』とともに一瞬にして消え去ってしまいました。」

幼くして家族を奪われ、辛うじて生き延びた原爆孤児がいます。苦難と孤独、病に耐えながら生き、生涯を通じ家族を持てず、孤老となった被爆者。「生きていてよかったと思うことは一度もなかった。」と長年にわたる塗炭(とたん)の苦しみを振り返り、深い傷跡は今も消えることはありません。

生後8か月で被爆し、差別や偏見に苦しめられた女性もいます。その女性は結婚はしたものの1か月後、被爆者健康手帳を持っていることを知った途端、優しかった義母に「『あんたー、被爆しとるんねー、被爆した嫁はいらん、すぐ出て行けー。』と離婚させられました。」放射線の恐怖は、時に、人間の醜さや残忍さを引き出し、謂(いわ)れのない風評によって、結婚や就職、出産という人生の節目節目で、多くの被爆者を苦しめてきました。

無差別に罪もない多くの市民の命を奪い、人々の人生をも一変させ、また、終生にわたり心身を苛(さいな)み続ける原爆は、非人道兵器の極みであり「絶対悪」です。原爆の地獄を知る被爆者は、その「絶対悪」に挑んできています。

辛く厳しい境遇の中で、被爆者は、怒りや憎しみ、悲しみなど様々な感情と葛藤(かっとう)し続けてきました。後障害に苦しみ、「健康が欲しい。人並みの健康を下さい。」と何度も涙する中で、自らが悲惨な体験をしたからこそ、ほかの誰も「私のような残酷な目にあわせてはならない。」と考えるようになってきました。被爆当時14歳の男性は訴えます。「地球を愛し、人々を愛する気持ちを世界の人々が共有するならば戦争を避けることは決して夢ではない。」

被爆者は平均年齢が78歳を超えた今も、平和への思いを訴え続け、世界の人々が、その思いを共有し、進むべき道を正しく選択するよう願っています。私たちは苦しみや悲しみを乗り越えてきた多くの被爆者の願いに応え、核兵器廃絶に取り組むための原動力とならねばなりません。

そのために、広島市は、平和市長会議を構成する5,700を超える加盟都市とともに、国連や志を同じくするNGOなどと連携して、2020年までの核兵器廃絶をめざし、核兵器禁止条約の早期実現に全力を尽くします。

世界の為政者の皆さん、いつまで、疑心暗鬼に陥っているのですか。威嚇によって国の安全を守り続けることができると思っているのですか。広島を訪れ、被爆者の思いに接し、過去にとらわれず人類の未来を見据えて、信頼と対話に基づく安全保障体制への転換を決断すべきではないですか。ヒロシマは、日本国憲法が掲げる崇高な平和主義を体現する地であると同時に、人類の進むべき道を示す地でもあります。また、北東アジアの平和と安定を考えるとき、北朝鮮の非核化と北東アジアにおける非核兵器地帯の創設に向けた関係国の更なる努力が不可欠です。

今、核兵器の非人道性を踏まえ、その廃絶を訴える国が着実に増加してきています。また、米国のオバマ大統領は核兵器の追加削減交渉をロシアに呼び掛け、核軍縮の決意を表明しました。そうした中、日本政府が進めているインドとの原子力協定交渉は、良好な経済関係の構築に役立つとしても、核兵器を廃絶する上では障害となりかねません。ヒロシマは、日本政府が核兵器廃絶をめざす国々との連携を強化することを求めます。そして、来年春に広島で開催される「軍縮・不拡散イニシアティブ」外相会合においては、NPT体制の堅持・強化を先導する役割を果たしていただきたい。また、国内外の被爆者の高齢化は着実に進んでいます。被爆者や黒い雨体験者の実態に応じた支援策の充実や「黒い雨降雨地域」の拡大を引き続き要請します。

この夏も、東日本では大震災や原発事故の影響に苦しみながら故郷の再生に向けた懸命な努力が続いています。復興の困難を知る広島市民は被災者の皆さんの思いに寄り添い、応援し続けます。そして、日本政府が国民の暮らしと安全を最優先にした責任あるエネルギー政策を早期に構築し、実行することを強く求めます。

私たちは、改めてここに68年間の先人の努力に思いを致し、「絶対悪」である核兵器の廃絶と平和な世界の実現に向け力を尽くすことを誓い、原爆犠牲者の御霊に心から哀悼の誠を捧げます。

平成24年(2013年)8月6日　広島市長　松井　一實

www.city.hiroshima.lg.jp/www/contents/0000000000000/1407221372406/index.html

■長崎平和宣言

68年前の今日、このまちの上空にアメリカの爆撃機が一発の原子爆弾を投下しました。熱線、爆風、放射線の威力は凄まじく、直後から起こった火災は一昼夜続きました。人々が暮らしていたまちは一瞬で廃墟となり、24万人の市民のうち15万人が傷つき、そのうち7万4千人の方々が命を奪われました。生き残った被爆者は、68年たった今もなお、放射線による白血病やがん発病への不安、そして深い心の傷を抱え続けています。

このむごい兵器をつくったのは人間です。広島と長崎で、二度までも使ったのも人間です。核実験を繰り返し地球を汚染し続けているのも人間です。人間はこれまで数々の過ちを犯してきました。だからこそ忘れてはならない過去の誓いを、立ち返るべき原点を、折にふれ確かめなければなりません。

日本政府に、被爆国としての原点に返ることを求めます。

今年4月、ジュネーブで開催された核不拡散条約(NPT)再検討会議準備委員会で提出された核兵器の非人道性を訴える共同声明に、80か国が賛同しました。南アフリカなどの提案国は、わが国にも賛同の署名を求めました。
しかし、日本政府は署名せず、世界の期待を裏切りました。人類はいかなる状況においても核兵器を使うべきではない、という文言が受け入れられないとすれば、核兵器の使用を状況によっては認めるという姿勢を日本政府は示したことになります。これは二度と、世界の誰にも被爆の経験をさせないという、被爆国としての原点に反します。
インドとの原子力協定交渉の再開についても同じです。
NPTに加盟せず核保有したインドへの原子力協力は、核兵器保有国をこれ以上増やさないためのルールを定めたNPTを形骸化することになります。NPTを脱退して核保有をめざす北朝鮮などの動きを正当化する口実を与え、朝鮮半島の非核化の妨げにもなります。
日本政府には、被爆国としての原点に返ることを求めます。
非核三原則の法制化への取り組み、北東アジア非核兵器地帯検討の呼びかけなど、被爆国としてのリーダーシップを具体的な行動に移すことを求めます。

核兵器保有国には、NPTの中で核軍縮への誠実な努力義務が課されています。これは世界に対する約束です。
2009年4月、アメリカのオバマ大統領はプラハで「核兵器のない世界」を目指す決意を示しました。今年6月にはベルリンで、「核兵器が存在する限り、私たちは真に安全ではない」と述べ、さらなる核軍縮に取り組むことを明らかにしました。被爆地はオバマ大統領の姿勢を支持します。
しかし、世界には今も1万7千発以上の核弾頭が存在し、その90%以上がアメリカとロシアのものです。オバマ大統領、プーチン大統領、もっと早く、もっと大胆に核弾頭の削減に取り組んでください。「核兵器のない世界」を遠い夢とするのではなく、人間が早急に解決すべき課題として、核兵器の廃絶に取り組み、世界との約束を果たすべきです。

核兵器のない世界の実現を、国のリーダーだけにまかせるのではなく、市民社会を構成する私たち一人ひとりにもできることがあります。
「政府の行為によって再び戦争の惨禍が起ることのないやうにする」という日本国憲法前文には、平和を希求するという日本国民の固い決意がこめられています。かつて戦争が多くの人の命を奪い、心と体を深く傷つけた事実を、戦争がもたらした数々のむごい光景を、決して忘れない、決して繰り返さない、という平和希求の原点を忘れないためには、戦争体験、被爆体験を語り継ぐことが不可欠です。
若い世代の皆さん、被爆者の声を聞いたことがありますか。「ノーモア・ヒロシマ、ノーモア・ナガサキ、ノーモア・ウォー、ノーモア・ヒバクシャ」と叫ぶ声を。
あなた方は被爆者の声を直接聞くことができる最後の世代です。68年前、原子雲の下で何があったのか。なぜ被爆者は未来のために身を削りながら核兵器廃絶を訴え続けるのか。被爆者の声に耳を傾けてみてください。そして、あなたが住む世界、あなたの子どもたちが生きる未来に核兵器が存在していいのか。考えてみてください。互いに話し合ってみてください。あなたたちこそが未来なのです。
地域の市民としてできることもあります。わが国では自治体の90%近くが非核宣言をしています。非核宣言は、核兵器の犠牲者になることを拒み、平和を求める市民の決意を示すものです。宣言をした自治体でつくる日本非核宣言自治体協議会は今月、設立30周年を迎えました。皆さんが宣言を行動に移そうとするときは、協議会も、被爆地も、仲間として力をお貸しします。

長崎では、今年11月、「第5回核兵器廃絶－地球市民集会ナガサキ」を開催します。市民の力で、核兵器廃絶を被爆地から世界へ発信します。

東京電力福島第一原子力発電所の事故は、未だ収束せず、放射能の被害は拡大しています。多くの方々が平穏な日々を突然奪われたうえ、将来の見通しが立たない暮らしを強いられています。長崎は、福島の一日も早い復興を願い、応援していきます。

先月、核兵器廃絶を訴え、被爆者援護の充実に力を尽くしてきた山口仙二さんが亡くなられました。被爆者はいよいよ少なくなり、平均年齢は78歳を超えました。高齢化する被爆者の援護の充実をあらためて求めます。

原子爆弾により亡くなられた方々に心から哀悼の意を捧げ、広島市と協力して核兵器のない世界の実現に努力し続けることをここに宣言します。

2013年（平成24年）8月9日　長崎市長　田上 富久

www.city.nagasaki.lg.jp/peace/japanese/appeal/history/2013.html

索引

<凡例>
・「特」は特別記事を指す。
・「デ」はデータシートを指す。
・「自」は第４章（市民と自治体にできること）を指す。
・太字は主に扱われている記事。

執筆者（五十音順）

梅林宏道　長崎大学核兵器廃絶研究センター長、ピースデポ特別顧問
大久保賢一　日本反核法律家協会事務局長
嘉指信雄　ウラン兵器禁止を求める国際連合（ICBUW）ヒロシマ・オフィス代表
川崎　哲　ピースボート共同代表、核兵器廃絶国際キャンペーン（ICAN）国際運営委員
金マリア　ウィーン外交アカデミー修士課程
田巻一彦　ピースデポ副代表
塚田晋一郎　ピースデポ事務局長代行
中村桂子　長崎大学核兵器廃絶研究センター准教授
林　公則　都留文科大学非常勤講師
山口　響　ピースデポ研究員
湯浅一郎　ピースデポ代表
吉田　遼　ピースデポ研究員、NPO法人セイピースプロジェクト

ピースデポ・イアブック刊行委員会

池田佳代/梅林宏道/嘉指信雄/金マリア/茂垣達也/田巻一彦/塚田晋一郎/
中村桂子/林　公則/山口　響/湯浅一郎（刊行委員会代表）/吉田　遼

監修

梅林宏道

編集・製作

金マリア/塚田晋一郎/湯浅一郎（編集長）

製作協力

薮 玲子

イアブック「核軍縮(かくぐんしゅく)・平和(へいわ) 2014」
——市民と自治体のために

2014年11月30日　初版第1刷発行　　定価2000円+税

編著者　特定非営利活動法人ピースデポ©
監修者　梅林宏道
発行者　高須次郎
発行所　緑風出版
〒113-0033　東京都文京区本郷2-17-5　ツイン壱岐坂
[電話] 03-3812-9420　[FAX] 03-3812-7262　[郵便振替] 00100-9-30776
[E-mail] info@ryokufu.com　[URL] http://www.ryokufu.com/

カバーデザイン　新倉裕史　　印　刷　中央精版印刷・巣鴨美術印刷
製　本　中央精版印刷　　用　紙　大宝紙業・中央精版印刷　　E1700

　ISBN978-4-8461-1418-3　C0036

ピースデポ出版物のご案内

★ピースデポ出版物を購入ご希望の方は、
事務所までご注文ください。(送料別)

TEL　045-563-5101
FAX　045-563-9907
E-mail office@peacedepot.org

【イアブック・バックナンバー】 本書は1998年から発刊しています。一般メディアでは入手できない情報が満載です。1998～2012年版(各1500円)もぜひお手元に！

●「核軍縮・平和2013」

監修：梅林宏道
編集長：湯浅一郎
A5判 336ページ
2000円
発売元：高文研

★特集：北東アジアにおける平和の枠組み
★特別記事：ゴジラを飼い馴らす－北東アジアにおける核抑止力(アラン・ウェア、イ・キホ、梅林宏道)／「尖閣問題」をどう解決するか？(吉田遼)／核の飢饉：10億人の危機(アイラ・ヘルファンド)
★44のキーワード、44点の一次資料

●「核軍縮・平和2012」

監修：梅林宏道
共同編集長：
田巻一彦、湯浅一郎
A5判 336ページ
1800円
発売元：高文研

★特集：2010年NPT再検討会議合意の履行
★特別記事：国連、そして核軍縮への人道的アプローチ(ランディ・ライデル)／米国の新国防戦略とアジア太平洋、日本(田巻一彦)
★46のキーワード、45点の一次資料

【ピースデポ・ブックレット】

**『2010年核不拡散条約(NPT)再検討会議
―市民社会からの総括』**

A5判、64ページ　500円
2010年
★講演録：「2010年NPT再検討会議を市民の立場から振り返る」
★資料：2010年NPT再検討会議 最終文書
(「第1巻第1部」全訳)
★解説：「最終文書をこう読む」梅林宏道

『米国・核態勢見直し(NPR)』

梅林宏道　暴露部分全訳　300円
A5判、64ページ　2002年
★ブッシュ政権の核政策を示した「核態勢見直し(Nuclear Posture Review、NPR)」の、非公開部分を含む全訳および梅林宏道による解説記事。

【情報誌】

『核兵器・核実験モニター』

主筆：梅林宏道
編集長：湯浅一郎
★核軍縮、地域安全保障、国際的なNGO活動などのホットな情報、一次資料を満載。

毎月2回(1日、15日)発行。
年間購読料12,000円(学生割引あり)

ピースデポ関連書籍

**●「非核兵器地帯
—核なき世界への道筋」**

監修:梅林宏道
四六判214ページ
1800円
岩波書店　2011年

★どうすれば私たちは核兵器の呪縛から自由になれるのか。その人類的な課題への現実的な解答の一つが、非核兵器地帯にほかならない。すでに地球の南半分で「核なき世界」が実現され、北半球への拡大が始まっている。日本は北東アジアで非核兵器地帯を築けるのか。ライフワークとして取り組んできた著者の初の概説書。

●「オスプレイ配備と低空飛行訓練を止めさせるために」

<オスプレイ配備に伴う米軍機低空飛行訓練に関する全国自治体アンケート>から読み解く

発行:フォーラム平和・人権・環境
調査と分析:ピースデポ
A4判64ページ　300円　2013年

★2012〜13年に沖縄・普天間飛行場に配備されたオスプレイ。配備に先立ち、日本全国での低空飛行訓練が発表された。「低空飛行ルート」周辺の自治体へのアンケートや、オスプレイの基本情報、関連資料をまとめた。

**●『新版 少女・十四歳の原爆体験記
—ヒロシマからフクシマへ』**

橋爪 文 著

1800円
高文研
2011年

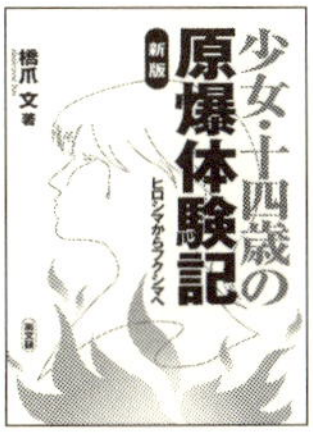

★勤労動員先で被爆、たった一人で死の街を縦断、わが家へ向かって歩き始める…。それから半世紀、60歳を超えての英国留学はやがて「反核海外ひとり行脚」へと発展、訪れた国は30カ国以上。そしていま、フクシマと向き合って…。大幅加筆で、復刊。

**●『核廃絶へのメッセージ
—被爆地の一角から』**

土山秀夫 著

1000円
日本ブックエース
2011年

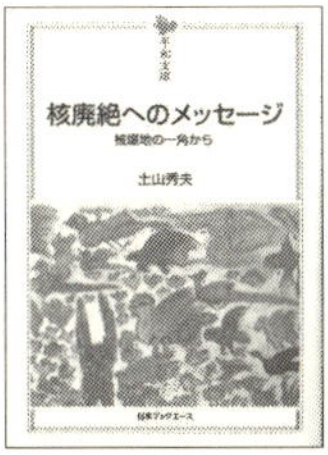

★核兵器を廃絶するためには何が必要か。被爆地から全世界に向けて元長崎大学長が訴えつづける。ピースデポ「核兵器・核実験モニター」の連載エッセー「被爆地の一角から」の書籍化。

**●『検証「核抑止論」
現代の「裸の王様」』**

ロバート・D・グリーン著
梅林宏道、阿部純子 訳

1500円
高文研
2000年

★核兵器の非合法性、非道徳性、非現実性を徹底的に検証し、「核抑止論」の催眠術的トリックを打ち破る、核問題の入門書。

＊このページの書籍はピースデポでもお取り扱いしています。